拿破仑论战争

[法] 拿破仑·波拿巴 著
[法] 布鲁诺·科尔森 编著　曾珠　郭琳　樊静薇等 译

NAPOLÉON
DE LA GUERRE

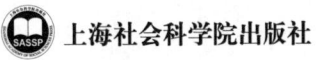

上海社会科学院出版社

万墨轩图书
WIPUB BOOKS

《拿破仑论战争》译委会成员

曾 珠　郭 琳　樊静薇
孟丽娜　李文君

前言
PREFACE

并非只有法国人才将拿破仑看作是历史上最伟大的战争人物。

拿破仑一生的作战次数是亚历山大大帝（Alexandre le grand）、恺撒大帝（César）、普鲁士国王腓特烈二世（Frédéric II）三人作战次数之和。他曾在不同的地点、不同的环境下与各类敌人作战。他具备指挥多兵种协同作战的能力，以及招募、组织、装备多兵种部队的才能。他使战争艺术发生了巨大的变化。尽管拿破仑的戎马生涯以战败和流放告终，但这丝毫不影响劲敌们对其军事才能的欣赏。[1]大部分战争领袖的声誉源自某次无与伦比的成功或者几次战役的胜利，而拿破仑在其发动的50余次战役中几乎次次获胜。[2]

从某种意义上说，各国军官都认可拿破仑在军事领域的作为，因为他为这一领域奠定了理论基础，并且直到今天，他的军事才能仍为人们所称道。同时，无论在学术层面还是大众认知层面，现今西方社会谈到的"军事历史"，可以说是一个不断研究拿破仑指挥的战争、从中得到经验教训并应用于军事教学中去的过程。[3]然而，与其他伟大的军事家，如蒙特库科利（Montecuccoli）和莫里斯·德·萨克斯（Maurice de Saxe）[4]不同，拿破仑并没有系统地著书立说，虽然他也曾多次做过这方面的规划。不过，他对战争的思考在他的信件、回忆录、声明以及他在圣赫勒拿岛（Sainte-Hélène）所写的笔记中随处可见，对这些文字进行专门的归纳和整理是一项很有意义的工作。

事实上，很多人已经着手整理拿破仑的军事思想了。目前，已有多部不同语种版本的《拿破仑军事语录》相继出版。

拉罗什·艾蒙伯爵（La Roche-Aymon）〔这位伯爵从法国大革命初期就开始逃亡，先效力于孔代（Condé）的部队，随后辗转到普鲁士军队，继而又在王朝复辟时期以准将军衔重返法国军队〕编辑的版本[5]是最早出版的语录之一。

之后，拿破仑军事语录的其他版本也纷纷出现，特别是在第二帝国时期，拿破仑的军事语录得到了较为系统的呈现。在这一时期，除了著名的《拿破仑书信录》（Correspondance）之外，比尔诺德（Burnod）和哈森（Husson）这两位将军所著的版本[6]也得以出版。在同时期问世的还有达马斯·黑那尔德（Damas Hinard）所著的一部关于拿破仑思想和言论的书，这本书将拿破仑的观点按字母排序，内容不仅仅局限于军事领域[7]。

1898年，曾写过多本军事战略书籍并进行战役批判研究的吉鲁瓦（Grouard）中校结合历史案例，尤其是1870年的战争，选取了几句拿破仑的著名格言[8]并加以评论。

直到现在，上述文集在写作过程中所参考的文献仍没有被完整地归纳出来。那些拿破仑军事格言也只是被从一个版本传到另一个版本而已——值得一提的是，迫于生计的巴尔扎克在1838年出版的《拿破仑格言和思想》(Maximes et pensées de Napoléon)中就曾杜撰了一些语句[9]。弗雷德里克马松（Frédéric Masson）曾揭露过巴尔扎克这种欺骗读者的行为，但损害已经造成，巴尔扎克撰写的某些拿破仑格言很可能已经慢慢渗透到一些拿破仑文集当中。[10]以下这些句子极可能是由《人间喜剧》的作者巴尔扎克撰写的："战争中，天资就是行动中的思想"、"最好的士兵不是最骁勇善战的，而是最能持续行军的。"

欧内斯特·皮卡德（Ernest Picard）中校是军队参谋部历史科室的负责人。

他曾在 1913 年出版过拿破仑主要的军事文集，是现存最为严谨且标注了所引用语句来源的版本[11]。很多流传至今的所谓拿破仑军事格言（包括前文提到的巴尔扎克杜撰的两句格言）就从未在他的作品中出现过。

第一次世界大战之前，知识界非常青睐拿破仑思想。在这样的背景下，皮卡德反复思考研究拿破仑留下的文字，并将这些资料重新整合为三个类别：军规、士兵和战役。在第一类别中，对拿破仑言论的引用是按照标题的字母顺序排列的。这种排序方式的弊端在于没有整合拿破仑零散的思想，也没有对其思想做出相应的评论。但在当时那个年代，作者如此细心摘选拿破仑格言已经是难能可贵的。然而，这部作品也没有涉及到贝特朗（Bertrand）将军在圣赫勒拿岛的日记，而这部日记记录了拿破仑对于战争的许多有趣的思考，在当时尚未出版发行。

1965 年《拿破仑其人（三卷）》[12]（*Napoléon par Napoléon*）问世。前两卷内容只是重复了达马斯·黑那尔德（Damas Hinard）的词典的内容，但文中并没有提及该词典，只是增加了安德烈·莫罗亚（André Maurois）所作的序言。第三卷由皮埃尔-马里·加洛瓦（Pierre-Marie Gallois）将军执笔，内容是关于战争的艺术，这一卷同样只还原了格里斯特（Grisot）将军出版的拿破仑军事格言[13]，并且没有列出任何参考资料的信息。安德烈·巴鲁埃尔（André Palluel）为纪念拿破仑诞辰两百周年而创作的作品[14]更实用，该书中对拿破仑言论的引用从"让位"开始，按照字母排序，作者还简要介绍了这些引用的出处，但未作任何评论。

1970 年，德尔玛（Delmas）和勒卢夫（Lesouef）将军开始研究战争艺术以及拿破仑参加过的战役，这项研究主要以拿破仑的书信为主，并参考了已出版的书信集。这项研究任务明确，但其作品[15]只涉及拿破仑书信集，且发行量较小。

那些长篇幅作品的发行并没有妨碍短小格言集的出版，因为对于那些比较繁忙的读者和关心赢利的发行商来说，没有参考资料的格言集[16]读起来更加方便。拉斯卡斯（Las Cases）伯爵曾对拿破仑的格言做过评论。1820 年，这些评论的精选集[17]在英国出版。三年后，桑赫斯特皇家军事学院图书馆收藏了这本书。[18]

英军中校乔治·C.德·阿圭勒（George C.D'Aguilar）曾翻译了78条拿破仑格言。21世纪初，大卫·钱德勒（David chandler）重编的拿破仑军事格言成为流传最为广泛的英文版本，而此版本正是以德·阿圭勒的78条格言为基础编辑而成的。

19世纪，关于拿破仑军事思想和军规的几个俄语版图书在沙俄问世，在俄国军官们中颇为流行。同期面世的图书还有德语版本、西班牙语版本、瑞典语版本、委内瑞拉版本和加拿大版本。[19]

美国南北战争时期，北方出版了德·阿圭勒版本的拿破仑军事格言，并且由温菲尔德·斯科特（Winfield Scott）将军作序，南方也发行了一个版本。[20] 有"石墙"之称的杰克逊（Jackson）是美国邦联军队的一位优秀的将军，他就曾在作战时随身携带一本拿破仑格言。[21] 一位美军上校在二战时期出版了新版拿破仑军事格言[22]，他结合了美国南北战争和1899年美菲战争等美国人所熟知的战役，并对其进行了评论和注释。

在此基础上，美军战争学院（Army War College）教授杰·路瓦斯（Jay Luvaas）对拿破仑指挥作战的艺术产生了兴趣。[23] 在了解了陆军上校皮卡德编写的版本后，路瓦斯开始关心参考资料的问题，并将注意力放在拿破仑同约瑟夫·波拿巴（Joseph Bonaparte）和欧仁·德·博阿尔内（Eugène de Beauharnais）的往来书信上。拿破仑曾尝试着在这些信件中阐述成为优秀将领应具备的要素。路瓦斯花了很多年的时间去收集并翻译拿破仑谈过的有关战争艺术的内容，并编写了《拿破仑的战争艺术》[24] *(Napoleon on the Art of War)* 一书。这本书共有10个章节，从"作战力量的产生"谈到"作战艺术"，并附有珍贵的索引和少许的评论。路瓦斯指出了书中引用的拿破仑言论的出处，但部分出处并不是第一来源。这本书的出版让路瓦斯成功地达成了自己的心愿。在当时，这样一本著作的出版具有重要意义。20世纪80年代，美军内部对战争中作战水平的兴趣又开始复燃。但是，《拿破仑的战争艺术》这本书也没有参考贝特朗在圣赫勒拿岛的日志。

到目前为止，所有关于拿破仑的书籍都试图通过研究拿破仑的戒律、评论和思考方式来参透其成功的奥秘。而本书《拿破仑论战争》则希望涉及更加广泛的内容，并且更加贴近当代人关注的问题。除了探讨战争的艺术，尤其是如何运用战争艺术之外，本书从整体上来观察战争现象。

我们认为拿破仑不仅是战争艺术领域的大师，他的才智天赋在战争的其他方面也独一无二。换句话说，相对于约米尼（Jomini），我们的观点更接近克劳塞维茨（Clausewitz）的看法。我们依据克劳塞维茨《战争论》各篇的名称，甚至章节的标题，重新整合了有关拿破仑的文献。[25] 在拿破仑思想与克劳塞维茨思想的比较研究方面，杰·路瓦斯已初露雏形，他已经指出了两者间的某些相似之处[26]。

在本书的章节中，我们将为一些特殊的段落添加标题。虽然这些标题仅仅起到简单的介绍作用，但这种方式会使拿破仑的思想更具逻辑性，同时也便于读者将他的思想与克劳塞维茨的思想进行比较。在研究和评价拿破仑指挥过的战争，以及对战争的全方位思考方面，这位普鲁士将军都颇具有权威性。如果这两位将军的思想有共鸣之处，我们就可以对此进行重点分析和思考。

我们预估到了开展这项工作的困难。拿破仑的大部分文稿，要么是根据他在交战开火时的口述整理而成，要么是他在圣赫勒拿岛时针对一些读物做出的评论。这些手稿内容集中在几个概念上，并且通常会与一些具体的事件结合在一起。拿破仑的好些文章都可以在克劳塞维茨《战争论》的至少两章中得到体现，所以说这本书本身存在一些重复。我们并不想概括克劳塞维茨的全部论述，也没有将两位伟人的思想进行系统对比的打算。我们只是从克劳塞维茨那里借用能够帮助我们组织拿破仑话语的内容。

基于这样的想法，我们将本该被编入《战争论》的战术论的初稿也考虑在内，这份初稿专门探讨了战略问题。但我们并没有参考克劳塞维茨的历史文献。

我们着眼于宏观的思考，不会对某个特定的战役进行分析。我们可以尝试分析腓特烈二世的战役或是1812年俄国战役，但是这样会使研究范围变得太广，这些内容可通过专门的研究去进行分析。

本书根据克劳塞维茨的观点分类列举了拿破仑的思想。我们努力尝试分析书中引用的拿破仑的言论，总结其主要思想。当然，某些内容的重复是无法避免的。不过在介绍某次战役中的一位将军时，拿破仑的叙述要比克劳塞维茨的大段阐述简明扼要得多。克劳塞维茨用了多年时间思考和撰写鸿篇巨著，而这项庞大的工作从来都没有完成。

虽然读者会做出自己的评判，但是如果能够比较合适地将拿破仑的言论重新放入克劳塞维茨《战争论》的提纲中，我们仍会对此感到欣慰。因为我们都知道，《战争论》中倾注了研究者对于诸如拿破仑战争研究的心血。[27] 克劳塞维茨能看懂法语，且对拿破仑在流放期间向亲信口述的《回忆录——法国历史之参考》(Mémoires pour servir à l'histoire de France) 颇有了解，他曾在他的《战争论》中多次引用。在谈到第一次意大利战役时，克劳塞维茨参考了拿破仑的《回忆录》，并将其与奥地利关系和约米尼的故事相比。他曾阅读过约米尼的书，并引用了其中的一些内容。但是他对这个版本"缺少真实性"——尤其是在对兵力的论述方面[28]——感到扼腕叹息。鲜为人知的是，拿破仑在流放期间极有可能读过克劳塞维茨的文章，圣赫勒拿岛上的拿破仑的书房里存放着与1813年和1814年事件相关的九卷文献集，[29] 可以证实这一点。[30]《圣赫勒拿岛回忆录》(Le Mémorial de Sainte-Hélène) 也暗示了这一点。根据在普鲁士军队占领巴黎期间曾接触过普军界人士的一位记者的记录，文献集中有一份关于"1813年战役到1813年6月6日休战期间的概要——克雷施维茨〔Kleisewitz（原文如此）〕撰"[31]。这是克劳塞维茨所著的第一部翻译作品，也是其生前唯一一部署名的出版著作，尽管他的名字带有些许敏感成分。[32]

《战争论》是一本很好的教科书，可以帮助读者了解战争。克劳塞维茨激起了读者了解战争的欲望。他的书没有给出解决的方法，但却处处激发我们探求未知的好奇心。"与其说他是一位老师，不如说他是一名主持人。"[33] 在说明几个参考标准的基础上，他启发读者反复思考战争的复杂性。他如同"高性能军事显微镜一样仔细入微"[34]。自本世纪初，大量对克劳塞维茨思想的新研究不断涌现，如今我们对《战争论》的理解程度远远高于以前的水平。因此，我们能够运用这种"显微镜"式的细致组织概括拿破仑零散的观点。人们认为《战争论》非常适用于复杂多变的战争形势，具有灵活性。该书的主要特点是具有探究精神，能够激发人们理解一些事件及战争思想的能力。[35]克劳塞维茨想要建立一套客观的理论基础，可以让读者客观地思考战争。正是这一点让这部作品经久不衰。克劳塞维茨给予了读者基准和方向，引导他们做出自己的批判分析。[36]读者完全可以利用克劳塞维茨的这本书更好地了解他所处的时代，以及他的普鲁士军官生涯和他所有思考的真正支撑点。

虽然拿破仑对军事理论的研究并不深入，但他谈及了克劳塞维茨粗浅研究过或完全没有涉及的一些主题，如内战、海战、占领、在穆斯林领土的战争、包围战、士兵的健康以及出版物。本书恰当地将这些内容融入其中。在编辑本书时，我们严格遵循了《战争论》的结构，但删减了某些无法增加拿破仑话语的章节。拿破仑的经历比克劳塞维茨要丰富得多，不仅因为拿破仑曾作为最高将领指挥作战，还因为他的战场范围更为广阔，他曾面对过多种多样的战争形势，让现今的读者仍惊讶不已。在拿破仑指挥过的一系列大规模战斗中，参战者并非只有发射大炮的炮兵、冒着枪林弹雨前行的步兵，以及吹起号角挥舞军刀的骑兵。在埃及、巴勒斯坦、叙利亚，拿破仑还对与欧洲士兵的信仰、训练方式等完全不同的穆斯林士兵进行了深入了解。在西班牙、意大利，甚至德国和奥地利，他的军队需要面对占领和安抚这两个长期性问题。这些国家也从他那里学会了如何镇压民众的反抗运动。拿破仑在书信中涉及了以上所有方面，并且从不同角度进行研究，如地理、历史、作战战场。换言之，拿破仑不仅研究现代冲突本身，有时还会研究这些冲突影响的地区。对此，我们将不作解释，读者可以有自己的理解。读者将会发现战争及指挥中的人文因素受控于战斗的危险性和带给参战人员的压力，无论时代怎样变迁，这些因素都会存在。读者还会发现，拿破仑的思想仍能启发我们思考。

拿破仑的语录已经被多次出版过，但是并非所有的版本都具备严谨性，所以必须对这些版本进行考察和评价，甚至在必要时重新查阅一些原稿。拿破仑的一生短暂，但是他的作品的数量却是庞大的[37]。我们可以将其创作分为三个时期：青年时期（课堂笔记，小说，有关哲学、历史、军事、政治的文章，日记，早期信件）、辉煌及权力时期（主要信函、声明、演讲、报告、笔记）和被流放圣赫勒拿岛时期。[38]从1804年开始，拿破仑的大部分作品就不再由他亲笔撰写了，而是由他本人口述，秘书或亲信作记录，这就使作品的真实性无法被考证。很多口述内容模式化，或多或少有人为修改的痕迹。圣赫勒拿岛上的作品的确出自拿破仑，但他口述得相当快，所以无法保证其文字的准确性。[39]对于那些书信，菲亚出版社（Fayard）正在出版的《拿破仑书信合集》（Correspondance générale）将以其全面性和科学性，在今后取代第二帝国时期发行的《拿破仑书信录》，但第二帝国时期的版本仍具有参考作用，它编入了除信件之外的其他文章，比如拿破仑对某个军事形势的回忆或是解读、对军队的宣言、军队的通报，以及拿破仑在圣赫勒拿岛上留下的文字——这些文字曾在1867年以《拿破仑评论》（Commentaires）[40]为书名单独出版过，然而人们更喜欢《拿破仑书信录》，因为其中收录了拿破仑手稿中的内容。

拿破仑所写的最有趣的文章之一是《皮埃蒙特大区和西班牙军队的政治军事地位记录》(1974年)。柯林（Colin）将军在《拿破仑军事素养》(*L'éducation militaire de Napoléon*) 中完整引述了这篇文章，并且将此记录作为其著作的基石。另一位以诠释拿破仑战役著称的卡蒙（Camon）将军在他所有作品里都引用了该文章。然而这篇文章并未署名。卡蒙将军明确指出小罗伯斯庇尔（奥古斯丁）（Robespierre jeune）在共和二年热月1日将该文章转递给了救国委员会，同时指出"这篇文章的作者一定是波拿巴将军"[41]。拿破仑当时统领意大利军队，他应该在1794年7月19日将该文章交给了军队的人民代表奥古斯丁·罗伯斯庇尔[42]。收藏于文森斯的国防部历史办公室的档案室里的拿破仑往来信函中有相应记录[43]。相关的分析报告不仅证明了这篇文章出自拿破仑将军，还辨认出了朱诺（Junot）的笔迹，他是拿破仑的副官，一直跟随在拿破仑左右，并根据拿破仑的口述撰写了回忆录。这一点可以通过与档案室里其他文献的对比得到证实。[44]第二帝国时期的《拿破仑书信录》中没有这篇记录，因为当时的署名是小罗伯斯庇尔。救国委员会成员之一的拉扎尔卡诺（Lazare Carnot）在收到手稿时记下了当时的日期——共和二年热月1日（1794年7月19日）。埃德蒙·博纳·德·甘热（Edmond Bonnal de Ganges）首次出版了这篇记录[45]，他曾是战争资料档案室的负责人，也是国防部历史办公室的创办人。柯林不但认出了朱诺的字迹，还发现了专供意大利炮兵部队参谋长使用的纸张。"这种专用纸张只跟拿破仑签署过的文件纸张相同，除此之外我们在档案室里再找不到这种纸张。这可以证实拿破仑是这篇记录的作者。除了这些细节之外，文章的风格、思想层次都表明了拿破仑是撰稿人。我们无法想象惯用冗长华丽辞藻的小罗伯斯庇尔有一天会发现简洁的神奇力量。"[46]在准备这部书的过程中，我们也不断地研究了拿破仑的行文风格，因此我们也赞成柯林将军的这个观点。让·杜拉尔（Jean Tulard）同样也在其编写的拿破仑文选[47]中收录了这篇记录。

拿破仑在圣赫勒拿岛的口述内容被汇编为一部名为《回忆录—法国历史之参考》[48]（*Mémoire pour servir à l'histoire de France*）的书，这是我们编写本书的重要资料来源。我们可以从这部回忆录中找到对数场战役的关键性叙述。在书中，拿破仑只讲述了意大利战役和埃及战役这两场自己指挥的战役，但是他仍然描述了一些其他战场上的战役，比如1796年与德国的战争、1799年与瑞士的战争。他还对恺撒大帝、杜伦尼及腓特烈二世指挥的战争表示出了兴趣。所有这些叙述都是拿破仑对战争的思考。拿破仑还会对读过的作家进行口头评价，其中不乏历史学家和理论家，譬如约米尼将军和罗尼埃（Rogniat）将军。1818年12月4日，拿破仑从向一位英国商人买的28部书中找到了罗尼埃将军的《战争艺术思考》（*Considérations sur l'art de la guerre*）、玛提尤·杜马（Mathieu Dumas）的《军事事件概要》（*Précis des événements militaires*）、保尔·蒂波尔（Paul Thiébault）的《1792年—1815年法国人的征服和胜利》（*Victoire, conquetes des Français de 1792 à 1815*）上册和《葡萄牙战役史》（*L'histoire de la campagne de Portugal*）。[49]那年年初，拿破仑制作了一张书单，把他知道已经出版的图书和他想阅读的图书列在上面。在1819年2月到4月期间，拿破仑在阅读罗尼埃的《战争艺术思考》后，就相应主题向他的卫队骑兵阿里（Ali）

口述了18条读后感。[50]后来这18条评注成为了拿破仑最著名的论述战争的文章之一。[51]当然，我们应当注意到，在这18条评注中，拿破仑意在驳斥罗尼埃对其意图和行为的指责。拿破仑一直坚持口述点评。菲利普·柯纳尔（Philippe Gonnard）和纳达·托米齐（Nada Tomiche）清楚地解释了拿破仑及其合作撰稿人的操作方法[52]。因《拿破仑书信录》第二帝国版引用了原手稿，所以该书信集总是有很高的权威性[53]。这个版本自称是建立在拿破仑向古尔高（Mourgaud）和蒙托隆（Montholon）口述的《回忆录》基础上，因此我们又对这篇回忆录进行了研究。克劳塞维茨曾读过《回忆录》（1823—1825年）的第一版。[54]大部分拿破仑的战争格言并非取自拿破仑书信集，而是出自于这些口授的叙述和评论。

另外便是圣赫勒拿岛上拿破仑侍从的一些叙述，这些叙述通过直接或间接的方式转述了拿破仑的许多言论。在1823年到1824年期间，拉斯·卡斯伯爵的《圣赫勒拿岛回忆录》（*Le Mémorial de Sainte-Hélène*）一经发行便取得了巨大的成功。柯纳尔认为，这部回忆录很好地反映了拿破仑的思想。[55]它在一个合适的时间问世，就像一个自由主义的先驱和浪漫主义的英雄人物。[56]这本回忆录实际上是拿破仑真正的政治遗嘱，是他传奇人生的最后一页。我们将会引用1830年版，拉斯·卡斯把被波旁王朝删除的段落重新引入了这一版本中[57]。我们多次将该版本和第一版本的内容进行对比，发现除了几个拼写和标点符号外，主要内容没有任何修改，只是多加了马塞尔·杜南（Marcel Dunan）的注释和评论[58]。爱尔兰人巴瑞奥米拉（Barry O'Meara）是拿破仑的医生，他的相关叙述[59]也算是一个可靠的资料来源。原则上我们对科西嘉人安托马契（Antommarchi）医生的描述[60]持怀疑态度，然而他记叙的一些拿破仑的有趣语录显然是其本人无法创造的。

在诸多"圣赫勒拿岛的"叙述中，古尔高和贝特朗的日记是我们编写拿破仑军事语录最丰富的资料来源。这两位将军熟知炮兵和工兵领域，对于拿破仑在军事方面的言论十分留意。他们能更好地领悟和展现拿破仑的言论。在菲利普·柯纳尔看来，古尔高直率的性格使他的文章比拉斯·卡斯的更加可靠真实。他们的谈话没有添加任何修饰，这不仅仅因为这些是拿破仑与他的亲信之间的谈话，还因为他们并没有打算公布这些对话，这一点与拉斯·卡斯的文章不同。[61]后来格鲁西子爵（Grouchy）和安托万·吉鲁瓦（Antoine Guillois）把它们编写成书，接着奥克塔夫·奥布里（Octave Aubry）的版本也得以出版[62]。但这些版本弄错了一些人的名字。在阅读原手稿后，我们纠正了这些错误。这份保存在国家档案馆的原始手稿[63]的内容有残缺，并且年代顺序有些混乱，没有页码标识。古尔高的字迹很小，难于辨认。[64]这些版本还有部分注解，因为有的评注语句不完整。我们将引用古尔高《日记》的原始手稿，还会附加奥布里版本中的内容。

很多已经比较完整的拿破仑军事书籍都遗漏了《贝特朗札记》(*Cahiers de Bertrand*)，包括菲利普·柯纳尔的作品[65]。直到1949年，保尔·费力欧·德兰格（Paul Fleuriot de Langle）才出版了贝特朗的作品。这些作品现保存在国家档案馆中，它们实际上是速记记录稿[66]，并且顺序凌乱，有时与出版的内容也不一致，专有名词只有首字母，许多单词都是缩写。我们可以发现保尔·费力欧·德·兰格灵活地对原始文稿进行了一些修改，有些段落被删除，有些则被颠倒，还有些缩写词被错误地理解。不过总体来看，保罗的这个版本还算正确地转述了拿破仑的想法，没有重大错误。我们无法更好地辨识文中的某些内容，因为原始稿件非常难读。另外，保尔·费力欧·德·兰格恰当地直接转述了拿破仑的话语，而贝特朗总是用间接方式引述。我们将采用直接转述的方法。速记下来的内容一般缺少标点，因此我们将在文中需要的地方插入对应的标点符号。我们还会参考在2010年至2011年间找到的那份顺序有些混乱的原始手稿，并用铅笔在手稿中添加页码。我们还会说明取自费力欧·德·兰格版本的参考资料。菲利普·柯纳尔对古尔高手稿的称赞同样也适用于贝特朗，在记录拿破仑的最后时刻时，他甚至是最具写实主义的一位作者。他在圣赫勒拿岛上一直待到了最后，而古尔高在1818年3月就离开了。《贝特朗札记》记录了拿破仑在孤岛上流亡的全过程，在军事方面的内容更加吸引人，因为与古尔高相比，贝特朗资历更老，还指挥过非常重要的战役。

最后，虽然公爵蒙托隆（Monthlon）所著的《囚禁事记》(*Récits de la captivité*) 比两位将军的日记出版得更早，但该书成书很晚，直到1846

年前后才写成，它的创作得益于拉斯·卡斯的《回忆录》。[67]蒙托隆似乎也借用了古尔高文章中的一些内容，但是引用得不够恰当，有时甚至扭曲了原意。有关拿破仑传记的书籍不断涌现，相形之下，蒙托隆的这本书写得太晚了。[68]作为拿破仑的一个"弄臣"，他不像古尔高和贝特朗那样有丰富的作战经验。因此，我们很少参考《囚禁事记》这本书。

最后一类资料的来源是在拿破仑流亡圣赫勒拿岛前，所有同他接触过的人的回忆。我们只考虑最有可能与拿破仑交流的对象。在元帅和将军之中，能够了解到拿破仑对于战争的一些深入思考的人只占少数，只有科兰古（Caulaincourt）、古维翁·圣-西尔（Gouvion Saint-Cyr）、马尔蒙（Marmont）值得关注。奇怪的是，文职人员的回忆录大多是在叙述拿破仑深刻的战争言论，比如夏普塔尔（Chaptal）、戈耶（Gohier）、候德（Roederer）、德·雷米萨夫人（Mme de Rémusat）、提波多（Thibaudeau）。当然我们不相信某些回忆录，但我们可以参考让·杜拉尔的重要参考书目，该书目又由雅克·卡尼尔（Jacques Garnier）作了补充[69]。这份书目让我们了解到对于拿破仑言论的内部评论的焦点问题。

在给《拿破仑军事语录》写序时，大卫·钱德勒就认识到这些语录在实用价值上可能会引起争论。[70]当拿破仑给下属写信时，他总是会结合实际情形给他们命令或建议，但信件中极少有总结性的言论。我们一下子就能辨认出拿破仑的思想，但却很难概括。在战争中，拿破仑善于随机应变，根据形势采取不同方案。因此，不难发现拿破仑的想法中存在着诸多矛盾，他在不同情况下写的信件特别能体现这一点。他总是想用尽一切可行的方法来达到自己的目的，但这一特点阻碍了他非常真诚地表达出他的意图。让敌人误解自己的意图，这也是拿破仑作战的一个基本特点。拿破仑把荣誉视作军事领域的核心价值，但人们可以思考一下，拿破仑所推崇的是不是实用主义。[71]从意大利的第一场战役开始，拿破仑始终在延续他的传奇，即使在圣赫勒拿岛上，他还一直编织着他那自由主义英雄和不败将军的形象。我们应对拿破仑言谈中关于战争指挥、自我介绍和自我夸奖方面的话持谨慎态度。尤其在圣赫勒拿岛上,他还试图向其子孙后代塑造自己的形象。另外,他还要应付复辟后极端政治势力对他的诋毁活动。正如安东尼·卡萨诺瓦(Antoine Casanova)所写,"拿破仑有许多不同的思考:有意识的辩护,解决他内心矛盾的虚幻方案,以及理性思考。这些互相交错在一起"[72]。要想客观研究拿破仑的文章,就需要筛选他的思想,对其进行批判性的评价,还要将这些观点与一些严谨的研究作比较。

与大卫·钱德勒不同,我们编写本书的目的并非为军人汇总一系列良好建议。我们希望更准确地呈现拿破仑对于战争的理解和看法。我们想以分析他的思想及他对于理论的思考为主,而非研究事件本身。尤其是在分析从拿破仑信件和实例中提取的一些观点和思考时,我们更应该明白,具体事件只是背景。至于一些人物,如果他们对于理解拿破仑的思想必不可少,或是能够纠正一些引文错误,那么我们会在修订某些观点和引述参考资料时加以提及。原则上,我们不会对拿破仑的战役进行批评分析,除非这对于理解拿破仑的某个重要观点十分必要。任何时候,人们谈到拿破仑在那个时代对军事历史的卓越贡献(尤其是在法国)时都会滔滔不绝,大量的传奇故事代代相传。然而,最近的一些作品修改了那些广为流传的旧版本。从这个意义上讲,我们推出的这本批判性文集出现得正是时候。我们主要从理论和整体角度探讨拿破仑的战争思想,这让我们能够更好地把握。同样地,相较于评论自己的战役,拿破仑更能客观地评论杜伦尼、萨伏依的欧根亲王(Eugène de Savoie)和腓特烈二世的战役。另外,比起作战事迹,拿破仑更能在思想意图和政治原则上编织自己的传奇。[73]因此,我们在阅读与拿破仑相关的文章时要用心分辨:拿破仑的随从在圣赫勒拿岛所写的日志中隐含着拿破仑的自我批评与反省,有时这些反省会与拿破仑在口述时的姿态不一致。与他想留给子孙后代的文章相比,拿破仑在私密会谈时表现得更为真诚。

拿破仑的语言风格能让人窥见他超凡的魅力所在。他的语句常常让人激动不已,并且具有感染力,可以激发军官及实干家们内心的力量和活力。儒勒柏图(Jules Bertaut)描绘了拿破仑语言风格的这种吸引力:"无论简洁或详尽,直率或委婉,发自内心或反复多变,他的话语几乎总能让人惊奇于它所承载的经验和它暗含的深刻见解。对于他的话语，我们可以讨论、反对，甚至憎恶，但我们不能否定它能在很大范围内产生很深程度的影响。"[74] "匆忙"的感觉充斥在拿破仑所有的文字里，尤其是他的信件中。他习惯"通过简单的推理及简洁的方式"[75]，直接切入要点。他也有自己最喜欢的表达方式，比如，反驳别人时他喜欢用错误的前提推导出荒谬的结论。拿破仑辩论的方式与大革命时期的爱国者和19世纪的民族主义者是一样的，这种方式的特点是有条不紊地使用大量的修辞手法，将一件即便很小的事件上升成为国家事务和原则性问题。[76] 他创造了简洁的风格，生动且富有活力，就像圣-伯夫（Sainte-Beuve）谈论的"狮爪"[77]。高级战争学院的创始人勒瓦尔（Lewal）将军很少被这些形式所蒙蔽，他关心事物的本质："拿破仑就像是个令人钦佩的导演，他不怎么关心真实性，他喜欢打击想象力，喜欢给人们刻画一个简洁的形象，这样才能深入内心。他的话简要精辟，充满对比，以权威的方式表现，拥有一个深不可测的表象。因此，我们可以用不同的方式去诠释它。"[78] 在圣赫勒拿岛，拿破仑拥有更多时间和相当重要的文献。他口述的内容有时不那么有活力，但更有高度；没有很多发自内心、直截了当的表露，但是多了言下之意，这些也透露了拿破仑想证明自己和为后代子孙写作的意愿。不可否认，拿破仑具有作家的潜质。[79]

我们不只是为了出版一部包装精美、具有说服力的书，我们还希望继勒瓦尔将军之后，出版一部作品，让读者能够解析拿破仑军事语录的意义。[80] 偶尔与克劳塞维茨的观点相比较也具有意义。我们不会研究某些引发争论的军队组织计划，它们涉及具体又专业的细节，比如步兵装备、战壕施工测量、桩柱桥梁结构。本书不会探讨这些细节。为了便于阅读和分析拿破仑的思想，我们将穿插一些评论，其中经常会涉及与克劳塞维茨观点的比较。不是所有的拿破仑的文章都将成为我们评论和批判的对象。[81] 文中涉及的诸多方面还需要多次考证，例如涉及人权的内容。如今，人们已深刻剖析了拿破仑的信函和克劳塞维茨的思想，正如本书书名所传达的意思那样，对二者的研究会成为我们不断探讨的内容。本书引用的参考资料中若有需要注释的内容，我们将会有对应的注释。我们也将为没有标点的原手稿添加标点符号，尊重已出版文章的标点方法，调整并统一专有名词，修改某些令人费解的古语。我们还将删除不影响理解的内容。总之，我们只是做了少许的修改。

最后，我要感谢埃尔韦·古多-贝嘉里（Hervé Coutau-Bégarie）、盖伊·斯达瑞戴斯（Guy Stavridès）和伯努瓦·伊唯特（Benoît Yvert），他们鼓励并帮助我出版了这部文集。我还要感谢时任国防部历史办公室主任的海军副中将路易·德·孔泰松（Louis de Contenson），陆军部部长、陆军上校 F. 盖尔冬（F. Guelton），万塞讷的档案馆馆长 B. 冯可（B. Fonck）协助我鉴别了这篇《皮埃蒙特大区和西班牙军队的政治军事地位记录》。作为国家档案馆私人秘密档案科的负责人，塞高勒内·巴尔必可（Ségolène Barbiche）女士特别准许我查阅贝特朗将军的原手稿，我向她及该部门的工作人员表示感谢。吕西安·普瓦里埃（Lucien Poirier）将军，以及我的同事和朋友们马丁·莫特（Martin Motte）、蒂埃里·魏德曼（Thierry Widemann）和雅克·卡尼尔（Jacques Garnier）都阅读了我的作品，并给我提出了非常有益的建议，在此一并提出感谢。

布鲁诺·科尔森

目 录
CONTENTS

■第一篇 战争的性质
LA NATURE LIVRE I
DE LA GUERRE

003　第一章 战争是什么？
　　军官的伦理规范
　　"我从没见过温文尔雅的战争"
　　内　战
　　战争与和平

015　第二章 战争与法律
　　要塞投降规则
　　不在无防御工事地区投降
　　"背信弃义的阿尔比恩"
　　尊重国际法与军事法
　　陆地及海洋国际法

028　第三章 军事天赋
　　拥有军事天赋

　　　　　　领袖的品质：性格大于头脑
　　　　　　将军的形象
　　　　　　海军将军与陆军将军
047　第四章 战争中的危险
　　　　　　焦虑及危险
　　　　　　死亡，哀悼
054　第五章 战争中的体力
　　　　　　疾病、劳顿和贫困
　　　　　　人员管理
058　第六章 战争情报
　　　　　　了解对手
　　　　　　询问囚犯
064　第七章 战争摩擦
　　　　　　偶然、形势、延误
　　　　　　利用瞬间时机
　　　　　　让指令适应形势
070　小结

■第二篇　战争理论
LA THÉORIE LIVRE II
DE LA GUERRE

074　第一章 战术分类
　　　　　　战术，大战术，大规模战争
　　　　　　战　略
081　第二章 关于战争理论
　　　　　　战争理论化的愿望
　　　　　　马基雅维利、富拉尔、莫里斯·德·萨克斯

腓特烈二世、吉博特、劳埃德、比洛

约米尼

罗尼埃与马尔博

095　第三章　战争艺术或战争科学

099　第四章　战争宗旨

原　则

轴关系曲线

105　第五章　评论

108　第六章　关于典范

从历史中学习战争

伟大军事指挥家的典范

费基耶尔

典范下的军事教育及其范围

116　小结

第三篇　战略概论
DE LA STATÉGIE LIVRE III
EN GENERAL

120　第一章　战略

123　第二章　精神的伟大

关键在于了解战争

敌人数量

维持士气和新闻控制

战略行动的精神结果

129　第三章　主要的精神力量

131　第四章　军队的武德

纪　律

荣誉感、好胜心、部队精神

　　部队的训练

　　指挥官应该告知士兵的事

142　第五章　胆量

144　第六章　坚忍

146　第七章　数量上的优势

152　第八章　出敌不意

154　第九章　诡诈

157　第十章　空间上的兵力集中

　　在决定性地点的兵力集中

　　近敌时保持集合

163　第十一章　时间上的兵力集中

167　第十二章　战略预备队

168　第十三章　兵力的合理运用

171　第十四章　现代战争的特点

172　小结

■第四篇　战斗
LIVRE IV
LE COMBAT

176　第一章　现代战役的特点

180　第二章　总体战

　　火力优势

　　布阵

　　具体的战术

188　第三章　战斗中的决策

　　决定性时刻和"收场"

　　　　战役的阶段

192　第四章　两军就战斗达成一致

193　第五章　主要战役——决定

　　　　利用先前部队的骑兵

　　　　决心与顽强

197　第六章　主力会战——会战的运用

　　　　对战役的研究

　　　　主要战斗和战役计划

201　第七章　利用胜利的战略方法

205　第八章　战败后的撤退

206　小结

■第五篇　军队

LES FORCES LIVRE V
MILITAIRES

210　第一章　概述

211　第二章　军队关系

　　　　军队的比重

　　　　炮兵

　　　　骑兵

　　　　步兵，法国士兵

　　　　工兵部队

　　　　医疗健康服务

228　第三章　军队的兵力部署

　　　　军队的链接点

　　　　统一指挥

233　第四章　军队的整体布局

235　第五章　先锋和前哨

237　第六章　先遣部队的作用

240　第七章　营　地

243　第八章　行　军

249　第九章　供　给

252　第十章　交通线和作战线

258　第十一章　地　形

260　小结

■第六篇　防御
LIVRE VI
LA DÉFENSE

264　第一章　进攻与防御

267　第二章　战术进攻与防御的相互关系

268　第三章　战略进攻与防御的相互关系

269　第四章　攻势的向心性及守势的离心性

271　第五章　战略防御特征

273　第六章　防御战役

273　第七章　防御工事

　　　防御工事用途

　　　存储要塞和战役要塞

　　　边境线和首府城市

　　　防御至最后一刻

282　第八章　防御阵地

285　第九章　筑阵地工事和营地堡垒

289　第十章　山地防御

290　第十一章　河流防御

293　第十二章　沼泽地带防御—洪水

294　第十三章　线型防御

296　第十四章　国家要害之地

297　第十五章　内线撤退

298　第十六章　人民武装

302　第十七章　战场防御

308　小结

第七篇　进攻
LIVRE VII
L'ATTAQUE

312　第一章　进攻与防御的关系

313　第二章　战略进攻的本质

314　第三章　进攻性战役

　　　腓特烈二世战役及倾斜式战斗队形

　　　进攻的形式和方法

　　　海战

320　第四章　渡河

324　第五章　对防御阵地的进攻

327　第六章　山地进攻

330　第七章　行军作战

335　第八章　进攻堡垒

337　第九章　侵略

　　　入侵和有步骤的进攻

　　　获取被侵略人民的支持

　　　部队占领和安置的困难

　　　反暴动的方法

　　　　　　　　绥靖方法

354　　小结

第八篇　战争计划
LE PLAN LIVRE VIII
DE GUERRE

358　　第一章 战役计划

362　　第二章 战争目标和敌军重心

368　　第三章 战争和政治

　　　　政治目的对军事目标的影响

　　　　军队，国家的城墙

　　　　平民对军事的优势

373　　第四章 总司令和政府

376　　第五章 以消灭敌军为目的的战争计划

381　　小结

结 语
CONCLUSION

383

注 释
NOTES

389

第一篇
战争的性质

LA NATURE LIVRE I
DE LA GUERRE

在科西嘉岛度过童年时光的拿破仑，从小就形成了一些对战争的认识。1768年，热那亚共和国将这座"美丽岛"割让给法国，科西嘉岛在几个对立的政治势力统治之下分崩离析。在拿破仑刚出生的那几年，科西嘉岛都是处于法国军队统帅之下。当时动荡的社会形态自然而然地在他心里留下了武力的影子。1786年9月，已是年轻军官的拿破仑在第一个假期回到了故乡。他同时还带回了一箱子书，其中包括普鲁塔克、柏拉图、西塞罗、康涅利乌斯·尼波斯[1]、蒂托李维和塔西佗等人已被翻译为法文的著作，另外还有蒙田、孟德斯鸠及阿贝·雷纳尔[2]的著作。在阅读中，拿破仑不断记录下那些触动自己思想的内容。阅读不仅使他的知识面得到极大的拓展，而且让他从历史和哲学的角度来思考战争。他将战争视为人类活动最主要的发动机之一。[3]法国大革命的爆发也让他再次确认了自己的想法。但在大革命爆发之前，他接受的是军官学校的培训，坚定地拥护职业军人的行为准则和道德规范，那就是追求荣誉是军人的天职。与克劳塞维茨不同的是，拿破仑更关心战争与法律之间的关系，而前者将战争定义为"一种致力于强迫对手执行我方意志的武力行为。为以暴制暴，武力需以艺术和科学为武器。武力也会遭遇一些微不足道的限制，这些限制几乎不值得被提起。武力可以以国际法的名义实施，但丝毫不会影响它的力量"[4]。

第一章 战争是什么？

1791年，22岁的拿破仑结束了自己在军官学校的学习生活。随后，他在炮兵兵团开始了军旅生涯。

拿破仑曾说："22岁时，我的战争观就已经成形了。"[1]令人们感到惊讶的是，之后的大量事实也不断地证明了这一点。

柯林将军就是这句话的见证者之一。他表示，在拿破仑参加他人生的第一次战役——意大利战役之前，他就已经形成了对战争的总体认识，在那之后，这种认识也没有发生过根本性的变化。拿破仑年轻时期的写作中就已经包含了他对战争体系的初步想法。[2]而一些研究克劳塞维茨的著名专家也得出过类似的结论。[3]

军官的伦理规范

拿破仑曾在军事学校学习，在那里他接受了旧制度*的军官荣誉的规定。在他的通信往来中还留存着这样一些痕迹。他经常与他的对手通信，字里行间的表述都是最谦恭的语言。在发起他军事生涯的第一场战役——意大利战役之前，他曾给奥地利将军科利[4]写信，表示自己非常欣赏这位将军手下的战士：

> 我对您的印象太好了，以至于我不能想象您能听任自己走向任何一个极端。这将不会被追求荣誉之士认可，也将会导致血流成河。在整个欧洲的眼中，尤其是在您所属的军队眼中，您将会承担这一切责任。[5]

---

* 1789年法国大革命爆发以前的封建君主专制制度。——译者注

他写信的目的往往是为了交换战俘，或是希望政府间能够缔结和平协定，结束战争。[6] 限制战争这一愿望也在他的军事指令中得以体现，他要求自己的部队不能蹂躏践踏战败国。[7] 在1796年10月写给被包围在曼图亚的奥地利军指挥官的信中，也体现了拿破仑对战争的人道主义观念，即使这是一封劝降信：

先生，对于人类来说，围攻曼图亚与两场战役相比更加惨烈残酷。勇士必须直面危险，而不是面对陷入沼泽带来的瘟疫。您的骑兵部队如此宝贵，却没有草料；您的驻地人数众多，却没有良好的膳食；数以千计的病人需要新鲜的空气、充足的药品，以及健康的膳食：这已经有无数可以让人摧毁的理由了。我认为，从战争的精神和两支军队的利益出发，我们可以缔结协议。把您的人、您的骑兵和步兵交给皇帝陛下；把曼图亚交给我们：我们都可以从中获利，而人类从中获利比我们更多。[8]

"战争的精神"就是缔结协议。换句话说，这并不是盲目的武力争夺以及火拼到底的战斗。战争的概念包含着这一点：互为对手的双方达成一系列有利于彼此利益的规则的共识。拿破仑的战争理念依然延续了旧制度时期的军官、贵族的理念及关于荣誉感的理念。对于拿破仑个人而言，军人，无论他们的阵营归属何方，在他们分享同样的价值观、同样的伦理规范时，他们都归属于一个共同的家庭。流放到圣赫勒拿岛时，他与英国军官有过几次谈话。当看押他的53步兵团准备出发执行别的任务时，军官们纷纷来向他告别。这位昔日的皇帝一一询问他们服役的年份和受伤的情况。他说他对整个军团非常满意，并始终会满怀喜悦地听他们的好消息。[9] 几天之后，在53兵团出发之时，他曾想身着制服、骑在马上和士兵们告别，但思考之后，他觉得这样可能像是要去追随英国人，将会使他在法国的支持者们难过。[10] 一系列的政治考虑促使他最终没能按照自己的初衷行事。

"我从没见过温文尔雅的战争"

建立在荣誉法则基础上的军事伦理的发展，构成了自 18 世纪末以来欧洲战争的特点。这种范式和战争的武力性质形成了对立：

> 杜伦尼是一个正派人士，但他的部队却烧杀劫掠。这是战争历史的现实，而不是小说。[11]

1814 年，法国人本能够更激烈地与反法同盟战斗，争夺胜利的荣光：

> 结果是，于我而言，法国表现得很糟。罗马人在坎尼（Cannes）战役[12]中竭尽全力作战，但当时所有人都非常恐惧，害怕被强奸、被屠杀、被踩踏。这就是战争。然而在现代战争中，一切都是非常温和的。[13]

以下是古尔高的补充：

> （1818 年 1 月）7 日，星期三——陛下情绪很不好，他起身说道，目前人民都是在温和地作战。"过去，战败的人不是被屠杀、奸淫，就是沦为奴隶。如果在维也纳我也这么做，俄国人根本不可能到达巴黎。战争是一桩严肃的事情。"我对陛下说，如果我们摧毁一切，那么征服将会更加困难，也会遭遇人们更顽强的抵抗。枪炮能制造人与人之间的平等，于是我举了西班牙的例子。我们在西班牙的所做所为就和过去一样，因此人民起而反之，驱逐了我们。陛下非常生气，说道，如果他当时留在西班牙，西班牙的人民就该屈服了［……］。
>
> （1818 年 1 月）25 日，星期日——［……］陛下谈到炮兵，他想要一架从胸墙两英尺以下射击的大炮；然后他提到马塞纳（Masséna）："他还可以在热那亚坚持十天。我们都看到了，所有人都饿得快要死了。算了！永远别想让我相信他还能再坚持十天。

他的驻地有 1.6 万人。他有可能还能给居民找到些粮食，但一些老妇老头儿之类的都会死掉。不管怎样，他还是守住了热那亚[14]。如果我们有人道主义观念，始终讲人道主义，就不应该发起战争。我从没见过温文尔雅的战争。"[15]

这些话对于理解战争的性质有着至关重要的作用。他将那个不得不在现代文明的欧洲范围内发起的战争同那个对于他而言具有深层意义的战争区分开来。在后者中，所有的行动尝试都是被许可的。在1806年11月给元老院的信中，他已经提到一种更为暴烈的战争，就像在古代发生的战争一样，但这次涉及的是证明占领普鲁士直至欧洲统一和平，以及对不列颠诸岛实行封锁的合法化：

将个人的利益寄托于国王们的争执，并在这么多年的文明教化之后，又重新回到国家形成之初野蛮残忍的原点，我们为此付出了太多沉重的代价；但我们不得不被迫为了我们的人民和盟军的利益，拿起敌人对付我们的武器，来对付我们共同的敌人。[16]

在拿破仑签署柏林敕令、对英国实施经济封锁之时，他接受了战争要进行到底的观点：两个对手中的一个必须灭亡，没有妥协的余地。[17]

克劳塞维茨也认为战争本身并不是温文尔雅的："博爱的灵魂总轻易地想象有一种人为的方式，可以无需血流成河就能让对手缴械投降，并认为这才是真正的战争艺术的发展趋势。尽管这看上去合乎情理，但实际上是一个必须要废除的错误思想。在一桩类似战争这样危险的事情当中，因为善心而犯的错误正是最糟糕的情况。"[18] 他把战争又称作"为达到重要目的的重要手段"[19]。最恰当的做法是，欧洲各国在内部达成协议，限制使用武力，但这些规则必须先于战争本身存在，它们属于更高层次的社会政治背景。残酷的仇恨总是在文明开化的国家突然显露出来，因为所有的战争都在制造这种仇恨的情感。战争实际上是一种相互行为，在战争中，从理论上讲，武力是没有极限的。战争将很自然地走向极端，并使武力无限制地被使用。克劳塞维茨详尽地阐明了拿破仑只是简明叙述的内容，但他们彼此都洞悉到同样的事实。拿破仑的战争并不是 20 世纪我们所谈论的"全面战争",但已经预示了全面战争的开始。我们将会在第八篇末更深入地谈论这个重要问题。

内 战

关于内战,拿破仑对旺代叛乱做过几个总体性的陈述。克劳塞维茨也对此做过一个简短的研究:[20]

所有的军队都是相似的:当民意的火把点燃之时,军队的将领不过是取胜的手段。民众才是统领胜利的人。[……]

这就是暴动的特性:利益平等的诉求使它发生,激情的结合使它持续,更为常见的是,暴动最终以内战的发生而结束,而内战就建立在暴动的基础上。[……]

在军事较量中,战败的一方会气馁很久。尤其是在内战中,运气是必不可少的。[21]

在执政府初期,负责平定法国西部诸省的将军被要求信任那些已经顺服的人,与天主教神甫和解,以及对想去巴黎的重要官员提供旅行方便。他也收到如下指令:

如果要作战,那么就要严厉快速;这是让战争缩短的唯一办法,也是让人类少遭受不幸的唯一办法。[22]

在圣赫勒拿岛,拿破仑如此谈论恺撒与庞培二者的战争:

应当守住罗马;罗马才是庞培应当集中兵力的地方。在内战初期,必须聚合所有部队,因为这样可以鼓舞军心,并让军队对己方实力信心大增;部队之间互相牵系,并维持相互之间的忠诚。[23]

但关于在圣多明各重建法国威望的笔记中,又出现了这样矛盾的表述:

[……]内战,不是削弱人民,而是重新磨炼人民,使他们能够经受战争的考验。[24]

相反的是,为这种类型的战争服役的军队会逐步忘记如何与一支常规部队作战。1796年10月,波拿巴将军在意大利对派至他处的新军官写下这些内容:

旺代叛乱带给我们的一切都不适应大型战役;我们也是这样批评我们的军队,但他们经受得起战争的磨炼。[25]

拿破仑把欧洲国家之间的冲突称为内战。共和十年果月15日(1802年9月2日),欧洲正处于《亚眠条约》签订后的安定时期,拿破仑在一次接待英国议会成员和外交团体时,向辉格党主席同时也是亲法关系拥护者的查尔斯·詹姆士·福克斯(Charles James Fox)吐露道:

只存在两个国家:东方和西方。法国、英国及西班牙拥有几乎相同的风俗、宗教和理念。这就是一个大家庭。那些想要将它们置于战争状态的人就是想要内战。[26]

这段思考同时也预料到了"文明的冲突"和欧洲的统一。这是应景的玩笑还是反映了拿破仑的深层思考?埃及战争赋予了他与东方作战的经验。只有借助其他影射欧洲人之间的战争与和平的资料才能更好地定位他的立场。

战争与和平

亚眠条约签订之后，执政府发布公告之前，也就是介于1802年3月末和8月初之间的这段时间，欧洲正处于和平时期，拿破仑与一位平政院评事（conseiller d'Etat）的这段长篇对话让我们对拿破仑处理战争与和平的关系有了很清楚的认识：

第一执政官［拿破仑］：［……］英国害怕我们。欧洲各国也不喜欢我们。怎么可能指望有一个稳固的和平！另外，您是否认为一段五年或五年以上的和平期适合我们执政的形式及形势？

评事：我认为这段休息期对于经历了十年战争的法国非常适合。

第一执政官：您没有理解我的意思。我并没有问纯粹而牢固的和平对于一个稳定的国家是否是一桩好事；我想问的是我们的国家是否已足够稳固而不需要争夺胜利了？

评事：对于这样一个重大问题我还没有太深入的思考，所以我无法很干脆地回答您。但我能说的是，或者说我感受到的是，如果一个国家只能通过战争来巩固自己，那么它的处境就很糟糕。

第一执政官：最大的不幸是不能判断它的处境，因为当我们了解处境的时候才能改善它。但是回答我，您相信那些前来签署和平协议的国家仍抱有持久的敌意吗？

评事：很难不相信。

第一执政官：很好，结论出来了！如果这些政府内心深处渴望战争，如果它们必须在某天更改战争的结果，那么最好宜早不宜迟；因为每过一天，战败的印象都会被削弱，而我方胜利的荣光也会一天天地被削弱；所有的优势都在他们那一方。

评事：但是，执政官公民，您真的不把利用和平来整顿内部当回事吗？

第一执政官：我会回到这件事情上的。这个重要的考量当然没有远离我的思考，甚至在战争期间，我都没有疏忽机构建设及国内良好秩序的建立；我也不会止步不前；要做的事情还有很多；但若要攘内，军事上的成功不再是必须的吧？想象一下，第一执政官和那些君权神授的国王，也就是那些将自己的王国视作遗产的国王毫无相似之处。旧的习惯就是他们权力的辅助。而在我们这里，正好相反，这些旧的习惯就是障碍。今日的法国政府不会与它周围的一切有半点相似性。它被视为邻国的障碍，所以它不得不扫除国内不怀好意的势力。为了让那么多的敌人屈服，它需要响亮的行动，因此就有了战争。

评事：执政官公民，我承认，您确实要做很多工作来稳固您的政府，邻国的国王也是一样。但一方面，确实整个欧洲都知晓您会打仗，并不需要您每年都提供新的证据来让他们记住这一点。另一方面，统领和平不会总是那样黑暗的，而且您所做的大量工作也会让人对您赞赏有加。

第一执政官：过去的荣誉早已经渐行渐远了，不再会让人有所触动。艺术方面的大工程也不会给那些看客留下深刻的印象；这些都微不足道。我的意图是想要增加这些工程的数量；相较于我的胜利，未来我可能会更多考虑这些方面；但是眼下，没有任何事物能比得上军事胜利带来的如此高的反响：这就是我的想法；这是处境的不幸。我重复一次，像我们这样的新政府，为了巩固自己的统治，需要让人赞赏、让人震惊。

评事：执政官公民，在我看来，您的政府并非是新生的。它有厉害的领袖指挥全局，有三万居民的后援支持，它从马伦哥获得强壮的外壳。在所有欧洲政府中，它已经占据了相当重要的位置。

第一执政官：亲爱的先生，您觉得这就足矣？要么成为人中之王，要么死亡。

评事：那么为了获得这个结果，您打算只通过战争这个方法吗？

第一执政官：是的，公民先生……若我们的邻居们知道如何维系和平，我当然会拥护和平；但在他们无所行动或变得软弱迟钝之前，我不得不被迫拿起武器，我倒是将战争看成一种好处。

评事：执政官公民，即使身处和平您也挂念战争，这种焦虑状态会持续多久呢？

第一执政官：我亲爱的先生，关于未来，我还无法回答您这个问题；但我觉得，想要站得更稳，想要缔结和平协议的诚意，要么是我们的邻国体制必须和我们的一样，要么我们的政治制度要和他们的制度保持一点和谐。在旧的君主政体和新的共和国政体之中，总会存在战争的思想。这就是欧洲不和的根本原因。

评事：难道这种敌意既没有被最近的记忆抑制下去，也没有因为您采取的态度而消除吗？

第一执政官：您所说的这些办法都不是治本的良药；在我们这种处境中，我将所有的和平都只视为短暂的休战。我在任这十年期间[27]就似乎是注定要无休止的作战。我身后的继任者会做他们力所能及的事情。（这是在执政府之前。[28]）另外，您是否认为我想要终止和平；事实并非如此，我从来不扮演侵略犯的角色。我倒是很有兴趣把主动权留给他国。我是非常了解他们的；他们总是第一个拿起武器的，或是第一个给我充分动机让我重新拿起武器的。我时刻准备好应对一切状况。

评事：那么，执政官公民，之前我所担心的，正是您所期望的。

第一执政官：我在等；我的原则是，战争比昙花一现的和平更有价值：看着吧，这和平将会变成什么样子。目前的和平是需要付出极大的代价的。这和平期肯定了我们政府的存在，但却是通过旷日持久的对抗换来的。这是最重要的一点。其余的，也就是说未来的事情，就要看情况了。[29]

在这段值得人们注意的对话中，拿破仑预先系统地分析了国际形势。正如雷蒙·阿隆（Raymond Aron）不久后写到的那样，他在诸国纷繁混杂而不同的体系中找到了战争的初步动机。[30]即便从理论层次来看待当时的国际关系，我们也会毫不惊讶地从拿破仑嘴里听到非常明确的"现实"的思考：

[……]直到如今，我依然对奥地利想要发起战争一事毫无头绪。但军事原则就是以武抗武，好的对策就是在武力已经显示出威胁的迹象时，保持警惕。[31]

在1807年，他的脑海里又浮现非常罗马式的想法：

[……]谈论和平的时刻就是做好双倍的战争准备、增加对策的时刻。[32]

在奥斯特里茨（Austerlitz）之战后不久，拿破仑谴责他的哥哥约瑟夫快速宣布了即将签署和平协定的消息，对此我们同样会毫不惊讶，因为这看上去似乎是法国人刚刚取得辉煌战绩，就不顾一切地想要和平：

我的兄弟，以如此夸张的方式宣布派出全权代表并开炮是完全无用的。这的确是麻痹国民思想、给外国人传递国内事务错误消息的好方法。和平不是靠大喊一声"和平！"就能得到的。我并不想将此写进公报里，更不能当场宣布。和平是一个空洞的字眼。我们需要的是光荣的和平。至于当下在巴黎的所为，我实在找不出什么比这更不当、更虚假的了。[33]

"光荣的和平"这一理念部分源于旧制度。事实上，对于拿破仑而言，所有限制他在欧洲的统治地位的和解妥协都是不能接受的。[34]两天以后，他加上了这样几句话：

你们看着吧，我完全可以制造出对大家都有利的和平，但这批宣称自己渴望和平的家伙却认为这样的和平是百害无益，因为这是一群对此一无所知的蠢货。可笑的是他们还不停地重复说自己想要和平，好像和平意味着什么一样；时势造就形势。[35]

1807年，他又做出如下定义：

和平是自愿基础上联合的婚姻。[36]

同样的理念被贝特朗在圣赫勒拿岛记录下来。和平的概念必须满足某几个要求：

获取和平的方式并不是意味着不再发起战争。和平是位于两种力量间的对角线，是处于角力对决的两种力量间的一种屈服；若一方被完全灭绝，也就不存在和平了。[37]

法国历史学家普遍承认在《亚眠和平条约》中止的1803年至1815年间接连不断的战争中，拿破仑展现了他性格中的焦躁和支配欲的一面。然而他们也更为强调大革命给拿破仑带来的政治影响——拿破仑将保持大国*的胜利视作荣誉，以及从旧制度起法国就一直处在对抗的状态中。[38]英国的历史学家则更侧重拿破仑对荣誉的欲望，以及他无力筹划一个建立在让步基础上的必要的和平。[39]拿破仑不是怪物，查理·艾斯戴尔（Charles Esdaile）这样写道。在他统治时期，被执行死刑的人数量很少，并且政治犯人数也不多。拿破仑有能力展现他的魅力，他的慷慨也是众所周知的。然而他的行为举止却令人想到，他的和平政策与他的性格并不一致。这是他的自负和自我限制带来的结果。他天性中的焦躁也时常介入进来，使得他快速地从一个计划过渡到另一个计划。艾斯戴尔没有断言战争的前景给拿破仑带来身体上的满足感，但他也认为军事胜利填补了拿破仑个人生活中的不足的论断是合理的。上述和提波多的对话表明很多政治原因致使拿破仑十分渴求军事上的荣誉。艾斯戴尔认为同样有一些个人原因是他产生这些渴求的动机。[40]对史蒂文·英格伦（Steven Englund）来说，如果把拿破仑与卢梭的信徒相比，拿破仑更像是霍布斯的信徒。在人类关系方面，他总是持悲观的态度：人类天性就是为了统治支配而不断斗争。制造和平是他所不擅长，也无能为力的。必须要说的是，在当时的价值观中，战场上的胜利代表了荣誉和伟大的制高点。英格伦理所当然地也强调了考虑这一点的必要性。尽管世界战争改变了人的精神状态，拿破仑这个名字所带来的"震动"却也自然打上了害怕与反对的烙印，但时至今日，这"震动"也包含着一部分的钦佩，

---

* 此处指拿破仑统治时期的法国，带贬义。——译者注

以及对他的恐惧,尤其是在他影响众人的魅力面前大家对他的恐惧。[41]

拿破仑本人也承认,即便他不"需要"战争,他的政府也不能忽视那些能够带来军事成功的机会。1813年6月休战期间,拿破仑给康巴塞雷斯(Cambacérès)写了一封信,信里体现出他的立场的所有微妙变化。康巴塞雷斯是拿破仑政府的第二执政,负责确保拿破仑的政令在巴黎的有效执行。信里说:

> 警务大臣在他的治安文书里(我对其中包含的很多细节,以及他所表现出来的热忱非常满意)似乎试图将我刻画为一个爱好和平的人物。但这是不会有任何结果的,而且也伤害了我,因为这会让人猜想我并不爱好和平。我想要和平,但不是一个三个月之后又让我重新拿起武器的可耻的和平。我比谁都更清楚我的财政状况以及整个帝国的情况;所以在这些方面他没什么可对我说的。务必让他明白这种方式哪里不合适。我不是一个夸夸其辞的人;我不是把战争当做职业,而且也不会有任何人比我更爱好和平;但和平的庄严性,希望它持久的渴望,以及帝国目前所处的形势都会让我在这方面变得慎重。[42]

接到康巴塞雷斯的回复,十二天后拿破仑又接着他的思绪往下写道:

> 我已经收到您6月23日的来信。关于和平这个话题,部长之间太过饶舌,这给我的事务开展带来极大的困扰。要知道世上没有不透风的墙。我阅读了二十几封外国部长在本国所写的信函,信里说巴黎想不惜一切代价获得和平,还说我的部长们每天都以书信向我通报相关信息。就是因为这样,和平才会化为泡影。错误尤其要归咎于警务大臣。与其唱着和平的调调,我们不如试着用一下好战的口气。即便他们相信和平与否取决于我,他们对巴黎的很多想法也是错误的。敌人们的自负已经到达非常过分的程度,我很清楚,舆论认为,法国有作为帝国的实力。然而,如果和平不符合这种舆论,这和平将会被所有人看不起。[43]

我们可以很清楚地看到拿破仑身上流露出的马基雅维利式的现实主义思想、科西嘉的荣誉感，以及他认为法国民众只会在他夺取有利和平之后支持他的想法。所有这一切构造了他封闭的思想体系，妨碍了他了解法国民众对战争的疲倦心态。拿破仑对和平有着过高的要求，他将此变成了一种过于拔高的理想，然而和平总是建立在部分的妥协之上。最终，他的性格、文化、他个人的历史以及法国的历史从1789年起把他打造成一个习惯战争的人，并在某种程度上让他害怕和平，害怕失势。这是他的悲剧，也是上百万法国人的悲剧。

第二章　战争与法律

大革命和拿破仑战争虽没有使各国之间产生更多的牵连，但也完全没有让在18世纪末悄然建立的彼此心照不宣的战争法和国际法条约受到再次质疑。与我们的理想画面去之甚远的是，在旧制度下这些条约并未被很好地尊重。[1] 众所周知，当拿破仑入侵巴登公国逮捕昂基安（Enghien）公爵时，或者在他无视《吕内维尔条约》将意大利共和国变成王国时，他几次嘲笑了国际法。拿破仑的军队数次越过中立国领土：1796年5月，拿破仑越过帕尔马公国中立国的领地皮亚琴察（Plaisance），1805年贝尔纳多特（Bernadotte）的军团从中立国普鲁士的安斯巴赫（Anspach）的领土上越过。[2] 对于必要的军事行动，拿破仑从不会有太多顾虑。事实是领地间划分的复杂性以及公国的数量之多，导致大国的军队不会经常考虑到这一点。联盟国也于1803年末及1814年初同通过入侵瑞士中立国的领地来进攻法国。[3] 与此相映照的是，拿破仑通信信笺中显示出他对国际法有一定的重视，甚至对战争法更加重视，也就是说，在战争中某些情况在司法领域占据支配性。

要塞投降规则

瑞士法学家瓦泰尔（Vattel）说道，"智慧并且人道"的将军应当劝告要塞司令不要做徒劳的最后等待，并让他的投降体面且有利可图。"如果他顽固不化，而且最终审慎不前，我们可以运用战争法严厉地对付他和他的人民。"他补充说。"但这样的法律从未延伸到要夺取已放下武器的敌人性命的地步，除非敌人犯下对战胜方不可饶恕的几桩罪行。"[4]如果司令决意发起一次猛攻，他清楚自己赌上的是所有当地人员的性命，无论是军人还是平民百姓，以及他们的财产。乔治-费雷德里克·德·马尔当（Georges-Frédéric de Martens）则说，如果要塞被突袭占领，"驻防部队必须谨慎；因为能从他们身上得到的除了生命以外别无其他，并且放弃此地任由它被劫掠并不违背战争法"[5]。这些法律也正是波拿巴将军偶尔所影射的地方。关于武力夺取奥地利的一个岗哨，他写道：

科布洛斯（Köblös）将军亲自以500精锐兵力在拉吉乌萨展开防御。[6]从战争法的角度，这500人会依次沦为剑下亡魂，但这野蛮的法律一直不为人所知，法国军队也从未执行过这样的法律规定。[7]

在埃及，波拿巴让人给驻守埃尔-阿里什（El-Arich）要塞的阿拉伯司令解释说，所谓战争法就是被攻占的城市里无论军民都必须被依次杀死于剑下。波拿巴命令他派两人根据"这片文明土地上人民的惯例"[8]来确定投降书的细节。

雅法（Jaffa）的司令派人砍掉了波拿巴派来的使者的首级作为回复。法军接到命令，发起突袭，随后取得了胜利。波拿巴这样写道：

五点钟时，我们已经是这座城市的主人了。而这座城市在二十四小时之间任人劫掠，遭受一切战争带来的恐怖，这是我从未见过的战争的丑恶之处。杰扎尔[9]4 000人的部队以及800人的炮兵无一幸免于屠刀。一部分居民也惨遭屠杀。[10]

战争变得更加残酷。然而，虽然他就此为自己辩护，我们仍不禁对波拿巴面对战争的可怖所表现的无动于衷产生思考，尤其是他一旦觉得出于政治原因此类做法是必要的时候。[11] 在史蒂文·英格伦眼里，"波拿巴和恺撒具有同样的决断力。哪怕在道德和理智的层面上冒着极大的风险，他做决定也从未有半分迟疑"[12]。在那些由他领导指挥的战役中，埃及之战及叙利亚之战是其中最为残酷的。在意大利与西班牙也亦是如此，通过援用战争法，他采取了非常严厉的手段。1806年对待卡拉布里亚（Calabrais）的暴动者，他就是采用的如此手段：

严酷的例子是必要的。我能想象到这个村庄将会遭到士兵的洗劫。但对于那些叛乱的村庄我们要如此对待。这就是战争法，也是政治规定的义务。[13]

西班牙城市昆卡（Cuenca）于1808年被攻占：

城市遭到洗劫：这就是战争法，因为城市被人从手上夺走了武器。[14]

不在无防御工事地区投降

要塞投降方式依据上述提到的条款，但这与在野外战场的行动完全不同。在圣赫勒拿岛拿破仑长篇大论的论述中，他坚持要明确这一点：

战争法、战争的原则是否允许司令命令他的兵士放下武器，投降敌人，组成一个战俘兵团呢？这个问题对于驻守要塞的部队来说是没有疑问的：但司令又是处在这个问题的另一个维度。国际法允许他在口粮匮乏的情况下，以及驻防地被完全摧毁，或者说驻防地已经受数次袭击的情况下放下武器投降。实际上，要塞充当的是战争机器中最关键的一环，它的角色、命运早已注定。一小伙人躲在防卫工事内进行自我防御，保存兵站，对抗大批敌人的进攻。但当这些堡垒被攻破时，或者当它无法给驻防部队提供更多保护时，司令是有充分的理由被允许执行他认为是最有利于当下民众利益的事情。相反的行为则是毫无目标，甚至是有害无益地将整个城市的老少妇孺置于危险境地。当要塞被包围时，亲王、首领、防守将领们已非常清楚，防御抵挡的时间非常有限，而且随着时间的流逝，堡垒逐一被攻破，投降是迟早之事。所有文明之士都会同意。争执只存在于投降之前将领是做最多还是最少的抵抗。确实也存在着一些诸如维拉尔（Villars）[15]之类的将领，认为要塞司令不应该投降，在走投无路之时，应让人炸掉要塞，并日以继夜地突破围攻。在前者行不通的情况下，至少可以和他的驻防部队冲出来拯救他的人民。司令可以带领剩余四分之三的驻防部队与大部队会合。

国际法特别允许要塞将领在表明利益的基础上放下武器投降，但从未允许任何一个司令在其他情况下让其士兵轻易交出武器。我们可以推断出，任何一个亲王、任何一个共和国、任何一条军事法律都不会允许这样的情况发生。君主或者国家之所以要求下级军官和士兵服从他们的将军和上级，是为了军队的荣誉与福祉考虑。士兵接到武器时，宣誓会至死捍卫他的武器。将军接到指令，派他的军队保卫国家：他又怎么能够有权力命令他的士兵交出武器、接受镣铐？

这样的战斗景象几乎不存在——几支轻步兵、精锐兵部队或者几个营队被困在院落、公墓或森林里。上校或营长一旦察觉被围困的状况就会投降，背叛他的亲王，做出出卖荣誉的事情。在类似形势下，坚持操守也未必取得胜利。然而，中尉官属于他所属的部队，犹如营长属于他的营队。在交战中被围困的部队签署的降书是一份契约。所有有利的条款都是针对缔结合约的个人，所有有偿的条款则针对亲王和部队的其他士兵。自己逃避险境，让战友的处境变得更加危险，这实在是一种可耻的行为。一名士兵如果对骑兵司令说："这是我的枪。让我回村子去吧。"那么这就是一名逃兵，法律将会判处他死刑。如果师长、营长、上校说出类似"让我回家吧，或者请接纳我，我交出武器"的话，那又会怎样呢？战争中只有一种光荣的方式成为囚犯，那就是当我们无法再使用武器的时候，武器从我们手中被单独夺走。弗朗索瓦一世、国王约翰二世[16]及所有国家那么多的勇士都是这样做的。在这种交出武器的方式里，没有任何条件，也不可能光荣地获得任何条件。我们获得了性命，因为当我们无法剥夺敌人的性命时，则由敌人决定你生死的权利，国际法就是如此规定的。

在某些投降形势中，如果军队没有给驻防地建防御工事，允许军官和将军们交出武器的危险是毋庸置疑的。这会摧毁一个国家的军队士气，削弱荣誉感，给卑鄙、胆怯之士甚至是误入歧途的勇士敞开投降的大门。即使军事法规定会对将要投降的军官、将军及士兵处以重刑和辱刑，然而那些军人为了走出困境只会将这些规定抛之脑后而不顾。他们脑子里只有所谓的有价值的或者顽固不化的对策，至于那些偷偷摸摸、不为人所耻的行为就更不在话下了！[……]

但一位将军若被实力强大的敌军包围之时究竟该怎么做呢？我们只能在老贺拉斯[17]那里找到回答。非寻常情况需要非寻常做法。抵抗越是顽强，就越会有机会获得营救或是突围。有多少看上去不可为之事都被那些意志坚定的勇士们实现了。他们除了死，别无对策！越是顽强抵抗，敌人的实力就越被不断削弱，也就越少有机会在当天或第二天向别的军团冲击。这个问题看上去似乎不能成为一个解决之道，但它却不会削弱一个国家的士气，也不会让国家直面更大的不幸。

如果一位将军被实力超过己方的敌军围困，此时他远离自己的大部队，但也进行了顽强抵抗，法律是否允许他在夜晚解散部队，给士兵指明或远或近的集合地点，让大家各自逃命？这个问题令人困惑。但在这样一个绝望的境地，他采取这种立场，挽救了四分之三的人的性命，这是不用怀疑的。比起签署投降书，只顾个体利益而损害军队和国家利益的行为来说，这种做法更为珍贵，他挽救了自身的名誉。[18]

拿破仑极为重视这一点，他又回过头来继续说：

不应当在无防御工事地区投降。这应当是每个人的基本常识。如果投降，就要像罗马人一样大开杀戒。杜邦和塞吕里耶曾在意大利战役中投降。[19]如果战争法条例对此有明确规定的话，他们就不会这样做。[……]可以丢掉武器，但不能为了保存辎重而投降。军人必须知道怎样去死，因为战争本身就是有违天性的。[……]一艘舰船不能在战斗中投降，这会导致战斗失败，因为对准它的大炮也会对准别的舰船。如果只有一艘舰船那么就另当别论，它可以投降。这如同要塞的例子一样。[20]

"背信弃义的阿尔比恩*"

身为托斯卡纳及科西嘉的律师后裔，拿破仑对法律有极深的认识，他对自己所允许和所禁止的事物都十分清楚。此外他也是马基雅维利的信徒，他对这些方面的重视有时显得十分质朴。[21]在只根据利益行事的实用主义的英国人面前，他感到十分愤慨，尤其是当英国人拒不承认英国将军与法国的埃及军队缔结的协议时。这颠覆了"国际法的所有理念"。

[……]出于种种理由，只有虚伪、轻率和冷酷才能领导一个这样有经验的、威严凛凛的政府。上述政府就是个例子。[22]

一次针对第一执政本人的爆炸袭击事件证实了拿破仑对伦敦政府的影射。他通过外务部长塔列朗让人了解他对此的感受：

存在于两个民族之间的战争形态或许打破了这两个临近民族之间的天然联系。但战争中的英国人与法国人难道不是文明的欧洲民族吗？国际法缓和了战争带来的弊端，那些保护摧毁人性的恶魔行为难道不应抵抗吗？[23]

正常情况下，囚犯在拘押国应获得吃穿的权利。然而一名英国特派员竟然要求

---

* 阿尔比恩（Albion），海神波塞冬之子，此处影射英国。——译者注

给在英国的法国俘虏提供服装。该名特派员被提醒注意人权法中的一条惯例：

外务部长会让这位特派员明白，法国政府为了囚禁在英国的法国俘虏的利益，不会逃避欧洲强国之间缔结的法律。法国政府赡养俄、德等国家的俘虏并提供穿戴，这些国家的政府也同等对待法国俘虏。倒是英国政府要看看自己是否应该执行还是逃避协议规定的惯例做法。[24]

后来沦为英国人俘虏的拿破仑被关押在圣赫勒拿岛，他多次提起英国人违反欧洲惯例的不可理喻的做法：

在整个战争期间，我从未终止过交换俘虏的机会。但英国政府认为这是对我有利的事情，于是用各种借口一直拒绝交换。对此我一言未发：战争中政治大于情感。但是非得显露出野蛮的一面吗？但英国人就是这样做的，他们宁愿看见军中俘虏的人数不断增加，而我们不幸的同胞就要开始承受可怕的痛苦了。这和古希腊罗马人竭尽想象发明的各种酷刑没什么两样。[25]

早在大革命时期，国民公会就提出对英国人的指责，博须埃（Bossuet）是最早斥责英国人背信弃义的人之一。[26] 拿破仑只是在 17 世纪延伸了这种对英国人的反感，并为雅各宾派的论据添加了新的砝码。[27] 我们注意到，他将领导人的虚伪与国家品质区分开来。从根本上说，他不承认英国人的行为大部分是由于欧洲俘虏与英国俘虏所受待遇的不同所致。欧洲俘虏总体上是受到优待的。这里面存在两方都彼此猜疑的态度，但幸运的是，这种猜疑没有蔓延至战场上，尤其是在伊比利亚半岛上，交战双方都以骑士的方式对峙，似乎是为了与无法无天的游击队员保持距离一样。[28] 废船改造的英国牢房让拿破仑想起尤利乌斯·恺撒一段不太光彩的过去。后者极为残暴地对待瓦纳地区的高卢人，屠杀他们的议员，拍卖他们的子民，然而这种残暴最终是无用的：

对于恺撒如此对待瓦纳地区元老院的做法，我们只能表示憎恨及厌恶。这些人民压根没有抵抗。之前他们已经抵押了领土，并承诺会安静地生活，但他们所拥有自由和权利就可能招致恺撒对他们发起战争，但倒不至于让他践踏国际法并以如此残暴的方式滥用胜利果实。这种行为本身有失公正，政治上也欠考虑。此类方式从不会达成目标。它只会激化并引起人民的反感和抵抗。在公正与政治允许的范围内惩罚几个头领，这是善待俘虏的一条重要规则。英国人在将法国战俘安置在废船改造的牢房里的时候，就已经从政治和道德上破坏了规则。这让他们为整个欧洲大陆所唾弃。[29]

尊重国际法与军事法

为给1797年干涉威尼斯事务辩解，拿破仑援引了战争法：

威尼斯共和国邻近意大利军队。战争法将处于战场范围内的国家都列入管理范围。正如腓特烈所说，"有战争的地方就没有自由的国家"。[30]

在发起奥斯特里茨战役时，拿破仑让其大军团对抗集合在巴伐利亚旁边的奥军部队。他援引战争法，让外务部长塔列朗传话给维也纳：

[……] 在全世界上任何国家，如果邻国的边境有不明动机的武装，那就等于是宣战的信号。奥地利今天的武装毫无疑问就是这个含义。[31]

1806年9月末，法普战争还在酝酿之中，在宣战前，拿破仑向他的元帅强调，言辞必须和平，不得引起任何敌意。[32]

1815年4月，从易北（Elbe）岛返回时，拿破仑被整个欧洲孤立。和法国的交通往来全部终止，但战争还没有打响。拿破仑向外务部长考兰科特（Caulaincourt）流露出他的担心：

韦森斯大公先生，请向斯特拉斯堡、向省长和将军们发令，让他们从侧面向将军和民事官方打听为什么不让政府的信件通行。战争的目的是带来和平，终止通信就是违反国际法。派人去巴登，给部长写信告诉他这种行为是多么令人吃惊。问问他我们究竟是处在战争期还是和平期。[33]

在拿破仑的部队中，他要求一定要严格遵守军事法，尤其是士兵，也就是最弱势地位的人。在开罗，他写了如下这封信给贝尔蒂埃（Berthier）：

这有一份在大本营拘捕的士兵清单。请您看看，派参谋部一名军官给我做一份更详细的，尤其注意以下情况：这些将士兵关押了一定时间的高级军官是否一点没有违反军事法的规定？是否有个别士兵在军事委员会宣布的拘押期满时也根本未被拘禁？军事委员会的判决是否符合法律？对犯人的复审有没有按要求进行？

您应当能感觉到，这位军官的使命有关秩序和人道。[34]

党徒之流无权享受士兵的待遇。如果他们被抓捕，他们是国家的阶下囚而非战俘。1813年6月拿破仑对贝尔蒂埃这样表示说：

普鲁士军官和卢佐夫参谋官应被视作国家囚犯，用邮车把他们送往美因茨（Mayence）的国家监狱。他们没有写信的权利。此事不要告诉任何人。对待哥伦伯上尉和其他的党派领袖亦是如此。过去的战争惯例则是要将他们绞死的。[35]

陆地及海洋国际法

尤其是在和英国人的冲突中，拿破仑发展了对战争和法律的思考。接下来，这一长段文字比较了陆地和海洋国际法的异同，关于中立性质的问题得到了深化。这些问题一直萦绕在拿破仑心中。这些写于圣赫勒拿岛的篇章见证了拿破仑对于英法纠纷之间的个人倾向，也是大革命和帝国时期的战争背景的图景再现。

在野蛮时代，无论陆地还是海洋，国际法都是一致的。敌国百姓一旦沦为俘虏，要么夺走他们手中的武器，要么把他们变成普通居民。只有缴纳足够的赎金，他们才能摆脱奴隶身份。他们全部或部分动产和地产都统统被充公。文明的开化快速而完全地改变了陆地战争中的国际法，而海洋战争并未受到波及。所以结果是，仿佛存在两种理性与两种司法，由两种法律分别解决不同问题。在陆地战争中，国际法保护个人财产不被剥夺，个人身份不被改变。战争只针对政府进行。因此，物产不会易主，商店会完好无损，人民保持自由身。只有战俘、被卸去武器的军人另当别论。这种变化极大地减弱了战争带来的弊端。征服一个国家变得更加容易，战争也不再那么血腥和悲惨。如果战胜方要求被征服的省份抵押土地，交出武器，该省份必须顺从。所征税收落入胜利者的口袋。如果胜利方认为必要，它还需要赡养部队或补偿战争损失，那么它会征收更多的税。但这种税收与商店货品的价值没有任何关联。这只是一种按平常税收以比例增加的征税方式，对国家的全部财产进行征收，其数目很少与亲王一年的征收数目相等。

海洋国际法还处在野蛮状态。个人物资被充公。非战斗人员沦为囚犯。当两个国家交战，双方的海船无论是正行驶在海上还是停靠在港口，都可能被充公。船上人员沦为战俘。因此，非常矛盾的是，（假设英法之间有一场战争）战争打响时，一艘停靠在南特港口的英国海船将会被充公。船上人员无论是士兵还是普通百姓一律成为战俘。然而一间开在南特的英国商店既不会被移交第三者保管，也不会被充公。来法国旅行的英国批发商也不会成为战俘，只要必要的护照和遵循规定路线就可以离开法国。一艘行驶中的英国海船被法国军舰抓获时将会被充公，不管船上货物是否属于私人。船上的个人将成为战俘，无论他们是不是士兵。在英法两国绝交时，一支上百艘的英国货船船队穿过法国海域时不会被抓捕。

陆地战争中，外国国民拥有的陆地物资不会被充公，最多会被移交至第三方处理。陆地战争国际法因而更文明，更保护私人的利益。海洋战争还有待开明理念这一天的到来，到那时候，两国海军交战也不会导致货船充公，普通水手和非军人乘客也不会沦为战俘。这样海上商业才得以在交战时继续发展，如同陆地战争一样。[36]

为遵守真提利斯*（Gentilis）、格老秀斯**（Grotius）、瓦泰尔***提出的粗略的国际法规定，欧洲强国将战争局限在军事武力范围内。[37]这种演变起源于17世纪末，真正实施则是在18世纪。尽管对法律的引入伴随着法国大革命带来的国家特征，拿破仑时代的战争大部分都是局限于军队之间的。大量证据表明，1805年至1806年间，法国大军团与德国人民相处得较为友好。1809年，奥地利人民的态度则不是十分热情。1813年，西里西亚的人民已经表现出反感，至少在萨克森国的领土内是这样。但这些人民从来不是作战计划的目标。如果军队的出现对人民造成困扰，征用需要给予补偿。只有军队是对手战略打击的对象。炮弹轰炸城市是很罕见的。维也纳在1809年很少遭到炮弹轰炸。战斗没有让任何一个平民成为受害者。[38]西班牙战争让一部分百姓卷入了进来，但这些人主要是有组织的团伙。法国军队与西班牙人之间的关系并不像人所想象的那样刻有如此多仇恨的印记。将民族主义冲动应用于拿破仑战争是通常所犯的一种错误。民族主义是20世纪才充分发展起来的。当然这是朝着全面战争迈出的一步，但却是循序渐进的。[39]如同他的同代人，拿破仑在启蒙运动的思想中成长，将战争视作军队之间有待解决的冲突。我们并没有

---

* 真提利斯，15世纪末至17世纪初著名的早期国际法学家。——译者注
** 格老秀斯（1583—1645），荷兰法学家，著有《海洋自由论》《捕获法》和《战争与和平法》，被誉为"国际法之父"。——译者注
*** 瓦泰尔（1714—1767），瑞士学者，著有《国际法和自然法原则》。——译者注

强调拿破仑用国际法将战争限制到了什么样的程度。这篇文章虽不太为人所知，但很好地体现了这一点。我们同样也发现，拿破仑强调在英法对峙时出现的不平等。在法国称霸的陆地上，国际法不允许胡作非为。而英国称霸的海洋上，法律基本不存在。英国可以随心所欲。在下文中，拿破仑进行了深入的思考：

海洋是所有国家都拥有的领域。它覆盖了地球四分之三的区域，在不同民族之间建立了联系。行驶在海洋上的货船必须如同在内陆一样，遵守该国民法和刑法。一艘行驶中的海船可以被视作一块浮动的殖民地，在此意义上，所有国家在海洋上也同样行使主权。如果战争期间商船都可以自由行驶，那么中立船只就更不会受到任何盘问调查。但是，依据过去的原则，交战双方的货船有可能被充公，因此必须制定法律规定，交战双方要检查其所遇到的挂有中立旗帜的船只的国籍。因为他们只有将敌船充公的权利。因此，所有强国都通过不同条约认可巡视权。法律允许交战双方派小艇登上中立商船，检查证件，确认所属国籍旗帜。所有条约都力图让此条法律涉及所有可能方面：有武装的船只必须远离炮弹攻击的范围；只能两三人登船检查；一切必须看上去是没有武力威胁的。公认的是，如果舰长和半数船员属于所悬挂国旗的该国国民，且船只携带有符合规定的护照及货物，那么挂有该国旗帜的船只属于该国管辖范围。所有国家都通过不同条约禁止以中立名义利用战争，以军需品贸易之名，如火药、子弹、炸弹、步枪、马鞍、马笼、装甲等发展走私贸易。携带以上物品的船只被视作违反君令，因为君主禁止发展此类贸易，这些违禁物品会被充公。

巡洋舰探视不再是检查船只所属国籍的简单探视。巡洋舰以君主的名义执行新的检查权，检查内容为查看覆盖国籍旗的船只是否携带违禁品。敌国人员中只有军人被视作违禁品。因此这种检查并没有违反国籍旗必须覆盖商品的原则。

不久他又列举了第三种情况。中立船想要进入被敌军舰队包围的海上要塞。这些中立船不得携带任何军事用品，粮食、木材、葡萄酒及其他商品除外。但这些商品会对被围攻的要塞起到有利作用，帮助其延长抵抗时间。因此经各强国反复讨论后达成协议，在要塞被围困情况下，中立船试图进入可能会遭致危险，实施封锁的将领会禁止中立船进入要塞。但假如中立船不顾禁令使用武力或花招进入，将领可以将其充公。

因此，海洋法建立在以下原则上：1.国旗需覆盖商品；2.交战双方可以行使巡视权，检查国旗、货物及是否携带违禁品；3.违禁品主要针对军需品[40]；4.在要塞被真正封锁，进入要塞有明显危险的情况下，中立船被禁止进入要塞。这些原则组成中立海洋法的的内容。因为各国政府已经通过所设条约，遵守这些原则，各国国民也被要求遵守。海上大国，如荷兰、葡萄牙、西班牙、法国、英国、瑞典、丹麦及俄国，在不同时期通过不同契约彼此制约。这些契约以总和平条约为框架，例如1646年的《威斯特伐利亚条约》（原文如此）及1712年的《马德勒支条约》。[41]

拿破仑通过大量阅读获取了国际法方面的知识。下面这段论述出现在对英国人行为进行分析之前，此段论述让他又给大家上了真正的一课：

英国在1778的美洲战争中宣称：（1）适用于修建舰船的例如木材、麻绳、柏油等商品属于违禁品；（2）中立船有权从友国的港口出发行驶至敌国港口，但不能在敌国港口间进行非法贸易；（3）中立船不能从殖民地开往敌国首都；（4）中立国不得用战船护送商船，或者在此类情况下，中立国不享有巡视豁免权。[42]

这些宣言引起了"国际社会"（那时还没有此称谓，但属于这个概念）的极大愤慨，因而英国不敢实施这些措施，但从1793年起，反对法国大革命的战争背景又使得英国采取了这些措施。

第三章　军事天赋

拥有军事天赋

阿喀琉斯是一位女神和凡人英雄的儿子：这是战争天才的形象。神的部分来自天性中的精神理性、天赋、对手的关注及判断，根据他的自我认识在心中的投影，他既可变成强壮的胜利之士，也会沦为虚弱的战败者。凡人的部分则是武器、战壕、阵地、战役队列，所有与物质事物联合的东西。[1]

我们注意到，在这段定义中，"神"的部分是所有非物质事物的集合，但对战争来说又是极为重要的部分。除天性与天赋以外，对手的关注包含战争中所有的相互影响的部分，即克劳塞维茨所说的"相互作用"[2]。判断和战士精神则指"精神力量"，在第三篇中我们会提到这一点。透过战争主要组成部分来看，拿破仑此处给出的定义是对于战争的真实定义。在有利的联合这方面，克劳塞维茨也提到了天赋的概念。他想借此说明，这是"在某些活动方面具备的卓越的精神能力"[3]。它包含了各种力量的完美结合，彼此之间既可以独立占据优势，也不会彼此相悖。它要求高超的智力水平，所以高度文明化的时代也是必需的。克劳塞维茨说，这就是罗马和法国的情况。

我们生来就具有或者不具有战争天赋。拿破仑向评事候德抱怨说，他的兄长约瑟夫，虽已登上西班牙王室宝座，却不是当军人的料。

我是军人，这是老天赐予我的禀赋。既是天生就有，也是经验造就。我在任何地方都是统领部队的将领。我23岁就指挥土伦（Toulon）围攻。蒲月时，我在巴黎指挥军队。当我出现在意大利时，我让那儿的士兵变成了一支热情的部队。我就是为此而生的。[4]

对于拿破仑来说,战争的胜利并不是偶然的结果,即使在所有事件中都会有偶然的影子,并且作为非常重要的因素出现。伟大将军的天赋异禀是无需讨论的:

持续的伟大的行动从来都不是运气和机会造就的,这样的行动始终源自谋略和天赋。我们很难见到大人物们在最危险的行动中失手。看看亚历山大、恺撒、汉尼拔、雄狮古斯塔夫[5]和其他人,他们是常胜将军。难道是因为幸运才促使其成为大人物吗?不是。而是因为身为大人物,他们善于抓住运气。当我们想研究他们成功的动因时,我们总是很吃惊地发现,为了夺取胜利,他们做了一切可能之事。[6]

在1804年雷米萨夫人的报告里,战争领袖"掌握运气"的能力被很好地阐释了:

拿破仑说,军事科学首先在于计算一切机会,其次是准确地、几乎是像数学算法一样精确地把握机会。只有做到这样的程度才能无误,多或少一位小数点都会改变一切。然而,这种把握科学知识及机会的禀赋只储存在天才的大脑,因为只要有创造性的地方就需要这种禀赋,人类大脑最辉煌的即兴创作就是创造本不存在的事物。机会对于那些资质平庸的人来说总是个谜,而对于那些优良的大脑来说就是现实。杜伦尼几乎不想这些,他只有方法。"我觉得,"他笑着说,"我可以打败他。"孔代[7]考虑的比杜伦尼多,但他作战的动因却是冲动。欧根亲王[8]是最欣赏孔代的人之一。[9]

拿破仑也向雷米萨夫人吐露了他是怎样逐步在学习中发展数学精神及敏锐意识的:

我在军事学校长大,他说,我只对精准的科学表现出天赋。在那儿的所有人说我:"这是一个只适合学数学的孩子。"[……]当我进入部队时,我经常感到无聊。

我开始读小说，这种阅读让我非常感兴趣。我也尝试着写了几部小说。写作给了我想象的空间，这和我获得的实际经验掺杂在一起。很多时候，我打发时间的方式就是想象，然后衡量这些梦想是否合乎理性的标尺。我将自身投入一个理想化的世界，寻找究竟是什么造成了它与我所处世界的不同。[10]

回到拿破仑说过的对科学与机会的把握。他很了解皮埃尔·西蒙·拉普拉斯（Pierre Simon Laplace）关于概率的研究。1785年，拉普拉斯曾是拿破仑所在皇家军事学校的老师。对拉普拉斯来说，"机会理论将所有同性质事件简化为一定数量的具有同等可能性的事件，也就是说对于这些偶然性的存在，以及界定有利于事件发展的情况的数量并寻求其概率，我们同样是非常不确定的。数量与可能发生的事件的关系是概率尺度，这只占一小部分。分子是有利情况，分母是所有可能事件"[11]。1812年，拉普拉斯将他的《概率分析理论》（*Théorie analytique des probabilités*）献给拿破仑，后者在俄国战役初期收到一本样册，他回复说：

拉普拉斯伯爵先生，我很高兴收到您关于概率计算的论著。若有时间，我一定会细细阅读。您出版的新作完善并扩展了科学前沿知识，我在此向您致以由衷的敬意。这些著作为国家的声誉做出了贡献。数学科学的发展和完善是和国家昌盛紧密连在一起的。[12]

稍后，我们会在第七篇克劳塞维茨谈到"摩擦"概念时重回偶然性的主题。要记住的是，将偶然性纳入科学计算是军事天才的主要标志，尤其是拿破仑军事天赋的标志。马尔蒙元帅很好地解释了这一点："越多的因素纳入到计算中，就有越多的把握。有远见的人应将可能性当做概率一样纳入考虑范围。这样能够防范意外危险，即便在败北之时也能预防大灾难的发生。这种远见是拿破仑最强能力之一，成就了他的荣耀。而他的对手却总是缺乏这样的能力。拿破仑取得的战果让世人吃惊。"[13]这种远见建立在辛勤的工作之上。天才不是简单的即兴发挥：

战争中，不计算就一无所获。任何一件事情，如果不对细节深入思考就终不会取得任何结果。[14]

我之所以看上去总是胸有成竹地应对一切，那是因为在着手之前，我一直在思考，预计可能会发生的事情。天赋不是一下子悄然地显露出来。我要说的和要做的对别人来说都是突如其来的。这归功于我的思考，我的冥想[15]。

这里我们抵达了拿破仑战略秘密的核心。哥伦比亚商校的一位教授的研究尤其让美军感兴趣：拿破仑是历史上取得最多胜利的将军，克劳塞维茨将其归功于他的"判断力"（coup d'œil）——在他的文章里他使用了这个法文词*。它意指一种突然的直觉，指明行动的路线。把握历史，了解是哪些因素成就了以往的胜利，这是判断力的基础。它让人能即刻找到应对现实处境的适当办法。拿破仑思考过许多大将军的作战行动。[16]对于克劳塞维茨来说，判断力"直率地表达了一种快速性，可以看到在普通人眼里无法察觉到的情况，或者是普通人需要长时间检验与深入思考后才能察觉的情况"[17]。

最新的科学发展证实了"内行的直觉"的存在，这不是建立在幻觉的第六感之上，而是在对过去的研究和扎实的知识基础之上：这个发现证实了拿破仑的言论，他把计算与偶然的部分分开了。了解其他人曾在类似情况中如何行动的是基本知识：拿破仑的直觉并非建立在身为一位"伟人"对自身的自信上，而是一种重视别人经验的谦恭之态。[18]拿破仑首要的灵感来源就是书籍。[19]他大量阅读各类书籍：这是众所周知的。[20]科学让处在大脑两个不同部位的直觉与分析功能不再孤立。它们之间的联系是如此紧密，以至于很难将彼此区分开来。正确的分析离不开直觉，同理，正确的直觉也离不开分析。在所有情况中，二者都是一起运作的。科学家近

---

* un coup d'œil，本义指眼力、眼色、灵光闪现等。——译者注

来认为，大脑通过研究收集数据，并将数据短期或长期地存储在记忆里，在选择与合并数据时，它会用到直觉的判断力（flashes of insight）。一些人称之为"智慧记忆"[21]，另一些则称为"情感智力"[22]。

军事天赋是天生的。拿破仑给在1809年指挥意大利军队、正要从奥地利军队面前撤退的欧仁·德·博阿尔内写信时提到了这点：

战争是严肃的游戏。它会危害到国家的利益及名誉。当我们足够理性时，我们应当能体会并认识到我们是否生来就是干这个的。我知道您在意大利假装瞧不起马塞纳。假如我派他去，今天发生的一切都不会发生。马塞纳有很多军事天赋，这是极让人钦佩的。您要忘记他的缺点，因为凡人都会有缺点。我错在不该将军队指挥权交给您。我本应让马塞纳到您那去指挥，而让您服从他的领导指挥骑兵部队。[23]

马塞纳具有罕见的天赋，能利用敌人的错误，并迅速补救失败，这尤其要求冷静的品质，沙普塔尔这样转述道：

他说，所有人都能够制定作战计划，但很少有人能够作战，因为作战只属于真正能审时度势行动的军事天才。最好的兵法家通常都是最糟糕的将军。[24]

马塞纳出身卑微，没有多少文化，又是贪财之徒。但他在战场上就能体现自己的决策头脑。他"习惯大事件"[25]：

茹贝尔（Joubert）有军事天赋，马塞纳大胆，我只在他身上看到判断力。但他沉迷于表面的荣誉，不能接受别人剥夺他认为应得的赞美。[26]

子弹的呼啸声改变了马塞纳。在指挥战斗和做决策时，他不再像以往一样。在类似的情形中，头领就是一切。拿破仑在此方面又补充了一些，不再局限于马塞纳：

在战争中，一群人什么也不是，而一个人就是一切。[27]

将军的出现是必不可少的。他是领袖，是军队的一切。征服高卢者，并非罗马军团，而是恺撒。威震罗马者，并非迦太基军，而是汉尼拔。侵入印度者，并非马其顿方阵，而是亚历山大。直逼威悉河与莱茵河者，并非法国陆军，而是杜伦尼。七年战争中力拼欧洲三强者，并非普鲁士军人，而是腓特烈大帝。[28]

[……] 战争中，只有领袖本人明白某些事情的重要性，也只有他本人能够通过他的毅力及非凡的智力克服并战胜一切困难。[29]

因为最终，无论做什么，无论政府怎样努力，无论法律多么严格，一头羚羊领导的狮群永远不会成为一支雄狮部队。[30]

克劳塞维茨对这个理念又做了进一步阐释："随着个人能力接连大放异彩，个人意志已不足以激起或维系这股力量，大众的惯性力会逐步落到领袖的唯一意志上。他内心的热情、出众的才智又会不停重新激发其他人心中的决心，重新点燃希望的火光。"[31]

从1812年起，拿破仑的集中领导方法显出其局限性。当他必须将自主军团交给某些元帅领导时，元帅们已经习惯了被发号施令，无法承担起责任。下面这些针对他的右臂——大军团总参谋长贝尔蒂埃元帅的话引起无数评论家的议论。它们见证了过度集中的领导方式：

严格执行我下达给您的命令。按时发指令。所有人都应在其位，谋其职。至于我该做什么，唯有我自己清楚。[32]

在马尔蒙元帅的《回忆录》里，我们发现了以上这句话的影子。1813年9月12日至13日的夜晚，马尔蒙讨论在德国战役中的广阔战场分配指挥权事宜，此时联军已经出动好几支部队。拿破仑离开时对他说：

棋盘已经乱了。只有我能辨明。[33]

贝尔蒂埃只是一个执行者。拿破仑本人就是自己的参谋长，也就是说他是唯一一个在战役中自己准备并做决策的人[34]。按照博纳尔（Bonnal）将军所说，当1809年拿破仑让其部队从候德面前逃脱时，他可能会意识到这种应用于大规模部队的领导方式的缺陷：[35]

这可能是我亲自指挥的缺点，但这是我的优势。[36]

我们能为拿破仑辩护，此前他在大革命的军队以及奥地利军队中已见识过太多团队决策的缺陷。团队决策会导致责任的淡化，军队结构的等级性质也会导致军队缺乏胆量，只敢做常规的保守的决定。还必须要说的是，按兵团和部队来划分结构是全新的方式，只有拿破仑能完全理解，而贝尔蒂埃只能在最小的范围里理解。莱利（Riley）将军在这里写道，甚至在1813年，想要培养出胜任参谋长职务的人，既无经验可寻，也无专门的培训。这些方面是在后来才得到发展的。[37]但拿破仑是否十分希望发展除了他自身拥有之外的军事才干呢？这是他政治权力的基础。[38]

领袖的品质：性格大于头脑

尤其在圣赫勒拿岛，拿破仑补充了他对将军必备品质方面的思考。蒙托隆、古尔高、奥米拉和拉斯·卡斯收集并整理了以下言论：

领袖的第一品质是具备冷静的头脑，从对象那里获取准确的印象，从不激动或骄傲，不为好的或坏的消息触动而兴奋。一天当中相继产生或同时发生的感受，应将它们归类整理，它们只该占据应占的位置。因为良好的判断力和理性来自对不同感受比较的结果。有一些人，不管其精神体魄如何，总是自我描画战争图景：他们有一些知识、想法、勇气，外加一些好的品质，然而其个性却无法统领军队，指挥大型军事行动。[39]

克劳塞维茨在此方面也有类似看法。领袖必须具备"一种身处广阔的黑暗而不失对光明的判别，且能引导他走向真理的精神。其次，追随最微弱光线的勇气"[40]。这种勇气尽管准确地说不是一种精神手段，而是个性，但它在责任面前，在道德险境面前，是"精神的勇气"（此处在克劳塞维茨的原文里用的是法文词）。克劳塞维茨也谈到了"决心"：决心的功能是将怀疑的苦恼和犹豫的危险排斥开来。拿破仑以同样的笔调谈论到此方面，言辞并不过分谦虚：

要成为好将军，要懂得数学。这可以让他在面对上千种情况时调整思路。或许我的成功该归功于我的数学理念。将军从来就不应该自我描画战争图景，这是最糟糕的情况。一个游击队员袭击了一处哨所，不要以为所有军队都在那儿。我最为杰出、也最让我脱颖而出的天赋在于，我可以看清楚一切事物。我的演说方式也是如此，立即从各个角度看清问题的本质。直线总比斜线短得多。[41]

拿破仑对数学的热情要上溯到他八岁时。在布里埃纳学校学习时，他的这门科目成绩就格外引人注目。他的兴趣并不在文学、拉丁文、语言及其他休闲科目。他杰出的实践精神将他推向科学，在他看来，科学知识对他所选择的军事职业极为必要。在巴黎军事学校，他依然在数学科目上取得最优秀的成绩。[42]他在圣赫勒拿岛的图书馆里有好几本数学著作，其中有蒙日（Monge）的《画法几何》（*La Géométrie descriptive*）及拉普拉斯的《宇宙体系论》（*L'Exposition du système du monde*）。[43]

他说，一个好的将军，不应该"自我描画战争图景"：他不应轻易被触动。他应该保持头脑冷静，因为战争总是充满无法预料的、戏剧般的事件。换句话说，将军要有一个坚定的性格。头脑是另外一种品质，它能让人看清模糊的形势，这和所说的"判断力"很接近：

> 他说，好将军的头脑，应像望远镜的镜片一样洞悉形势，而从不自我描画战争图景。在我生前或死后的所有将军中，杜伦尼是最伟大的。萨克斯元帅只是将军而已[44]，他没有头脑。卢森堡[45]头脑很清楚，而腓特烈最甚，他能迅速并完美地看清事物。你们的马尔伯勒公爵[46]不仅是伟大的将军，也是极有头脑之人。如果让我从威灵顿（Wellington）的公函以及他对内伊（Ney）的行为来评价他的行动的话，我会试着说这是一个有头脑的人，既不宽宏大量，灵魂也并不伟大。我知道本杰明·康斯坦（Benjamin Constant），斯塔埃尔夫人认为他具备军事天赋中的抽象能力，但他不能将两种想法同时结合起来。然而要说到真正的将军，那要回溯到马尔伯勒公爵的时代才能在你们国家找到这样的人物。我想，历史会将他视作一个有局限的人。[47]

个性与头脑必须平衡，正如拉斯·卡斯转述的那样：

> 一个伟大的将军身上要具备所有的必要品质是很难的，也是很罕见的。在另一个场合他说道。能让人不同寻常，也最令人想往的就是，天赋或头脑与个性或勇气

处于平衡状态，即他所说的正方形，底高要相同。如果勇气更多，他继续说道，将军就会不顾其原本的设想，而错误行事，相反，如果勇气或个性在头脑之下，那么他就不敢完成最初的设想。他于是列举了总督（Vice-Roi）[48]的例子，在他身上二者的平衡就是其唯一的优点，但也足以让他成为一名杰出人物。

他谈到了很多身体与精神的勇气。在谈到身体勇气时，拿破仑说，让缪拉和内伊不勇敢是不可能的事情。但没有人的头脑好过这二人，尤其是与缪拉相比。

在谈到精神勇气时他说，午夜后凌晨两点是最没有勇气的时候。也就是说，即便情况突如其来发生，最突然的勇气也需要给头脑、评断力和决策力留出一定的自由空间。他毫不犹豫地宣称，他自认为是午夜两点最有勇气的人，并且很少有人像他一样在那个时候有类似的反应力。

他接着说，人们对精神的力量了解太少。发动大型战争需要充分考虑精神力量带来的结果。这些战争和军队、国家、王位的命运紧密相连。他观察到极少有将军是急于发动战争的："他们待在阵地，安置好，思考着策略，但这样就会优柔寡断。没有什么比下决心更难更可贵的了。"[49]

军事天赋是天赐的馈赠，但将领最主要的品质是坚定，以及不惜一切代价战胜的决心。[50]

在上文中，我们看到克劳塞维茨将决心列为将军必备的第二品质，仅次于判断力。[51]他同样也提到了拿破仑说过的诸如坚定、个性的力量、自我掌控力及所有其他品质：

[……]意志、个性、认真、胆量成就了现在的我。[52]

唯有魄力和毅力才能拯救部队，才能赢得坏人的尊重。[53]

将军的主要品质是坚定的性格，其次是天赋。较之马蒂厄·杜马斯[54]，我更喜欢勒费弗尔（Lefebvre）。后者是个极具热情的人物。你们可以看到，最后他想保卫巴黎，当然他是对的，他有包围巴黎的能力。杜伦尼的杰出不是因为其头脑，而是其天赋。[55]

因此，性格坚定、魄力、决策力是最主要的品质，其次是天赋与头脑，这些概念与直觉力、想象力及智力、教育、知识等因素都紧密联地系在一起。

战争中不需要那么多头脑。最简单的就是最好的。[56]

热罗姆（Jérôme）亲王曾收到拿破仑的回复：

您的信里想法太多。战争中是压根不需要这些的。要的是精确、坚定和简单。[57]

要看到主要的方面。然而人的意识总是受到外界影响，倾向于自我描画战争图景，这破坏了让·吉东（Jean Guitton）命名的"主要的唯一"规则[58]，尤其是一直以来，军队是按照空间与时间来划分，责任分摊也在不断细化。在七年战争（1756—1763）中，法军领袖想法很多，却完全缺乏个性。1757年，普鲁士腓特烈二世挫败苏比兹亲王[59]的事例无疑是最明显的例子：

这些年来我们居然不知道怎样打仗。法国军队中有太多有想法的人，爱理论的人，爱高谈论阔的人。我们需要的是一位有个性的将领来决策。好好嘲笑一下那些想法多的人，让他们听从命令。萨克斯元帅不是一只雄鹰，但他有个性，知道怎么让人服从。目前，我们还能好过苏比兹的将军、上校和营长。[60]

这些宫中人士简直就是法国军队的祸害。我们缺的只是将军，可他们当中一个也没有。他们生来不费吹灰之力就有了一切军衔和恩宠，但却不堪一击。他们可能是勇敢之士！他们很想打一场小仗，然后十月份就返回凡尔赛宫。仗不是这样打的。这是一门艰苦的职业，它要求毅力、坚持还有个性。我们不缺好的副校、副官，缺的只是将军。[61]

这里涉及大革命战争和帝国时期的军事演习。冬季不再中断军事演习。

总司令的素质一定要高于他的下属。他必须更加严格地要求自己。这条原则适用于所有等级：

只有当将军们作出表率的时候，他们的部下才会履行他们的职责。[62]

在军团中，首领的注视可以纠正一切问题。上尉也好，军官也好，不管他们有什么样的优点，如果他们不能持续感知到首领的存在，他们就会一直处于无忧无虑的状态。[63]

勇气是必需的，但不是什么样的勇气都需要。拿破仑这样谈论他的兄长约瑟夫，约瑟夫那时还不是军人：

他有勇气，但他有的是顺从的勇气，而不是行动的勇气。比起名声受辱，他更有去死的勇气。但这就是事关生死的事情！要救人救己呀！[64]

最后，首领必须被其手下人所爱戴：

所有部队，尤其是海军部队，其灵魂，就是忠于首领的一切。[65]

穆东先生，我的副官，我想让您对您的准将阿尔芒说，他太难打交道了，他的上尉和军官都因为不喜欢他而纷纷离开。试着让他明白，为了军队的利益，受人爱戴是有好处的。[66]

事实上：

发号施令是不够的，要让人服从。[67]

首领需要朋友：

战争中的朋友，我亲爱的贝特朗，仅此而已，无需更多。朋友可以代替很多事情。[68]

相反，若要指挥，则需要"平民品质"：

指挥是一桩民事。士兵希望他的将军最智慧，也最勇敢。指挥靠的就是这些平民品质。将军的品质：会计算是平民品质，识人也是平民品质，演讲，不是法学家的演讲，而是可以鼓动人心的演讲，也是平民品质……[69]

将军的形象

在1812年俄国战役初期的一场会谈中，拿破仑谈到了头脑与个性之间的不同之处。此处为古维翁·圣-西尔元帅的转述：

拿破仑接着说，战争艺术是所有艺术中最难的一项。正因为如此，军事上的荣誉才格外受到重视，而且普遍认为军事荣誉是最为伟大的。贤明的政府应当为军人服役发放报酬。我们需要有头脑的将军，但既有头脑又有个性就极为难求。他以船举例，说道："头脑是帆，个性就是吃水的深度。如果吃水深，桅杆又脆弱，船就无法行驶太远，但可以抵御狂浪。相反，如果帆又厚又高，而吃水浅，船可以在好天气航行，但一遇到风暴就会沉没。要航行得好，帆和吃水度都要把握好。我派马尔蒙去了西班牙，他有很多想法。我还不清楚他的'吃水度'，但很快我就可以判断出来，因为现在他对自己很放松。"[70]

几天之后，1812年7月22日，马尔蒙在撒拉芒格（Salamanque）附近的阿拉皮斯（Arapiles）被威灵顿打败……炮兵出身的马尔蒙有知识。炮兵及工兵军官总是那些最有知识的人物。贝特朗将军是一位出色的工程师，但不具备指挥军队的本领：

在不同形势下，您都表现出非凡的才能。但战争不是只靠毅力、决策和持久的意志。切忌反复摸索和犹疑不前。[71]

在圣赫勒拿岛谈到舍雷尔（Schérer）将军时，拿破仑再次使用了船的例子：[72]

舍雷尔不缺头脑也不乏勇气，他缺的是个性。他谈论起战争来虽然大胆，但是空泛。他不适合战场。战士需要同等的个性与头脑。有太多想法而没什么个性的人是最不适合打仗的。这就像一艘吃水度不合比例的船。最好是很有个性而没什么想法。这样的人通常都能在这行中取得成功。底高要同宽。如果个性与头脑都是同等程度，那就是恺撒、汉尼拔、杜伦尼、欧根亲王和腓特烈的例子。[73]

取得1794年弗勒吕斯战役大捷的儒尔当（Jourdan）有很多品质：

在一天的战斗中，面对敌人，身处炮火，儒尔当将军非常勇敢，但他在寂静的夜晚，凌晨两点时就没有了领袖的勇气。他不缺洞察力及智慧，但他没有决心，头脑里也满是错误的战争概念。[74]

不经思考的胆量也是不能要的，就像奥地利将军在意大利表现的那样：[75]

我们已经通过波河。第二场战斗已经打响。博利厄（Beaulieu）很困惑，他的盘算相当糟糕，不断落入敌人布下的陷阱。他可能想要发起战斗。但这个人只有疯狂的胆量，却没有天才的果敢。[76]

赢得战斗需要英勇无畏的精神，但如果不谨慎小心就只会起反作用：

弗勒吕斯战役的胜利应归功于勒费弗尔。这是一名勇敢之士，不为其左右发生的大事所动，不在乎生死，只一心想着如何更好地战斗。很好。但是这些人若被包围，处境危险，他们就会投降，之后就变成了孬种。[77]

知识是重要的，这是法国的将军最为缺乏的东西：

我们的法国军队中没有好的总司令。没有一个人知识过硬，他们都是普通人。或许他们有热情，但这不是全部。奥地利参谋长就要比我们的参谋长学识渊博得多。[78]

拥有一定的知识是必不可少的。俄国人苏沃洛夫（Souvorov）就没有这些：[79]

苏沃洛夫元帅有一颗伟大将领的灵魂，但他头脑空空。他天生就意志坚强、精力充沛、英勇无畏。但他既没有军事天赋，也没有战争知识。[80]

对于缪拉（Murat）来说，他每天需要的都是"奢华、女人、一张伊壁鸠鲁的清单"：

军队领袖最大的过失就是不懂得控制自己的激情和嗜好，这样会让成千上万的士兵们丧命。[81]

在一次检阅手下将军的时候，拿破仑评价道，在部队中不同等级的长官可以有一些不同的品质，他谈到了缪拉的缺点：

人们就像音乐会里的演奏家，各司其职。内伊撤退时表现出来的勇敢和顽强显得可笑。他可以很好地指挥一万人的部队。除此之外，他或许倒是个货真价实的蠢人。拉纳（Lannes），我觉得他在战场上和内伊有一拼。这两人都有极佳的表现，没有人比他们更接近拉普[82]。缪拉也是非常勇敢的。

缪拉比内伊更擅长指挥战斗，但他也是一个可怜的将军。他总是不用地图作战。在马伦哥，我派他去夺取斯特拉代拉。他倒是已经派部队前去作战，但他本人为了征收可怜的 40 000 法郎的税金还留在帕维亚。我让他立马从那离开，这一下就让我们牺牲了 600 人的性命。当时的计划本要在他之前将敌军从我方占据的阵地里驱逐出去。他为了在城堡里建一个司令部，让自己过着声色犬马的生活，不知犯了多少错误。他每天都需要这些东西。总体上，我对他是极为宽容，我允许他身边带一个婊子，避免他有这方面的问题出现。

我之所以在意大利享有声望，部分原因是因为我不劫掠，顾虑自己部队的行为。这是总司令最大的职责。最小的错误都会导致成千上万人白失性命。[83]

尽管缪拉、拉纳和内伊有这样或那样的可鄙行为，也缺乏道义勇气，但这三人仍是军中勇者之最，无所不能。[84]

当他的兄长约瑟夫成为那不勒斯的国王时，拿破仑叮嘱他如何根据将军们的才干，给他们分配不同的任务：

战争这一行如文学一样，每人都有自己的方式方法。如果攻势猛烈又持久，需要胆识之士，那么马塞纳就比雷尼尔[85]（Reynier）合适。若要保证你不在场时王国不被侵犯，那么儒尔当就是比马塞纳更合适的人选。[86]

在圣赫勒拿岛，拿破仑十分懊悔将军事权交给约瑟夫，尤其是在西班牙的时候。他生动地描述了他们二人之间在战争方面的区别：

当絮歇（Suchet）成为布莱克（Blake）将军[87]和其他人的阶下囚时，他曾说自己很难接受约瑟夫的领导，如果是我亲自来或给他派一个有能力的人，他就会时刻准备为我服务。但效忠约瑟夫就是一桩浪费时间的无谓牺牲。他没有任何个性，也不愿意工作，然而要统治西班牙人，尤其需要像我这样极为刚毅的性格。约瑟夫没有任何谋略。我上百次地写信给他，让他召集西班牙议会，让议会为其所用。他却总有各种浅薄的理由为自己寻找借口，说自己不愿意削弱皇权或其他云云。但必须要开始统治，保全王位才行呀。

他向我抱怨说部队四处抢劫。

——我指责的是您，您是军队的指挥，我说。您这样责难我真的很奇怪。应该是我指责您才对。

当我在意大利的时候，约瑟夫想寻求我的建议，并让我和他联合行动。他自认为有军事天赋：

——您这是在戏弄我，我对他说。我没有建议也不会求教任何人。我会上路，盘问行人、囚犯和士兵，我采纳自己的意见，然后我再前进。您让我怎么向您请教？您对战争没有一点认识。

他自认为极具军事才能！[……]他大肆宴请近卫军成员，接连给他们授勋。他们则极尽吹捧之能事，让他以为自己是军事天才。他有毅力，有文化，也有好品质，但他不是军人。

——得了，那我总比马塞纳和拉纳强吧？

——您连给他们解鞋带都不配。他们是英雄。即便是我身边的这位上校，您都比不上。假如我让您带十个人上这个高度去，您都不知道怎么才能做到。您从来没有指挥过一个营的经验。战争不是一门需要太多头脑的职业，但这门职业有其崇高性。您说：敌人在那儿，我要向它开进。但如果敌人在那儿，有多少武力，这就已经是知识的艺术了。您既不是马塞纳，也不是拉纳。您和亚历山大也完全不同[88]。当我乘车出行的时候，亚历山大总是在驱赶睡着的拉纳脸上的苍蝇。在他眼里，拉纳是位英雄。他总是时刻向拉纳提问：这是一处阵地吗？您怎么防守？怎么攻击？他就像情妇一样无时不照顾着拉纳，给他献媚。[……]

我们是两类截然不同的人，我对约瑟夫说——对您而言，什么都能让您头晕，您必须让自己产生热情。而我却相反，没有任何东西能让我头晕眼花。如果让我站在米兰大教堂的最高处，头朝下，扑向地面的话，我也会是镇静自若、环顾四周，然后慢慢地倒下。[89]

倒数第二段的"职业的崇高性"是萨克斯元帅所谈到的战争的崇高性，这与"细节性"[90]不同。在第二篇第二章中我们会谈到两者的区别。

海军将军与陆军将军

海上指挥与陆地指挥是否需要同样的才能？

指挥海军与陆军的总司令是各具不同才能的人。指挥陆军需要生来就有的军事才干，而海军将领的才干只能通过经验获得。

亚历山大[91]与孔代很年轻时就开始统帅大军。陆地作战是天才、灵感的艺术。但亚历山大与孔代都不能在二十二岁时统帅海军，因为海上作战无需天赋，也无需灵感。海上的一切都是确定的，讲求经验的。海军司令只需要一门科学，那就是航海术。陆军司令则要具备所有才干，或者是一份能媲美所有才干的天赋，能够让一切经验和知识为其所用的天赋。海军司令无需猜测就能判断敌人的位置，清楚对方的实力。陆军司令从来无法清楚地了解某件事情，看清他的敌人，也从来无法准确地知道敌人在哪里。当部队现身的时候，最不崎岖的路面、最小面积的树林都能掩盖住部队的一部分。最老练的眼睛都不能说出他是否看清了敌人的全貌，或者说只看清了四分之三。只有智慧的双眼，通过理性的推断、灵感的迸发，才能让陆地司令看清、了解和判断。海军司令只需要老练的判断力，敌人的一切都躲不过他的眼睛。让陆地司令的职业变得困难的是，要让这么多的人和动物吃饱饭是很难的。如果任由行政将校管事，他自己不行动，出征就会失败。但海军司令从不会遇此尴尬境地。他会随身带上所有东西。他不需要鉴别，也不需要查看地形，更不需要研究战场。印度洋，美洲海域，英吉利海峡，总是一个液体的平原。最能干的比起最不能干的人，其优势在于对某个海域的风向的了解、对风向的预报，或者对大气信号的解读。这方面的才干只需积累经验就可以获得。

陆军司令对他将要行动的战场从来都不了解。他的判断力就是他的灵感。他没有任何确凿的情报。要想了解地方情况，靠经验获取信息的方式只能是偶然性。根据地区特点，地形之间的关系是最容易首先把握的。最后才是我们称之为军事判断力的天赋，是伟大的将军生而就有的才能。然而，对地形图的观察能力、通过教育获得的阅读地图的习惯和才能都可能起到一定的帮助作用。

海军总司令更多的是依靠他的上校，而陆军司令则是他的将军。后者有亲自掌握部队指挥权的能力，能冲向任何一处，纠正错误行动。海军司令只对他舰船上的人产生影响。烟雾妨碍了信号传递。风向一变，阵线的位置就发生改变。这就是为什么在所有职业中，海军是需要随身携带最多东西的了。[92]

拿破仑对那些冲锋陷阵的人的态度与其他人截然不同。他由衷赏识冒险之士，而鄙视那些贪生怕死之徒：

陛下说，比起工程军官和管理军库的军官，我更喜欢的是一个知道利用地形优势安置炮弹的勇敢而优秀的炮兵上校。他是热情之士，金钱无法收买他，然而其他人都有可能被钱收买。陛下继续说道，我觉得对于天才来说也是这样。一个有天赋的军官知道如何作战、围城、防御要塞，并能根据地形建立合适的防御工事。毫无疑问，阿克索、罗尼埃比封单[93]建的工事要好得多。前两者是军人，后者只是个泥水匠。战争本身能带来经验。如果卡诺没见识过圆炮弹的威力，他就不可能写出他的方案[94]。真正的高贵在于赶赴战场。我会将我的女儿托付给战场上的军官，而不是军火库的军官。后者就像是组织者、行政将校。马塞纳只会在炮火和危险中找到智慧。只有在那时，他才会充分发挥他的才能。我喜欢缪拉，是因为他的勇敢，也因为如此，我才原谅他干的那么多蠢事。贝西埃尔是一位出色的骑兵将领，但稍有点冷漠。他倒应该多点热情，而缪拉少一点。内伊则是一名罕见的勇将。勒费弗尔在但泽围城之初，写的信净是些蠢话。但在俄国人登陆时，他所呈交的小分队报告则显示出这是出自一名看清了形势的军官之手。法国从不缺乏有头脑的人，设计作战计划的人等，但有个性、有毅力、有热情的人总是很少。

[……]纳尔逊（Nelson）具有建筑工程师所没有的能力。这是天赋。但是我也承认，一名优秀的军火库长官是极有用的，虽然我很不情愿给他支付酬劳，就好像要抽走自己的血一样。这就如同因为您的缘故，我勉强同意任命伊万为将军[95]。我无法忍受一名将军在办公室里行军。我知道需要有一些从未见过雷管引爆的将军，但我却非常厌恶这点。[……]我只器重那些行军打仗的人。[96]

第四章　战争中的危险

焦虑及危险

战役前夜，人总会经历特别的情感体验。拿破仑在《伊利亚特》中找到了对这种情绪的准确描述：

荷马一定有过作战经验：他笔下所有的战斗细节都十分真实。书中随处可见对战争景象的描写。在……战争[1]的前夜，我以为身处耶拿（Iéna）、奥斯特里茨的前夜。

这是大战即将来临前的同样的焦虑。这种情绪影响着战争，所有战士都感同身受。阵地总是处在这种情绪的笼罩下。这是真实的写照。[2]

危险即刻便会产生，危险笼罩在战士的周围。将领必须看得更远：

[……]人只想避开当下的危险，而不去担忧他们的行为可能会给外部事件带来的影响。战败的感受只会随着时间的流逝，逐渐从脑海中抹去。[3]

战争中的危险对于所有人来说都是平等的。

[……]只有战争能带来平等。战争中，每个人分担共同的命运，承受同等的危险。[4]

指挥官必须表现出他也同样暴露在危险之下。拿破仑给即将出发指挥那不勒斯军队的哥哥约瑟夫这样写道：

让您远离炮火的话不要听。您需要经受考验。如果有机会，您要公开露面。至于真正的危险，战争中随处都是。[5]

拿破仑自己确实采取了同样的举动。他所处时代里的任何一位君主都不会像他一样置身于炮火之下。在载他回易北岛的舰船上，他给周围的亲信解释道：

他说道，没有几个人，能像我一样对大众有这样巨大的影响力。但非要让我说明，我只能说，一切都早已注定。即使灾难出现在我面前，我也不能为防止跌倒而绕道，这是非常愚蠢的。我的信念基于理性。我认为在战争中危险是平等的。不可能离开危险之地而置身别处。即便在别处，死亡的危险也同样笼罩着你，让你听从命运的安排。只要坚定这个理念，你就会成为勇气和冷静的主人，你手下的战士会感受到你所传递的讯息。即便是他们当中的胆小鬼，也会被赋予勇敢的力量。[6]

海上遭受的危险与陆地并不相同：

总体上，陆地战争比海上战争消耗更多的士兵人数，也是更为危险的。一支舰队的海军只能打一次仗，而陆军却可以多次交战。无论海军战士多么疲惫，遇到多么危险的变数，他们所体验的都不及陆军战士所体验的多。他永远不会经受饥渴的折磨，他总是有吃的、有住的、有医生。在法国和英国的海军部队里，维持卫生状况是纪律明确规定的，战士也有足够的经验，知道采取一切必要的措施保持健康，因此他们也会比陆军战士更少感染疾病。与交战中的危险不同，海军战士还会遇到风暴的危险。但技术已经降低了后者的风险，因此这点也无法和陆军相比。陆军还会遭遇诸如群众暴乱、暗杀、敌军突袭等危险。[7]

在长期的军事生涯中，拿破仑亲身经历了战争的危险。他没有遭受过严重的创伤，但多次与死神擦身而过。在包围土伦时，他出过几次状况，（1793年11月15日）他在前线负伤，（12月16日）一枚圆炮弹的风力将他扔到地面，（12月17日）他的左大腿被刺刀或短矛刺伤。[8] 1809年4月23日，在雷根斯堡（Ratisbonne），他的脚跟挨了一颗子弹。伤口虽不深，但疼痛难忍。[9] 来年7月6日，在瓦格拉姆（Wagram），一枚炮弹在他的马跟前爆炸。另一枚则擦伤了在他身边的乌迪诺（Oudinot）将军。[10] 1814年3月20日，在阿尔西战役中，拿破仑正在指示要占领的位置，一枚炮弹从天而降，落在前线正前方。为了向战士们展示他无所畏惧，拿破仑将他右侧的马推向炮弹，让它在冒着烟的炮弹前静立不动。炮弹爆炸后，马儿完全被炸得开了膛，和他的骑士一起倒在浓烟中。然而拿破仑本人重新毫发无损地站起来，登上另一匹新的坐骑。[11] 这样类似的场景数不胜数。总之，拿破仑有十八匹马在他手下牺牲或者受伤。[12] 在圣赫勒拿岛，他长篇大论地说起将军们所经受的危险：

战争中总有幸运的人。自帝国建立以来，缪拉从未受过伤[13]，他总是在前锋冲刺。内伊也从未受过伤。马塞纳也是如此。我在雷根斯堡受的伤是我经历过的最危险的。这小小的挫伤引起了发烧。如果那天要发动战争，我很有可能发挥失常。这就是人：身体不适就会影响他的头脑。

当我在雷根斯堡莫里斯大公的宫殿接待瑞士使团时，我的腿只能直直地伸着。我的情绪非常不好。我很痛苦。

在我们今天的战役中，将军们要比过去暴露在外的情况多得多。过去，当白刃交战的时候，他们只会在近距离受伤。我们是不会看到亚历山大这样受过伤。而今天，一个十五岁的女孩穿上轻骑兵的服装，就可以杀掉一个英雄，即便是一个最强壮的人。大炮不会爱惜任何一个人。我的突击队里不杀人的战役几乎不存在。好几次在危急时刻我靠近战壕，但这对指挥官来说并不是件惬意的事："陛下是否觉得我们需要他在场才能保证我们做好自己的功课？"

战士的价值不同于上尉的价值，上尉的价值也不同于师长，而总师长的价值也不同于总指挥官。不管指挥官是被杀还是受伤，这一天的命运毫无疑问是会改变的，或者说，至少将是有可能被改变的。因此不要无谓的暴露。[14]

这最后一句和上述交代给约瑟夫的建议又有些许区别，或者说更明确了一些。

死亡，哀悼

战争中有数次状况让拿破仑身处道德上进退两难的处境，其中一此是在1799年雅法经历的鼠疫。这场灾难可能在历史中的任何时期再次上演，让人不禁联想起美国战争片的场景。由于无法将受到鼠疫感染的士兵运送出去，为避免他们落入土耳其人之手后遭受可怕的酷刑，波拿巴将军让人用毒药无痛苦地结束了他们的生命，在贝特朗的转述中里我们可以看到：

一定要警醒，不能让囚犯落入土耳其人之手。土耳其人只会给他们十二个小时的活命时间，然后砍掉他们的四肢，把他们放进熔化的铅池里面……但如果是你的妻子儿女，你一定很难去做这样的事情。仁慈的首要原则是施人己所欲，意即我们想要别人怎样对我们，我们怎样怎样对别人。[……]在这方面不要向平民求教，而是军人。问问看53军团。只会有一种声音。[15]

英国53步兵团此时正负责在圣赫勒拿岛看守囚犯的工作。唤起别国军人的情感共鸣，这再一次证明了拿破仑与所有军人之间无形的亲近。在雅法，拿破仑毫不迟疑做出的决定一直引起争议。主流道德观及教会教训并不让他为此感到不安，因为他由衷地认为自己的决定是让士兵最不痛苦的方式。

战亡是所有士兵会料想到的命运。拿破仑对此有着什么样的情感触动，这不是我们要深入研究的对象，但毋庸置疑的是，在他身上我们能看到某种宿命论的影子[16]。正如在上述段落中我们所列举的以及在后来我们将要看到的那样，虽然他作战的方式免不了让人受到战争的波动，但他自身却由衷认为，快速的军事行动会避免更大规模的痛苦。经常直面身边人的死亡，他偶尔也会流露出同情。我们知道，1807年2月8日那场可怕的冲突之后，埃劳（Eylau）战场中的那一幕给他留下极为深刻的印象，于是有了下面这些话：

失去孩子的父亲不会从胜利的果实中品尝到任何喜悦。如果让心来说话，荣誉不过是幻影。[17]

他给约瑟夫写信说道：

我的朋友，我一直在埃劳。这个国家处处都是死人和伤残的人。这不是战争中美丽的那一面。我们承受着痛苦，这么多的受难者只会让灵魂感到抑郁。[18]

1813年6月26日，在德累斯顿（Dresde），拿破仑向梅特涅（Metternich）亲王展现了他的另一种表情。如果我们相信奥地利外交官回忆录的内容，那么，在愤怒的时候，拿破仑是极为真实的，他喊叫道：

我扩大了战场。一个像我一样的人居然对上百万人的性命毫不在意！[19]

在圣赫勒拿岛，对于他最终习惯死亡像家常便饭一样发生的态度的转变，他说道：

上帝的旨意是自然的旨意，这是千真万确的。任何时代，所有民族的人民都亲历了这一点。但战争中生命消逝得太快了！我亲眼见到如此多的人在突然之间就倒下了，从生到死的过度是如此之迅速，渐渐地，死亡对于我来说就没有那么陌生了。[20]

在另外一个时刻，谈到自然主义者布封的书时，他明确地提到：

关于死亡，他说的是对的。死亡并不令人害怕，因为六分之五的人死去时都没有遭受任何痛苦，而且看上去痛苦的垂危之人实际没有那么痛苦，因为从死亡线上回来的人都不再记得是否痛苦过。人体的机理被瓦解了，痛苦并不像人所想象的那样会让人感知强烈，因为痛苦从不留任何痕迹。一枚炮弹或一枚子弹将查理十二杀死的时候，他还一手持着剑。[21] 痛苦并没有打消他想要自卫的意念，它不是那么极端的。[22]

下面有拿破仑的几封言辞优美的吊唁信，这些信件都未被正式记载过：

您的侄子埃里尤在阿尔科莱（Arcole）战役中战亡。这个年轻人已经能熟练地使用武器，数次冲锋陷阵。他很可能某天就会成长为一名前途不可估量的军官。而他在敌人面前带着荣誉死去，未曾遭受一分钟的痛苦。哪一个理性之人不想要这样死去？在生命的变迁中，谁又不想以这样的方式走出时常面目可憎的世界呢？我们中谁不曾上百次地遗憾过，不能从牵引人类行为的诽谤、欲望及仇恨的强大力量中幸免抽身？[23]

您的丈夫死于一场炮击，他一直战斗到最后一刻。他死得毫无痛苦。这是军人最希望的最柔和的死亡方式。

我深切地体会到您的痛苦。那个将我们与挚爱分开的时刻无疑是非常可怕的。它将我们孤零零地置于大地之上。它让身体体验到生命垂危之际的抽搐挣扎。灵魂的官能消失殆尽。一场改变了一切的噩梦之后，心灵只剩下和宇宙之间的唯一联系。我们在这样的境遇中感受到，如果没有什么能强迫我们生，那么死只能是最好的选择。但是，当这样的念头闪过之后，让孩子们贴近他的心、眼泪以及种种温柔的情感，这个世界就重新充满生机，我们知道，我们是为孩子而活着。是的，夫人，您会同他们一起落泪，您会抚育他们，培养他们。您会和他们讲起他们的父亲、您的苦痛、他们的失败以及共和国的失败。请用父爱和母爱去连接这个世界，请接受我对朋友夫人的友谊和真挚关怀。请相信，他的牺牲是苦痛的希望，这样的人是少数。因为他深切感怀到灵魂所承受之痛。[24]

这段言辞极具人性关怀，体现出拿破仑内在的感性。我们很难在哀悼时找到这样合适的言辞。拿破仑非常理解别人的痛苦。好几次，他在一场战役后大哭。他也同样推动了军队英雄主义及光荣死亡的雄辩术的发展。虽说第一次世界大战造成的人口损失永远消除了此类言辞在西欧的可信度，但不要搞错了时期。18世纪末至19世纪初，生活非常艰苦，人的平均寿命短于战亡寿命，以致在战争中死亡甚至可以说是令人向往的，至少是更被人所接受的。

第五章　战争中的体力

疾病、劳顿和贫困

在第一场意大利战争末期，波拿巴将军写道：

我的健康完全被损坏了，然而健康又是必不可少的，在战争中没有任何东西可以替代它。[1]

在埃劳战役的四天后，生病的拉纳元帅收到了这样的话：

奥热罗（Augereau）病得很重，都无法骑马，但登上马背却是他热烈渴望的。在战争中，健康是必需的，因为要了解局势，晚上通常要骑马出行一段时间。请想办法赶紧好起来，这样您在半个月后就能重回战场指挥军队。[2]

我们都知道的是，在战争中拿破仑可以随时随地休息，但他却不需要太多睡眠。晚上正是他做重大决定的时候。几年过去，身体的疲乏还是占了上风，晚上他也不再像过去那样经常骑马出行：

晚上正是将军应当工作的时间。如果他在白天就已经徒劳地累倒了，疲惫就会将他压垮。在维多利亚（Vitoria）我们战败了，因为约瑟夫睡得太多了。[3]假如在埃克莫（Eckmühl）我晚上睡觉，那就不可能有这场美妙的军事行动，而这也是我从未有过的最"美妙的"行动。[4]我仅靠五万人就打败了十二万人的敌军。我的活动给了我分身之术。如果拉纳睡着了，我就把他踹醒。总司令是不能睡觉的。噢，天哪！可能是6月17日的雨加剧了滑铁卢的失败。如果我没有那么疲惫，我就会整晚都在马上。那些表面看起来最微不足道的事件却通常会造成最严重的后果。[5]

从1812年的战役起，拿破仑越发感觉到战争带来的疲惫感。在考兰科特把他从俄国载回来时，他在雪车上对考兰科特吐露道：

我变得沉重肥胖，这使我没法不喜欢休息，没法不需要休息，也不得不把出行看作是一件极其疲惫的事情，可是出行是战争中必须的行动。就像其他人一样，我的身体状况必然影响到了我的精神状态。[6]

战争是疲惫的同义词，也是贫困的同义词，尤其是在第一场意大利战役后，军需物资跟不上行军的步伐，只能就地取材。在共和八年宪法建立的那一天，第一执政对老兵们发表讲话，他们从此就很清楚这一点了：

你们中没有任何一个人打过好几次战役，也没有一个人知道，战士最优秀的品质就是在于明白如何坚韧地忍受物资匮乏带来的困难。[7]

有一天，拿破仑在巴黎一场会议中对评事说：

先生们，战争压根不是一门温馨的职业。你们坐在凳子上，阅读些简报或捷报故事，你们就以为了解了战争。而我们所经历的宿营、强行军，各种各样的困乏状态以及我们所承受的一切痛苦，你们却从来没有了解过。我是了解的，因为我亲眼见了，我也和他们一起分担过。[8]

对于克劳塞维茨来说，"如果我们只关注战争中因饥饿、炎热、因饥渴导致的死亡、因寒冷导致的冻僵麻木，或者因物资困乏和疲惫带来崩溃窘境等事实，那么客观公正的看法就会变得更少，但这些看法至少是主观中的客观，也就是说，它把评价人和被评价对象的确凿关系包含了进来"。[9]

在战争中，一旦到达某个年龄阶段，体力就不允许再打仗了。1813年1月，拿破仑从俄国回来后，他对莫莱（Molé）伯爵[10]惊呼道：

啊！相信我，莫莱先生，自打三十岁起我就不怎么适合打仗了。亚历山大还没预测到身体状况衰败的前兆就死了。[11]

过去，新兵二十岁入伍，服役五年：

应把服役期限延迟至十年，也就是说延迟至三十岁。五年在军队服役，五年在后备部队。人只有在二十五至三十岁[12]这个阶段才有最充沛的体力，这是打仗最理想的年纪。要想尽办法鼓励士兵留在兵营。要尊重老兵 [……]。[13]

人员管理

拿破仑好几次向他的军官建议要照顾好手下人：

总司令通知各支队的军官，他将会把那些没有关心到所有手下人的军官移送至军事会议。我们要等待那些掉队的人。首领的关心体现在和所有部队人员一起前进。[14]

你们必须善于管理经营你们的部队。不能总是向旅队的领导求助，而是要看你们的士兵，如果谁有怨言，就给谁主持公正。[15]

向儒尔当元帅建议，让他留意部队的健康情况。这是他最大的敌人。[16]

为此，马尔蒙将军应像我对意大利军队所做的那样。他应该记得，建立一些小型的干净通风的疗养兵站，把从达尔马提亚（Dalmatie）医院疗养完毕的士兵按百余人一组走水路送往卡塔罗（Cattaro）和拉古萨（Raguse）。[……]只有通过不停地照料，才能阻止军队全盘崩溃。[……]战争艺术的一半就在于快速重新组建部队，以及避免无用的行程，保证士兵的健康。[17]

假如各纵队里都有疲惫的士兵，就送他们去你将要在柏林修建的疗养院，让他们在那里待上八天左右。这样我们就拯救了他们，也避免了疾病。[18]

注意，要让通过赛尼斯山（Cenis）的新战士有酒喝，好好照顾他们。在他们到达都灵时，你要检阅他们。如必要，在他们疲惫的时候让他们休养一至三天。只有细心照料才能保存战士的健康。两三天对于一个疲惫的人来说，可以避免感染疾病。[19]

在拿破仑时代，士兵经常死于伤口感染带来的疾病。[20]让士兵在干净的地方扎营是拿破仑一直以来考虑的问题：

我建议你们考虑部队的健康状况。如果把他们安置在不干净的地方，部队就会崩溃，不堪一击。这是军事思考中的头条。[21]

与其让部队置于不洁净之地，不如让其浴血战斗。[22]

请高度重视我口授的指令，而非书信。当攸关战士健康之时，一两天时间不算什么。首先要考虑干净的地点。当敌人出现时，病人有何用？我们什么也做不了。[23]

第六章　战争情报

"军事天才"离不开大量搜集的信息，这些信息储存在大脑里，帮助他做出决策。拿破仑从未间断过信息搜集的工作，他身在巴黎，无论交战还是出访都不曾间断。[1]他很喜欢这样做，了解敌军实力状态于他而言是一种乐趣所在：

我军的良好态势来自于我每天不间断的一到两个小时的付出。每个月我会收到军队的情况汇报，大概有二十多册的内容。我要腾开手边的一切来仔细阅读，比较这个月有没有新情况出现。我从这项阅读工作中获得的乐趣比一个年轻姑娘阅读小说产生的乐趣还要多。[2]

了解对手

想要了解敌人的举动是很难的。要当心理论家的夸夸其谈。在根据敌人兴趣来判断敌人举动方面，他们推理的方式太过抽象。1809年7月在美泉宫，也就是瓦格拉姆战役不久后，拿破仑对前来向他汇报加利西亚（Galice）地区军事行动的约米尼喊叫道：

这就是那些兵法家们的癖好！总是假设敌人要按照他应该做的去做！如果真是这样的话，我们哪还敢在打仗时睡觉，这就是敌人进攻的最好时机。[3]

要估算面前敌军部队的真实数量一直都是难题：

打仗时的难点就在于能否把握敌军数量。这是靠战争中磨炼的直觉体会到的。战争中无需过度研究，尤其是在作战快速化的今天。过去可以在同一阵地最多待上两个月而没有任何问题。我只需一刻钟就能干好的事情，奥地利亲王（大公）查理则需用八天时间。[4]

在利尼（Ligny），大家对敌军数量各抒己见。诚实的古尔高说只有10 000人。难道我不想知道在我面前的骑兵部队数量？我问伯纳德[5]："有多少人？""陛下，6 000人，您有6 000人，最多6个骑兵大队就能击退敌军。"古尔高则说："伯纳德只看到第一排阵线，请注意，还有第二排阵线在树林里。"每个人都只在自己有限的范围里做出判断。

在包岑（Bautzen），当我第二天用望远镜巡视战场时，发觉敌军撤走了30 000人，于是我们非常确信敌人更为虚弱了。一些人查看时漏掉了一些阵地，另一些则认为火力没有任何变化。总之，几乎什么也分辨不出来。这就是为什么将军的职业如此之难的原因。这就是陆地到海洋的区别。在海上我们知道和谁在打交道，但在陆地上却是一无所知。[6]

无论如何，都要根据敌人情况来做决策：

战争中，面对敌人时要顺势而为。夜晚通常是准备的时机。在敌军情况彻底被摸清之前，敌军通常不会移动。但不要从理论上考虑太多，因为我们的行动都是依据敌人所做的以及将要做的而变化。[7]

了解敌人是战争中的重要部分。但对手的名誉有时并非名副其实。督政府时期的波拿巴将军在意大利遇到奥地利大公查理之后这样说道：

直到此刻，查理大公比博利厄和维尔姆泽（Wurmser）更不会用兵。[8]他每步都在犯错，而且是极端严重的错误。这让他付出了不少代价。若不是我顾忌他的名望，并且他的名誉让我不能确定自己已经觉察到的错误，他还会付出更多代价。[9]

这句复杂的句子里显露出战争理念里的主要部分，即对手之间持续存在的相互作用和反作用，涉及拿破仑时代最著名的一位将军本身名望带来的作用力。

拿破仑明确提到他是如何在战役中打探到敌军阵地的情况：

我们无法在大批部队行军的进程中了解敌军阵地形势，只有在敌军安营扎寨，或待在一处停留数日的情况下才有可能打探。行军过程中是永远不可能打探到的。或者说，起码通过间谍的方式我们是打探不到的。[……]

我是在和约瑟夫从布雷西亚（Brescia）到布斯基耶拉（Peschiera）的路上，从车里得知维尔姆泽进攻科罗纳（Corona）的消息。[10]一名士兵发现我的车辆，怀疑可能是将军的车，对我说：

——啊！您在这，太好了！我们在等您，我们都需要您，太好了，快走吧！

——去哪？

——去科罗纳，打起来了。

——你知道你在说什么？

——噢！黎明时我受伤了，仗打得很激烈，那很热。

我到了布斯基耶拉城，找到纪尧姆（Guillaume）将军[11]：

——科罗纳打起来了。

——不！

——千真万确。难道您没见到这个士兵？

——噢！每天大家都在说这件事。

士兵以为将军已经知情，他穿过城市继续前进。他已经受伤了，缠着绷带，准备回到兵站。

这些受伤的士兵、随军的商贩要走上四五古里*的路程才能传达消息。我就是这样获取信息的。

我在路的丁字路口建立了兵营，所有经过的人都会受到盘问。这就是货真价实的间谍活动：1.询问囚犯和逃兵，这是最好的方法。他们清楚他们的连、营、团的实力，也知道军队指挥的姓名，甚至师长的姓名、睡觉的地点、行军的路程。通过这种方式我们就可以了解敌人；2.农民和旅行者。这是有用的。旅行者常年路过；3.截获的信件。尤其是参谋部军官的信件，那就极为重要。但通常我们截获的都是了解情况不多的岗哨或部队军官的信件。当我们能掌握敌军状况时，就像切比雷夫那样[12]，当然是好的，但很少见。

自此我养成习惯，让人在路面、桥头、村口、十字路口点燃营火，盘问来往的人。[13]

在海上指挥的人不能像在陆地上一样获取情报：

[……]将军本人必须是观察敌军的第一人。但在海上，海军司令不能离开他的军队，因为他不能保证一旦离开是否还能重返部队。[14]

然而英国舰队让拿破仑见识到了反面例子。拿破仑认为他可以攻下英国的岛屿，

---

*1古里约合4公里。——译者注

他给航海部长写信，这句话对于陆地战争同样有效：

没有什么能比了解敌人阵地更让人勇气倍增、思路开阔的了。[15]

询问囚犯

审讯囚犯必须有条不紊地进行：

让先锋队每天盘问囚犯，对敌人构成威胁的方方面面都要询问：这是获取敌人动态的方法，并且是最有效的办法。[16]

在拿破仑还未到西班牙掌事之时，1808年8月，他对如何获取情报提出以下看法：

对敌人的行动我们一无所知。大家总是说无法获得情报。这个立场看起来很奇怪，我们不是总抓到间谍分子吗？西班牙也应像别处一样。派军队劫持神甫、治安法官、修道院长、邮差、用马车送信的邮差或有类似职能的人，以及截获所有的信件。将这些人禁闭起来，一日盘问两次，直到开口为止。把他们作为人质，派他们去送信。当我们善于采取武力和严厉的手段，我们就能获得消息。要截获所有的邮局以及所有的信件。

以获取情报为唯一理由，组织四五千人的分队向城市挺进，拿走邮局的信件，截获富裕的市民，拿走他们的信件、文件，打听小道消息等。

毋庸置疑的是，连在法国前线的居民都非常清楚发生了什么事情，更何况是前线外区域的人呢。谁会阻止我们劫持那些有身份的人呢？谁会阻止我们把他们带走又完好无损地送回去呢？事实是，当我们处在非沙漠地带的人口密集区的时候，将军之所以不了解情况的原因在于，他本人不知道如何运用合适的策略及手段成为合格的将军。居民给敌方将领提供信息服务，其原因从不是出于情感，也不是为了金钱利益。我们所获得的真实情况是，他们是为了自保，为了保存他们的财产、性命、城市、修道院等。[17]

三天之后，在一份关于西班牙事务的新批注里又再次提起类似的论据。打仗，首当其冲就是要获得情报：

要打仗，也就是要通过神甫、治安法官、修道院长、大地主、邮局等获取消息情报。这样就可以耳闻八方，充分掌握周遭情况。

来自索里亚（Soria）、布尔戈（Burgos）、帕伦西亚（Palencia）、阿兰达（Aranda）的侦察队每天都可以提供截获的三台接收机、三份被扣押人员的报告。对待这些人的方式较为柔和，一旦他们提供了我方需要的情报，就立马放人。这样敌人一旦来临，我方就可以聚集所有兵力，避开其行军线路，而在其酝酿计划时从其侧翼发起攻击。[18]

在以上两份短文中，我们注意到拿破仑一再要求不能粗暴对待接受盘问的人。有一种很好的方式可以成功获取情报。1808年9月，欧仁·德·博阿尔内在此计划上做了改进：

难以置信，六天前抓获的一名旅长到现在还没到我跟前来。你们以为一定要尽可能地利用他、盘问他，但是你们错了：询问囚犯的艺术是战争经验和老练结合的结果之一。看上去，他对你们所说的是无关痛痒的内容。若是我盘问他，我早就提取了最重要的敌人情报。[19]

克劳塞维茨也同样使用了这个概念，"老练"指的是实践中应具备的智慧才能，能在各种紧急或新情况下做出恰当反应。这种智力能力不是简单的无理的冲动，也不是罕见的灵感突现，它更属于经验的反射。[20]即使是在埃及，情报也是靠"老练"获得，从不是依靠虐待囚犯获得的。

通过棍棒鞭笞，让嫌疑对象吐露情报的野蛮做法该取消了。各个时代都众所周知的是，重刑拷打盘问的方式不会有任何好的结果。这些不幸的人只会想到什么就说什么，我们想知道他们看见了什么，他们就说什么。所以，军队将领应禁止使用这套备受理性和人性谴责的方式方法。[21]

不能让敌人获取任何情报。我们知道拿破仑是如何控制新闻界的。很多批评都指向他，说他不把自己的作战计划与手下将领沟通。但他很清楚手下人是多么轻易地管不住自己的嘴。他把自己真实的指挥模式变成了秘密。俄国战役初期，他给弟弟热罗姆写信说道：

不要向任何人吐露心声，甚至是您的参谋部长都不行。[22]

第七章　战争摩擦

偶然、形势、延误

在克劳塞维茨，冲突或摩擦意指难以估量的偶然事件、变故等整体因素妨碍了战争态势向预期方向发展。拿破仑尤其强调这一方面：

从胜利到溃败只有一步之遥。我亲眼见证了在多次重大局势里，通常都是无足轻重的小事决定了战争的成败。[1]

要长期作战才能策划作战。要经历无数次进攻行动才会知道，最小的事件或迹象都能决定行动的成败。[2]

[......] 战争中，每十五天就会发生未曾考虑过的偶然事件。[3]

[......] 这就是战役的命运，它永远由最小的偶然决定。[4]

在分析克劳塞维茨的同时，阿兰·贝叶申（Alan Beyerchen）也解释了拿破仑的这些句子。摩擦指的是，在战争中无法察觉的细小因素无限放大，从而产生与原比例不和的巨大结果的方式。而这些结果通常是无法被预料到的。部队内部如同敌对双方之间，彼此之间的相互作用让微观因子无限放大，成为巨大的出乎人意料的结果。精确无误的、能够避免这些结果产生的必要情报是很难获得的。[5] 作战时，势必要考虑到运气的成分：

在我执掌政府之后，海上历次远征总是失败，因为海军将领们考虑得很多，他们觉得我只会在不冒险的地方作战。[6]

在所有情况下，都要留一部分余地给时机。[7]

但有了将领的远见，偶然部分的影响已降低到最小，如同缪拉在1808年3月提醒自己的那样：

如果我足够谨慎小心，那么我的习惯就是，不让偶然因素有可乘之机。[8]

我们回到之前提到的"军事天才"，军事天才需要准确计算偶然的分量。战争摩擦中另一个最重要的表现形式就是延误。时间因素是主要的：

延误时间是战争中所无法弥补的。原因总是很糟糕，因为军事行动的失误总是由延误引起的。[9]

政治如同战役，机不可失，时不再来。[10]

在联合作战中，天数是极为重要的。[11]

最后一句写于1813年秋的战役。当时联合作战的复杂程度已达最高点，原因在于拿破仑此次将好几个军团交给元帅负责，建立了好几个梯队，而他本人则指挥全局，全盘策划，在各元帅遇到问题时给予支援。毫无疑问，这种革新只会加剧部队之间的行动摩擦。"联合作战"这个表达方式在18世纪中叶出现，意指"战争高层计划"。这个概念并非几何式的，相反却是辩证式的。[12]

对于克劳塞维茨而言，摩擦也指声响和传闻混杂在一起带来的混乱。"战争迷雾"不仅指信息缺乏，更多是指过量信息及错误信息给实际情况带来的不确定因素。[13] 不要轻易相信已获取的所有情报，也不要相信第一个传递传闻的人。这就是老练的问题。拿破仑试图让其还不怎么习惯承担重大责任的手下明白这一点。1808年和1813年，他分别对兄长约瑟夫、劳累斯顿（Lauriston）和埃里吉·德·卡萨诺瓦将军（Arrighi de Casanova），即帕多维大公[14]，说道：

战争中，间谍、情报都无足轻重。轻易相信这些间谍和情报就可能会赌上我们的性命。[15]

你们行动太快，太容易紧张。一切响声都让你们信以为真。军事指挥需要冷静。在判定一份报告是否真实可信之前，要反复讨论。所有探子和间谍所说的话，如果不是他们亲眼所见，那就什么都不是，而且通常情况是，即使是他们看见的，也是无关紧要的事情。[16]

不要轻易拉响警报。不要为幻象轻易迷惑而惊恐。既要坚定，也要有判别力。

给帕多维大公写封信告诉他，警报拉响的太过轻易。敌人散布的一切响声他都过快回应。这可不是一个有经验的人该干的事。要坚定。[17]

克劳塞维茨总结了拿破仑所说的："战争中到达我们耳边的信息大部分是自相矛盾的，而错误的信息更占了大部分。数量最多的信息通常是可疑的。因此在这方面，军官需要具备一定的辨别力，而这种能力只能通过优秀的智力能力、职业素养及敏锐的判断力来获得。"[18]

利用瞬间时机

遇到摩擦可以通过上述理念来克服。这种精神状态是将领必不可缺的素质：

军队总会有一位将领。当他缺席的时候，会有别人来代替他的位置。当他的骑兵部队遭到攻击时，我们不能规定他不要还击。他要做的就是抵抗。战争就是时机的问题。[19]

正如拉斯·卡斯转述的那样，利用摩擦是有可能的：

他曾说，战争只由偶然构成。尽管将领要服从上级指示，但将领从不应忘记利用偶然来作战。普通人会把它称之为幸运，但实际上这只是天才才拥有的东西……[20]

所有大事件的结局都不会只取决于一根头发。机敏的人利用一切，从不忽视能给他带来机会的一切事物。不够机敏的人，虽然只是偶尔轻视其中的一部分，却会导致全盘失败。[21]

军事天赋在这里体现。拿破仑吐露了他长久以来对历史偶然和时机相互作用关系的思考：

我一直非常重视掺杂进某些事件中的偶然因素。[22]

一名伟大的将军会试图从不相称的结果中，以及由非线性因素产生的不可预知的情境中寻求可利用的点。[23] 让·吉东谈到，将军是在一定程度上将这些称为变量的人，因为将军具有反变量的能力和才干。[24] 必须抓住时机，因为时不再来：

当运气冲你摇摆时，好好抓住运气的恩宠。它就像是女人，当心它恼怒之下和你翻脸。[25]

他继续说道，战争的成功，在于判断力和时机。在奥斯特里茨战役中，我们取得了完全胜利，但如果我提前六小时进攻，就会是彻底的失败。[26]

这再一次涉及"老练"的问题。要学会在"战争迷雾"中看清楚情况：

行动之前要辨明情况。我察觉你们反应过快，在还没看清敌人行动计划时，你们就已经行动了。我禁止我的部队离开汉瑙（Hanau）。经验会教会你们辨别敌人散布的响声，究竟是声东击西，还是真实情况。自我统帅部队十六年以来，我从未给军队下过前后相反的命令。因为我总是在等待时机成熟之时，并且在我非常了解形势之后才会行动。只有在我非常了解部队该做什么的时候，我才会让他们离开汉瑙。[27]

1809年4月，欧仁亲王轻易将意大利北部拱手让给奥地利人。不要让与敌人没有要求的东西。敌人并不清楚你们所处的真实情况。摩擦在这里是一种优势，不要丢弃这种优势：

皮亚韦（Piave）河是一条非常好的防线，你们要尽力防守住。还不怎么习惯作战的奥地利人已经惊异地发现，你们竟然没有守住利文扎河这样一条方便你们军队集合的好防线。这样他们也就不会意识到你们已经放弃了皮亚韦河。战争中你们只看到自己的弱势，却看不到敌人的弱势。要展现自信的一面。[28]

让指令适应形势

拿破仑对摩擦的重视程度比我们这里所提到的要多得多。他非常信赖手下中尉的能力。他让他们根据形势作决策。以下几条指令就印证了这个方面：

我会根据形势给你们必要的指令，在任何情况下，你们都只能毫不犹豫按照战争中所要求的精神状态作战。[29]

将军，您应当体会得到，在您所处的距离，以您的军衔，不是靠书面的指令来行动，而是大批事件风暴一样发生就会促使您采取行动。[30]

费尔特雷（Feltre）公爵先生，您给巴塞罗那车队的行军指令太过具体。您需要给巴拉杰·迪里埃（Baraguey d'Hilliers）将军[31]留一些余地，让他可以根据情况调整。建议他让车队开进巴塞罗那，但要择好时机。五个营人数不到两千人，开进巴塞罗那可能不够。诸如这样的命令，如果是政府的各部发出的，则不要太具体，要慎重。我的军队需要被爱惜，要避免一切会对部队产生危害的可能性。如果五个精兵营战败的话，损失将是无法弥补的。[32]

1812年在俄国，大部队中各分队之间的距离是从未有过的遥远。贝尔蒂埃要让领导三支部队及一支骑兵部队的威斯特伐利亚国王热罗姆明白，不能发出太过明确的指令：

> 通知他，您在10号给他写的信里已经充分表明了我的意图。但由于我们之间的距离太过遥远，该由他自己根据形势，按照指令精神用兵。[33]

贝尔蒂埃在后来写给麦克唐纳（Macdonald）的信中也提到同样的意思：

> 陛下不愿意给您确定的指令，只有一些很泛的命令，因为距离遥远，并且这距离还在不断扩大。[34]

小 结

克劳塞维茨参与了拿破仑发起的四场战役，分别是1806年、1812年、1813年及1815年的战役。1806年，克劳塞维茨还是普鲁士奥古斯特（Auguste）亲王的副官及上尉。1812年自普鲁士军队卸职之后，他在俄国不同的参谋部担任中校。1813年，他为布吕歇尔（Blücher）参谋部担当联络员军官，随即成为一支22 600人的跨国军团的参谋长。1815年，他以上校及第三军团参谋长的身份又重新穿上普鲁士的军服。[1] 只在以下四场大型战役中，他才和拿破仑面对面打过交道。四场战役分别是：莫斯科瓦（Moskowa）、吕岑（Lützen）、包岑及利尼战役。然而，到本篇末尾，我们发现二人对战争的思考有着惊人的相似性，这一点让我们感到震惊。战争是势必导致流血牺牲的严肃事件。这一点是不容掩盖的。文明的国家虽然引入了某些规则，但战争的概念与人性的概念背道而驰。就其本身而言，战争从不会以"温文尔雅"的方式进行，但从实际角度来说，现代欧洲不再与旧时代残酷对决了。旧时代总是会再死灰复燃，旺代事件就是一个例子。在执政府及帝国时期，拿破仑本人也承认他的制度需要军事上的成功来维系。这和大革命时期的动荡形式有关，但拿破仑自身的个性也顺应动乱的战争局势。

与克劳塞维茨相较，拿破仑更关注战争与法律的关系，这不仅因为他是追求合理性的国家领袖，也可能是因为他受到拉丁文化以及身为法学家的父亲的影响。他强调法律，用法律为对沦陷城市的劫掠行为辩护，或者用法律规定禁止在野外战场投降。他对英国人的放肆行为以及海上司法权的空白感到愤慨。克劳塞维茨并没有提到这些方面，但他在强调总指挥将军的军事天赋及品质这一点上与拿破仑意见相似。将军必须考虑很多因素，包括偶然性的因素。有特点的武力比灵巧的头脑更重要，即使后者是难能可贵的。领导者必须知道如何在犹豫中做出决定，并要表现出异于常人的勇气。英国将军莱利，也是21世纪初伊拉克和阿富汗战争中的士兵，对他而言，拿破仑思想的精粹是一直有其价值的：在一场军事行动中，将军就是那个有能力掌握全盘，抓住问题关键，审时度势做出决定，并付之行动，扭转局面，从而赢得战争的人。莱利也同样认为，拿破仑靠直觉做出判断和决定的方式对现代战争再不适合：盲目地采取手段，任自己被现代社会提供的潮水般的信息所淹没，这样的将军就会沦为所谓的能预知一切的图表和程序的奴隶。放弃直觉型的领导，也就只能依靠技术和纯粹的理性。战争，如同一场竞赛活动，涉及的是生与死的问题，这不仅是反天性的，也是极为危险的[2]。

战争充斥着危险。死亡的阴影时刻盘旋在周围，但必须习惯它的存在。疲惫和穷困造就了死亡。拿破仑一定没有做太多努力去缓解他的士兵的痛苦——哪一位领袖又确定自己做出了最大努力呢？拿破仑的信中展示了他为此做出的努力，尤其是在他提到建设干净卫生的营地时。情报对于战争来说必不可少，因为战争是根据敌人的行动来运筹帷幄。获得情报必须以巧妙的方式，对情报的鉴定需要"高超的心理分析、判断能力和职业素质"[3]。战争中充满着不可预见性。初期作战图就应当是完善全面的，没有任何内容需要后期添加。精明的领导者知道善于利用突发情况，抓住机遇，因为时机不可失而复得。经验会让人在迷雾中看得长远。"在黑暗中,瞳孔会放大,它会从现有的光线中吸收少量光线,这样能使眼睛逐步分辨事物,最终清楚地辨明自己所处的位置。对训练有素的士兵来说也是如此。而新手只会看到一片漆黑。"[4]

第二篇
战争理论

LA THÉORIE DE LA GUERRE — LIVRE II

拿破仑创造了一种新的战争实践方式。他有能力率领大部队向一个明确目标进攻：使敌人在最短时间内丧失作战能力。尽管这位实干家在年轻时读过有关军事理论的书籍，但对于他来说，那些理论并不是最重要的。雅克·德·吉博特（Jacques de Guibert）是那个时代最重要的一位军事理论家。在他的《战术概论》 *(Essai général de tactique)* （1772年）中，他强调速度在作战时的重要性，以及将行进中的军队分成若干部分而后在正式作战时再集合的可能性。拿破仑在圣赫勒拿岛上重新阅读了吉博特的理论，并对其他军事理论家作了评价。虽然拿破仑对归类和下定义不感兴趣，但他却区别出了不同层级的战术。

第一章　战术分类

战术，大战术，大规模战争

古尔高记述了拿破仑在圣赫勒拿岛上做出的关于战术的定义：

一天，拉格朗日[1]（Lagrange）对陛下说，他认为战术是能够使那些本不愿作战的人投入战斗的艺术。而陛下回应说，战术应该是使更多手握武器的人自愿地、迅速地并且完全服从地参加战斗。[2]

克劳塞维茨认为："战术是在战役中运用武装部队的理论，战略则是旨在赢得战争而部署战役的理论。"[3] 彼得·巴莱（Peter Palet）指出克劳塞维茨的定义虽然描述不具体，但具有概括性，因为此定义关注目的和手段，适用于各个时代和各类战斗。[4] 拿破仑关于战术的定义虽影响力有限，但同样也具有概括性，定义中也涉及了目的和手段。战术意味着命令。它要求制定者要有智慧、认知力及组织能力：[5]

2个拿破仑卫队的骑兵就可以抵御3个法国人，因为他们装备精良，训练有素，他们每人会配备2副手枪、一把喇叭口火枪、一把卡宾枪、一个带脸甲的头盔、一套网格军服、数匹马和几个士兵听从使唤。但是，100个法国骑兵却不惧怕100个拿破仑卫队的骑兵，300个法国骑兵也不畏惧400个拿破仑卫队的骑兵，600人也能与900人相抗衡，10个骑兵连就可以击败2000个拿破仑卫队的骑兵。战术、命令及部队机动性对战斗成败的影响是巨大的！骑兵部队将领穆锐（Muret）、拉萨尔（Lasalle）、勒克莱尔（Leclerc）设置了三条防线来和后备役部队与拿破仑卫队骑兵抗争：当第一条防线快要被突破时，第二支骑兵连从左右两个方向进攻支援，拿破仑卫队骑兵必须停止进攻来包抄第二支部队，然而第三条防线上的士兵迅速增援，拉长第二条防线展开猛攻，拿破仑卫队骑兵无法招架突如其来的攻击，溃散而终。[6]

战术在军事操练的部署中得以传授，并且要适合该部队的类型：

骑兵部队不仅要懂得步行作战，还要以小分队和整体部队的形式训练，甚至比步兵部队更需要纪律、战术。[7]

就像吉博特和约米尼，最开始拿破仑也使用"大战术"一词来形容日后约米尼所谓的"伟大的行动计划"，即调遣军队中的大部队，先是师，然后是团，使它们为了同一个目的协同作战。这些调遣在战役之前和之后都需要做，这可以影响战斗的结果。因此行军、操练、战斗和追击就可以联系起来。这种连贯性是拿破仑对作战艺术的重要贡献。20世纪时，大战术被冠以作战战术之名。[8] 帝国时期的将领常常在战场上英勇善战，但是他们却很少听说大战术。也许拉纳元帅在那时懂得了这一点：

拿破仑所受教育不多，但却极具天赋。他在战场上操练1.5万人的部队，甚至比法国军队里的任何一个将军都更优秀。他还年轻，并且不断提高自己，也许他已非常干练，甚至对大战术也很熟练。[9]

拿破仑严重诋毁过莫罗（Moreau）将军，因为他曾是与拿破仑角逐荣耀的对手，后来又是拿破仑政权的反对者。莫罗将军于1800年12月3日在霍恩林登（Hohenlinden）大败奥地利人，此役要比同年6月14日拿破仑指挥的马伦戈战役赢得更加坚决果断。因此以下评论值得怀疑：

莫罗不论在政治还是在军事上都毫无策略，他只是一个优秀、勇敢的士兵，在战场上他可以很好地指挥一支小部队，但他完全不懂战略大战术。[10]

人们都知道在法国执政府初期，拿破仑在政治，甚至在军事领域都没有强大到能把他的观点强加给他人。那时他还要将主要的德国军队的指挥权交给莫罗。他也不得不接受莫罗和他的中尉们在战场上丢掉一些好的作战时机，可如果拿破仑在场，他是绝对不会放弃这些机会的。对此，我们可以看看第一执政官拿破仑在圣赫勒拿岛上常说的一段话：

你们想知道什么？他们对战争没有深刻的认识，他们既不懂战争艺术的奥秘，也不了解大战术精髓！[11]

大战术中的问题纷繁复杂，不能都形成规律。当人们想阻止敌人入侵自己的国家时，该如何保卫首都呢？机动部队是否应该直接将其掩护起来，或是演习，或是隐藏在有堡垒的营地中以待时机，进而攻击敌人的侧翼？

1812年，斯摩棱斯克（Smolensk，原苏联境内）之战后，法军向莫斯科挺进，库图佐夫（Koutouzov）将军采用撤退策略来保护莫斯科，最终在莫扎伊斯克（Mojaisk，俄罗斯莫斯科州境内）建立的防御阵地上，他们顽强抵抗，与法军发生激战[12]。由于战斗失利，他带领俄军从莫斯科城中撤退，莫斯科被法军占领。假如库图佐夫率军从基辅（Kiev）方向撤退，把法军引向自己，那么他就需要留下一支部队来保卫莫斯科，这样他的势力就会变得更弱，法军也必然会派一支更强的部队去追击，阻止他们撤退。

如果让杜伦尼、维拉尔、欧根亲王来解决相同的问题，他们也会左右为难。但是拿破仑信心十足地试图通过二次式来解决高等几何学的问题显得有些愚昧无知。[13] 大战术中的这些难题属于物理数学不定式问题，它们不能用初级几何学的公式解决。[14]

关于上述评论，克劳塞维茨读到的第一个版本是这样写的：

宣扬人们没有实践过的教理，这是无知者的特点：企图用二次式来解决一个拉格朗日*或拉普拉斯**都感到棘手的高等几何学问题。[15]

---

* 拉格朗日（1736 – 1813），法国籍意大利裔数学家和天文学家。——译者注
** 拉普拉斯（1749 – 1827），法国分析学家、概率论学家和物理学家。——译者注

莱昂哈德·欧拉*的大名也出现在这篇文章中，这是驳斥罗尼埃将军著作的最后一个证据：

亚历山大大帝、汉尼拔、恺撒、古斯塔夫·阿道夫、杜伦尼、欧根亲王、腓特烈大帝，他们面对这个高等几何问题也会非常为难，因为它有很多解决办法。唯独一个经验缺乏的人会认为这个问题既普通又简单，其实欧拉（Euler）、拉格朗日、拉普拉斯花了很长时间将这个问题建立成一个方程式并从中得出未知量。[16]

克劳塞维茨将这些学者的名字混同在一起，也许他有意不引用法国学者的名字，但是他承认他读到了这篇文章："波拿巴在谈到这个问题时曾说过，一个战场上的总司令要做很多决定，而这些决定对于一个像牛顿或欧拉这样的学者来说，可能也是很难解决的数学题。"[17]

1807年，约米尼把他曾命名的《大战术论》（Traité de grande tactique）（1805—1806）一书改为《大军作战论》（Traité de grandes opérations militaires）。[18]拿破仑却很少使用更改后的名称，但是1812年在莫斯科时，拿破仑使用了此更名：

里杰沃公爵（Le duc de Reggi）**[乌迪诺]在战场上表现英勇，但却是资质最平庸、最无才能的一位将领。[古维翁·]圣-西尔***很优秀，但是却偏执；当需要在重要军事行动中全面考量各方因素时，他却执拗于自己的观点。[19]

---

*　莱昂哈德·欧拉（1707 – 1783），瑞士数学家和物理学家。——译者注
**　里杰沃公爵（尼古拉·夏尔·乌迪诺，1767 – 1847），法国革命和拿破仑战争期间法国军人和政治家，法国元帅和公爵。——译者注
***　古维翁·圣-西尔（1764 – 1830），法国革命和拿破仑战争期间法国军人和政治家，法国元帅和侯爵。——译者注

战 略

拿破仑仅在圣赫勒拿岛上评论奥地利查理大公的著作时使用过"战略"这个术语，这是查理大公一直使用的词语：[20]

起初我认为卡尔亲王的战略著作没什么意思，因为我不太关心，甚至不屑于那些科学术语，但是这部书却好像让我很感兴趣，因为我在一天内读完了三卷。我略过很多内容，因为我不太明白公爵想讲什么：战略与战术、科学与战争艺术的区别，这些定义都不准确。反而约米尼注解的定义更好，但还是较普通。公爵认为战略就是调动军队的艺术，战术是使军队投入战斗的艺术。但最好的定义应该是：战略是作战计划的艺术，战术则是战斗的艺术。

这部书从启发思维和引介观点的角度看是一部优秀的著作，但是不适合用来学习战争。书中有太多的思想理论，而战争中不需要这么多。那些理论原则应该属于没有战斗的日子。战争有时间性：在战斗中，也许中午时还处在优势地位，但到下午两点形势就骤变。能从军事书籍中悟到什么呢？

人们很欣赏卡斯奇里恩战役（Castiglione）。[21] 如果说有什么可以称赞的话，那就是我做出的放弃围攻曼图亚、集合部队的决定。维尔姆泽行动简单，他下令包围曼图亚。他认为我会发起进攻，就前往曼图亚。我看到暴风雨来临，感到很难击败他们。于是我放弃了围攻计划，向他在佩斯基耶拉的纵队挺近，与其交手并击溃了他们，然后我又返回。其实我还可以进攻蒙特基亚罗的纵队，我也可以将其击败，但是如果那样，我们会在晚上被人围攻，我们的胜利只会给我们带来更大的损失。与其这样，我不如就做一个简单地决断：既然我的交通线路受到佩斯基耶拉纵队的威胁，那么我不如就向他们发起进攻，以保障我的后方部队。人们会认为只有傻瓜才会做这样的决定。这点上没什么值得赞赏的，如果依据"理论原则"，我需要进攻蒙特基亚罗，这会导致我的巨大损失。

如何在那一时、那一刻了解这些区别？我没有过多的理论原则，也没有使用专业术语,而我战胜了敌人,这个事实就能说明一切。但是我在莱比锡战役中却没能取得相同的结果,假如我有骑兵部队,并且知道敌军调动情况,我也能成功。[22]

这段出自《贝特朗札记》的节录是从原稿中誊抄下来的。费力欧·德·兰格的版本中遗漏了好几个句子,尤其是描述拿破仑的定义的句子:"战略是作战计划的艺术,战术则是战斗的艺术。"这段未出版的内容与本章之初提到的克劳塞维茨的定义相似。这两个领域的划分标准是一致的。战术涉及战斗中如何运用武装力量,而战略则以如何部署战役来赢得战争为目的。[23] 克劳塞维茨和拿破仑都把战略与规划联系在一起:"战略就是制定战争计划,根据相关目的确定一系列行动,因此就需要规划不同的战役,组织战役中的各种战斗。"[24] 1771 年,法国人乔利·德·梅齐乐(Joly de Maizeroy)首次使用"战略"这个词来表达大战术的意思。1799 年,普鲁士人迪特里希·冯·比洛(Dietrich von Bülow)在其著作中大量使用"战略"这个词。[25] 它也出现在查理大公的著作里,后来约米尼将其引入法国。1819 年 10 月,拿破仑在查理大公的书中详细说明了这种情况:

历史中的很多东西是珍贵并且成熟的。其中的一些重要事件,它们本身就是真正的历史。关于"战略"这个词,我不太理解。不管我多么用心想弄懂其含义,但我还是只知道"战略地位"的意义。我甚至都难听出"战略"这个词。约米尼在解释"战术"时,在其加注中对"战略"给出了更明确的定义,他认为战术是在一场战斗中指挥部队和集中战斗力的艺术,战略是在战役中调遣部队的艺术。这就是人们过去所说的大战术。约米尼的著作很优秀。[26]

第二章　关于战争理论

战争理论化的愿望

拿破仑认为可以将战争的某些方面理论化，但对于"核心要素"却不行。克劳塞维茨在其《战争论》中也表达了同样的观点，书中提到初期的军事理论著作描述的是如何进攻及防卫某个地区，涉及工兵和炮兵领域，而在这个领域，军事装备是首要的。

在拿破仑的《回忆录》第一版中，他读到这样一段内容：

总司令依据个人经验或其天赋指挥战斗。就像学习几何学，人们可以通过研读论著来学习战术、机动演习、工程学和炮兵学；而在战争中，至高领域的知识则只能通过积累经验、研究战争历史和有影响的总司令参与的战斗来获得。难道《伊利亚特》的诗歌、高乃依的戏剧是通过学习语法而创作出来的吗？[1]

在这里，我们又看到了军事装备与军事思想的区别，这一点在第一篇谈到战争中的工程兵时也曾提到过。拿破仑在布里埃纳军校、巴黎军校、奥松学习时，对所有战斗装备的细节都了解很深，比如制作弹药、修筑堡垒、发射炮弹、操练步兵等等[2]。军事知识领域则强调阅读书籍和积累经验。其中一部书是伽罗瓦·亨利·劳埃德（Gallois Henry Lloyd）的《七年战争史》(La guerre de Sept Ans)，这真是18世纪一位具有国际身份的人，他先后在法国军队、普鲁士军队、奥地利军队和俄国军队当间谍和军官。他也将"可以规则化的艺术与战斗装备"进行了区别，"那个无法命名的部分是战争中的核心要素，我们无法定义及传授它，这种将原则应用于无数突发情况的方法既正确又快速。尽管这个领域从未间断，它还是既没有历史，也没有研究，尽管这个领域延续时间很久，它也没有经验可循。这只能是个人天性使然"[3]。那个年代的大部分军事思想家都有启蒙运动时期的传统观念，例如法国人包瑟特（Bourcet）、普鲁士人沙恩霍斯特（Scharnhorst）。[4] 克劳塞维茨对此也进行了类似的区别："我们有教规来训练做好内务、在营地生活、撤离营地、使用挖战壕的工具等。但是却没有教规用来训练部署战役、指挥战斗或是组装一台机器。"[5]

第二帝国时期出版的《拿破仑书信录》以不同的方式呈现，采用的都是拿破仑的手稿。不再有引介性质的话语。段落的结尾也被改动了：

就好像学习几何学，人们可以通过研读论著来学习战术、机动演习、工程学和炮兵学；而战争中核心要素的知识则只能通过积累经验、研究战争历史和重要总司令参与的战斗来获得。没有具体的、明确的规则可循；一切取决于将领的天性、才能、缺点，以及部队的素质、武器的射程、季节天气、和变幻的形势，这些都能引起不同的结果。[6]

军事历史知识为第一篇中提到的军事工程学提供了很好的"视角"。拿破仑所说的视角、决心以及从历史中提取的例证，都在关于战略直觉的现代研究中得以证实。战略直觉可以被定义为："过去事物选择性地在将来的投射反映，如同物理学中的作用线一样重新组合，在个人的坚持和行动下，它可以达到预期目标或者导致失败。"[7]

1807 年，拿破仑已经呼吁在法兰西学院开展军事历史研究：

法国军事艺术历史研究随即展开。老师除了教授法国历史上各个时期不同的作战计划——比如入侵、防卫的计划——之外，还会传讲解授战争成功和失败的根源，介绍能够重现事件细节和提供事实证据的作家及回忆录。面对这部分历史，所有人都会感到好奇，并且它对军人来说十分重要，对政治家也颇有益处。人们在工程专业学校里介绍进攻和防御的艺术，但还不能教授大规模战争的艺术，因为那时它还没有形成,尽管这种艺术已经具备存在的条件了。传授讲解大将军们如何在不同战争中保卫国家的历史课无疑会带来非常大的益处。

[……] 如果没有这所学校,军人们就会很久都无法从造成失败的错误中吸取教训,也无法找到预防失败的措施。从革命的每场战争中都应该吸取经验教训,为了能继承它们,往往需要走很多弯路,进行很多研究。但是这并不是说详细史实没有被记录下来,只是因为这些史实以不同形式存在于各处,但却没有人把关于它们的研究简单化,也没有从批判的角度引导研究。[8]

要掌握"大规模战争的艺术",历史知识和经验比理论更为必要。沙恩霍斯特*也持相同观点。[9] 我们来回顾关于第一篇第六章中历史事例价值的讨论。1799年11月或是12月,年轻的第一执政官——拿破仑,在卢森堡宫这样说过:

关于战争艺术,我能写上50页,并且我相信它们会是新颖和有益处的。[10]

虽然将其理论化的想法时而出现在拿破仑头脑中,但他仍在1807年向弟弟杰罗姆强调:

只有上战场才能学会打仗。[11]

据让·柯林说,拿破仑年轻时读过的军事作家相对较少,主要有费基耶尔(Feuquière)[12]、杜特兄弟、吉博特、劳埃德、包瑟特。但是他却一生都在阅读他们的书籍,尤其是在圣赫勒拿岛时,这一点得到了许多评论家的证实。[13]

---

* 沙恩霍斯特(1755—1813),普鲁士将军,伯爵,军事改革家。——译者注

马基雅维利、富拉尔、莫里斯·德·萨克斯

在谈到拿破仑评论的作家之前，我们需要知道，他一贯认为不论在哪个方面，他都不受恩于任何人。[14]因此他的读后感一般都是负面的。关于马基雅维利的《战争艺术》[15]，他认为：

几乎没什么可评论的。[……]马基雅维利研究战争，却从未实践过，而且还严词拒绝过君王交给他的指挥任务。[16]

让-查理·德·富拉尔（Jean-Charles de Folard）骑士是18世纪上半叶争议最大的一位军事作家。他参加了路易十四最后的几场战争，可谓是老兵，还写过《论波利比乌斯》（*Commentaires sur Polybe*）（1727年）。他在书中宣扬步兵纵队的进攻要优于横排的形式，并认为在这种情况下，精神上的冲击要比火力进攻还要强。他从希腊和罗马人的战术中得到了启发。[17]对此，拿破仑于1817年1月12日星期天写下这样的话：

论述古代和近现代战争很容易。我想与富拉尔谈谈，[……]我能用简单的几个字驳斥他的观点。我对于古今之战的思考不可能与大众一致，这里会有具有决定意义的想法。[18]

正如人们所知，富拉尔的《论波利比乌斯》极大地启发了达武（Davout）元帅关于战术的思考，他是第一帝国时期最优秀的元帅之一。[19]此处拿破仑想说的是：参加过西班牙王位继承战争的富拉尔显然早已过时，如果拿破仑自己致力于写一部军事著作的话，此著作会让其他军事作品望尘莫及。但是贝特朗转述的一句话也表明了那时（1817年1月）拿破仑还没拥有富拉尔的《论波利比乌斯》一书。拿破仑的医生安托马契的一段回忆尽管存在颇多疑点，但也验证了贝特朗的话。安托马契

描述了1819年9月25日拿破仑刚收到一个箱子，他期待里面有《论波利比乌斯》：

要是我有《论波利比乌斯》该多好！也许我会通过其他途径获得它吧。[20]

该书在拿破仑去世前几个月才送到其手中，1821年3月12日他阅读了该书。[21] 萨克斯元帅的《兵学沉思》（Rêveries）一直都在拿破仑大军团的军官们中传阅：[22]

每天都有军人读萨克斯元帅的《兵学沉思》，然而他却没什么文化。首先，他的语言文字不好；其次，他既不是工程师，又不是炮兵。[23]

1812年初，在写给贝尔蒂埃元帅的一封信中，拿破仑略微评论了该著作及其作者：

我的朋友，在许多极度平庸思想的衬托下，萨克斯元帅《兵学沉思》提出的利用敌国而不劳累自己军队的想法在我看来不错。你读一读，把他的思想内容编成指南，然后将它传给我在西班牙的那些将士们。[24]

腓特烈二世、吉博特、劳埃德、比洛

拿破仑在士官面前不太赞扬普鲁士腓特烈二世著名的《军事教令》(Instructions)。为此，古尔高证实说：

我告诉他，我有腓特烈的《军事教令》，陛下读后说书中有些江湖骗术。[25]

拿破仑随后评论道：

《军事教令》中也存在有益的知识,但是该书写得太快,而且论述不够深刻。[……]腓特烈在书中不想什么都涉及,所以有太多的含糊不清之处,他本可以写得更好,他却不愿意那样做。[26]

确切来讲,他谈的是哪一部作品呢?[27] 古尔高的日记和圣赫勒拿岛上的图书资料都不能给我们提供答案。应该是腓特烈国王亲笔写的一段书稿,而不是神秘的《军事教令》,据说这部书被偷过,而且事实上由利涅亲王写成。[28] 腓特烈二世的《军事教令》在大军团的士官中广泛流传,甚至像本舒瓦·布萨特(Binchois Boussart)那样粗俗、没有文化教养的将领都有一本[29]。

自从柯林将军做了一个有趣但缺乏参考资料的研究——拿破仑军事素养研究之后,吉博特伯爵的《战术概论》就被看作是曾经预测和启发拿破仑战争艺术的书。吉博特的书满足了具有青春热情的拿破仑的需要。吉博特的书"随处可见,这一切都引导着拿破仑阅读其作品。所有公立或私有的图书馆都藏有《战术概论》"[30]。拿破仑确实读过吉博特的书。[31] 但是,如果就此说拿破仑很欣赏吉博特却为时尚早。[32] 拿破仑曾给过吉博特的遗孀一部分抚恤金,并且跟他的侄子是朋友。在埃及期间,他的侄子是拿破仑的副官,也是在埃及被杀害。在圣赫勒拿岛,古尔高为拿破仑朗读过这样一部书,那部书极像《战术概论》。[33] 拿破仑没有夸吉博特,他是这样评论的:

这是一部充满智慧的书,但它的普鲁士风格太明显了,他让我们认识的仅是一些组织无序的战斗。巴黎有很多有才智的人,却去没有什么军事人才。吉博特就是个投机取巧的人。[34]

贝特朗将军在1818年8月的笔记中记录了一段关于吉博特《战术概论》的对话,这部书被拿破仑评价为"空洞",但是作者当时只有24岁。[35] 最近几次再版的吉博特的书，其内容就涵盖了一切，这也成为了拿破仑对这部书积极评价的唯一证据："《战术概论》适用于培养伟人。"[36]事实上，这句话出自1803年再版的吉博特《战术概论》的序言。原文如下："腓特烈二世推荐给军官阅读的为数不多的书中就有《战术概论》，这本身就是一种称赞。华盛顿则将该著作视为指引他们获胜的法宝。至于拿破仑，他把书都带到了营地，他说《战术概论》适合用于培养伟人。"[37]所有认为拿破仑军事思想受到吉博特影响的历史学家都以本段内容为依据，他们认为它有说服力，因为如果没有拿破仑的同意，这段文字不会被出版。[38]这是有可能的，但是直到此时都没有人意识到拿破仑在圣赫勒拿岛才得到了1803年版的《战术概论》，他明确表示不赞同贝特朗·巴雷尔写的这段话。对此，罗伯斯庇尔说："新工作一出现，巴雷尔就准备去承担。他什么都知道，什么都会做，他能胜任任何工作。"[39]至于拿破仑，他在1818年11月时说过以下这段话：

吉博特是在24岁时写的《战术概论》，这就能解释一切。巴雷尔评论吉博特的《战术概论》时，用暗喻手法描述华盛顿和波拿巴将军书不离手，并且他们一部分的成功应归功于吉博特。巴雷尔完全弄错了！[……]

吉博特文字不错，但他的想法空洞，他有智慧，但却不务实，从中学不到什么。他说过军队有太多的辎重。嗯，那么军队需要多少辎重呢？他却没有讲清楚。他不用一般工厂，偏爱于军团供应商。这一点可以得到肯定，但是应该协商，而不是将想法强加于人。这是一个很重要的问题。我用过军团供应商，那时我有一位优秀的马海（Maret）先生[40]。然而我不认为这是一件好事情。[……]

吉博特既不懂腓特烈，也不了解恺撒的历史。他认为，恺撒不带粮食就去非洲，这是大人物的特点。这为战争传递了错误的信息。为什么不该带粮食呢？[……]

吉博特认为罗马人不关心粮草问题，他其实错了。这些细节在历史上往往被忽略。[……]他说士兵理应饿着，这太愚昧了。士兵不能挨饿，他们应该像其同胞一样吃土豆、肉类，等等。他们需要进食。

似乎他（吉博特）想说：给我一支军队，我让你们看看我是怎样指挥的。他很可能会指挥得很差。他过于聪明了。但他缺乏天赋，不太可能成为将领。我试图在他的书中寻找几样东西，但是没发现任何有价值的内容。吉博特进入议会，他并把将一些陆军上校助理、副官派到部队里，这样会影响配合协调的炮兵和工兵。我们不应把这样的人安排在炮兵部队里。[41] 很多军官被杀害。贵族们想取代军官在军队里的地位[42] [……]

吉博特的书中有太多的理论了。战争不需要这么多理论，需要的是常识。应该按照他们自己的想法作战。这是一个需要常识的职业。吉博特说以前人们不会行军，并且战争要靠行走。这话是什么意思？难道军队不需要停留吗？

他说腓特烈创造了斜向进攻倾斜式战斗队形，但这种方式在各个时代都存在，却没有哪一场战争只靠倾斜式战斗队形斜向进攻获胜。[43] 他没有很好地理解这个道理。常识告诉我们，当要进攻一个点时，就应该集中所有兵力，大家都是这样做的。

吉博特想在每个省设置军事要塞。为什么是以省为单位呢？为什么要将要塞这个有形的事物与行政意义上划分的省联系在一起呢？为什么要依省设立要塞而不是按照主教管区或领地来设置呢？[44]

我们不能理解智慧与疯狂，然而却有人自称这是介绍科林（Kolin）战役的代表作[45]。吉博特狂热崇拜腓特烈二世，他的语言（德语）知识可以使他成为优秀人才。我们不能滑稽地欺骗他人。[46]

拿破仑的评判似乎没有影响力。吉博特仍应该是那个年代最具洞察力的军事作家。后来的战争将战略和战术融合在了一起。[47] 不能排除这一点：拿破仑为了提高自己的威望而贬低吉博特和他的思想。

亨利·劳埃德的《七年战争史》取得了一定的成功。[48] 拿破仑也读过此书，但他的评价同样严厉：

这是我读过最平淡无奇的一部书了，书中尽是错误观点。他想给一部分步兵配备长矛。他将步枪缩短12英寸，这会让第三排火力无法发挥作用，从而降低射程，尤其是武器的精确度。他让第四排的士兵使用长矛，这样一半的士兵就无法射击，这支部队就丧失了一半的军力。[……]

按照劳埃德的说法，骑兵除了守卫和巡逻以外就没有用处。骑兵在战斗前、战斗中和战斗后都能发挥作用。没有骑兵的话，步兵部队就会被攻克，南吉（Nangis）、尚波贝尔（Champaubert）[?] 等战役[49]就是很好的例子。使用骑兵是唯一能确保获胜的方法。[……] 他剥夺了骑兵使用短枪和卡宾枪的权利。这个方法很危险：骑兵在营地里将如何自我防卫呢[?]。[50]

1817年4月13日，拿破仑称劳埃德是疯子：他居然说枪没什么好的，这可是现有武器中最好的了，尤其是配上它的卡栓。[51] 至于普鲁士人比洛，拿破仑在圣赫勒拿岛时读过他写的关于1800年德国和意大利战局史一书。一位英国军官为拿破仑借了这本书。拿破仑用铅笔写下评价，对于作者来说，这些评语冷酷无情：差、非常差、荒谬。英国军官将所有评语都公布了，他认为用拿破仑以下一段评注作题词很合适：

如果您想学习用一支实力弱的军队打败实力较强的军队的方法，您就研究这位作家的思想；您会获得战争科学的一些思想，但他也会让您掌握错误的知识。[52]

约米尼

1813年8月中旬，当约米尼改换阵营效力于俄军时，他担任的是内伊元帅的幕僚长。拿破仑在写给帝国司法部长康巴塞雷斯（Cambacérès）的信提到：

作为莫斯科瓦亲王（Moskova）幕僚长的约米尼叛逃了。正是那个出版了几部战争书籍，许久以来俄国人许久以来力图争取的人。他最终接受了俄国的引诱。作为军人，他几乎没有优势，但作为作家，他对于战争的认识中还存在一些有益的思想。他是个瑞士人。[53]

约米尼成为沙皇副官后，拿破仑发现这些反法联军还是常犯错误：

敌军在德累斯顿战役中还是毫无进步[54]，这说明约米尼尽管能发挥些作用，但他对于战争并没有卓越的见解。[55]

贝特朗和古尔高在圣赫勒拿岛的日志中记录了几段对约米尼的积极评价。古尔高首先写道：

我对陛下说我觉得我们不应该让像约米尼的军事著作这样的书[56]出版。陛下看着我跟我说："这难道不是一部很奇特的书吗？"我回答道："陛下，我真的觉得敌军的胜利都该归功于这部书。"陛下生气地说："我向你保证我在指挥乌尔姆（Ulm）战役、奥斯特里茨（Austerlitz）战役和耶拿（Iéna）战役时没看过这部书。但这的确让人感到惊讶，人们会认为我看了他的书，并采用了他的观点。"[57]

约米尼很好地拓展了我的观点，而他本人在这方面做得很差。[58]

约米尼身上有不少优点。[59]

拿破仑认为，约米尼首先是一个研究腓特烈二世战役的历史学家，他同意约米尼批判性的分析：

约米尼的书中有优秀的内容。遗憾的是我没能看到这部书。[60]

拿破仑在另一个时候对此解释道：

今天再看腓特烈指挥的战役，我能理解人们对普鲁士骑兵的认识。以前我只是很粗浅地了解腓特烈的战役。如果我能早点深入研究这些战役，就会在对普鲁士的战斗中获得极大的帮助。

我猜想为此我会把约米尼带到我的办公室，让他给我还原出那些战场，但是他不会很好地描述出来的。[61]因为他总是解释不清楚，以至于我没怎么注意过他。我能用给他的时间很少！这样的话肯定会引起不快。约米尼很了解我的作战方式，而且是自卡斯奇里恩（Castiglione）战役起就有所了解。他还深入评论了杜莫里兹（Dumouriez）指挥的战役。[62]

然而约米尼却在他记叙第一次意大利战役的历史时犯了错误：

约米尼写了一部关于意大利战役的好作品，他的意图是好的，而书中却满是错误。我本想都给他都指出来，但是错误实在是太多了。他跟奥地利保持着比跟我们更亲密的关系。他不相信我们记述的事情，他认为那些叙述有些夸大，其实他错了。他知道里沃利战役和拉法沃瑞特（la Favorite）战役，但他却不了解阿尔科莱战役和卡斯奇里恩战役。[……]

通常情况下，他的语气平和。当他不懂的时候，他就会以和蔼温和的态度表达出他的疑惑。[63]

拿破仑想通过注解来修改约米尼的一些错误：

他的书中没有提到我的几场意大利战役，这可真好。在给他指出错误的同时，我会让大家看约米尼的书，让他们觉得了解这些战役是件好事。[64]

约米尼让拿破仑又看到了他的对手的名字：

他的作品真让人喜欢，因为我又看到了那些我不知道的或我忘记的敌军将领的名字。[65] [……]

真高兴约米尼写了这部书：他让大家很好地了解了我的战役。期望他能完成他的作品，因为他有敌人的回忆和资料，而这些是我不可能得到的。我把很多事情都忘记了。一些事件和日期在我脑子里混在一起，很多时候我通过约米尼的书将原来的事件和日期回忆起来。[66]

1821年4月26日，就在拿破仑去世的前几天，他寻思着谁能记述他这个时代的历史。他想到了他的弟弟吕西安和约米尼：

吕西安应该放弃他的诗歌，写写大革命和帝国的历史。他很勤奋，因此他可以就此轻松地写上15至20卷，但是谁来编写军事历史呢？约米尼是目前唯一表现出这方面才能的人，可他却在为俄国人效力。[67]

总之，我们可以清楚地看到，约米尼被更多的认作是历史学家，而不是理论家。

罗尼埃与马尔博

拿破仑对罗尼埃将军的《战争艺术思考》评价很苛刻：[68]

这部书有太多的错误思想，这足以让军事艺术退步。[69]

《关于〈战争艺术思考〉的十八条评注》是以口述的方式写成后发表的。拿破仑在此猛烈地批评了罗尼埃。贝特朗的日志中首先表达了与拿破仑略有差别的观点，之后才有类似的批评：

罗尼埃的作品让我印象最深刻。它出自一个有智慧、有学识、有成就的人，但作为一个工兵部队的中将，他的书有失水准。如果只是一个总司令表达其不重要的想法的话，这部书还不错，但对于一个必须十分熟悉其业务的工兵部队的中将，该书就有欠缺。罗尼埃的书中都是些空话，他不应该这样做。[他说]军事要塞太多了。这不是问题。难道要摧毁这些要塞吗？按照他的思想方式，他应该会说："某某处边界有要塞，只要某某处有要塞就够了。"我们来对比两种思想。他想建立小型要塞，用很少的人来守卫，要塞间设立棱堡。他想在一个要塞四周设置四个堡垒。为什么是四个而不是两个呢？这还不够支援一支部队吗？他认为军队可以筑堡垒，不通过炮弹，而通过排射、连续的发射、骑兵部队来施以掩护。这方面他的想法是正确并且智慧的。他很了解古代人安置营地的方法以及他们如何在战场上表现、如何打仗，也非常熟悉他们的武器，甚至武器的重量及大小。这对我们正在写的内容非常有帮助。[70]

他批评奥斯特里茨战役和耶拿战役。他不了解这两个战役。[71]他认为马伦哥战役是成功运用兵力的一个范例，但他觉得这种方法不是我首创的，而汉尼拔才是第一人。他没有看到汉尼拔与预备军战役的共同点，在这场战役中我切断了梅拉斯军队的交通线，我在米兰、奥地利和梅拉斯（Mélas）之间获胜，最终奥地利投降。汉尼拔也曾切断过西庇阿（Scipion）军队或其他什么军队的补给线吗？这样的评论出自一个优秀的中尉长中将真让人无法接受，他可能都会把圆规和水平仪搞错。

总的来说，这部书让我很不愉快。[……]

对于一个指挥过德累斯顿战役和滑铁卢战役的军官来说，写出这样的作品真是荒谬。在苦涩的心情和万丈雄心的影响下他写成了这部书，也有可能是某种错误或对错误的预感的影响，虽然这个错误很明显，而且他想避免它。这部书优秀吗？有条理吗？他诋毁耶拿战役和埃斯灵（Essling）战役，几乎我所有的战斗都被遭到他的贬斥！论及滑铁卢战役时，他却夸大威灵顿的荣誉！他可是一个在滑铁卢战役中统领工兵的将领！一个没有指挥过战役的人[72]却哇啦哇啦地评价战争尚能忍受，但跟那些在战场上拼打20年的人谈他的调遣炮兵、骑兵和先遣部队的方法，这真是令人厌恶。[……]

这样一个没有经验的人说了多少的夸大其词的蠢话啊！他应该为这部书而感到羞愧。这可不是什么有趣的幻想，跟萨克斯元帅《兵学沉思》不是一回事。对于有民族骨气的人，看着一个指挥过滑铁卢战役的中将写出这样的书来贬低我而颂扬威灵顿，会感到非常羞耻。[73]

马尔博[74]对罗尼埃的驳斥让拿破仑非常高兴：

这就是我40年来读过的最好的一部书，它让我很高兴。马尔博的书没有参考过我的书[75]，但我自己都觉得他的书可以堪称是我的书的第二个版本。他书里的有些内容比我写得好。他比我更了解战斗，因为说到底，他比我更直接领导士兵。

当然还有很多部分他不及我。炮兵的作用没有那么大。在这点上他就不知道。但他谈到一排构成一个连，由三排组成三个连而形成一个营时，他是真正在战场上战斗的人，这是他的强项，所以我同意他的这种观点。他把我同化了。在其中一段中，他说我们不能当9 000人的司令，但我们可以成为这9 000人的将军，可那是另外一回事。所谓司令，就是那个熟悉所有细节、了解所有士兵的人。[76]

每部书都有益处。在给指挥过埃及亚历山大战役的马尔蒙的信中，他这样写道：

您可以仔细再读一读维护被围困要塞的规则：这是经验的成果，这个规则中有很多有益的内容。[77]

古尔高记录了一段他们在 1816 年 12 月 16 日流亡时的对话：

皇帝陛下跟我谈起了古时候的武器。他认为，在步兵中，第一排应该隐藏于低于地平面几英寸的地方，第三排则是由个子最高的人组成，处于高出其他人的位置上。每个士兵都应该拿一个一端包铁的矛。在埃及时，最初法国步兵都配有这种武器，它在对付骑兵和突发进攻时有很大优势。我告诉他盖伊·威尔农（Gay Vernon）谈过撤退需要的时间。我要来了书，陛下读了两个小时，随后说这本书很糟糕，书里没有什么值得学习的内容。[78]

按照贝特朗日志所说，在去世前几天，拿破仑让人把他做的军事书籍的笔记烧了。他不想留下任何记录。但是蒙托隆也跟贝特朗说过，皇帝陛下想把他军事思想中优秀的部分留下；他说陛下自己也总结萨克斯元帅或腓特烈二世的优秀思想；他们可以把陛下对罗尼埃的评论交给马尔博，毕竟有很多内容马尔博比陛下更清楚。[79]

1817 年 1 月 12 日，拿破仑描述了他的军事笔记，这些内容我们从未见到过：

这部书将按我的设想不赘述细节，慢慢地我可以写出一部含两 2 卷的著作，这部书将会非常有趣，并且有教育意义，它会帮助人们在很多经常争论的思想上建立认识。[……]我对战争非常有经验，我制定过许多作战计划，并且都经过了深思熟虑。[80]

第三章 战争艺术或战争科学

拿破仑使用"艺术"一词来形容一个行业全部的专业知识，"战争艺术"中的"艺术"也是这个意思。因此，他指出 1813 年修建的防御堡垒应围绕德累斯顿确立战术地位。[1] 这些专业知识属于文明人，皇帝陛下通过评论恺撒的战争向人们说明了这一点：

恺撒有三场漂亮的战役：内战、他的杰作——非洲之战、与庞培（Pompée）势力斗争的西班牙之战，甚至还有征服高卢人的战争。但是如果他仅有这最后一场战争，还不足以建立他的声望。因为那些是野蛮人，他们有众多军队，并且很勇敢，但他们没有组织纪律，不懂战争艺术，而另外三场战争中他的对手都是像他的军队那样训练有素且经验丰富的军队。[2]

所有民族的人都能快速地掌握专业知识：

伏尔泰说过，因为有了现代战争艺术，欧洲再也不会被野蛮民族侵略了。这是错误的想法。[……]野蛮人很快也会知道炮兵部队里重要的信息。在围攻开罗期间，一个亚美尼亚人用了20天时间就造出了大炮。而一位欧洲军官可曾这样做到过这种事？[3]

关于战争艺术，除了第一层意思，拿破仑还认为这就是一种行事方式，一种指挥战争的智慧方法：

战争的艺术就是为自己创造更多机遇的艺术。[4]

战争艺术在于让一支弱势的军队总能够在进攻或被袭击时拥有强于敌人的实力；但是这种艺术既不能通过书本也不能通过经验学会；这是一种指挥的技巧，正是战争天赋。[5]

正如贝尔蒂埃于1812年写给马尔蒙元帅的信中提到的那样，这个定义还有另一面：

陛下对您在战争中的指挥感到不满意：您军队的实力要强于敌人，但您不主动进攻，反而常常被攻击。您不断调遣部队，让他们感到疲惫不堪。这可不是战争的艺术。[6]

经验也不比书籍传授给我们的知识多，这似乎与前面的那句"只有上战场才能学会打仗"的话相矛盾。拿破仑想表达的是，仅靠经验不足以造就一名优秀的将领。正如我们第一篇看到的那样，"军事才能"是一种天赋。此外，拿破仑就这一点也作了说明：

战争是一门独特的艺术。我敢保证，我打了60场仗，但从第一场仗之后我就没有学到什么了。看看恺撒，他在最后失败的战斗中表现得和第一场一样。[7]

这点与第一篇第一章开头的引文相呼应。拿破仑也曾于1813年9月初在萨克斯向多纳（Dohna）谈过此想法。古维翁·圣-西尔元帅在他的回忆录里描述了这段内容，那是在皇帝陛下与圣-西尔和缪拉用晚餐时，他的副官勒布朗（Lebrun）将军来告诉他内伊在德里维兹（Dennewitz）战败的消息：[8]

拿破仑向他询问情况，十分冷静地问及各类部队行动的每一个细节；随后他向我们清楚地而又准确公正地解释了失败的原因，他一点儿都没有生气，也没有说过一句训斥和怀疑内伊和他的将军的话；他把一切归咎于战术运用的困难上，并且认为这些困难超乎预料。他还补充说，如果以后他有空余时间了，他要写一部书来精确解释战术规则，让所有士兵都能理解，让人们学习战争就好像学习其他任意一门学问一样。我跟他说，最好能为法国保留住像他这样的人的经验；但我一直怀疑有谁能来做这项工作呢；我认为如果可能的话，没有人比他更有权力来设想此事。我还说直到此刻，我都觉得丰富的经验或实践不是掌握这门学问的最好办法；我认为在法国大革命时期大大小小的战争中，不论是我方还是敌方的，所有我们了解到的引领欧洲军队的将军中，似乎没有一个是通过经验来获得战争方面的知识，拿破仑也不例外，因为他的第一场意大利战之役就一直被认为是他的军事杰作。拿破仑也同意我的观点，他说由于那时的他没什么战斗方法可用，所有以他也把此次战役看作是他最漂亮的一场战役；他个人认为只有一位将军一直通过阅历获得知识，这就是杜伦尼将军，他的军事才能是不断深入研究的结果，如果有一天他能够写这样一部书的话，他很可能可以达到详细解释战术规则的目标。[9]

我们将会看到"科学"一词的使用，也将再一次看到拿破仑的矛盾之处：那时的他认为如果有一天自己写出这样一部书的话，人们就可以通过阅读书籍来学习战争……他并没有做到，这也证明了我们的观点。

在下面引述的百日王朝末期的一则轶事中，拿破仑反复说战争要通过经验来学习，战争也凭直觉，想要人们懂得战争很难：

我让位后，当我在马尔迈松（Malmaison）城堡时，有人来告诉我敌人的先头部队已经到了，我没有动。

——这是有可能的，约瑟夫说。您为什么不愿意相信这是真的呢？

——这当然有可能，但还不能完全确定。唯有战争教育这样认为，如果我可以这样说的话。带着现有的部队，我可以抵抗所有来犯者。就敌人的行军速度和我们的前哨了解的情况来看，这里显然没有什么可害怕的。

让他们懂得战争，这没有可能。这就是战争：战争直觉。[10]

第四章　战争宗旨

原　则

拿破仑使用了很多次"战争原则"这个词：

战争艺术包括一些不变的原则，这些原则可以确保军队避免受到指挥者误判敌军兵力的影响，但这些错误还时有发生。[1]

拿破仑继续说道："古代所有伟大的指挥长官和那些效仿他们的将领没有什么大的贡献，他们只是遵循了战争艺术的了一般规则和原理；即正确的策略，方法和结果、努力与困难之间的合理关系。不论他们的成功有多大，影响有多深，就是通过遵循原则获得的。他们不断尝试让战争成为一门真正的科学。仅在这方面，他们才是我们伟大的榜样，只有向他们学习，我们才有希望做到。

人们把我最著名的一些军事行动看作是财富，他们也必然将我的失败归罪于我的错误；但如果我来评论我的战役，人们看后肯定会非常惊讶，因为我不论在成功还是失败的时候，我的理智和才能都是通过践行战争原理等锻炼出来的。"[2]

亚瑟·德·贾尼埃（Arthur de Ganniers）很好地描述了拿破仑战争原则的概念。年轻的拿破仑最初读的书会引导他成为一个政治人物，但土伦战役让他看到了辉煌的军事前途。他找到了费基耶尔、德·玛耶布瓦（de Maillebois）、维拉尔、卡蒂纳（Catinat）、罗昂（Rohan）[3]的回忆录，还有好几部关于古代军队的著作。拿破仑在政治方面的研究为他构建战争核心要素打下了坚实的基础，他的天赋使他很快将不同作品中散乱的军事科学真理联系在一起。他没有去寻找可以运用的规则，反而借助他的聪明才智，很轻松地将基础原则及其原因和作用区分开来。原本要说明一个原则的出处会让他为难，但是他自己有一套独特的办法可以从原始材料里找到有价值的内容，分析归纳，总结出规律，然后实施运用这些规律。[4]

哪些是拿破仑总结出来的原则？有些还要追溯到古代：

恺撒时代与亚历山大和汉尼拔时代的原则一样：保持军队完整统一，各个方面都实力相当，没有弱处；能够迅速投入到重要战斗中，借助精神手段，强大的武器，还有保持盟国团结、战败国归顺的政治手段；创造一切可能的机会来确保战场上的胜利；为了达到这一目的，调遣全部兵力全力以赴。[5]

[……]凝聚兵力、调动能动性和为荣誉不怕牺牲的坚定决心，就是这三大军事艺术原则在战斗中给了我很大的帮助。[6]

从对杜伦尼战役的评论中可以准确地得出一个关于现代军队的原则：

这是战争中最重要的原则之一，也是人们几乎不敢违背的原则：将部队营地聚集在最远、最隐蔽处。[7]

这个原则与另外两个原则在《1796 年与 1797 年意大利战役之军事计划分析》(Observations sur les opérations militaires des campagnes de 1796 et 1797, en Italie) 一文中被引用。文中提出了作战线这一概念。第五篇中将讨论此概念，这里我们先解释一下它的意义：作战线就是指一条将战斗中的军队和储备粮食、弹药、医用品的中心连接的路：

向德国进军分成了的两条作战线，一条是蒂罗尔提洛尔线，一条是本特邑（Ponteba）线。这难道不违背"一支军队只能有一条作战线"的原则吗？这两个部队在卡林西亚（Carinthie）会合，这个地方距出发点如此之远，难道这不违反"绝

不能让部队在敌人前方或附近会合"的原则吗？[……]

贝尔纳多特的师进军格勒兹（Grœtz），如果他们的行军没有遇到问题的话，他们就会占据一些优势，但这样他们就违背了规则；相反他们的行军方式采用了集中原则，这是战争的真正原则。[8]

应该避免将侧翼暴露给敌人的行军方式。瑞典的查理十二世（Charles XII）在1708年入侵俄国时就疏于防范：

这是他违背战争规则犯下的一个大错。他的部队将自己的侧翼暴露给敌人长达300古里。[……]这就是为什么要掌握军事原则的理由所在。有些东西只能依靠天赋来赐予灵感，但是有些规则我们必须了解，比如刚才提到的那个规则。[9]

应当从广义上来理解原则和规则，也就是要预先考虑，有所预备，思考筹划，根据志向采取相应措施：

所有战争都应是有条理的，因为战争需要在原则、军事艺术规律和理性的指挥下进行，战争还要依据人们所拥有的军力。[10]有两类进攻战：一类是根据科学的原则周密计划的战争，一类是违背规则又毫无设计的战争。查理十二世之所以被最专制的沙皇[11]打败，就是因为他没有计划好战争；假如帖木尔（Tamerlan）的作战计划与瑞典国王的一样，那么他也会被巴耶塞特（Bajazet）击败。[12][13]

从这段中我们得出了相同的观点，此外还看到了保密的必要性：

战争中，总司令的首要原则就是要隐藏他所做的事，要研究战胜困难的方法，并且果断地想方设法地克服困难。[14]

1806年，拿破仑跟那不勒斯国王——他的哥哥约瑟夫反复说道："这需要'方案'。"也就是要深谋远虑：

> 远征西西里岛很容易，因为只有一古里的路途；但还需要周密计划，要取得成功不能靠运气。[……]战争中，没有什么不是通过精心设计得来的。只有深入思考甚至每个细节，这样才能取得好的结果。[15]

轴关系曲线

原则的作用是相对的。它们可以指导行动，但它们不能解释一切：

> 约米尼的功劳是建立了一些原则。有天赋的人依靠的是灵感。适合这个情况的方法在另一种境况下就行不通。但是应该把原则看作是影响曲线的轴。这就是在这样或那样的情境下我们偏离原则的表现。[16]

轴线和曲线的比喻同样出现在了关于海战的评论中，用来形容理论的作用：

> 任何行动都只能听从海军司令的信号，这个原则会导致更大错误，因为那些舰长在未能很好执行命令时，总能找到理由为自己辩解。在所有与战争相关的科学中，理论可以提供能够培养智慧的指导思想；但绝对服从这些理论会导致危险发生。轴线应该是来引导描画曲线的。此外，规则本身也要求理性思考，来评判人们是否需要偏离规则等等。[17]

克劳塞维茨提出了一个非常相近的理念。他批评了约米尼和比洛，因为他们的原则是一种规定，并且严格执行原则的要求也很危险，这一点与拿破仑的观点一致。但是他也相信一些原则展现出了因与果的关系，它们成为过去与众不同的范例，帮助构建了战争科学理论。而原则的运用与对形势的评判和经验有关，并且需要一定的机制与灵敏。但是不幸的是，在一些战斗特有的应急状况下，人们往往会求助于教他们该如何做的规则，而不是依靠自己的判断。[18]原则只有在过于刻板、墨守成规和限制思想时才会有弊端。[19]正如雷莫尼（Lemoine）将军写的那样："任何事物都不可能完美，原则就是些趋向，人们有时候可以偏离，但应该竭尽全力向好的方面发展。"[20]这已经与拿破仑的思想十分相近了。

拿破仑想仿效腓特烈二世为其军官总结包括某些原则的训令，但他最终没有这样做：

我本想就这方面写点什么，但后来有军官跟我说他们遵循了原则，结果被打败了。关于战争有太多的内容需要了解。我们可以写一些书对比古代的战争。[21]

尽管有些原则像轴线一样很有用，但原则不能过多。它们不能太精细，并且只能在实践中显示出价值：

从来都不会在实践中被遵循的准则和不合时宜运用的规则有什么好的用呢？运用不当的规则往往是造成军队损失的原因。[22]

如果有人把某些精确的军事行动当做原则的话，他们就错了。人们不可能详细规定每个细节：

这是克拉克（Clarke）翻来覆去说的几句话，是不懂战争的大仲马常重复的话：调转军队的侧翼。约米尼有理由抨击这些错误的原则和思想空洞的话。[23]

拿破仑终究承认：

我不想提出任何原则；因为这太难了：复杂多变的形势会改变一切。每隔两个小时部队就会变换位置。也许早上五点时还是智慧灵敏的举动，到了十点就变成了荒唐的行为。我们除了总结几个总原则之外，什么都不能提供了，比如不能将侧翼暴露给敌人的行军方式。我们不能妄自主张，否则就会让将军更快地失败，因为战争中所有事情都是当下的问题，尤其取决于执行原则的方式。

因此，在离开维罗纳（Vérone）时，我已经想好了从巴萨诺（Bassano）侧面进攻的作战计划，[24] 但是战斗的胜负还取决于战争中一切未知因素。我取得了罗尔托（Roveredo）战役大捷，俘虏了9 000人。这改变了敌人的处境。在走之前，我收到了来自特伦托（Trente）的消息，消息称根据密探的汇报，维森斯什么也没有，维尔姆泽司令部还未到达帕斯里亚诺（Passeriano）。如果我早能了解敌军向维罗纳行进的情况，我很有可能就会从特伦托赶回来。我记不清我方部队的位置，但我相信我有一支部队在距维罗纳七八古里远的地方，他们是我的先遣部队，我预计在夜间到达维罗纳。我收到的敌军平静的消息使我下定决心实施我的计划。每隔12小时，我要再审察、思考、推敲一番这个计划。就是通过这种制定计划的方式来获得智慧。我不能一直使用第一稿的计划。[25]

军队中每一个军官都懂得根据形势采取行动，这样的军队才是一支优秀的军队。最好的军队应该是在这方面做得最好的那支。[26]

这就是克劳塞维茨在《战争论》中想要向普鲁士军官说明的内容："理论的存在是为了不让大家每次重新排序和归纳总结，而是给人们提供条理清晰和简明准确的知识。理论应该用来培养未来军事指挥家的才能，更准确地说，理论是用来引导他们的自我教育，而不是在战场上指挥他们，正如一位深谋远虑的教育家旨在引导和帮助年轻人精神上的发展，而不是用知识将其束缚一生。"[27]

第五章 评论

拿破仑根据克劳塞维茨的理论对一部分析战役的著作进行了评论。1786年，拿破仑从巴黎返回科西嘉岛时带了满满一箱书。他以批判的精神为巴斯蒂亚（Bastia）营地的军官评论了古代的战争和著名军事指挥家的成功及错误，他这种精神让军官们很意外。[1] 拿破仑一直在研究战役上的历史先例，以及同一地区军事行动的典范，同时他还会细心地为他信任的将军和军官讲解这一切。1794年7月5日，拿破仑指挥意大利军队的炮兵部队时，得知一个军官曾于1747年在这个地区打过仗，他就找来这位军官，并向他询问了一切可能的信息[2]。在打响他的第一场战役之前，拿破仑让国家图书馆给他提供了卡蒂纳元帅的回忆录、关于欧根·德·萨夫瓦亲王的两部书[3]、几张地图、皮埃蒙特（Piémont）和隆巴尔地（Lombardie）的介绍，以及佩札依（Pezay）记录的旺多姆（Vendôme）战役和玛耶布瓦（Maillebois）战役[4]，总之它们都是关于新近战争的记录，都与意大利军队即将开战的地区有关。1805年8月末，拿破仑派缪拉匿名探访了巴伐利亚，甚至包括波希米亚（Bohême）地区，拿破仑命令他先要获取有关贝勒-依瑟勒（Belle-Isle）元帅指挥的战役的事迹，此战役发生在这些地区的奥地利王位继承战争中。他还考察了莫斯基尔希（Mosskirch）战役的战场，莫罗和勒古布（Lecourbe）将军就在此处于1800年5月5日打败了奥地利人。[5] 1808年，拿破仑让图书管理员为他建立一个可移动的图书馆，这样能让他对历史事件形成一个准确合理的理解和严谨的研究方式。[6] 拿破仑在圣赫勒拿岛评论腓特烈二世指挥的战役时，谈到了库勒斯道夫（Kunersdorf）战斗（1759年），在这场战斗中，普鲁士国王被奥地利和俄国联军击败：

我不认为有什么可以指责腓特烈的。我很遗憾，当我在那个地区时没能参观到战斗发生的地方，没能多研究他的战役。如果能早了解这其中的一切，就会在德累斯顿战役中给予我帮助。[7]

据柯林将军所说，拿破仑曾通过《腓特烈二世的一生（四卷）》(Vie de Frédéric II)来研究这位普鲁士国王的军事行动，这部著作没有作者姓名，但被认为是一个叫拉拂（Laveaux）的教授所著，1787年在斯特拉斯堡由特戴勒（Treuttel）出版社出版。[8]这的确不是最好的研究腓特烈战争的书。1788年，年轻的拿破仑找到了这部书。在圣赫勒拿岛上，拿破仑常常对这些战役进行思考，并且为自己未能更好地领会其意义而感到遗憾：

腓特烈拥有果敢的精神。目前我在让他人记录我关于腓特烈战役的评论，这将会非常有趣。我要是能让巴黎综合工科学校和军事学院讲授他的战役就好了，约米尼很擅长这方面个，这样就能可以启发年轻人的思想，使他们产生很多想法。[9]

拿破仑知道约米尼曾做过批判性历史研究。只有观察每个阵营才能实现这个研究。拿破仑显然知道这一点：

你们知道的，我已经开始写一部书，如果我能完成的话，这将是一部非常值得关注的书。腓特烈这样一个伟大的人，也犯了许多错，例如科林战役，但是他的历史学家们都是普鲁士人。应该读一读道恩（Daun）的一位军官介绍科林战役的著作。[10]

拿破仑意识到研究敌人观点的必要性，一些战争史学家还没有理解这一点。拿破仑曾强调批判性历史研究在培养将军方面的重要性，古尔高有这样一段记录：

皇帝陛下认为，如果他继续创作关于他的战役的书，这将会成为培养将军最好的书，但是他说此书不能出版。皇帝陛下说："我不谈总原则，我要评论每场战役，分析成功与失败的原因，通过这个思考，我们可以获得提高。"[11]

用于分析成败的材料都是在战斗中收集起来的。1805年11月，拿破仑命令一名工程军官侦察施泰尔（Steyer）和维也纳之间的一条已经走过的路，"要求他记录经过的路，可能走的其他路和最好的那条路线路"。[12]克劳塞维茨也有相同观点，他将提倡从批判的角度研究历史，人们不希望"历史事件只用来解释他人赋予它的那些影响。[……]它们当然还应为各种评论提供广阔空间；就一些根本没有发生的事情提出各种假设的确有困难，人们面对这些困难时很容易不知所措，而这些事情有发生的可能性，因此就值得人们思考"[13]。历史可以为评论提供素材。[14] 这可能成为一种军事教育的重要内容，它早于军事学校的教育。拿破仑萌生过开启这种教育的念头：

我想在枫丹白露开设一门军事课程。我希望热拉尔（Gérard）、迈松（Maison）和那些我想让其希望可以快速进步的人能来参加，这样我应该能培养出一些优秀的将军。[15]

当人们评论某些军事行动时，主要应该很好地区分年代及时间。拿破仑在谈到1797年他与查理亲王的一场战役时就说过：

我常常说战争就像是一场刀剑战。一刀刺入心脏就必死无疑。如果你在敌人抬起手并准备砍向你的头颅时同样想刺他一刀的话，那么你在刺向他之前就已经输掉了斗争。那一刻你可以扬起你的刀，但在那一刻你必须躲避并且只能寻求自卫，而不是试图杀掉他。就是这种细微差别，也就是应该抓住的关键性时刻，才是战争精神。[……]

我经常听到那些不区分年代及时间的人对许多军事行动进行评议,他们用表象原因来进行完全错误的推论。[16]

第六章 关于典范

从历史中学习战争

柯林将军有理由指出,年轻的拿破仑不像人们想象的那样拥有如此多的军事历史书籍。18世纪80年代还没有完整的关于近代战争的理论书籍。那时缺乏这方面的资料。[1] 1796年前,拿破仑应该研究过了意大利发生的奥地利王位继承战争、西班牙王位继承战争、费基耶尔的回忆录和雷姆赛(Ramsay)的《杜伦尼子爵的一生》(L'Histoire du vicomte de Turenne)(1735年)。[2] 拉斯·卡斯曾写过,对于拿破仑,更对于我们当代人来说,历史史实往往是辩证存在的,而不是只有一面,它们之间的关系存在差别:

皇帝陛下今天对我说,应该承认在历史中很难获得真正的事实。幸好在多数情况下,人们对真实性的关注是出于其好奇心,而不是为了探寻其实际的重要性。有如此多的史实!……例如富歇的真实面,还有其他像他一样的阴谋家们,甚至那些诚实的人讲的事实有时与我真正的事实也大不相同。每个人都急于寻找的历史真实性往往只是一句话:在事件发生、人们各种情绪激动的时候是无法发现的,如果之后人们仍然赞同,那就说明相关各方及反对者都没有了。但是通常情况下历史史实是什么呢?它会是一个广为流传的故事,人们还会非常有创造性地传诵它。在所这些事情中,有两个重要的不同部分:真实史实和思想意图。历史事实应该是不容置疑的;然而还要了解是否有两种相似的关系:有些部分一直有争议。至于思想意图,如果记述者有诚信,那就是发掘历史史实的方法,但如果他们毫无信义,那会是怎样呢？我曾经对此整理过，但是谁能读懂我思想的精髓和我真正的意图呢？每个人都可以从中获得自己想要的东西，按个人的标准来衡量，依个人的计划和方式来调整。看看阴谋家们给予命令的不同描述，他们歪曲事实。那些大臣或统治者们将会悄无声息地去抹去某事件的重要性，宫殿里那些整天无所事事的人就喜欢偷听，他们会错误地改编偷听来的事情。而每个人都对自己讲的内容信心十足！随后那些底层的人从权贵人口中得知这些事，也会深信不疑！哎，这些回忆录、笔记、名言名句、沙龙里的奇闻趣事，我们无法阻止人们去议论！……我亲爱的朋友，这就是历史！

我看到有人批评我的战争思想和命令的意图，还有人发表反对我的言论。对创造者的否定难道不是对他创造的事物的否定吗？没关系，反对我的人会有他们的拥护者。正因为如此，我改变了写个人回忆录、陈述个人感受的想法，回忆录中会表现出我不同的个性。我不能写让-雅克·卢梭式的《忏悔录》，它最初也被人们批评。我也想过，我只能向你们在座的几位就公共言行口述我的想法。我当然知道这种关系是对立的，因为人在世上，不论他有什么样的权利，他的权利强大与否，反对一方都会进行攻击和否定。但是在智者、公正的人、谨慎的人和理智的人看来，我的观点不管怎样都要比其他人的有价值得多，所以我做最终决定时不太犹豫。从现在起一直都会有如此充沛的阳光，即便当热情消失、乌云遮顶时，我相信阳光会依旧灿烂。但一直都有太多的错误！人们会经常以我的名义给某些事情冠以深厚的内涵和巧妙的思想的美誉，而这些可能只是世上最简单的事情。人们也会猜想一些我根本没有的计划。[3]

历史是学习战争的最好方法：

但愿我的儿子能够阅读历史，思考历史，这才是唯一的真正的哲学。也希望他能阅读和思考伟大的军事指挥家们的战役，这才是唯一学习战争的方法。[4]

应从历史中汲取有益的知识:

有关"为什么"及"如何"的问题是非常有益的,而人们还不太会这样自我发问。我研究的历史没有我创造的历史多,也就是说我不想研究,我只想从中获得帮助我思考的内容,忽略无用的东西,吸收某些令我满意的成果。[5]

拿破仑与考兰科特谈起他学习历史知识如饥似渴的那些岁月:[6]

拿破仑对我说:"阅读历史书籍让我很早就觉得自己我可以做到历史中高层次的人物那样,但我没有固定的目标,而且当时我最大的期望也就是成为一名将军。我全部的注意力都集中在了研究重要的战争和学习打仗的知识上,我觉得自己我命里注定该是一名军人。没多久我就意识到,那些我渴望的知识无法满足我的需要了,我曾一直将把掌握这些知识视为我奋斗的目标。因此我付出双倍的努力,那些在别人看来很难的事情对我来说很容易。"[7]

伟大军事指挥家的典范

战争原则出自昔日军事指挥家们的战役:

战争艺术的原则就是那些曾在战争中为伟大军事家提供指导的规则,历史将这些军事家们的优秀事迹传承了下来:亚历山大大帝、汉尼拔、恺撒、古斯塔夫·阿道夫、杜伦尼、欧根亲王、腓特烈大帝。

亚历山大大帝指挥过8场战役,他征服了亚洲和部分印度部分地区;汉尼拔则指挥过17场,1场发生在西班牙,15场发生在意大利,还有1场在非洲;恺撒指挥了13场,其中8次是与高卢人作战,5次是与庞培军团作战;古斯塔夫·阿道夫指挥了3场,1场在立沃尼与俄国人作战,2场在德国与奥地利王室作战;杜伦尼指挥了18场，9场在法国，9场在德国；欧根亲王指挥了13场，2场与土耳其人作战，5场在意大利与法国人作战，6场发生在莱茵河和佛兰德地区；腓特烈指挥过11场，分别在西里西亚、波希米亚和易北河地区。这83场战役书写的历史可构成一部完整的战争艺术论著；它就像源泉一样，人们可以从中找到防卫战和进攻战中应遵循的原则。[……]

你们想知道这些战役是如何部署的吗？请阅读和思考这些伟大军事指挥家们150场战役的关系。[……]

像亚历山大大帝、汉尼拔、恺撒、古斯塔夫·阿道夫、杜伦尼、欧根亲王、腓特烈大帝他们那样打进攻战；要反复阅读他们的83场战役并以他们为榜样；唯有这种办法才能成为伟大的军事指挥家，才能领悟战斗艺术的奥秘。受到过启发之后，你就会从思想上赞同这些伟人们的军事准则。[8]

普鲁士人沙恩霍斯特曾发表过类似的言论，他也引用了相同的名人来佐证他的观点。[9] 某些将军犯的错误也值得思考。在圣赫勒拿岛上，拿破仑批评了在1799年指挥过阿尔卑斯军团的尚皮奥内将军（Championnet）：

应该把这位将军的兵力运用及调配作为一个反面例子来研究。所有的兵力调配都是依照战争原则。[10] [原文中删除的句子：要学习如何避免这类错误]

拿破仑告诉克劳塞维茨，相较于古代战争中的典范，他更喜欢现代战争的。火药的出现带来了巨大的变化：

正如我们说过的那样，部队或特遣队的队形、安置营地、部队行进，战争中所有这一切都是发明火药的结果。假如古斯塔夫·阿道夫或杜伦尼在战斗的前一夜来到我们其中的一个部队，那么第二天他们就能指挥战斗。但是如果是获得无上荣誉的亚历山大大帝、恺撒或汉尼拔来到这里，那么他们至少需要一到两个月的时间来弄懂火药的发明、步枪、大炮、榴弹炮和追击炮都带来了什么，就像进攻战的艺术一样，它们也在防御战的艺术方面带来了变化。在军火仓库出现后就需要管理它们。[11]

费基耶尔

克劳塞维茨引用费基耶尔以说明当使用历史典范来证明一个战争理论时，这些典范不总是具有说服力。[12]拿破仑在克劳塞维茨之前表达过相同的观点，也引用了同一位作家的话：

1797年，当普罗韦拉（Provera）和霍亨索伦（Hohenzollern）将军[13]来到曼图亚解围时，维尔姆泽元帅就被围困在里面，他们被圣-乔治的封锁壕[14]拦住了，这为拿破仑从里沃利赶来争取了时间，最终敌人行动失败，不得不投降。

人们应该在封锁线上等援军的进攻吗？费基耶尔说过：人们绝不能在封锁壕里等待敌人，人们应该冲出封锁壕对其实施进攻。他列举了阿拉斯和都灵战斗的例子[15]。但是围攻阿拉斯的军队面对杜伦尼军队的进攻仍坚持了38天，他们用了38天时间拿下了这座城市；欧根亲王必须调整围城的封锁线来攻击弗亚德公爵部队的右翼，因为他忽略了在右边修建封锁壕；这就证明了一种情况：对于这位伟大的将军来说，封锁线变成了一种障碍。

但是，如果要列举所有失败的防线进攻战，所有在防线的保护或配合下夺取的要塞，所有的援军来勘察后判断为无法进攻并最终离开的封锁线，我们在其中看到了封锁线的重要作用；这是一种不能被轻视的增强军力和防御能力的补充手段。但当一位将军突然遇到围困并且又拖延了敌人几天时间时，他就要利用这段时间设立起封锁壕；这样他便能改善他的处境，并且多数情况下他就会提高军力和实力。

人们不应该排斥在防线上等待被进攻的那部分人，因为战争中没有绝对的事情。不论整体还是其中的一部分，你们的封锁壕难道就不会是一个灌满水的壕沟？或是一个有大量积水的地方？或是一片树林、一条河流？你们难道就不会在步兵和炮兵方面比援军部队强，但在骑兵上则弱很多么？你们的军队难道不会是虽然拥有比援军还多的英勇的人，但在平原上却训练不多且很少演习的部队吗？在这些情况下，你们认为是应该放弃围攻，放弃即将胜利的行动，还是冒着失败的危险风向，带领勇敢而不熟练的部队在平原上迎击数量众多且训练有素的骑兵部队呢？[16]

克劳塞维茨可能从拿破仑那里借用了费基耶尔的话，因为这部分引文来自记录法国历史的《回忆录》，这个普鲁士人正好读了这部书。"战争中没有绝对的事情"：这句话应该尤其让他印象深刻。

费基耶尔错在试图通过范例来归纳概括，然而这一切都取决于不同的形势：

费基耶尔批评封锁壕是错误的。什么时候都需要封锁壕，它们是必不可少的。如果约克（d'York）在敦刻尔克修建了封锁壕，他就不会丢了到翁斯科特（Hondschoote，法国境内）战役。[17] 费基耶尔认为在瓦朗谢讷、阿拉斯和都灵战役中，那些防线是强制性的，面对这三个例子有多少反例啊？应该在防线上等待吗？这是另一个问题。我们不能给出一个明确的答复，因为这取决于要根依据复杂的形势、防线的军力及部队等等。[18]

古尔高认为，拿破仑虽然批评费基耶尔，但在1817年10月13日星期一，他也肯定了费基耶尔的一些优点：

六点半，皇帝陛下脱下衣服，上床阅读起霍希施塔特（Hochstadt）和拉米伊（Ramillies）战役。"在霍希施塔特，欧根亲王想从左边转向，这样就可以在多瑙河上将法国人摆脱在多瑙河上。费基耶尔记述得很差。地图也不准确。"这时皇帝陛下躺下了，让我为他读《当一位将军要开战时》这一章，随后他对此表示了赞扬，说费基耶尔写的书不错。[19]

不是谁都能书写历史。拿破仑在圣赫勒拿岛读了拉克戴尔（Lacretelle）的书后，严厉地批评了这部书：[20]

这部书与战争毫无关系，他对此的评论都是错误的。看来要写战争就要先有所实践。古代的历史学家一般都曾是军人。

在行政管理上他谈的很多。似乎用同一种写作风格来记述管理和战争是不合适的。行政管理由不同的行为构成，对于这些行为来说日期不太重要，但是战争中一切都要精确：这个军事行动很成功是因为它在第二天发生的，也许发生在前一晚或第三天时，这个行动就会失败。[21]

典范下的军事教育及其范围

1809年，在写给陆军大臣克拉克的一封长信中，拿破仑表示，军事学院的学生通过能够反映军队美德的典范来学习军事专业很重要：

克拉克将军阁下，我们的军人受教育程度不高；我们需要编辑两部书，一部用于梅茨军校[22]，另一部用于圣西尔军校。

用于梅茨军校的那部书应介绍有关防卫要塞的军规，以及那些委以保卫要塞之务但又轻率放弃防御的指挥官们所引起的评价，还有路易十四及当代的所有关于在出现突破口和防御壕沟还能使用之前禁止投降的军规。[……]

目的是让学生们知道防御要塞有多么重要，并用无数例子来激发年轻军士们的热情,；同时也让他们认识到，在各种情况下，虽然行军规则中要求人们要预留时间，但实际中还总是迟到。最后这部书中还应列举大量的英雄事迹，让人们永远记住那些即便是在最普通的要塞也坚持防御到最后的那些指挥官们，同时还要引述各个国家中谴责未能履行职责的人的名言警句。[……]

至于圣西尔军校的那部书，我希望书中论述如何在战役中管理军队，介绍安扎营地的规则，这能让每个人都知道如何规划营地，最后还要说明一个陆军上校或步兵指挥官的职责。尤其要提到指挥离群部队的军官的职责，要阐述这样一个思想：绝不能灰心气馁；如果被围困也不能投降，在激烈的战斗中，对于那些勇敢的人，唯有一种投降方式，就是像弗朗索瓦一世和约翰国王那样，在混战中以及在枪托的袭击下，通过投降来挽救荣誉以外的一切；[23]但人们像弗朗索瓦一世那样让步时，人们至少可以像他那样说一句话："我失去了一切，但我保住了荣誉！"这里要引用一些例子，比如莫蒂埃（Mortier）元帅在克雷姆斯（Krems）[24]的战斗以及历史中其他许多将领的故事，来证明那些武装过的部队通过勇敢和调动一切资源，最终为自己找到了开辟一条通道的方法；还要证明宁愿死去也不愿蒙受耻辱的人会得到补偿，并且会荣耀地活在人们心中，相反地，那些苟且活下来的人会带着羞耻死去。因此，我们可以从古代或现代历史中引述所有那些让人们崇拜或蔑视的行为。[25]

给学生举出的例子都具有教化意义。它们应该颂扬爱国主义精神，增强荣誉感和战斗中的活力。它们不应展示特别的战术设计来让人效仿，甚至沃邦建立的关于围攻和要塞防御方面的规则也不是具有绝对意义的。研究历史事件可以使人具备思辨思维，但没有一本书能真正为战争培养出一个将军。培养将军是时间问题：

约米尼和其他人的书当然很好。我做的评论也不错。但所有这一切都无法培养出一名优秀的将军。我不会推荐任何一部书。战争是时间问题。

沃利战役在时间上把握得就很好。如果晚一个小时，等到敌人所有的部队都到齐了才发起进攻的话，我会被围困，并且被三重兵力攻击，这样我就会失败。更明智的做法是撤回到卡斯特-努弗（Castel-Nuevo）。如果我被打败了，大家就会说我是个愚昧的人，我的形势肯定会被扭转，我会失败。这样看来，就无法对历史事件进行理性思考。这些推理也是无意义的。虽然评论是好的，但它也不能培养一位将军。[26]

小 结

拿破仑和克劳塞维茨在战争理论方面尤为相近。[1]克劳塞维茨使用拿破仑的比喻来形容有关战争的决定的困难之处，这是一种值得让牛顿或欧拉这样的大科学家来解决的困难。拿破仑认为，约米尼的战略和战术的定义很清晰，并且能启发思想，但不能用于教授战争知识。战争中核心要素的知识只能通过积累经验和研究历史来获得。皇帝陛下不屑于理论家们的著作而把他认为其中不错的观点收集起来。克劳塞维茨也采取了相同的方法。[2]拿破仑猛烈批评了吉博特，然而人们却把他看作是榜样。拿破仑尤其赞赏作为战争历史学家的约米尼。战争艺术是方法问题。它与军事家的天赋有关，无法通过书本来学习。克劳塞维茨也认为战争理论更像一门艺术而不是一门科学，因为它主要依靠判断能力和鉴别重要性的能力。[3]拿破仑也曾想写一部关于战争理论的书，但最终还是放弃了。克劳塞维茨与拿破仑思想上的相似性并不明显。以约米尼为首的大部分的理论家，用能够保证成功的原则和规则的术语来描述战争。当然，拿破仑也谈论了原则和计划，但实际上他没有给它们下定义。对于拿破仑来说，原则就像决定曲线的轴，仅此而已。有关他的"格言"的不同版本的书浓缩了他的思想。克劳塞维茨也尝试总结思想。他也曾在教导普鲁士王储时使用了原则的概念。[4]但不论是他还是拿破仑，这仅仅是就战争的概念建立起一些基础事实，帮助阅读这些事实。

柯林将军很可能也懂得这一点，但他没有找到合适的词语来表达。必须承认这个问题并不简单。柯林谈论"演算""通过推理得出的解决办法"、拿破仑自己表述的"不可改变的规则""数量有限的原则和规则""普遍法则，无可争辩的原则演绎得出的法则"，拿破仑为自己证明过这些法则，并且它们的"提出是一劳永逸的，还有几何学定理作为佐证"[5]。多样的表达方式说明想要找到一个贴切准确的词语是有困难的。有些人可能比较愚笨，因为他们让人相信拿破仑与约米尼有相近的思想并让人接受战争理论。德国将军冯·克默雷尔（Von Caemmerer）曾写道，拿破仑不是一个简单的即兴演讲者，他凭借独一无二的创造性天赋，根据当时的形势来分析每一个问题。他的行动方式是建立在一些基础的原则之上。同时拿破仑意识到一切都跟战争有关，"甚至他有时还怀疑二乘以二是否等于四"[6]。通过安东尼·艾奇瓦利亚二世（Antulio Echevarria）对克劳塞维茨的分析，我们可以更好地弄清楚柯林和克默雷尔的发现。克劳塞维茨拒绝了说教的理论及学说，但他相信某些与战争指挥有关的事实，在形式上它们是一些法则和原则。原则体现了战争中因与果的关系及法则之间的关系，在不同的形势下要做不同的判断。克劳塞维茨将战争理论看作是主要法则建立的基础，在所有战争中它们都是相互作用的，因为它们与战争性质有关。[7] 拿破仑的观念与此观点接近。克劳塞维茨和拿破仑都表现出分析评论过往战役的兴趣，注重它们发生的不同形势。历史典范可以帮助思考，并激发灵感，但是不能形成理论。

第三篇 战略概论

LIVRE III DE LA STATÉGIE EN GÉNÉRAL

关于军队的心理素质如何维持这个问题，拿破仑进行过多次论述。在这个方面，他有许多独到创新的看法。从 1796 年到 1807 年，拿破仑手下部队的高效率很大程度上建立在战士个人斗志的基础上，这与他们的对手截然相反。拿破仑当时就意识到，士兵的耐力和战斗力取决于他在士兵心中激发的斗志，他在士兵身边常常现身显得尤其重要。而克劳塞维茨因受到 1806 年普鲁士大溃退的打击，他希望自己能与某些理论家关于军队行军过于精确的看法区别开来，他更注重精神因素，在他看来，这才是战略中最重要的因素。

第一章　战略

战争中通常最简单的战术才是最好的，只有简单的才是好的。[1]

战争的艺术是一门简单的操作性的艺术，不能有含糊的地方，一切与敏锐的判断力有关，不能有空想。[2]

正如勒瓦尔将军所指出的，这些名句当然并不意味着战争的艺术仅受精神的影响，不需要特别的研究。[3] 它们只是想表达，战略设计必须简单合理。拿破仑在 1799 年批判没落中的督政府的计划时曾明确指出：

阿尔卑斯军队和意大利军队本应该联合起来，听命于同一位指挥官；这两个部队的整体错误是致命性的。巴黎方面当时采取的计划其实违背了战术规则。战争是一种操作性的艺术，所有复杂的合并都应该避免。[4]

克劳塞维茨重新采纳了这个战略中关于简单性的观点。这个观点为他指明了战争末期战斗的打法。在军事计划中，它明确了与之相对应的目标，确立了战斗方案，这个方案计划了一系列为达目标要完成的行动。它所使用的战略形式和方法都很简单，尤其在那些有敏锐判断力的人的眼里，这些反复出现的战略形式和方法显得那样简单，以至于那些夸张地谈论它们的言论就只会显得滑稽可笑。一场我们目睹过上千次的包抄行动，时而被宣扬成杰出的天才行为，时而被鼓吹成敏锐洞察力的证据，甚至被当做博学的表现而大加赞誉。[5] 只要是头脑清晰、了解战术的人，都会尽可能提倡包抄对手，这样的军事策略是很容易理解的。"因此，在战略上，一切都很简单，但不能说易如反掌。"[6] 克劳塞维茨像拿破仑一样，一再重申，战争中的任务都很简单，但是彼此间的相互作用、摩擦以及现实情况都会使任务的实际操作变得极其复杂。[7]

从上一篇起，我们知道拿破仑只在圣赫勒拿岛说到查理大公的一部作品时才使用了"战略"这个词。他把这个词按照约米尼提出的意思来理解，即战斗之外的军事行动，而这些军事行动又是以战斗为最终考量的，这很接近于克劳塞维茨的理解。我们在以下对于西班牙溃败的反思中可以观察到这一点，当时"战略"这个词是故意用德语写的：

英葡联军像法军一样变成了兵法家；由于在塔腊维拉（Talavera）、撒拉芒格、维多利亚（Victoria）等地一系列战事、兵力运用和"战略"失误，我们失败了。[8]

在另一段名不见经传的篇章中，拿破仑使用了形容词"战略的"有利地对比了他的俄罗斯战役和瑞典查理七世的战役：

1. 查理七世横扫了敌国500古里；2. 他刚离开斯摩棱斯克就失去了作战线；3. 他有一整年都没有收到斯德哥尔摩的消息；4. 他没有任何后备部队。

1. 拿破仑只进入到敌国内部一百古里处；2. 他一直保有他的作战线；3. 他每天都能接收到法国的消息和军队；4. 从波兰维斯图拉河（Vistule）到莫斯科营地，他始终保留四分之三的预备部队。另外，前者带着4万人作战，后者则有40万。这两种作战方式也是相互对立的：一边严格按照理性规则行事，使用有利于实现目标的方法，而另一边的目标则十分不合理，由一位战略逻辑不强的指挥官负责指挥。[9]

这些说法没有错，但它并没有提及这40万人中后来又补充了多少兵力。与其批判俄罗斯战役，不如反观一下拿破仑本人，假如拿破仑活得更久的话，他会更习惯谈论战略问题。依克劳塞维茨之见，拿破仑对这个词领会颇深。

"绕过左翼或右翼的行军行动很难划定路线"，克劳塞维茨补充说，"想用密集部队去对抗敌人分散的力量，通过快速行军增强战斗力的想法，既好构思也容易表达。因此这种方法本身并不能让我们欣赏，对于这些简单的想法，我们所能说的就是，它们本身就很简单。但是，让一位将军在这方面模仿一下腓特烈大帝试试！"[10] 这些伟大将军们遇到的困难点和他们的厉害之处正是存在于实际操作中。认识到这一点，拿破仑提出的行军之策都尽可能简单：

［……］适应战争的就是简单和准确。[11]

战争的艺术就像所有美的事物一样，是简单的。最简单的行军之策就是最好的。[12]

从拿破仑的首次意大利战役起，他就表现出了指挥官的风采。他采取了一种独特的方法，使奥地利人张皇失措。他让督政府理解这样的方式：

说到各师师长，除非是非常杰出的指挥官，否则我请求你们不要派给我。因为我们目前的作战方式不同于其他作战方式，我不希望把军队委派给尚未经过多次战事考验的将军来指挥。[13]

第二章　精神的伟大

拿破仑非常强调战争的这个方面：

在战争中，四分之三都在于精神因素；实际军事力量的平衡只与另外四分之一相关。[1]

关键在于了解战争

一个惊慌失措的敌人[……]会做出一切对方所要求的事情。[……]对于被武力胁迫要求其离开首都的君王，如果他没有离开，我们通常会优待他。[2]

拿破仑非常善于利用自己给他人造成的恐慌。他尝试使身边的人理解这个观点的重要性，这些人都是他委以重兵的人，即便他们没有足够的指挥战斗的经验和资质。他命人为他那已经在西班牙统治王位上飘摇不定的哥哥约瑟夫撰写了以下文字：

关键在于了解战争，既要知敌，又要知己，意即了解自己的士兵。在一场小战役失败之后，败者与胜者区别不大，[然而如若对战争情形的了解不同，这样的区别就会是无可类比的[3]]因为两三个骑兵连就足以制造极大的震动。[4]

他尝试恢复欧仁·德·博阿尔内的士气，后者刚刚在意大利北部波河边惨败给奥地利人：

在战争中，我们常看到自己的缺点，却很少看到敌人的缺点。一定要表现出信心[……]。假如您了解历史，就会知道争论于事无补，历史上重大战役的失败都是因为听了军队中的各种言论所致。[5]

军队的士气是靠组成这个部队的每个人所维持的。为了部队士气，最好不要频繁进行人员调动。

我厌恶一切让士兵脱离军队的因素，因为士气对于士兵来说意味着一切，不爱自己部队的人不能称作真正的士兵。
正是因为遗忘了这个原则才导致了士兵叛逃和军队的解体。[6]

法国目前有迷恋外国的趋势。这些趋势有可能在军事方面导致出现一些令人遗憾的结果：

法国人现在太过于迷恋外国了，目前我们也许不应该给学生们教授外语。我国海军重建所面临的一个障碍，就是我国海军普遍认为英国海军太过强大。这就是造成罗斯巴赫（Rossbach）会战失败的"迷恋普鲁士情结"。[7]

敌人数量

军队中人数问题很重要。拿破仑大帝命陆军大臣克拉克给哥哥约瑟夫写下了一条宣传工作的真正经验：

我希望您能写信给西班牙国王，令他明白：没有什么比在军队内议事日程和声明中或在小报中透露他的军事力量更违背战争规律的了；还有，当我们要谈到自己的军事力量时，我们要予以夸大，介绍时将兵力情况扩大为实际情况的两三倍，尽可能说得令人生畏；另外，当我们讲到敌人时，我们要减少对方实力一半或三分之一去讨论；此外，在战争中，士气胜于一切；当国王说他只有4万兵力，并且公布说暴动者有12万兵力时，他就背离了这条原则；还要提到的是，向法国军队强调敌军的庞大数量，反之展示法军的薄弱兵力，给敌人造成法国兵力薄弱的印象，就是在打击法军的士气；也就是在全西班牙公开示弱。总而言之，就是长他人志气，灭自己威风；他自己其实就陷入了人类相信强者必将打败弱者的思维定式里。

即使是训练有素的军人，在战斗时也总是很难估计出敌军人数。自然本能总会使人看到的人数多于实际人数。如果我们放任这种思维方式横行，允许自己夸张地估计敌军力量，就会带来可怕的后果：派去侦查的部队会以为看到了一支大军，每个轻骑兵队长都会以为看到数个营队。

因此，我也痛苦地发现，我们总是强调我们以4万人对抗12万人，给我们西班牙大军将士带来了多么大的精神压力。我们总这样宣扬敌军力量，只得到了一个结果，就是削弱了我们在欧洲的威望，让别人觉得我们威望已无，并且削弱了自己斗志，抬高了敌军士气。我们又一次看到，在战争中，精神和信念的力量大过了现实力量。伟大的指挥官总会向敌军宣扬并使他们看到自己的军队人数众多，力量强大，还要让自己的军队相信敌军数寡。这还是第一次有指挥官宣扬敌军力量强大，打击己方士气的行为。

士兵是没有办法判断的；但那些有判断力的、被人所信服的、会根据常识进行判断的军人,是不会相信军队里的议事日程和声明,而是会根据事件来自己判断。[8]

与我们对阵的敌军力量强大是战争中焦虑情绪的来源之一。拿破仑向古尔高讲述了1809年德国战役中的这段插曲:

在向兰茨胡特(Landshut)行进时,我发现了贝西埃尔(Bessières)在撤退,我命令他向前行进,他以敌军力量强大为由反对我的命令。但我仍令他继续前进,他依令照做,敌军看他强势前进,以为他人数众多,于是撤退。在战争中都是这样。不应该让士兵们为敌众而有压力。在意大利,我们一直是以一打三,但士兵们一直对我有信心。决定胜利与否的是精神力量而非军队数量。[9]

克劳塞维茨本人也承认在战争中"我们总是容易高估而不是低估对手的力量,人性本就如此"。[10] 马尔蒙将军在埃及亚历山大港指挥战斗时,曾收到命令要组织一个带有一个步兵营,两个炮兵团的机动纵队,以便在两个省提高税收,加强掌控:

这个措施的好处是:我们可以获得这两个省可利用的资源,远离亚历山大港的流行病进行充分的物资储备;而且,根据具体情况,您可以把这个举措引进亚历山大港,这一定会提高驻军的士气,因为士兵的心里都会觉得,当敌军收到增援的时候,他们也收到增援,觉得与敌人势均力敌 [……]。[11]

维持士气和新闻控制

拿破仑从不停止用新闻手段来保持军队和法国人民的精神状态,这种信息宣传方式是他认为影响公众想法最重要的因素。1797年,他在意大利给贝尔蒂埃信中写道:

将军，您一定不希望任何会打击将士士气、刺激士兵叛逃、削弱士兵精神力量的小道消息出现在军队中吧。[12]

1805年，他又从意大利写信给海军副司令戴克尔斯（Decrès）：

我希望您让人在报纸中宣传，说大批消息已从印度发来；要提到电报已发至皇帝处；内容无法得知，唯一知道的是英国人诸事不顺，而法国统帅声称已掌握一切。这些小方法会在人们身上起到无法估量的效果，当然冷静的头脑不会受其影响，但每人都会在自己的小集团内部保持警惕，作出带有偏见的判断。[13]

西班牙战争应该更加严格监控信息的流通：

马德里出现了由阴谋家用法语编纂的《西班牙报》（Courrier d'Espagne），这份报纸可能会引起严重后果。请您写信给元帅儒尔当，希望西班牙不要有任何法文报纸出现，并且要取消这一份。我希望，在我大军出现的地方，不可有任何法文报纸扰乱军心，除非是我批准出版的。[14]

我希望报纸除了依据《总汇通报》（Le Moniteur）以外，不要刊登任何有关西班牙战事的消息。请慎重考虑这措施。[15]

在法国战争期间，皇帝是否赢得胜利，这已不再影响法国民众的精神状态。这时还要以夸张法军人数的方式来汇报胜利吗：

报纸撰写得太没有头脑。在这种时刻，报道我方人数较少，我们通过突袭敌军制胜，以及我方处于以一敌三的状态的这样这样的消息，这合适吗？在我到处宣扬我军人数30万，敌军深信不疑的时候，你们却放出这样的消息，实际上就应该掉脑袋，必须要始终坚持我的说法。之前我成立了一间办公室用来指导办报：这间办公室难道不看这些文章吗？这就是，你们以一笔之力摧毁了一切获得成功的优势！你们自己也可以读读这些文章，就会知道这并不是一种无意义虚荣的问题，而是战争的首要原则，那就是要夸大自己的实力而非削弱。[16]

报纸并非史书，新闻也非史书。我们必须时时让敌人相信我们实力强大。[17]

战略行动的精神结果

1812年在俄罗斯，元帅乌迪诺独立指挥了大军团主要预备队的行动。他打败了俄军，但他以为敌军众多，于是指挥大军撤退。拿破仑命贝尔蒂埃写信给他：

在他打了漂亮的一仗之后，敌军居然成为了战场的主宰，这太让人惊讶了。他退敌进；敌人知道两个师度过了芬拉河（Dvina），于是又更加前进了一些。战争就是一个信念的问题，是一门获得优势后能保持自信的艺术。[18]

几天后，皇帝让乌迪诺亲眼见证了他撤退带来的后果：

俄国人在后方处处宣传战胜了你们，因为你们毫无道理地将战场拱手相让。战争中军队的威名就是一切，其威力可以与实际兵力相对等。[19]

1813年初，当欧仁·德·博阿尔内亲王指挥对俄失败后从德国撤回的大军团残部时，他驻守在柏林后方。皇帝教他吸取教训：

任何举措都好过把司令部设置在舍嫩贝格（Schöneberg），那可是柏林的大后方，这明显就是招惹敌人来攻击。如果相反地，当时您在柏林战场正面占据位置，通过部队连接到斯潘道（Spandau），再从斯潘道到马格德堡（Magdeburg），半路上调来一部分易北河部队，或者建几座军事棱堡，那敌人一定会以为您是要发动战斗。那么他只能在集结 6 到 8 万人之后，带着占领柏林的重要意图，穿过奥得河（Oder）；然而他远做不到这一切。这样您就可以争取 20 天，这本来可以是军事上及政治上的重要优势。甚至有可能他不敢冒险进行这场行动，因为他很清楚他所要面对的是什么，他不可能忽视我们在美因河（Main）集结的大部队，还有奥地利人在加利西亚集结的大部队。但是在您将司令部设置在柏林后方的那天，已经说明了您不想守住这座城市；您也因此失掉了战术上应当持有的态度。[20]

战场上做决定绝不能随心所欲，尤其是当着士兵的面。

一定要避免撤销命令；除非士兵在这改变里看到合理性，否则他们会沮丧和失去信心。[21]

士兵绝不能列席在指挥官们的讨论桌旁。[22]

第三章　主要的精神力量

拿破仑从他军队的爱国情感中看到了重要的精神力量。

好将军、好军官、好组织、好指令、好纪律才能构成好军队，这与为什么而战无关。然而对祖国的崇敬与热爱和国家荣誉感确实能够激起年轻军队的勇气[1]。

威望也会产生激发精神向上的巨大影响力：

腓特烈二世统治时期的普鲁士骑兵看起来是非常杰出的。这个塞德利茨（Seydlitz）就相当于他们的缪拉，是个令人生畏的人[2]；其他人不怎么敢在他面前班门弄斧。当这队骑兵行进到离敌人一个决定性的距离时，它是很令人闻风丧胆的。[3]

宗教也是战争中一股很重要的精神力量。1816年9月10日，拿破仑讲述了穆罕默德对他的信众们所承诺的极乐世界：

他鼓励战斗，向在战斗中逝去的人们承诺他们会去往极乐世界。天使的翅膀会治愈他们的伤口。因此他的宗教对于军队的胜利贡献巨大，也因为军队的胜利，他也得以快速建立他的宗教，他的极乐世界起到了强大的推动力。

基督教完全不能激起斗志，作为将军，拿破仑并不喜欢他军中的基督教信徒。在基督教教义里，无法预料的死亡是很危险的，想要去极乐世界需要经历很多痛苦，它总在劝诫人们成为善良之人，以德报怨，这一切都与战争的激情和未知的死亡毫不协调。[……]

《古兰经》不仅具有宗教意义，而且具有政治和文明意义。它包含所有统治的方式。基督教却只是宣扬道德。然而基督教是一场比伊斯兰教更彻底的变革，伊斯兰教只是一个变革的反映。基督教是希腊人对罗马人的反抗，是精神对力量的反抗。[4]

克劳塞维茨认为战争将领的才能，军队的武德和爱国情怀是主要的精神力量。[5]第一点已经在第一篇第三章（战争天赋）中提及，第二点是下一章的主要内容。就是在这种情况下我们才认识到《战争论》不完备的特点。本书各章节长度不是很平衡。本章很短，主要用来承上启下。

第四章　军队的武德

纪　律

军队需要那些精神坚定并且懂得服从是军人首要品质的人。[1]

拿破仑在1796年春天指挥的第一支军队，也就是意大利军队，并没有因为他的纪律严明而获得赫赫战功。我们查询到大量禁止抢掠的命令。他非常了解劫掠可能会带来的后果，也因此得出以下看法：

抢劫只能使少数人发财；它使我们失去名誉，它会摧毁我们的税源，它使人民变成了我们的敌人，要知道拥有人民才是对我们最有利的。[2]

密切关注一下你们部队的纪律；一个月的松懈就可能会造成恶果，将来也许要半年的努力治理才能挽回。[3]

抢劫会摧毁一切，甚至是摧毁进行抢劫的军队本身。农民逃跑了，可能造成双重危害；他们可能会变成无法调解的敌人，向落单的士兵报复，随着我们对他们的伤害，他们也在增强我们的敌人的力量。这会使我们丧失所有可能对作战有利的情报，丧失一切可能的生存方式。[4]

这里还要注意想法与事实有时是相悖的。回忆录的作者们的说明并不能清楚地勾勒出拿破仑对于抢劫这一事件的立场。除了一些特殊的情况以外，他很有可能是反对的，但是他并没有表现出对于抢劫行为非常严厉的态度。[5] 他也从来没有彻底地根除过军队抢劫的行为。有时军队急于行军，缺乏数天的食物供给，这种情况下，他们被认为是"靠当地供给生存",他们的抢劫敲诈也取决于所经过地区的贫富度:这种情况在伊比利亚半岛战争中达到了顶点。我们其实也可以说,劫掠对于拿破仑军队行军是不可或缺的。我们可以选取《圣赫勒拿岛回忆录》其中一个片段作为证明范例或者说作为一种有所掩饰的遗憾:

> 他继续说道:"另外,很庆幸的是政策完全同道德一致,反对抢劫。在这件事情上,我思考过很多;大家总说我鼓励士兵抢劫;我如果能在其中发现好处,当然就会这么做。但其实这是最能混乱军队和败坏军纪的事情。一个士兵一旦抢劫,就没有纪律可言;如果他以抢劫致富,那么他立即就已变成了一个坏士兵;他就再也不想战斗了。"另外,他还观察到,抢劫并不是法军特有的行为,并不是说法军士兵的心眼更坏;抢劫最初的冲动一过,他们就恢复本性。法军不可能持续二十四小时地抢劫:很多士兵还会在最后时刻挽回他们最初造成的损失。在兵营寝室里,他们之后还会互相指责过分之处,也会带着指责和蔑视去责打行为太过分的同僚。[6]

军队不应该雇佣恶劣或危险的人:

> 不论是意大利还是法国,都不需要强盗,军队中有恶劣行为是非常不好的。这就是那不勒斯人和那些没有军队的国家的作风 [……]。我希望我部队里所有兵团都是行为良好的。[7]

> 决不允许几个士兵组成的小团体败坏整个兵团。[8]

纪律并不能决定一切。一个部队是由人组成的,那就应该以人性去对待他们。拿破仑在圣赫勒拿岛同英国军官商议时,就多次对他们说过他认为英国部队的纪律太严格,应该取消棍刑,至少要在以劳动代替处罚一段时间后取消,他说人是被培养出来的，人的性格会随着我们对待他的行为而改变。[9]

[……]打击士兵气势，并不是运用士兵的好方法。[10]

一个人在同僚面前被痛斥后怎么可能还对长官怀有敬意？如果敌方给予这个士兵优厚待遇，他会失去所有对祖国之爱，而向祖国宣战。当奥地利人占领意大利时，他们徒劳地想把意大利人变成他们的士兵。这些士兵刚一被集结就很快会逃跑，或者当他们发现自己被迫要进攻，就会在第一声枪响时逃跑。根本连一个兵团也组建不起来。当我攻克意大利时，我也开始征兵，奥地利人都嘲笑我，说我绝不会成功；他们说他们已经尝试过很多次征意大利兵，但是意大利人的性格并不适合作战，也不会成为好士兵。尽管如此，我仍然招募到了几千意大利人，他们和法国人一样勇猛作战，他们也从来不会从我这里逃跑，更不会站在我的对立面。这是为什么呢？因为我取消了奥地利人采用的鞭刑和棍刑。我给有才能的士兵晋级；好几位将军都是从他们当中选出的。我用尊重和激发好胜心代替了恐吓和鞭刑。[11]

确实，意大利兵团在西班牙作战很勇猛，好些士兵都战功赫赫，尤其是在塔拉戈纳（Tarragone）战场。[12]

荣誉感、好胜心、部队精神

没有谁比拿破仑更懂得与士兵对话并唤起他们的荣誉感了。有时只要让士兵知道他们参加的是一个拿破仑亲自指挥的军队就够了：

你们要知道鼓舞士气对士兵而言多么重要：因此要让你们各联队知道，他们组成了后备军队的第二师和第三师。[13]

1807年，各后备师必须明白自己是大军团不可或缺的组成部分：

要关注后备师的食物，要让他们的食物配给和你们自己的兵团一样，因为不能让他们觉得他们是军队的垃圾兵团。通常我们希望他们变成什么样，他们就会变成什么样。[14]

波兰人有一些军官这一点很厉害。想让士兵成材的方法就是要告诉他们，他们是很有价值的士兵，并且要说服他们相信这一点。如果我们每天都对参谋部说他们一文不值，那么他们就会真的变得对我们一无用处。[15]

一件漂亮的军装会给予士兵一种被尊重的感觉：

另外，士兵需要有体现他身份的品位，并且在他身份上体现他的品位，他的庄重。这就是为什么漂亮的军装之类的会有好处。通常一些微不足道的事可以使士兵本来不会太持久的热情变得坚定。[16]

为了激起士兵的好胜心，需要给予他们荣誉称号。当在国家议会提出组建荣誉兵团的计划时，这个观点被强烈支持：

我看不起有人给我展示那些压根没有区别的古老的或现代的共和国。这根本就是一种名不副实。他们就是用一些名头好听却没有价值的称号在控制人。我不会在演讲里讲这些，但是在由贤士及国务委员组成的委员会的场合我要讲这些。我不认为法国人民喜欢自由和平等；法国人一点也没有被十年的大革命改变；他们还是曾经的高卢人，骄傲而轻浮。他们只有一种观念——荣誉：所以要给这样的情感灌输营养，他们需要荣誉称号。看看民众是怎么拜倒在外国的勋章面前：他们为之感到惊喜，也必然要自己佩戴上。

伏尔泰把士兵称为"每日挣五苏的亚历山大"。他是对的：确实是这样。难道你们会认为能够通过分析来让人打仗？绝不会这样。分析只对工作室中的研究者有用。士兵需要的是光荣，是荣誉称号，是奖赏。法兰西帝国的军队战功赫赫，是因为这支军队是由农夫的儿子和善良的农场主的儿子组成的，而不是下等人；因为军官们保住了旧制度时的位置，获得了荣誉感。也是因为同样的原则，路易十四的军队才取得赫赫战功。[17]

拿破仑把荣誉感列在军事品质的首要位置，他重新归还了源自大革命的一支军队一种相当于旧制度时期的"贵族"的价值。[18] 根据单词出现的频率及出现过的段落数，"荣誉"一词占据了《圣赫勒拿岛回忆录》一书的中心位置：此词出现过242次，是拿破仑话语中出现过频率最高的词汇之一。他还用了"荣誉场"这一词汇，用来掩盖战争的残酷。对于法国社会学家迪迪耶·勒高尔（Didier Le Gall）来说，"这种策略中掩藏了一种思虑周全的推论性的战略，这种策略最终会传播新的价值，会统一人们的行为，为帝王身边争取一大票人"[19]。

荣誉是无法买来的：

不应该让士兵养成通过英勇行为获得金钱的习惯；只要给他们写表彰信就行了。[20]

我们不用金钱来购买勇气。[21]

至于那些要士兵去修建的防御工事，不要付钱，也不应该付钱，否则就是一种对士兵的侮辱。士兵做这种性质的工作只应该出于荣誉考虑。[22]

军队服务不应该期待高报酬，这种高报酬可能会给高等士兵打上捐官的印记。我们担心在这种有利可图的服役过程中会产生某种利益；这种我们觉得几乎不可能的衰败的萌芽，必须要小心避免。[23]

荣誉感的维持也依靠那些没有荣誉感的人的耻辱感：

他们[部队的指挥官]应该留心创造一种掉队的状况，也就是说，不给任何理由，使其落在部队最末；部队的指挥官会让士兵责备这些落后的人，使他们感觉羞愧，这是因为，在一支法国军队中，对于那些不懂得参与危险、共享荣誉的士兵来说，最严厉的惩罚就是让他们在战友心中留下羞耻的印象。[24]

我在您的声明当中看到，三个士兵被解除武装。请给出命令，命这些士兵在一个月内，不用枪，而用棍棒来进行抵御，他们的名字就会被列入军队表彰榜。[25]

[……]正是荣誉感造就了人的一切。[26]

好胜心和荣誉感有异曲同工之效。为了激起士兵的好胜心，拿破仑增加了精锐部队人数，以至于他们当中的最优秀者，也就是皇室近卫军们，受到军队中其他士兵的强烈嫉妒。在这些精英之中，拿破仑命令精锐士兵行进在每一个步兵团列队之前，他还创造了轻骑兵。

劳埃德取消了精锐士兵。取消精锐士兵，就是取消军队鼓励竞争意识的方法。这样一支没有精锐士兵的五连部队，既没有办法形成精英兵团，也没有办法在失去了三分之一兵力后保持足够的抵抗力。就是这一点使得我们更倾向于建立六连军营，其中一连是最优秀的士兵组成的精锐士兵，另一连则是身量最小的士兵组成的轻骑兵。这是可以使士兵之间保持竞争意识的最好方法。外貌上的区别也许比习惯上的区别更大。高大的人轻视矮小的人，矮小的人则希望通过他们的果敢和无畏让别人注意到他们也瞧不起高大的人。[27]

轻骑兵是非常优秀的。这是把高大的人和矮小的对立起来，在我看来是个全新的想法。高大的人自然具有优势，这是一种身高上的优势。为了说服矮小的人，让他们相信自己与高大的人具有同等的价值，我们激发他们的竞争意识，使他们与高大的人平等起来，甚至超越他们。通常来说，矮小的人在高大的人身边会有压迫感，也就会因此产生嫉妒心理。我们可以对此加以利用。这些人以前是不愿当兵的，而我们利用这种方法可以在征兵时召集到矮小之人。[28]

拿破仑像这样利用精锐士兵和轻骑兵之间的竞争，时而吹捧这边，时而夸赞另一方，这多少有些无耻。[29] 竞争意识是与部队的精神相关的。后者不应该被将士兵与主帅分开的布署所破坏。关于这一点，拿破仑警告过当时正在那不勒斯指挥战斗的兄长约瑟夫：

请您努力维系整个部队团结紧凑。如果您仅以旧时骑兵组成部队，或者您只单一地以精锐士兵或轻骑兵来组成部队或强大的分队，那么这就对您没有任何益处。这样会将军队割裂开来，也会使军官和士兵远离他们的主帅。紧随其后无可避免的就会是行政管理的消失，和财务的灭亡，一切都将陷于混乱。只有在战事前夜才能将精锐士兵连和轻骑兵连集合在一起，这是一个原则性的问题。您要努力地维系您的部队和您的骑兵团保持一致，不能将他们分隔开来，否则您将会陷入无穷无尽地混乱当中。[30]

您的部队在埃劳，那不勒斯，阿布鲁奇（Abruzzes）山区和卡拉布里地区都有分队。可是既无财务管理，没有秩序，也没有军队精神。首要注意的就是要增强军队凝聚力，反之，我们就没有军队。[31]

1807年，同类的警告也传达给了拿破仑的幼弟热罗姆：

我发觉您拥有法国兵站1 000人。这些人中只有士兵，没有军官，分属于不同的军团。既然您拥有这1 000人，您还在期待什么援兵啊？不过，假如这些人在他们本来的军团中，可能要起到最大的用处。[32]

拿破仑也指责约瑟夫用最好士兵为自己建立了一个王室近卫军。约瑟夫想要效仿他弟弟的皇室近卫军，但是他并没有利用这支队伍刺激军队中的竞争意识。他只是利用权力破坏了治军秩序，这产生了很坏的影响：

那不勒斯国王选取了兵团中的精英队伍为自己建立了一支近卫军：请您作为我军将领，向他表达我因此而产生的不快。所有在那不勒斯的军团都是失败的队伍，因为精英部分已经被抽调走了。[33]

您抽调了骑兵部队中的精英部分为您建立了近卫军，使得这些兵团中再也没有主心骨，也无法再进行战斗了。孤立出这一小部分人，却导致一大部分人就此无用。[34]

您瓦解了我的精英连队。您好好想想，需要十场战斗才能建立起来的军队精神，一瞬间就被摧毁了。[35]

部队的训练

大军团的力量很大程度上来自三方面的融合：源自法国大革命的爱国冲动，纪律严明，被拿破仑重拾的旧制度时期的训练。大西洋沿岸的军营就是部队训练的大试验场，拿破仑亲自引导训练部队的心理状态。从拿破仑下达给将军们的命令中可以看出一二：

你们要熟悉步兵的重要作战方法，注重细节。训练部队的时期马上来临；你们要感受到这训练的重要性，尤其要注意在战争中，最初的阶段是最激烈和最具决定性的。一定要为军官们做出表率，以便让大家各司其职。[……]

你们要好好地观察士兵，从细节入手。你们第一次到达军营时，就要让各营集合列队，八小时连续不断的一个接一个地观察士兵；听取他们的抱怨，检查他们的武器，你们要确保他们什么都不缺。做这样七八个小时的检查是有很大益处的，这会使得士兵养成随时携带武器的习惯，向士兵表明指挥官绝对不会放任散漫，会完全地关注到他；这对士兵来说是一个很大的信任和动力。就让他们充满信任，直到我在登陆到达营地前，直到我来看他们操练，为他们颁发荣誉奖章。[36]

我向你们推荐部队训练，尤其向你们保证，指挥官和营地的帮助会提供合适的训练项目；很多人非常轻视操练常识，但其实它会给予执行操练和分析训练的极大便利性。[37]

这最后一条命令可以很好地显示出从那个时期起，在所有名副其实的部队中对于军官们的要求：具有多种技能常识，能够适应机构中任何职能部门的工作。这在某种程度上预示着一种相互可操作性，尽管这里涉及的只是指挥官。那些普通步兵其实也是一样的：

这些炮兵们在操练时也要进行步兵工作的训练。[38]

是训练铸就了士兵：

[……] 并不是人群聚集在一起就能成为士兵；是训练和机智给予了他们真正的士兵的特质。[39]

但是如果只有大量的士兵却没有被好好训练，那么也一文不值；要让他们进行操练；要让他们练靶子。还要注意照顾他们的身体健康。[40]

在奥斯特里茨战役时，俄罗斯兵力就没有得到很好的运用，因为他们的军官没有经过训练。

兵力的运用和军官的训练这一整体构成了一支真正的军队；也正是这一点让文明的欧洲得以避免蛮族带来的无知和残暴。[41]

这里皇帝指的土耳其人，而不是俄罗斯人。

指挥官应该告知士兵的事

1804年9月，拿破仑告知富歇什么是该做的，什么事是做来也无用的：

我看到过一本巴雷尔的《致全军书》(Lettre à l'armée)。我没有读过，并且我觉得没有必要让全军了解什么；士兵并不想读什么喋喋不休无谓的啰唆话，在讨论重要议题时一个字要强过100句西塞罗和德摩斯梯尼的名言。我们可以不说一句话就激励士兵对抗英国；如果给他们发激励小册子则是荒谬之极：这就像是一个阴谋，而且充满了怀疑的味道；军队不需要这些。请告诉巴雷尔，这种夸张方式和诡辩与他的声望不符，让他不要再继续写这类东西了。他总觉得应该激励大家；其实，我们应该做的是不被觉察地引导他们。总的来说，这人没什么大才。如果时机合适，就别让这本小册子流传了，更不要向军中兵士发放。这并不是一本权威著作。只要每天向士兵颁布和战事相关的命令即可，其余的都不必讲。[42]

高谈阔论只有特定的情况下才起作用。除此以外，简洁明了几个词就足够了：

纪律把部队约束在自己麾下；使士兵变得勇敢的并不是战火中高谈阔论：老兵

们基本不会听；年轻的士兵在第一声炮响时就忘了个干净。这可不是每位将军都听过的蒂特-李维的演讲，因为并不具备即兴的特征[43]。一个受部队爱戴、尊重的将军的举止和最好的演讲一样重要。如果说演讲、说理是有用的，那是为了在战斗中摧毁不好的暗示、负面的传闻，在军营中维持良好的舆论，为营地的士兵交谈提供一些话题。向士兵传达今日议题远比古人的演讲更有益处。

当拿破仑皇帝在战火中，穿行在他军队列队中说道："挥舞这些旗帜！光荣的时刻到了！"他的举止、他的行为、他的动作都深深震动了法国士兵。[44]

当指挥官的话语对于士兵有如此大的影响时，他必须要注意自己说出的话：

第32号[联队]可以整个连队为我而死，是因为在洛纳托（Lonato），我说过：有32号联队在，我就省事了。[45]话语对人的影响力真的很令人惊讶。在图卢兹（Toulouse）曾有过暴乱。我在往返途中对叛乱者说：和我一起战斗过的32号联队的人在哪里？17号轻装联队的人都死了吗？（他们正是在那里招募的。）这使我收服了所有的人。普罗旺斯地区（Provence）曾经反对过我，因为在包围土伦时我曾说过，普罗旺斯的士兵都是最糟糕的。君王们都应该好好注意他们的话语。[46]

一个不懂对士兵说话的指挥官会失去很大的力量：

谁会比军队更像人民？一个不懂得如何让军队感动的将军，也就失去了他应该具备的最重要的素质。[47]

指挥官们不仅要懂得怎么与士兵对话，还要真诚的关心他们：

我听说有一些老的上士偷新兵的东西，而且会欺负新兵。指挥官应该警惕这种恶习，也要注意怎么帮助新兵迈出在士兵生涯的第一步。[48]

一个部队首领应该要不断了解所有细节；当他指挥了一个部队6个月的时候，他甚至应该了解他部队中每个军官和士兵的姓名和才能。

对于那些上尉来说，他们不仅应该知道他们士兵的名字，甚至应该了解他们的家乡以及他们的兴趣。[49]

上天创造众生平等。[50]

第五章　胆量

克劳塞维茨用了一个章节讲述胆量的问题，因为在战争中，胆量是"一项极其行之有效的原则"。这是部队各级将士都必须具备的一项能力。拿破仑很早就意识到有胆量的士兵所能做到的事：

在泽拉（Zéla）战役[1]中，6号兵团完胜敌军，尽管它只是由1 200名老兵所组成。这展示出了勇敢的一击带来的影响；这个影响在古代很突出，在现代依然很突出，无论在骑兵中还是步兵中都是如此。[2]

洛迪（Lodi）战役之后，波拿巴将军于1796年春挺进米兰，奥地利人撤退，他夸赞士兵的功绩：

尽管他们被迫前行时并不愉快，但是他们是最有胆量的，他们不断为祖国和爱而歌唱。[3]

1805年乌尔姆战役的伟大胜利是通过令人筋疲力尽的行军和几次战斗获得的。当时没有必要发动大型战役。拿破仑宣布道：

士兵们，这次的胜利，在于你们对皇帝无尽的信任，在于你们承受各种疲劳和艰苦的耐力，以及你们那不寻常的胆量。[4]

在战斗中，军官必须以身作则：

当部队的士气低落时，是首长和军官们决定了他们是否能重振士气，亦或是死去。不要跟我说"是"，或者"但是"，也不要说"因为"；我本身就是一个老兵：你要么战胜敌人，要么就自己死去。我本来是希望巴伐利亚军团的亲王在战役一开始就在军队前哨，为他们的士兵们重振士气的。[5]

胆量通常较少体现在将军的身上，因为在他们身上，理性占据主导地位。否则将军就不会具有他这个地位应该具有的宏观视野。

内伊总是第一个冲入战火中，他忘记了他麾下的士兵。一位总司令应该表现出来的英勇与一位师长的英勇是不同的，正如后者表现出的英勇不同于精锐士兵上尉的英勇那样。[6]

但是如果一切都运筹帷幄得当时，胆量是一个附加的制胜王牌：

智慧与勇敢并重的将军才能确保战事胜利。[7]

克劳塞维茨同意拿破仑关于严惩胆小懦弱将军的观点。七年战争中法国的将军

们就是这样的例子:

由于不断地纸上谈兵、假装睿智、自作主张,当时的法军发生了后来几个世纪同样的事,就是最终处于劣势,在战争中总是最胆小畏缩,或者说得好听一点,是最谨小慎微。对一个将军来说,真正的智慧体现在有力量的果决中。[8]

拿破仑很遗憾他的海军上将们没有他的将军们那般有胆量:

我们的海军上将们需要勇敢,不要把护航舰错当成战船,也不要把商船错当成舰队。在决议时需要果断,舰队一旦出发,就要果断前行直达目的地,不要半途放弃停靠港口或者返航。[9]

当法国拥有两三个不怕牺牲的海军上将时,他们(英国人)就会变得很渺小。[10]

第六章　坚忍

在这个简短的篇章伊始,克劳塞维茨讽刺道:"读者期待听到的是英雄人物的故事,而我们却只给他们介绍了一些日常生活中的人物,就像他们平日所见到的一般。"[1]在一本涉及战略的书中,他确实对详述战斗优势的兴趣超过了战斗中的兵力调动和兵力运用。还有一次,克劳塞维茨就几何学与他同时代的理论家们进行笔战,他着重在那些理论学家论证不足的方面,提出与他们不同的观点。在战争中,身体和精神状况总会使人容易退却。需要坚持,需要"毅力,这毅力就表现为被世人及后世赞扬的坚忍"。拿破仑曾经谈论过这种坚忍:

士兵的首要素质就是坚忍和纪律；才华仅是其次。[2]

如果说勇敢是士兵的首要品质，那么坚忍就是第二要素。[3]

坚忍和耐心都是可以逐渐获得的品质：

我们的军队都是名副其实的：士兵们都拥有相同的才华和纪律，都拥有等待机遇的耐心，并且相信谨慎，相信指挥他们的将领的计划。[4]

1805年，当十月大军团在乌尔姆使得奥地利军队完全瘫痪，获得辉煌成功时，结果就显现出来了：

这样的成功取决于军队的耐心，以及承受疲劳和艰辛的毅力：这是作为士兵首要的和最为珍贵的品质，因为正是这样的品质才使得大军避免流血，成就大事。[5]

[……]承受辛劳和战争工事的纪律和耐心就是胜利的首要保障。[6]

坚忍是除了行军和战斗之外的一大军事美德：

精锐士兵戈班因为爱情原因自杀了；但这是个好子民。这是第二个因为情感原因在入伍一个月后就自杀的人。
第一执政官下令要求近卫军听从如下命令：
一个士兵必须要懂得战胜感情上的痛苦和忧郁；需要真正的勇气及毅力才能一直待在战争的绵延炮火下，承受精神的痛苦。
向悲伤缴械投降，用自杀来逃避责任，这其实是一种不战自退的态度。[7]

在拿破仑的战略中，战争末期军事行动惯例中，心理因素是最首要的，不论是在他对士兵的控制上，还是在他对士兵心理的理解上。他能区分近卫队老兵的牢骚和他们真实的心理状态，他们的心情和他们的服从感。他很清楚，让他们超越表面的耐性极限可能会是一种激发活力的源泉。他很了解，对于荣誉和名声的渴求是一种刺激人们投入战斗的强劲动力。"这一点在他之前很少人能做到，但他深知，人的精神和战争胜利的荣誉火花对于很多人来说，胜过一切，甚至胜过了他们对于家庭的情感，还有些人甚至爱拿破仑超过爱他们的妻子和孩子。"[8] 克劳塞维茨之所以谈及这一方面，就是因为他对拿破仑案例的印象非常深刻。

第七章 数量上的优势

数量上的优势"不论在战术上还是在战略上，都是最普遍的制胜原则"[1]。法国大革命能够集结比欧洲君主国更多的兵力，这一点也能够解释法国大革命为什么能取得胜利。拿破仑在1818年也坦率地承认道：

> 共和国主要就胜在人数上。它拥有一支人数众多的军队：600 000人服役，这是一个实际有效的数字 [原文如此]。意大利有8万人，西班牙有10万人，国内15万人，莱茵河和桑布尔-默兹（Sambre-et-Meuse）有35万人，这其实超过了60万人。在热马普（Jemmapes），敌军有1.9万人，而我方有6万人。在弗勒侣斯（Fleurus），我军人数为敌军两倍。[2]

最后这个比例有些夸张。通常战事中，法军会投入7万到7.7万人，盟国会投入4.8万到5.2万。就热马普战役来说，数字比例更接近可接受的程度：4万法军对抗1.3万或1.4万奥地利军。[3]

在法国大革命期间，战争本身没有取得任何进步。关于战争，人们有许多错误的想法。战术退步了。很多胜利只是通过人数众多而取得。热马普战役真是令人羞愧。要注意到我们的将军们都躲在大军的后面。在战胜了敌方将军后，我们总结道：只要勇敢，在战争中不一定需要指挥命令也可以取胜。这是我的看法，我常说，我不需要假装厉害的将军，我需要真正勇敢的人，激情就是一切，或者说近乎一切。[4]

尽管拿破仑夸大自己的功绩，但是他提醒大家热马普战役中法军占上风首先取决于人数众多，这一点并没有错。其实，杜莫里茨将军用4万士兵也很难战胜1.4万奥地利人。法国纵队只能通过他们的人数众多和巨大损失的代价来对抗对手挑起的战火。[5]

拿破仑通过优化军事训练，恢复旧时代的一些操练和武德，从而恢复了部队的英勇，就像前文他说过的一样。为了抵制大革命时期的一些操练，他提出了一些使数量因素相对化的警句：

在战争中获胜，不是靠一支人数众多的军队，而是靠一支组织协调良好和纪律严明的军队。[6]

需要注意的是，士兵的数量不重要，重要的是军官和副官们要意识到他们要运筹帷幄，操控一切，使我们可以对他们有所期待。就像在布洛涅战役中，士兵已经持续训练两年，是他们为我带来了大军团的胜利。[7]

在我部队中，我看重的不仅是人，更是有经验有才能的人。[8]

将军们总是要求给他们派兵，这很正常；在这一点上，没有其他方法可以依靠。因为只负责一项工作的人就只能想到这一点；拥有的人越多，他对将要做的事情就越有把握。[9]

因为，部队的力量并不在于士兵的人数，而在于他们的忠诚和良好的部署。[10]

[……]国家的力量在于拥有优质并忠诚的部队，而不仅仅是拥有许多部队。[11]

因此，您并不需要致力于拥有一支庞大的队伍，而是要去逐步组建一支人数较少的优质部队。[12]

考虑到在两军对峙时人数的重要性，拿破仑首先承认在过去，一支训练良好，对将领忠诚的队伍是非常有利的，就像坎尼(Cannes)的汉尼拔那支迦太基军队一样：

这次胜利多亏了他的骑兵部队，这并不令人惊讶：这是以优质军队对抗劣质军队，数量还不是最重要的因素。[13]

海战也是，过去数量上的优势并不具有决定意义：

海战的优势在过去与今日表现不同；过去，无论跨越亚得里亚海还是地中海，渡海能力不强，人数少并没有多大的妨碍。恺撒、安东尼率领优质舰队跨越亚德里亚海，从意大利布林迪西到希腊伊庇鲁斯；恺撒从非洲到西西里，尽管庞培长久以来几乎都是海上霸主，但也没从中得到什么好处。我们要说的不是古代的海军："海神尼普顿的三角叉是世界的霸权"；如今看来这条箴言是正确的。[14]

从这个例子中我们可以明白，从今以后拥有数量上的优势在海战中会占据上风。这是因为在欧洲各国，当武装和设备都几乎实力时，数量上的优势就很重要。在陆地上战斗也是如此。

即便有时 1.7 万人战胜了 2.5 万人，也不能说明战斗中的后者是鲁莽的。当一支军队等待强于它三倍兵力的援军时，它不能冒险，不能危害到所有师部集合后必定会赢得的胜利。[15]

克劳塞维茨写道，军队都是相似的，不同之处只是部队的军事素质和率兵将军的指挥才能。我们不能再像古代那样，即使人数少也能完胜。他提到了马拉松战役而不是坎尼战役，但表达的是与拿破仑完全相同的观点。[16] 拿破仑在谈及洛纳托之捷和卡斯奇里恩之捷时说道：

如果我说我以 3 万人的战线和 40 门大炮战胜了维尔姆泽的 8 万兵力和 200 门大炮，并且他的兵力和炮火布置在一个地理优势更好的位置，又是在一个奥地利军队战斗形势非常好、常常战胜我军的时期，那么我就创造了一个奇迹。如果我解释说这 8 万兵力是从两三个不同方向进攻，而我用同一支军队迅速地对这些来不同方向的敌军逐个进攻，那么大家就会理解这场战役，它的奇迹之处也就不言而喻。[17]

戈耶的回忆录提到过波拿巴和莫罗两位将军在 1799 年 10 月 22 日第一次见面时的一段对话。莫罗向刚从埃及回来的波拿巴解释，法军在诺维（Novi）的失利是不堪抵抗对方压倒性的重兵造成的，"一直是大军战胜小部队"：

——波拿巴说："您说得对，一直是大军战胜小部队。"
——我（戈耶）对波拿巴说："可是，将军，您常常用小部队战胜大军。"
——他回复到："但是这种情况下，其实通常也还是小部队被大军战胜。"
他向我们解释了他的战术：
——当我率领人数较少的兵力，面对着一支大军时，我会迅速集结兵力，像闪电一样猛冲进攻对方大军一翼击溃它。这种进攻手段会在敌军中引起混乱，屡试不爽。接着我会利用这种混乱，用我的全部兵力去进攻它的另一翼。因此我是分部击溃敌军的；正如你看到的那样，这种战术下的胜利，其实也是一种多数战胜少数取得的胜利。[18]

克劳塞维茨解释为什么像约米尼这样的军事理论家会从这本书当中看出战略的基本原则——在这本书中，17世纪的戈耶探讨了战术问题："因此，我们认为，在战争条件有利于我们的情况下，或者在战争条件逐渐有利于我们的情况下，有决定性的力量是很重要的。在普遍情况下，这个因素绝对是最重要的。[……]当我们无法拥有绝对优势时，必须要借助兵力的合理利用，确保拥有相对决定性的优势。在这一方面，对于时间和地点的决定是最重要的：这就是为什么我们认为在战略上，这个因素本身几乎包含了所有军事力量的运用技巧。"[19]当我们无法完全拥有数量上的优势时，取得局部数量优势，这就是波拿巴在第一次意大利战役中，自战役开始以来最常采取的方法：

法军仅有3万兵力和30门大炮；对方有8万兵力及200门大炮。[20]如果法军是进行一场普通的战役，这种人数上、武器上和骑兵上的弱势会使它无法抵抗。它必须通过行军迅速来弥补兵力不足，以兵力的良好运用来弥补武器不足，以战场优势位置的选择来弥补骑兵的不足：因为法军的士气是绝佳的；他们在阿尔卑斯山和比利牛斯山的战斗经受了锻炼，并以此著称。抢掠、贫困、悲惨是好士兵的学校。[21]

我们会留意到，军队的武德是与战术运用的水准直接相关的，这一点与波拿巴和克劳塞维茨的观点相接近。根据克劳塞维茨的观点，在决定性地点的兵力灵活集中，并不像约米尼所说的，是一种只要运用起来就万事大吉的法则。首先要看这些地点的选择是否合理，其次只要大军出动就要对兵力进行正确引导，另外"还取决于以微小的牺牲换来最重要的成功"[22]的必要决策。这与拿破仑谈及他在1796年

7月末和8月初应对维尔姆泽攻势时做出的评论相吻合：

维尔姆泽的计划被揭晓；他采取了主动性并且打算保持这种主动性。他设想让军队围困曼图亚，他认为围困曼图亚，也就围困住了法军。为了破坏这些计划，在抵抗曼图亚包围的时候就也要采取主动性，使军队机动起来，利用包围地的战壕和设备，集结全军迅速冲向敌人一团，然后逐步攻击其他两团。奥地利人当时是以两个半人对我们一个人；但是如果奥地利三团被整体法军分部攻击，法军在战场还是拥有数量优势的。[23]

克劳塞维茨承认，腓特烈二世和波拿巴都是比其他军事家更加成功的现代将军，这都是因为他们行军速度快，仅用一支，并且是一直以来的那一支军队，使得对手落荒而逃。皇帝也意识到他与腓特烈大帝的实力不相上下，他在论及1757年春天的战役时对腓特烈大帝做出以下评论：

腓特烈大帝在广义的战场*拥有数量上的优势，但是在具体战场上并不是：这可能是一位将军犯下的最大的错误。真正的战术，是以广义战场的部队弱势，在具体战场上找到自己的优势。就像我在第一次意大利战役，和1814年在法国的最后一次战役中做到的一样。[24]

---

* 广义的战场指地域范围更广泛，概念更大的战场，例如二战时期的欧洲战场、亚洲战场等。具体战场指具体发生了某场战役的战场，概念范围及地域范围较小。——译者注

第八章　出敌不意

波拿巴以其兵力的行军迅速进而获得局部兵力数量上的优势，出乎了敌手意料。鉴于这样的精神效果，克劳塞维茨认为出敌不意是非常重要的原则。它的理论方法很好理解：精神效果是战略中最容易觉察到和最真实的。它也能颠覆一个决策，然后促使选取另一个，最终作出一个决断。秘密和迅速是能够出敌不意的两个因素。在战略上，越是接近战术范围的措施，就越有可能出敌不意。但就整支军队的作战前线而言，则很难出敌不意。克劳塞维茨的这一想法很清楚地表达了拿破仑第一场和最后一场战役之间的矛盾之处。

在意大利，拿破仑运用兵力较少的军队，通过在山地，随后在河流流域的连续作战，使得奥地利军队对于他超乎寻常的作战迅速大出意料之外。波拿巴当时还只是将军，因为士兵人数和战场场地原因，他的战略决策具有战术上的重要性和影响性。他转述过1796年五月洛迪战役不久之后的这段对话：

拿破仑在夜间巡逻时，遇到一个俘虏夜间哨岗，站岗的是一位匈牙利老军官，他话很多；拿破仑向他询问是否一切正常。这位老军官无法否认一切不顺。但他补充道："没有任何方法可以充分理解将军的作战方式；我们的年轻将军时而在部队前线，时而在后方，时而在侧翼，我们从不知道他是如何行动的。这种作战方式实在令人难以忍受，而且违反了一切作战方法。"[1]

同样在埃及，军队兵力不足，比在意大利的数量还少。在对抗马穆鲁克兵时，出敌不意的方法更加容易实现，因为他们没有欧洲士兵的纪律和组织协调。自德赛（Desiax）将军从亚历山大港登陆，带领先遣部队向开罗进发时，拿破仑对德赛将军的叮嘱一直基于战术方面：

您很可能只会遇到几支骑兵小分队；请将您的骑兵隐藏：只跟他们展示几支步兵小分队，这会使得他们有自信以短枪抵抗得住，也能够使得你们俘获一部分敌军。千万不要使用您的轻炮兵。要保存他们的实力等到我们要对抗四五千士兵的大战事时再使用。

千万不要使用您的炮兵，除非是在对抗皇家卫队时。

这里使用的方法就是把我所有兵力杰出的部分隐藏，完全不使用他们，等到有强敌对抗时，再使用这些杰出兵力实现出敌不意。[2]

出敌不意在战略层面的运用稍微有些难度。1815年，拿破仑自厄尔巴岛（l'île d'Elbe）归来对抗集结在维也纳的强敌，然后重新成为了法国人的皇帝。他希望和平，可是欧洲军队反对他，并在法国边境线上集结了军队。他采取的任何战略决定首先都会产生很重要的政治影响。他的计划是要出乎驻扎在比利时的布吕歇尔公爵和威灵顿公爵大军意料之外。行动计划得很好，也达到了一定的出敌意料的效果。然而普鲁士人发现了他们的布置，迅速传递了消息。在圣赫勒拿岛时，拿破仑还在继续对1815年6月15日获得的出敌不意的效果抱有错误的看法。[3]

这并不妨碍拿破仑在他的战争生涯中成为一名战术大师，1815年时，威灵顿公爵当时并没有立刻意识到法军对沙勒罗瓦（Charleroi）的进攻。但是就让所有关于事件的评价停留在这里，让我们努力地对出敌不意做一下反思吧。这些反思并不多。在登陆时，必须要使全军同时行动，而不是一部分一部分来，因为这样可能全军都会被击溃。

舰队的优势就在于，它出现时可以出敌不意，大军登陆，这样突如其来的兵力可以让敌人措手不及，无法立即作出抵抗。这种情况下的方法就是立刻登陆，就像我在一个糟糕的天气下在马拉布特（Marabout）做的那样。[4]

法军因此不停地向亚历山大港行进。

假如，1798年，拿破仑在马拉布特登陆13天后才出现在亚历山大港的城墙下，他不会成功的。在这种情况下，他就会发现筑有雉堞的和武装得很好的城墙，从开罗赶来的一半的马穆鲁克兵、大量阿拉伯人和土耳其近卫军士兵；但他在登陆18个小时后就向亚历山大港进发了，并且只用了少数兵力对城墙发起了攻势，甚至没有等到大炮运达。这是战争的一个原则，当我们能够利用雷电的时候，就不要使用大炮。[5]

关于"高级和最高级的"战略，克劳塞维茨引用了波拿巴带领后备部队在1800年穿越阿尔卑斯山的例子。当时意大利军队总司令马塞纳将军收到的指令很具有说明性：

将军，您非常清楚在目前这种环境下进行秘密筹划的重要性，那就不需要再向您重申了。您要使用那些您认为适合的佯动和表面上的行军，掩饰战争计划的真实目标，使敌人相信您会进攻他们。接着，您再夸大您的兵力，宣布您很快会有来自国内的大批援军；最后，如果有可能，您要使敌人远离真正的进攻点，那就是圣哥达山口（Saint-Gothard）和辛普朗山口（Simplon）。[6]

第九章　诡诈

拿破仑很了解秘密、诡诈和欺骗手段的价值。有些人认为他本来就有此天赋，他的性格造成了他的权谋主义手段。[1]克劳塞维茨认为"'战略'这个词从'计谋'这个词发展来是有原因的。尽管从希腊时期以来战争经过了真实的和表面上的转变，这个词仍然保留了它最深刻的自然性"[2]。他从来没有对战略中诡诈的地位抱有错误看法。只有当一些特殊的机会出现时才能借助于它。将军尤其需要有正确深入的理解。

拿破仑常在战役中使用诡诈，当然，就像克劳塞维茨讲的那样，这种战术的运用尤其体现在当他指挥相对较少的兵力时，也就是说当还他只是将军时。在第一次意大利战役伊始，马塞纳将军必须要吸引奥地利人到沃特里（Voltri）以便把他们与皮特蒙特人（Piémontais）分隔开：

不要做出任何使人想到您想要清空这个地点的举动，他们既然占据了此地，就会再多占据一段时间。多关注蒙特诺特（Montenotte），要经常做出举动让敌人愿意前进并认为自己是最强大的。这种情况下，进行监视和夸大自己的实力都可以，所有战争中普遍使用的方法通常都是好的，也会成功。[3]

1798年，波拿巴将军在马耳他（Malte）城前发出以下命令：

在任何情况下，您都要命令从马尔蒙公爵旅队得到的工兵和工人立刻行动；您要付他们钱，令他们挖土，用土和装满土的木桶建起掩体，使得敌人相信您在建炮台。这会使敌军焦虑，会带来双重好处：一是敌军如果够笨，会浪费火药来攻击，二是会促使敌军加速已经开始的谈判。[4]

在埃及埃尔-阿里什城前，总司令让士兵做了人形模型，令敌方以为是士兵。[5]这场战斗中，也使用了之前在意大利战场使用过的方法：

在埃及，拿破仑与全军将领达成一致，在每天的当日命令中，分发多出实际数量三分之一的食物、武器、军服[……]。在意大利战役报告中，在1796到1797年之间，以及那之后，法军都使用过同样的方法来夸张表现其兵力。[6]

这个方法体现了拿破仑战略中非常重要的一方面。

[……] 战争的艺术就是要夸张自己的兵力，消灭敌人的气势。[7]

如果我们认为颁布法令征兵是真的为了征兵，那么我们就大错特错了。这只是我们给外国人造成的一个假象；让他们以为我们兵力强大。[8]

在拿破仑最后的几场战役中，他的士兵数量在人数上远远低于同盟国。这就必须要把他的威名当做工具来补偿兵力的不足了。他为此下过几次命令使得大家相信他一直与大家同在：

一个好的诈术就是发射礼炮欢庆打败了另一个军队取得的胜利[9]。还应该进行一次盛大的阅兵，就像我在那里令大家高喊"皇帝万岁"。[10]

[……] 命他（麦克唐纳）做好全部安排，使得大家相信我在前线；如果他面对敌人，他必须高喊："皇帝万岁！"明日要把我到来的消息在士兵和居民之中传播开去。[11]

拿破仑与克劳塞维茨观点相似，认为"雷诺之剑"——有可能是"罗兰之剑"的错误表述——意思与以下想法中的"直接的行动"意思相符，它使得战略中诡诈的重要性相对化：

奥地利人在传播虚假消息上、在居民中制造错误舆论方面非常高明；他们是在军队后方制造恐慌的大师；但是，假如您从剑鞘中拔出雷诺之剑*，这种法力就立

---

* 此处意指这种伪装强大兵力的虚假手段的背后，其实什么都没有，只是空城计。——译者注

刻消失了。[12]

只能防止奥地利人传播虚假消息的高明手段再一次欺骗容易轻信的法国人，就像 1805 年大军团公报所承认的那样：

一支 4 000 奥地利步兵组成纵队和一个重骑兵团穿越了我们的关卡，这使得他们放出了休战的假消息，并且使这个假消息在我军传遍。我们得承认，从这次事件发生得极端容易中可以看出法国人的性格，在激战中是勇敢的，在军事行动之外，却有勇无谋。[13]

第十章　空间上的兵力集中

在主战场兵力集中的策略与拿破仑权力的集中相符合。他权力的高度集中使得他可以组成一支由他直接指挥的大军团，总兵力与法国大革命时兵力相同，但从前大革命时期的众多军队是由分散的权力指挥的。[1]

在决定性地点的兵力集中

对克劳塞维茨来说，战略上最重要和最简单的一点，就是要在决定性地点集中兵力以达到最强状态。[2] 这一点上，他借用了拿破仑的观点，后者在这一点上对指挥官有明确要求：

只能有一支军队，因为指挥权的统一是战争的第一要素。一定要保持军队集合在一起，在战场上集中最强的兵力，利用一切的机会，因为机会就像女人：假如你今天错过了她（它），就不要期待明天能找回她（它）。[3]

柯林将军强调过这段摘录中"集合"和"集中"的区别。后者表明了一种在重要行动前夜的紧密的聚集。相反，"只要军队的不同分队相互距离足够近，可以让敌人无法阻止兵力集中或者分部攻击"，军队就是集合在一起的。"由此得出，当接近敌人时，军队的不同分队要相互之间保持较小距离以保证集合在一起；而当远离敌人的时候，他们则以较远的距离来保持集中"[4]。在一些典型战役中，特别是 1805 年和 1806 年，法军占据的地区起初非常广泛，随后渐渐缩小。在战争前夕就只有三四十平方公里。从集合到集中的演变在下面这封 1806 年战役初时写给苏尔特（Soult）元帅的信里体现得很清楚：

在这样一个狭小的空间里拥有集中兵力这样的巨大优势，您一定觉得我不想冒任何风险，而是希望在敌人抵抗之处以双倍兵力进攻。[……]

您一定觉得以 20 万兵力的方阵在德累斯顿这里作战一定会打个漂亮胜仗。然而，这还是需要一些技巧和筹划的。[5]

"方阵"的形象说明了军队兵力运用时的一些问题，在兵力运用时，部队行进时保持着相互支持的距离，至少能够在 24 小时内集中来对抗敌人大部。1805 年，几支部队沿着平行的几条道路行进，一旦其中某支部队与大家渐行渐远，就有可能被单独攻击。另一支部队可以迅速赶来支援，但在 1806 年，拿破仑变得更加谨慎。他的表现就是建立了一个巨大的方阵，这个方阵可以快速调整行军的前线，以面对来自各个方向的攻击。[6] 当拿破仑要进攻的时候，他以集中的大量兵力构成进攻部队。当他带领从法国撤出的兵力与欧仁亲王在德国指挥的兵力于 1813 年 4 月末会师时，也就是吕岑会战前夕，他重申了这条原则：

您知道我的原则就是以大军集结；我就是靠着大军集结才能带领 30 万兵力通

过萨勒河（Saale）。[7]

这是一条对任何军事行动都具有价值的原则，尤其是在下令出动炮兵时。一定要集中兵力：

我认为，安特卫普（Anvers）*防御战的组织方式水平并不高。不应该把那些炮兵队安置在彼此相距1 000到1 500突阿斯处，这样他们只能彼此提供勉强的支援，被迫分别面对敌军全部力量的进攻。应该把这些炮兵力量集中在一个小范围空间里，使得他们能够一起反击，打击一个共同的目标。[……]在整个军事系统里，就像骑兵、步兵占据了最有力位置一样，再强大的炮兵，分散行动也不会起到任何作用。[8]

近敌时保持集合

在距离敌人很近时将自己的队伍划分成不同的纵队可能会使自己处于非常危险的境地：

腓特烈是一位军事伟人，也很勇敢，他拥有一些杰出的部队。他们都是英雄。但是他的作战计划犯了很大的错误。他不是故意这么做的。不过，由于他很灵活，很快就对作战计划进行了修改。

在布拉格城前，他沿着易北河河岸行军，施维林元帅通过易北河的另一岸，穿越两条河流到达。[9]约米尼发现查理亲王[10]要来进攻，必须要分别击破他们。很明显腓特烈无法支援他们。我的战术通常是独立的部队之间要能相互联系和支援。这并不是战争的天赋，在25岁时我还不会这样做。[……]奥地利人在意大利制定了普鲁士风格的战斗计划。他们以相互之间不联系的小分队行军，而我将他们分别

* 布鲁塞尔港口。——译者注

击破了。[11]

1796年8月，奥地利人进攻法军时犯了错误。这次进攻被加尔达（Garde）湖地形限制，由两支强劲的纵队发起，拿破仑借由他行军的迅速，分别将这两支纵队击败在洛纳托和卡斯奇里恩：

队伍距离指挥太远且相互之间没有联系是一个错误。用这样的队伍发起攻势就又犯了第二个错误。孤立的纵队之间只有第一天获得了指令；第二天的作战计划都取决于能从主纵队获得的信息；要么浪费时间等待命令，要么就得随机应变。[……]

因此，应该一直保持各分队集合在一起，使得敌人无法插入其中，这是原则问题。当因为某些原因，背离了这条原则时，掉队的分队在行动中一定要保持独立，即使没有命令，也要毫不犹豫地向着一个固定地点赶去与大部队会合，以便减少独自面对被攻击的情形。[12]

阿尔文奇[13]元帅的奥地利大军在1797年1月又重复了这个错误。这发生在里沃利：

他们的部署有违最重要的原则，这条原则要求军队每天、每时每刻都要保持战斗状态。然而，阿尔文奇在到达山区时，以及在应该到达里沃利高原的时间里，都完全不在战斗状态。因为，要使一支部队保持战斗状态，就必须保持这支队伍的集合状态；但是沿着阿迪杰（Adige）河谷安扎的20支营队都是分散的，只有在占领里沃利高原后才能集合。一支军队，为了战斗，是需要他的骑兵和炮兵的；然后，由夸斯达诺维希[14]（Quasdanowich）指挥的骑兵和炮兵，只能通过里沃利高地与大军汇合。阿尔文奇起初以为他不必从科罗纳一路打到里沃利去，但这由不得他。他安扎的24个营，没有骑兵，也没有炮兵，被强大的2万步兵、2 000军马和600门大炮组成的法国大军攻击；这场战役并不势均力敌。[……]

战争中，敌军常常会就其兵力故弄玄虚。战俘也只知道他们部队基层的一些事情，军官整理出的战俘口供也不准确；这使得军队会采取一个可以解决一切问题的原则：军队必须要每一天、每一晚、每一时刻都准备好面对它力所能及的抵抗；这就需要士兵时刻保持武器和弹药在手；步兵时刻与炮兵、骑兵、将军集合在一起；军队各师时刻能够互相支援、互相依靠、互相保护。[……]

一名优秀将领，需要每天想好几遍：如果敌军出现在我的前线、我的右翼或我的左翼，我要怎么办？如果敌情不明，自己部署不正确，情况不符合常理呢；必须要想办法解决这一切。假如阿尔文奇心里想过：如果法国军队在我达到里沃利之前与我军相遇，而我只能以一半步兵来对抗，没有骑兵，没有炮兵，那会怎样。而他得出的结论是：我的步兵会被对方强大的步兵打败。洛迪、卡斯奇里昂、布伦塔（Brenta）、阿尔科莱（Arcole）战役当中的相似情况是怎么来的，这都无法使他更谨慎点吗？[15]

集中纵队进攻的传统在奥地利军队指挥部中太根深蒂固了，以至于拿破仑能在1800年3月对意大利军队总司令马塞纳说他将会如何被攻击，以及如何应对：

敌军会以奥地利作战方式，进行三路进攻；分别通过勒旺岛（le Levant）、诺维、蒙特诺特，您要避过前两路进攻，以您全部兵力去面对第三路进攻。[16]

"这好像很不可思议，"克劳塞维茨说道，"然而，只是因为要遵从这种模糊不清的传统，而且大家还不知道为什么要这样做，军事力量就被划分，被分割了上百次。"[17] 对拿破仑来说，这是法国大革命时期军队的主要缺点。原因就是巴黎政治力量不想将权利太过集中在一名将军手里：

[……] 尽管马蒂厄·杜马斯将军以及所有军事作家不这么觉得，但我坚持认为大革命期间，战术没有进步，反而退步了。

[……]在大革命期间的战争中，分散兵力，分别派遣左翼进攻小分队和右翼进攻小分队，这根本起不到打击作用，这样的战斗策略是很不当的。[18]

勒古布是一名优秀的将军，督政府非常仰仗他。[19]他在瑞士得到了很好的声誉，但是我并不赞同他在恩嘎丁（Engadine）的战役打法。他想用2.5万士兵打败查理大公的8万兵力，他还这里布置3 000兵力，那里布置3 000，最后全部是分散的小撮兵力。这就是不懂战争的表现。一定要保持军队一直掌握在自己手中，然而当时的风尚是要分散兵力。这是根据那些纸上谈兵的人的夸夸其谈来作战。[20]

当波拿巴将军谈到1797年意大利战场的其他将军时，他在给一位业余军事评论员的信中解释道：

您声称现代战争的完善和系统化在于投入全部大军，一部分在左边，一部分在右边，把敌军夹击在中间，甚至是大军待在要塞阵线之后。假如这些原则被教给了年轻人，那么他们就会使军事科学倒退400年；假如每一次这样进军，又是与积极的敌军交手，敌军又很懂战争，很会作战的话，他会打败你们部队的一支，并切断另一支的退路。[21]

拿破仑打了那么多胜仗，正是因为他摒弃了法国大革命的作战方法：

在大革命时代的战争中，战略方针是扩散、派出不起作用的左翼、右翼小分队。说实话，我之所以取得如此多胜利，就是因为在战役前夕，我不是下令分队，而是命令所有兵力集中在我想要集中的一点上，形成完整兵团。我克服面前一切障碍，它们通常都很脆弱。在瓦格拉姆时，我甚至召唤过多瑙河岸40多古里处的贝尔纳多特。我集中了所有的兵力。我拥有16万兵力，而查理大公却把约翰大公爵留在了普莱斯堡（Presbourg）。[22]

雷尼尔将军于 1806 年 7 月 4 日在卡拉布里亚地区的麦达被英国人打败：

军队太过分散，这种打仗方式就是用大量兵力，却毫无战斗力。就像经常会发生的一样，就像督政府曾做过的一样，把四万大军分散开来，就是毫无兵力。[23]

其次，不能不择地点地集结兵力。集合兵力的地点选择是很重要的，就像拿破仑在讨论到杜伦尼将军的一次用兵时指出的：

两军所选的集结地点被指出距敌太近，这是个错误：集结地点必须选在后方，出乎敌人意料的地方，以便于所有的大炮都能在敌军进攻前到达。[24]

拿破仑把这一点作为一条不可违背的原则：

选择距敌过近的集结点是个错误。这是一条战争中永不应违背的原则。杜伦尼在马林塔尔（Marienthal）也违背了这条原则，并因此战败。[25]

第十一章　时间上的兵力集中

拿破仑战略力量之一便是令部队沿着几条不同线路行军，这样可以使得士兵更容易集结，然后快速集中发起战斗。这个方法与旧制度时期以及大革命初期的探索相比，是较为新颖的：

从前，行军与打仗都是通过集中兵力来进行；这就需要时刻将补给随身携带。

大军行进的方式是各师行各路。这种情况下,补给很容易,但是会因此而各自孤立作战。这被看作是战术中的优势,但说到底只是顺其自然的结果。

约米尼注意到了这一点,他说他总是独立行军以便能够存活,但是他前进很快,能够在战斗日到达集合。因此,在所有的战役中,他都能集合;这就是他的独到之处。[1]

普遍规律是:当您想要发动战斗,那么就集中您全部的兵力,一个都不要忽视;有时一个小的胜利可以带来一个大胜利。[2]

[……]每次我们发动战斗时,尤其是对英国人发动战斗时,都不应该分散兵力,而要集中全部兵力,展示全部重兵:所有我们留在后方的部队都面临着被孤立打败或者被迫放弃阵地的风险。[3]

战争的第一原则就是,我们必须要以在阵地能够集结的全部兵力来发动战斗。[4]

克劳塞维茨将战略上的兵力集中与战术上的兵力集中区分开来。在战术上,兵力是逐渐投入的,保留一部分兵力在随后到来的时刻才投入,这是不错的。在战略上,不应该放任一部分兵力远离主要兵力。应该随时备战,否则就全无用处。兵力应当是同时投入。[5]

尽管拿破仑确实是战争中兵力集中使用的高手,但他也不是每一次都能预见一切。在马伦哥,他很不谨慎地将德赛将军的部队派遣出去。在耶拿,他搞错了普鲁士兵力分布。在埃劳,达武元帅的部队在战斗中才到达,内伊元帅的部队到达的更迟,没能参加战斗。前两次战役,加上在奥尔斯泰特(Auerstaedt),达武独自面对普鲁士士兵那次,反而都取得了辉煌的胜利。埃劳战役是没有获胜的。[6]

在战斗前夕,拿破仑批评了在一场战役前,因派遣分队造成的兵力分散:

就我看来，查理十二世是一位伟大的军事家，尽管伏尔泰宣称他不会看地图，而实际上他也从来没有过地图。在波尔塔瓦（Poltava），他确实犯了错。一支人数高达15万人的分队没能像往常那些在战役前夕或前几日就到达的分队那样按时到达。只有在战斗时刻派遣小分队才能获得有效结果。[7]

事实常会与意愿背道而驰，哪怕是拿破仑的意愿。但是他的通信证明了他一直以来的忧心：在战斗中维持部队兵力集中。在1805年战役开始，他对内伊的部队做出以下要求：

所有师部到达斯图加特（Stuttgart）后，必须紧密集合在一起，以便于整支军队能够在两个小时以内列队集合。我一点也不希望有师部游离在外。[8]

达武1806年11月在波兰指挥大军团最前线的兵力，拿破仑提醒他：

所有行动中只有一件事最重要：那就是如果俄军的行动需要我们应对，我的三个师部和我的骑兵能够在极短时间里迅速集合。[9]

几个月后，他又对他的弟弟热罗姆进行过两次劝告：

勒费弗尔将军做得很好，但是你们上午11点才去支援他。战争中有条原则就是，即使是1.2万兵力的分部，也不能离大部队主力远过一小时以上的距离。如果当时勒费弗尔战败了，你们也只能在十一点才赶到；这样，你们也可能被危害到。请投入真正的作战。您要赶去战场，并带去您的6 000集结兵力。[10]

我发现您正处在一条错误的军事道路上；我发现您认为给两支纵队中间再另外安置一支半纵队会有优势；但是这在战争中不会胜利，因为两支纵队无法共同行动，敌军会把他们一支接一支地分别击败。我们是应该包抄敌人,但是首先应当令自己的兵力集中起来。[11]

关于兵力集中这个主题的训示主要体现在他写给约瑟夫的一系列信中,当时是1806年初,约瑟夫正要出发指挥占领那不勒斯的独立战斗:

您的最大任务就是保持您的兵力集中,并且以最快速度带着您全部兵力到达那不勒斯。[12]

您有五个步兵师;要确保他们始终处于集中状态。[13]

我跟您重复一遍,集中您的全部兵力,使它们相互之间的距离不要太远,可以在一日之内集合。[14]

您的部队太分散了;他们必须以能够在一天之内在战场集结的方式行军。以您这种方式行军,我甚至能用1.5万兵力打败您的3.6万人,并且在战斗之日处处占上风。[15]

不论柯林将军说了什么,在这里我们可以发现,像上文中,拿破仑交替使用集合和集中两个词来表意。但是关于兵力相对分散和他们的迅速集合的区分却清楚地一再重申。约瑟夫到达那不勒斯称王之后,就一直听到这些观点反复重述:

我告诉过您不要过多听从杜马斯的意见,他没有打过仗。看起来没有人知道你们部队在哪里,他们处处分散,其实在哪里都不具备力量。[……]所以集中兵力行军吧。不要把部队分散开来。[……]集结起一支强有力的部队,把部队都掌控在自己手里,呈梯队形式,以便将1.8万兵力集合在同一战斗点并捣毁敌军。我在您的信中没有看到任何关于您集结兵力的信息；我不明白您为什么这么做。[16]

很久以前我就跟您说过，您的部队兵力太分散了。如果使他们保持集合，您就会做到在法国曾经发生过的事：英国人登陆了数次，却被痛打，再也不敢登陆。[17]

同类型的命令拿破仑也一直在对欧仁亲王和众位元帅重复。[18] 比如在西班牙这样的国家，

[……]必须要全军集合，不能以众多小分队行军；这一点对每个国家来说都是普遍原则，尤其在一个我们无法掌握情报的国家更是如此。[19]

第十二章 战略预备队

拿破仑抨击了罗尼埃将军的观点，后者建议如果有一支18万兵力的部队，从中预备6万兵力的后备部队，以3到5个分队在后方行进：

[……]这就是以18万兵力打败14万兵力的战术。这并非恺撒、汉尼拔、腓特烈的秘密，而是苏比兹、克莱蒙（Clermont）等战役的秘密[1] [……]简而言之，如果您有18万兵力，那么就带着这些兵力进入敌国；把伤员、病员、复原期人员、储备力量、弱小的驻兵留在一两处安全地带；要成为胜利者，要好好利用命运的好意，无论发生什么，千万不要寅吃卯粮。[2]

在战术上，预备队对于延长和恢复战斗是不可或缺的。预备队可以在危机时刻

重发战斗。在战略上相反，一旦决定性的战斗失利，就没有办法再重发战斗。克劳塞维茨写道，"所有兵力都要在重大决战中协作起来。任何预先保留准备在决战之后使用的预备队（当然是待命的）都是没有意义的。预备队在战术上不仅提供面对敌军出其不意布局的方法，还可以修复战斗中不可预见的不幸结果，而战略上则不得不放弃这种方法，至少在重大决战时刻必须如此。"[3] 克劳塞维茨援引了1806年战役——这是他年轻时的创伤，当时2万人的普鲁士预备队徒劳地停留在勃兰登堡（Brandebourg），然而大军都在萨勒河、耶拿、奥尔斯泰特作战。拿破仑也举了1806年普鲁士的例子：

腓特烈这支充满布伦斯维克（Brunswich）、莫伦道夫（Möllendorf）、吕歇尔（Rüchel）[4]、布鲁克等等英雄的老队伍，在耶拿被打败，完全无法进行撤退；只用了几天，25万兵力放下了武器。然而他们并不缺预备队：他们在哈雷有一支，易北河有一支，都占据优势地位；他们在他们国家中心，离首都不远！

当您打算发起大规模战役时，请为自己创造一切取得胜利的机会，尤其当您要与一位伟大的统帅对战时：因为，如果您战败了，而您又在你们省中心，那您就倒霉了！[5]

第十三章 兵力的合理运用

在作战时绝不能将任何一部分兵力搁置不用，而要将兵力合理布局，不要留下任何一部分不作为的兵力。所有兵力都要运用起来，在战争行动中相互协作。拿破仑强烈反对1793年土伦攻防战作战计划中的兵力不合理运用：

当时，法国组织了两支大军，一支向敌人左翼进攻，另一支向右翼进攻。结果使敌人重渡了莱茵河，法军再次占据了瓦伦谢纳、朗德勒西等地。但是我们不能因此就总结说战斗计划是正确的。相反，尽管这个战斗计划有缺陷，我们仍然因为军队人数众多的优势而获胜了。奥地利大军全部集结在弗勒吕斯，在当地由儒尔当指挥的法军右翼大军与全体奥地利大军势均力敌。皮什格鲁（Pichegru）当时在敦刻尔克指挥着一支新手部队。假如这支军队当时加入了儒尔当的部队，那么敌人可能会因为包抄其侧翼和后方的强大兵力而不堪重负，我们也会不冒任何风险地获得一个巨大胜利。[1]

旧制度时的军队常常犯这类错误：

预备部队，通常没能帮助撤退，反而经常造成战斗失利。在七年战争中，就是因为常常设立预备部队，做好各种撤离准备，才会输掉战斗和全部的战役。这是一种战术上的退步。[2]

奥地利人也常常在兵力的合理运用上犯错。他们不知道如何利用整个军队的力量，兵力分配情况也总是很糟糕，使得他们常常被分部击溃，就像在洛纳托和卡斯奇里恩那样：

奥地利将军的计划在别的战况下，或者是面对别的敌手时可能会胜利，但是这计划具有致命的缺陷；尽管第一眼看来，这支庞大的优势部队在这么短的几天内就战败，似乎并不应该归功于拿破仑的能干，虽然他不断地针对事先拦截的作战计划随机做出部署，但是，我们必须说，这样的作战计划，根基实在不牢靠。以一支彼此之间既无联系、各个分队行动又分散的军队去面对一支高度集中，信息交流频繁的军队，这是一个巨大的错误；右翼只能通过罗韦雷多和莱德罗（Ledro）才能与中心部队取得联系。把右翼部队又再细分成小分队，给不同的小分队分派不同的目标是第二个错误。[3]

1809年，拿破仑要求富歇通过报刊向民众披露英国人在兵力的合理运用上做得多么差劲：

请说明，英军把3万兵力置于西班牙中心用于对抗拥有12万兵力的世界上最优秀的法军，这一举动是极其荒谬的。同时他们派遣出的2.5万人在荷兰王国*的沼泽地带已经战败，在那里，他们所做的努力不过是激起了国民卫队的斗志。他们把兵力分散，每个小分部通常都在愚蠢行动，让民众感受一下这种作战计划是多么愚蠢。[4]

拿破仑有时会忘记地区限制，将同样的批评从巴黎发给正在西班牙战斗的元帅们，尤其是通过贝尔蒂埃的转达，发给安达鲁西亚（Andalousie）军队总司令苏尔特：

达尔马提亚（Dalmatie）公爵麾下拥有6万兵力；他当时可以留下3万兵力听从贝卢诺（Bellune）公爵[5]的指挥，进而拥有他在巴达霍斯（Badajoz）城前所不具备的更强大的力量。这个举动想要在困难时期保留所有决定性地点，但却使得他们遭遇了巨大失利。

陛下对于以下这点很不满：加的斯（Cadix）面临守城危机，而12号、32号、58号、43号团组成的超过8 000兵力的一个师，却分散地停留在毫无价值的战斗地点。从一方面来说，6个波兰营和佩雷蒙的轻骑兵[6]就足以防备此类战事，因此四个法国兵团和米约（Milhaud）伯爵[7]的骑兵本可以守住加的斯城。从另一方面来说，戈迪诺（Godinot）将军[8]将六个营组编为两个团的阵容，却无所事事，毫无建树地待在营地。

军队的部署是将军的第一要务，陛下很难过地发现，这里完全没有做到兵力的合理运用。[9]

---

* 此处荷兰王国指的是1806年拿破仑一世为其兄弟路易创建的王国。——译者注

"无论谁在军情不需要的地方安置兵力,或者趁敌军兵力在作战时保留一部分兵力行军的做法,都意味着一部分兵力在做无用功,这种举动就是在浪费兵力。从这个意义上看,我们可以说浪费兵力比不恰当的兵力运用更糟糕。"[10]这就是克劳塞维茨对于兵力合理运用这个概念给出的注解。

第十四章 现代战争的特点

克劳塞维茨这样写道,战争随着"波拿巴的幸运和勇敢"改变了,这也是因为战争渐渐国家化。[1]西班牙人、俄罗斯人、普鲁士人最终带着他们爱国情感的力量加入战斗。战争已不能像旧制度时期由常备军来进行。关于这一点,拿破仑没有像克劳塞维茨那样做大幅的思考,但是他很明确地夸大了已变得国家化的军队的职能:

是士兵构成了共和国,是士兵维护着共和国。如果没有军队、没有力量、没有纪律,那么国家既无法政治独立,也没有公民自由。

当整个民族都武装起来保护他们的自由,这个民族就是无法战胜的。[2]

士兵本身也只是公民的孩子。军队,就是国家。[3]

一支国民军队就可以为共和国确保内部平安,赢得外国尊重。[4]

一支付军饷*军队的建立会削弱您的实际力量，而不是提升。假如您有一个付饷军团，那就要放弃强有力的民兵部队。当公民看到士兵得到军饷，他们会说：本来就应该由他们来保护我们的。一支付饷军队会摧毁国民力量；它会夺取必要时你们从公民的勇气里可以找到的力量。[5]

如果不征兵［……］，那么就不会有国家的强大和独立。整个欧洲都在被迫征兵。我们的胜利和我们地位的强大在于我们拥有一支国民军队；一定要努力保留这一优势。[6]

小 结

拿破仑在圣赫勒拿岛才使用了"战略"这一术语，他这是接受了约米尼的定义，而他之前一直称之为"大战术"，也就是指在战斗前军队的行动，这也是克劳塞维茨的定义。这个意义上的战术与今日我们称为作战术的这一概念相符合。战略是一种执行上的精神力量，而不是一个观念上的形式问题。克劳塞维茨坚持精神的伟大以区别于约米尼和其他理论家的几何主义，因为这正是他从拿破仑身上吸取的教训。后者不仅在战争时特别关注舆论，而且就此问题，他还发表了许多的格言和建议。他控制报业，在文稿上夸大自己兵力，减弱敌军兵力，以此来维持军队士气。

对他而言，武德是与纪律相关的。他指挥意大利军队时很擅长利用这一点。他唤起了士兵的荣誉感、好胜心和军队的精神。他把这些起源于旧制度时期的价值观扩散到被法国大革命激起了爱国热情的军队中，是他创造了现代军队。克劳塞维茨

---

*　拿破仑在这里不提倡付饷，不是说不要付士兵军饷，而是说在要以爱国热情、祖国情怀来激励士兵，而不是靠钱来激励士兵。否则士兵很容易不认真战斗，失去斗志。——译者注

很理解他，从那之后，所有的军队都把拿破仑看作是新军事职业的创始人。这个重要转变说明了这个"小个子下士"的众望所归，尽管不断的战争带来了许多痛苦。还应该回头看看拥有特权阶级和社会障碍的旧制度时期法国社会是什么样的，以便理解拿破仑如何加速了民众平等意识。作为启蒙运动的继承人，他认为人生而平等，他的士兵们了解他的这种想法。拿破仑注意对士兵说话的措辞，把他们看作是平等的人，也在他们身上培养出了胆量和坚忍，这在克劳塞维茨看来是拿破仑最重要的品质。

在各国军队发展到程度相当时，数量因素就是打破平衡的关键问题。正如我们看到的那样，首先，拿破仑擅长在广泛作战线上保持部队高度集中，其次他还擅长在决定性地点上集结比敌军更多的兵力。他通过军队的迅速行动以达到出敌不意。他要求士兵做到这一点。再说到武德：这一点影响战略行动。波拿巴带领大军快速行军，在意大利分别击溃各奥地利纵队。他要求绝不要在面对敌人时分散兵力。兵力的集中在空间和时间上都很重要。在战略上，如果不能在决战时刻发挥作用，那么预先保留兵力就没有任何意义。因为决战之后，一切都没有意义了。兵力的良好运用是指大军集中兵力战斗。拿破仑在战略史上的主要贡献，从战略史上来讲，在于能够逐渐将分散和集中的优势协调起来，在一次战斗行动中将两个矛盾的进程融合起来。这就是他成为战术指挥大师的主要原因。[1]

第四篇 战斗
LE COMBAT LIVRE IV

克劳塞维茨使用的"Gefecht"一词在德语中含有真实的战争活动之意,其结果包括物质和精神两方面,因此我们更愿意译作"战斗",而非"交火"。[1] 进攻和防御是克劳塞维茨《战争论》第六、七篇的主要内容。拿破仑关于战术的言论中,只要与进攻与防御这两种战争形式有直接关联的,我们在此都会涉及,并将与克劳塞维茨战术论草稿进行多次比较。"战术论草稿"[2]是克劳塞维茨撰写的唯一一章关于战斗的章节,按编号码形式排版,共604段,以一种格言的形式呈现,与拿破仑语录有些类似。

第一章　现代战役的特点

拿破仑将现代战役与古代战役区分开来:

要完成相同的作战任务,指挥官在现代军队中面临的困难高于在古代军队中;而且,指挥官对战役结果有着更有效的影响。古代军队中,距敌80或100突阿斯[40至50米],总司令非但不会有任何危险,且所处有利位置能够全盘指挥其军队所有行动。在现代军队中，距敌 400 或 500 突阿斯 [200 至 250 米]，总司令就完全暴露在敌军炮兵连的火力中；此外，由于距敌过远，敌军的许多行动都难以察觉。总司令不得不靠近至小火力武器的射程内。现代武器安放位置越合理，其发挥的作战效果越显著；一组炮兵从侧面深入、压制、打击敌军，足可确定战斗的胜利。现代战役的战场更为广阔，这就要求更具经验、更敏锐的观察力。相较于指挥古代军队，要指挥现代军队必须具备更多的经验和军事才能。[1]

如今，为了能够了解战况、指挥作战，总司令每日必须亲临战地，时常处在敌方炮弹射程之内，必须前往距敌一子弹射程的战地监督每场战役，因为总司令们若置身子弹射程之外，其战地视野将受限。[2]

在克劳塞维茨看来，现代大型战役是交战双方将自己军队排列成若干大规模的方阵，仅让方阵中的一部分投入作战，让他们在长时间的交火中耗尽，时不时由另一部分替换；一天结束时，双方各自总结并作出放弃此战场或明日再战的决定。这类战役的成因在于欧洲军队几乎已具备战争级别的组织作战能力，懂得了战争艺术。[3] 克劳塞维茨对 1809 年以后发动的战役进行了深入分析，这时的奥地利人已开始像法国人一样组建自己的军队。自 1809 年，拿破仑不再能轻而易举地获胜，因为他的对手们也开始像他一样打仗。[4] 在此之前，他所打败的军队都是按 18 世纪军队的组织形式建立的。

在阐明现代战役若干细节时，拿破仑有时会引用克劳塞维茨的描述。对步兵呈散兵线排列战斗的思考可估算出消耗战所需时间，消耗战"就像潮湿的火药般"[5]日趋衰弱：

在重要的作战日，一条战线全部转为散兵线排列，有时甚至两次转变。因狙击兵精疲力竭，枪支出故障，必须每两小时换一批狙击兵。[6]

狙击兵发挥很大的作用，但受制于炮兵部队，他们无法端掉大炮。身为炮手的波拿巴认为大炮主导着现代战役，他对此观点的坚持远胜于身为步兵的克劳塞维茨：

> 试图攻击大炮、借助刀剑等武器端掉大炮，让狙击兵铲除炮手都是些不切实际的空想。这种可能有时会出现，我们没有一击拿下重要战场的例子吗？但从整个体系来看，尽管步兵十分勇猛，若无炮兵部队的辅助，他们无法面对16或24门大炮而毫无顾虑地前行500或600突阿斯[250至300米]，而这些大炮全放置在有利位置，且由优秀的炮手操作。在进攻路线完成三分之二前，这些步兵将被杀、负伤或被击溃。炮兵部队在射击中具有非常高的命中率，基于此，我们赞同马基雅维利的观点，这是位满脑子都是希腊、罗马思想的人，他只想让炮兵部队放一次排炮，然后无论结果如何，都让他们撤到战线后方。

> 好的步兵是军队的关键；但是，如果步兵长期与一个强于自己的炮兵部队作战，它可能会逐渐失去斗志，最终被摧毁。

> 法国大革命最初几场战役里，法国的炮兵部队一直是其优势所在；只让步兵手持刺刀端掉放置在有利位置的20枚大炮的例子，在大革命战争中我是找不出的。在瓦尔姆事件(Valmy)、热玛卑斯战役(Jemmapes)、诺德林根战役[7](Nördlingen)、1974年弗勒吕斯战役中，尽管通常我们1 000名士兵仅有两门大炮，我军的炮兵部队仍强于敌军；但这也是因我军规模大。一个比对手更善指挥、更精明的将军，即使他的大炮总量少，在一场战役里率领一支杰出的步兵，也能取得几次战斗的胜利。但在总决战日，他将会明显感到自己炮兵部队的弱势，并将有全军覆没的危险。[8]

> 尽管腓特烈二世是一位十分伟大的人，但他对炮兵部队不甚了解。最好的将军都是出身炮兵部队。人们认为懂得安排放置炮组没什么大不了，但实际上这是了不起的大事。我们在第一战线后组建排炮，然后60或80枚大炮瞬间朝一点齐发，胜利就握在我们手里了。[9]

1789年1月，年轻的波拿巴中尉在奥松撰写的通报中已开始思考炮兵部队如何能在战役中决定胜负：

在将军的指挥下，射程可达1 000突阿斯的远程炮组能够集中火力攻打第一战线任何部分，能够摧毁该战线并扰乱第二和第三战线。步兵随后向这支岌岌可危的军队发起进攻。在此期间，我们稍稍调整进攻方向，就会给敌军的另一部分军力制造恐怖。

洛库特战役、代廷根战役（Dettingen）、哈施滕贝克战役（Hastembeck）都为此观点提供了有利证据。[10]

1813年11月，在意大利进行总指挥的欧仁亲王说道：

未发动一场大型的战役坚决不可离开阿迪杰河*。大型战役的获胜离不开炮兵部队；不可少于12门大炮。[11]

拉斯·卡斯伯爵明确指出：

拉斯·卡斯补充道，如今的炮兵部队决定着军队及人民的命运；双方交战，战场如角斗场，炮弹如拳头，当下的诀窍就是让大规模的火力齐向一个点发射；混战一旦开始，哪方能敏捷地让自己的炮兵突击队在敌军未察觉的情况下迅速地到达指定位置之一，哪方就占据优势。这就是他所谓的大秘密和大战术。[12]

---

* 阿迪杰河（意大利语：Adige；德语：Etsch）位于意大利东北部，发源于意大利、奥地利和瑞士边境处阿尔卑斯山脉的里西亚隘口（Resia），先向东，后折向南流，经过特伦托、维罗纳等城市，最终注入亚得里亚海，全长410公里，流域面积1.22万平方公里，是仅次于波河的意大利第二长河。
——译者注

"作战计划的核心目的应该是对敌军力量的决定性摧毁，这在任何一场以摧毁敌军主力为取胜条件的战役中都是如此。"因此，在任何情况下，摧毁敌军主力都是将领所要实现的目标。[13]

第二章　总体战

立即摧毁敌军力量是战斗的核心要素。为了能用最少的消耗实现这一摧毁，战术上会部署方案。总的来说，克劳塞维茨认为一位果断、勇敢、敏捷的对手不应致力于战术上的巧妙结合。[1] 1806年的失败教训总是鞭策着他。而随着拿破仑不再看重战术上过多细节的变化，克劳塞维茨对这一教训理解得更透彻。

火力优势

有一点很明确，从此之后，双方交战中，火力占据着优势地位：

火力就是一切，剩下的都无足轻重。[2]

克劳塞维茨用了一个类似的表达："大部分情况下，肉搏战的摧毁力非常微弱，甚至不值一提。"很久以前，对敌军力量的大面积摧毁就属于火力战。[3] 火力的优势影响着战场的选择和战线的开展：

火药的发明改变了战争的性质：投射武器成为主要武器；今天的战役由火力决定而非交峰。火枪距离50、100、200突阿斯可致命，安放妥当的炮组距离200、400，甚至800突阿斯[4]，对战役的胜利有着直接、有力的影响。因此，在该距离范围内的所有山丘和阵地都可考虑成为营地或战场的组成部分。为了安营或者建立战线，现代战役中的新派将军们要选择的地方必须满足以下要求：1. 能够使大部分投射武器发挥功用；2. 能够拉开战线，以防在敌军的火力下被迫聚成一团；3. 能够将步兵部署在小山丘、掩护物、高地，使步兵对敌军战线形成居高临下之势；4. 能够将炮组放置在有利位置，这些位置可从斜方或侧方控制、包抄、深入、歼灭敌军战线，但同时自身却不会受到敌军炮组从侧方或斜方包抄、歼灭的威胁。

结果，1. 新派的将军们让步兵排成三行，因为从第四行不可能射击到任何一支敌军火力部队，而且，战线越窄，暴露在敌军火力下的风险越小。2. 他们应展开部队战线，以防被敌军包抄、深入、纵射，而相反地，自己能够包抄、深入、纵向射击敌军，从而占据威胁自身阵地的所有隐蔽之处，最后以便使尽可能少的兵力暴露在敌军的火力下；3. 他们也应放弃像罗马人那样在一块小面积的方形阵地上集中扎营，而相反地，他们以两支战线形式扎营，每支由三排步兵、两排骑兵组成，最前列部队组成了战场。[5]

布 阵

战役中，队伍的布阵遵循的一般原则：

在克雷费尔德（Crefeld）战役[6]中，费迪南德公爵（duc Ferdinand）的计划违背了以下原则：为让您的敌人能够身陷间隔，永远不要将军队的侧翼彼此分开。他将自己军队战线分为三部分，彼此有空地和峡谷相隔；他用一个孤立无援的部队包抄敌军整个部队，最终只会是自己被包围、歼灭。[7]

他要求自己在战役部署中与众不同，正如贝特朗在报道中写的：

我总是有着与其他将领不同的方法：我从不试图包围敌人。相反地，我总是被敌军包抄,占的战场面积总是比敌军小,我总是给自己手上留有预备队以待决胜一击。在瓦格拉姆,我占的战场面积比敌军少三分之一。[8]

也正是在瓦格拉姆,拿破仑率领了一支人数最多的队伍参加战役:超过18万名士兵,而奥地利约有14万名士兵。这场战役的前线宽广无边。在克劳塞维茨看来,包围的优势会随着军队前线的不断扩张而减弱。在广阔的战场上,包围行动削弱军队力量,降低军队效率。为了跑完一段距离,他们需要更多的时间,而被包围的一方在各阵地更容易利用自己军队的力量。而整体的团结统一同样会被较大面积的战场削弱,信息与命令本应该在这些战场上飞驰。当只是涉及几个营时,这种弊端几乎不存在。但是对于一个规模巨大的军队来说,这些就变得非常重要:"射程与周边的距离差是恒定的,随着前线的扩张,这种距离差会增大,必须考虑到这些距离差。"[9]进攻者倾向于采用包围作战形式,而防御者倾向缩小战线的模式。然而,如果集中火力攻打一点,并采用更深入的战略部署使火力持续进攻,那么缩小战线式是第一有利的战斗模式。[10]在奥斯特里茨,拿破仑首先让奥俄联军对自己进行包围进攻。虽然在士兵数量上处于劣势,但他通过巧妙地部署将他们打败。

在俄国人看来,法军显得庞大,这一点也不奇怪。俄国人总是将自己的军队分散在战场上,而法国人充分利用这一点,使得俄国庞大的军队四分五裂,而相对弱小的法国军队则显得气势磅礴。亚历山大大帝第二天也对萨瓦里将军(Savary)说:"您没有我人多,但您处处强于我。"将军回答他说:"这就是战争的艺术。"[……]

不,法国人采用与俄军相反的方法,用不到一晚上的时间就将军队部署在普拉钦(Pratzen)附近,他们集合军队,6.5万名士兵统一由皇帝指挥,如同少校指挥一个营;军队严阵待发,甚至准备好在敌军乖乖投降时撤退。[11]

关键时刻,力量均衡对法军有利。克劳塞维茨在解析拿破仑时也看到了这种布阵方法的优势。"对战争指挥官或首领来说,此举的个人原因是:在其控制下,尽可能地与主力部队有紧密联系。"[12]

摧毁敌军力量是指让敌军遭受相较于我军更大的损失。然而，经验证明，在战役中战胜者和战败者在损失方面的差距不是很大。在克劳塞维茨之前，拿破仑在与古代战役的两次新的比较中发现了这一点：

对古代战争比现代战争更血腥这一看法已经确立：该看法准确吗？现代军队每天都在开火，因为大炮、枪可以射击很远的距离。先锋部队交火，双方通常各自给战场留下500或600名士兵作战。在古代，战斗不太常发生，也没那么血腥。现代战役中，就士兵的死伤而言，两军的损失几乎相当，但是比古代战役的死伤要大很多，而在古代，只有战败方遭受巨大损失。[13]

在法萨尔（Pharsale），恺撒只损失了200名士兵，而庞培损失了1.5万名士兵。在所有的古代战役中，我们看到同样的战果。在现代战役中是找不到这样的例子的。现代战役中，双方的死伤情况可能会有或多或少的差异，但比例不超过1:3。对于损失，战胜者和战败者最大差异在于俘虏：这也是装备性质的结果。古代投掷冷兵器造成的破坏总体上来说很小；古代军队使用冷兵器交战，战败方死伤众多、战胜方死伤寥寥无几便是很自然的。现代军队中，虽然战场上已经有大量的流血牺牲，但他们只在最后才发起真正的交火；在一天的前四分之三的时间里，没有所谓的战胜或战败；双方因热兵器遭受的损失几乎相当。骑兵在交锋时，在某些方面的表现与古代军队类似：战败者相较于战胜者的损失成若干倍地增加，因为胆怯的骑兵队会遭到追击、刀刃，并且遭受巨大的损失。[14]

战败者在撤退中遭受巨大的损失。其中，精神损失要大于人力、物力损失。当作战双方中的一方丢失阵地，并且派上其前期特意保留的后备军时，双方间原本处于同水平的精神士气开始倾斜。必须试着迫使敌军提早地派出后备军。拿破仑说他在马伦哥战役中就是用此方法作战：

我明白奥军没有派上他们的后备军；如此情况下，重要的是尽力让敌军派出他们所有的力量，同时保存我军的力量，并且在敌军还没有觉察到自己的判断失误时，让他们攻打我军侧翼；因为困难之处在于迫使敌军派上他的后备军。[15]

一方若在精神士气上处于下风，必将自乱阵脚，无法团结统一，他便打撤退战。而战胜者就利用这一时机俘获战俘、缴获大炮等实实在在的战利品。[16]战斗的布局就应该朝着这一目的看齐。布局的确要关注战术，但是克劳塞维茨说，很明显，"被迫两侧同时交战的弊端，以及甚至被切断撤退线的危险使得军事行动、抵抗力量无法施展"[17]。在提倡倚重侧翼时，拿破说了几乎相同的话：

在组织战役和向敌军进发时最重要的事情在于有着强有力的侧翼。军队总是因为侧翼而动摇、被打败。因此，我从不忽视侧翼。即使战线可能被摧毁，一些或大或小的本应投入抵抗、维持部队的方阵也应时刻给予侧翼以支援。[18]

如果侧翼遭到强攻，会危及撤退线。"战役接近结束时，对撤退线的考虑变得越来越重要，因此，夺取该撤退线成了最好的做决断的方法。"克劳塞维茨结合拿破仑观点补充道："在可能的范围内，从一开始直到这一关键时刻，战役计划将时刻得到调整。"[19]在整个战斗中，有一种实实在在的本能，那就是不惜一切代价，确保撤退线的安全，同时想方设法夺取敌军的撤退线。这一本能在各处被运用，几乎成为了所有战术和战略行动的轴心。实际上，这是自卫本能的一种表现，正如拿破仑在《圣赫勒拿岛回忆录》中谈到的：

他说，当炮兵遭到敌军炮火袭击时，决不能让他们向成群的步兵方向开火。他高兴地说道，这是一种自然的胆怯，强烈的自卫本能。我们中的一名炮手［古尔高］大声叫嚷着反对这一说法。拿破仑皇帝接着说道："然而正是这样，面对袭击您的人，您立刻转为守势；为了不让他摧毁您，您努力将他摧毁。您时常停火，以便他能让您喘口气，转而进攻您成群的步兵，在战役中，成群的步兵是另一种优势，等等。"[20]

具体的战术

涉及部队战术布局细节时，没有绝对的规定：

战役中，军队是否应该呈若干战线排列方式，战线间应保持多大的间距？骑兵部队要不要置于步兵之后，或置于侧翼作为后备军？既然每门大炮都有足够支持其二十四小时开火的火药，那么我们是否在战役一开始就让整个炮兵组投入作战，还是让一半作为后备力量？所有问题的答案都取决于大量的战况：1. 取决于组成军队的部队数量，取决于步兵、骑兵以及炮兵的比例；2. 取决于敌我两军的比例；3. 取决于两军的精神状态；4. 取决于预期的战斗目标；5. 取决于战场的自然环境；6. 取决于敌军占领的位置以及他们负责指挥的首领的性格。我们不能也不应该给出绝对的规定。战役的自然法则完全不存在。按着上面所规定或许弊大于利。[21]

没有一个战役部署能确保胜利。部署方法是细节问题：

将腓特烈二世的成就归功于其倾斜式战斗队形的军事命令、归功于他展开纵队，这令人可笑。怎么展开的一点也不重要。任何时候，营长部署、展开他的营，旅长部署他的旅，师长部署他的师。这些细节对战役和会战的胜利只有微不足道的影响。[……]实际上，这一切什么都成就不了。总体而言，这些队形都是好的，尽管它们彼此间仍有优劣之分，但这对战争的结果起不了什么大的影响。并不是这些细节成就了胜利。[22]

[……] 自从发明热兵器以来，为扎营或开战而占领一块阵地的方式取决于实际情况，而该方式也随着情况的变换而变换；同一军队要占领一块确定的阵地甚至可以采用若干方式；根据军事洞察力、经验或将军的才能来决定采用哪种方式；这是首要的事。[23]

对那些讨论最有效的步兵火力形式、纵横队伍排列方式的人，拿破仑回答说：

只有那些可自由地从每个小分队左右开战的火力才是在敌人面前有实际作用的火力。[24]

这就是纵列自由连续射击[25]。正如1791年8月1日在规章中规定的那样，头两行按顺序一起开火，左右齐发，第三行只重新装弹药并将装好弹药的武器交给第二行。不要让他们之间的配合过于复杂，反而应让配合尽量简单。我们在第三章中看到过拿破仑对此的言论，他在战争艺术的各个方面不断重复这一观点。必须适应情况。法国步兵把对旧制度的思考与大革命战争经验相互综合。帝国时期，法国步兵比对手更灵活。纵队在行进时更便捷，薄队形使火力最大限度成线性，法国步兵在从厚队形或纵队转换成薄队形时速度更快。这样的作战方式是从过去继承下来的，拿破仑从中获益良多，并借此在战斗中取胜：

当实际环境要求时，纵队就成了一种战斗队形，正是为此，我们的战术为我们提供了迅速从薄队形向厚队形转变的方法；面对呈纵队、距小分队有一定距离的骑兵的威胁，为了能够在战役中组成左右驻有小分队的方形战队，我们就必须进军。[26]

这不是因为战役由开火与进军组成，也不是因为必须呈纵队或横队，而是因为进攻或防御形势要求我们要么呈纵队，要么呈横队。[27]

拿破仑很少给他的军队或师规定具体的战术布局,他更喜欢把这个权利交给他的元帅或将军。[28] 一份计划不能决定战斗的细节,因为战斗持续很长时间,并且可能发生各种意外事件。在克劳塞维茨看来,在战斗布局方面,相较于小型部队,应该给予大型部队更多的行动自由。[29] 1806年普鲁士战役之初,拿破仑皇帝重申了一条原则,使战斗中指挥权更好地得以落实:

在你们所有的战斗队形中,记住一条原则,那就是展开两行或三行战线,用相同的两行或三行战线构成的一个师充当右翼,用两行或三行战线构成的另一个师充当中路,用两行或三行战线构成的另一个师充当左翼。你们在奥斯特里茨战役中看到了这种布局的好处,因为一个师的将军是这个师的核心。[30]

1813年春,当大军团缺乏骑兵、而步兵部队里尽是新兵时,在战斗中,让大军团能够迅速转换成方阵就非常必要:

正如我们时常迅速转换成方形阵那样,您就下令这样行动,在最后一个师的后方变换方阵,距小分队一定距离,形成火线。行动是最关键的,上校们对此都心知肚明,因为最细微的犹豫都能连累这个部队。[31]

克劳塞维茨只有在欧洲大陆作战的经验。拿破仑在埃及、叙利亚都打过仗,经历过我们今天所谓的不对等战争。他从中总结出如下经验:

总体上说,奥斯曼帝国的军队机敏、强壮、勇敢,是优秀的狙击兵;在墙后,他们能完美地自卫;但在平坦的战场上,总体思想、纪律、战术的缺乏使他们变得毫无威慑力。孤立的努力在对抗整体行动时一无是处。[32]

在前往埃及时,拿破仑同样获得了更好地了解海上战斗条件的机会:

在陆地上引起如此大革命的热兵器在海上也同样可以引起巨大革命；海上战役由大炮决定胜负，而大炮的威力取决于大炮被放置的位置，因此，指挥用兵夺取该位置的方法就决定了海战的成败。在几乎不可能登陆的战斗中，最勇猛的部队也毫无用处。胜利由 200 门大炮说了算。这些大炮阻塞了航线，破坏行动，炸断桅杆，远远的将士兵炸死。海战战术因此具有另一种重要性。海上战斗与陆地战斗没有任何共同之处。炮手的技法相较于掌握驾船的技法就显得次要多了，驾船的技法可以摇动船舰，给炮组提供连串的位置或使其通过最有利的方式向敌军开炮；海战有一条总体原则：为了袭击敌舰，向敌舰投掷尽可能多的炮弹，每艘船在其位置上、在其所处的环境中，必须总以一种适当的方式运作。如果您把这条战术的总体原则与每艘船的特殊战术相结合，您将获得海战胜利的秘诀。[33]

第三章　战斗中的决策

决定性时刻和"收场"

整个战斗"包含一个确定时刻，这一时刻内的决战可被视为已完结的问题，以便战斗重新开始时会是一场新的战斗，而不是上一场战斗的延续。为知道战斗是否在得到迅速增援后还有些许取胜的机会，对这一时刻的果断定位就非常重要"[1]。从另一个角度看，"决策就是使得交战双方首领的一方起了撤兵决心的事件"[2]。拿破仑对该转折作过许多设想：

战争中，在这关键时刻里，一个最细微的举动就足以决定优势归属哪方：这一时刻好比滴水穿石中最终穿石的那一滴水。[3]

拿破仑皇帝说，战役的命运是一个瞬间的结果，是一个思想的结果：我们凭借各种计策向对方挺进，我们交汇，在一段时间内交战，决定性时刻到了，作出明智的决策，最小兵力的预备队就可以完成任务。[4]

这个决定性的时刻与交战者的心理波动相联系：

在所有的战役中，总是有那么一个时刻，最勇猛的战士在尽全力奋战后感到想要逃跑的冲动。这种恐惧源于他们对自身胆量缺乏信心。因此，一个稍有利的时机、一个借口就可以使他们重建信心；伟大的艺术就是让这个过程发生。

在阿尔科莱战役中，我率领25名骑兵取得战役的胜利。我抓住两军中的这一倦怠时刻；我发现这些年老的奥地利士兵不要求别的，只要求待在他们的营地，而我们法国士兵，尽管都很勇敢，可能也想待在帐篷里。我所有的兵力都投入作战，许多次我都不得不把他们重新整编以投入战斗；我身边就剩下不超过25个士兵，我派他们带着3个军号驻扎在敌军两侧吹冲锋号。他们齐声呼喊，声音响彻奥地利军营："法国骑兵在那里！"于是奥地利士兵四散逃跑。的确必须要抓住时机。稍早或稍晚，这样的行动是达不到类似效果的。

您知道，两军交战如同两人交锋、彼此震慑；交战过程中有一惊恐时刻；必须要懂得把握住这个时刻。这一切都只是不自觉的、精神理念的结果：这只需经验；当我们对周遭若干情况进行分析确认时，我们能够毫不费力地辨别该时刻：这就像加法一样简单。[5]

在马伦哥，克勒曼将军（Kellemann）率领的骑兵在关键时刻加入，这对战役的胜利起到了决定性的作用，因为奥地利骑兵：

在半里地开外驻扎；他们只需一刻钟就能过来，而我也发现总是这样的一刻钟决定着战役的命运。[6]

吕岑战役公报提及这一时刻：

陛下认定决定战役胜负的时刻来了：不可再错失一分一秒。[7]

古维翁·圣-西尔元帅就吕岑战役决定性时刻给予了详细解说，该时刻被拿破仑称为"收场"。

他回复我说，他一点也不喜欢从中部向侧翼进攻；他有一条原则，就是采用尽可能多的方法袭击敌人；对于那些最靠近战场的士兵，他会使他们尽量不过多担心自身的好运或霉运；他唯一最担心的就是不要轻易向首领请求增援。他引吕岑战役为例谈到，在这场战役中，内伊将军向他请求最迅速的支援，然而内伊将军还有两个师未投入作战；他向我保证，在同样的情况下，其他的将军也会在敌军逼近前向他请求支援。他补充说，只有在一天快结束时，当他发觉疲惫的敌军已将大部分军力投入作战时，他才会集结他之前保留的力量，向战场投入大量的步兵、骑兵和炮兵；而敌军对此未曾预料，他将此称为"收场"，而且通过这个方法，他几乎战无不胜。[8]

夏普塔尔赞同前面所说一切，并补充说收场总是到某一个点上发生：

他常说，如果一名作战长达四至六小时的士兵想要不战而降，他只需一个借口，而一支无论规模如何的预备役部队的逼近就是一个不错的理由，能让他下定决心投降。

他补充说，当我们要与比自己强大的敌人交战时，必须用我们的勇敢震慑敌人，在这种情况下，他总是成功地将军力迅猛地集中引向一点、搅乱部分敌军的秩序。一名机智的将军懂得有力地利用这第一优势，有把握迫使敌人撤退。因此，敌军在一小时后将失去所有，而这一切通过行动、进军、假撤退行动本是不该损失的。[9]

战役的阶段

克劳塞维茨能够估算决定性时刻。他认为即使战斗双方势均力敌，当军队的六分之五已经在摧毁行动上一展力量时，双方的总指挥都必须尽快做出最终决定。"只须稍微的努力就可以占上风。[……] 在双方仍旧势均力敌时，成功通常偏爱占上风的一方，因为明确的决断在一场战役决定胜负时所起的作用远远大于战役开始时。"[10]

如同在一场悲剧作品里，拿破仑看到一场战役里的三个重要时刻及三幕：

一场战役就是一幕戏剧，有其开始、发展和结束。双方所作出的开战命令以及为落实命令所做的前期行动是登台示众；被袭击军队的反击行动构成了事件的关键；这迫使我们重新部署，并给我方带来足以产生结果或结局的危机。[11]

克劳塞维茨自己将战斗划分为两阶段：摧毁阶段和决胜阶段。[12] 他认为各局部战斗相互联系而促成一个整体结果。懂得打仗的将军和军队通过最有效的方法节约力量，使后备军士气大振，从而确保胜利。"在当今这个时代，尤其是在**波拿巴**的指挥下，我们必须承认法国人对此战术有着很强的驾驭能力。"[13]

如果让骑兵的作用得以充分发挥，那么就能在战斗的若干次交锋中确保胜利。骑兵不应该只为最后的大决战而存在。一场大型战役由若干连续的战斗阶段构成。拿破仑在谈论滑铁卢战役时说：

骑兵在战役伊始、战役中或战役结束时投入作战都很好；当骑兵参战能充当步兵侧翼时，甚至当步兵被擒并正面被包围时，骑兵必须投入作战。

尽管应支援步兵的铁甲骑兵稍稍靠后，但英国将军非常好地发动了对法国侧翼的进攻。

米约将军则表现得更出色，让铁甲部队对抗这两个英国团并将他们歼灭。[14]

第四章　两军就战斗达成一致

克劳塞维茨说，在两军未达成共识的情况下，任何战斗都打不起来，但现代战争中，一方强烈地要发动战争也是可以开战的。"防御者即使不拒绝，或许至少能够通过放弃阵地以及相关的权利来避免卷入战斗。但对进攻者，这就意味着成功，其价值等同于一半的胜利以及对自己暂时优势地位的认可。"[1] 1807年6月10日，大军团袭击了在海尔斯堡（Heilsberg）受挫的俄军。第二天，当大军团准备再次开战时，俄军避开不战。拿破仑观察到：

[……]在一支强大到需24小时才能将军队部署在阵地的军队里，既然其中一项行动不足以果断地了结整个事件的争端，我们只能部分地行动。[2]

进一步讲，拿破仑多次斥责那些轻率对待战役的将军。儒尔当两次被点名：

儒尔当没有目的地发动了史塔卡赫战役（Stockach）；他声称说有人暗示他发动这场战役。[3] 一名将军只有在抱有获胜的期望时才可以决定发动战役，然而，是哪种期望使得他决定让4万名士兵对抗6.5万名士兵呢？[4]

战役永远都是一件严肃的事情，胜利不取决于任何东西，而凭运气。开不开战，我们总是在碰运气。除非当敌人切断了您的战线，而您被逼开战，否则绝不开战。[5]

我们或许可以相信，这些在圣赫勒拿岛成形的思考是一个疲惫的、前路已尽的男人的思考。但在奥斯特里茨战役前夜，他一边筹划着圈套以使奥俄军队失去平衡，一边写信给塔列朗：

明天可能与俄军有一场苦战；我已尽力避免这场战争，因为这是无谓的流血。[……] 别惊慌；我的处境无忧；我对这场战役将要付出的代价而惋惜，这是场几乎没有目的的战役。[6]

儒尔当元帅和约瑟夫国王在 1809 年 7 月西班牙塔拉维拉战役（Talavera）中失败后，面对威灵顿将军，拿破仑更明确地表达了可以开战的条件。他给担任陆军部部长的克拉克将军写信，让他联系儒尔当：

[……] 我们必须预先侦察敌军的阵地；他们毫无判断力地领着我的军队，就像去屠宰场一样；最后，如果下定决心开战，那么就得从容不迫地进行，因为我的部队受到了侮辱，并且还有 1.2 万名预备兵没上场；如果估算自己胜算不到七成，那就不应该开战；既然战役的本质决定了战役命运的不确定性，只有当我们不再有其他可期待的机会时，才可以开战；但是，一旦战役爆发，我们就可能胜利或失败，只有当法国的雄鹰们同样付出了他们的努力后，他们才可以服从后撤。[7]

第五章　主要战役——决定

利用先前部队的骑兵

拿破仑认为，当我们自身有机会时，就应该有胆量发动战役。1796 年，面对法国莱茵军团，奥地利查理大公就没有这样的决断胆识：

两军在战役中交锋时,一方,比如法军,会组织撤退到一座桥上;而另一方,比如奥军,能够埋伏在半圆范围内的各个方向,所有的优势都归奥军;奥军就应该英勇、重重打击、袭击敌军侧翼;奥军有先前部队的骑兵,这时只有派他们上场。[1]

当我们能够袭击对方要害,就不要被对方行动扰乱分心。[2]

所有的部队都要"冒着炮火前进"。1806年10月13日,一名副官迅速地出发前往与骑兵队奥普尔(Hautpoul)、克莱因(Kelin)、南苏蒂(Nansouty)三位将军会和:

他告知三位将军:如果他们听到从耶拿传来炮声,就加紧步伐,并且派军官前来预报他们的到达。[3]

在西班牙,拿破仑因维克多将军让一个师独自作战并未给予支援而斥责他。他命贝尔蒂埃给维克多写信:

您知道,战争的首要原则在于:当成功不是百分百时,我们就要对受袭击的一只部队给予支援,因为它就靠我们的支援获救。[4]

决心与顽强

一旦决定开战,大将军就要表现得坚决,并展示出最大的能量:

军队一旦上场作战,大将军就应该在破晓时侦察敌军位置,在夜间行动,并在此信息基础上,制定作战计划、派兵、指挥。[……]

战斗之初就应该认真思考应不应该前进,但一旦采取进攻,就必须坚持到最后一刻。因为，撤退无论是对军队荣誉还是军队士气都是非常糟糕的，我们在撤退中丢失对抗敌人的勇气，我们将为此牺牲更多士兵、耗费更多军资，其数量超过最血腥战事的代价；与之不同的是，一场战役中，敌军会与您付出相当的代价，而在撤退中，您付出了对方没有付出的代价。[5]

投入作战意味着决心坚持自己的决定。当战斗打响，我们就进入一个无法轻易撤出的进程。必须表现出果决：

一名发动战役的将军首要考虑的问题就是军队的荣誉和名声，保存兵力和拯救都是次要的：但保存兵力和拯救同样也需要这样的胆量和顽强。[6]

对该段中间所说的保存兵力是次要的这一观点，英国人大卫·钱德勒从中体会到一个"陆地的"、拥有大量储备兵力的强国的观点。[7] 正如我们在别处所说的那样，大革命的确使法国给予军队更大的重视，拿破仑是第一个找到利用军队方法的人。不管怎样，作为钱德勒眼里的大陆强国的另一个代表，克劳塞维茨是赞同拿破仑对战斗决心所起功效进行颂扬的。他认为这是"掌控那些不确定事物的唯一方法。决心向我们保证了一半的措施，它是大型战斗行动中最卓越的品质"[8]。

拿破仑知道马尔蒙元帅狂妄，当马尔蒙吹嘘能够在一次大战役中打败威灵顿时，拿破仑告诉他：

但是，一旦下定决心，就必须坚持到底；再也没有"假如"或"但是"；必须在萨拉曼卡选好您的位置，在您选择的战场上带着法国军队胜利或失败。[9]

不合常理地，马尔蒙责备拿破仑在莫斯科战役中没有坚持这一原则。他拒绝派警卫队了结俄国人，结果让俄军逃走，放弃了重大战果。

拿破仑是如此不忠于他自己最喜爱的原则之一，我听他说过若干次这条原则："那些将生力军保留到战役第二天的几乎总是吃败仗。"他补充道："如果有用，我们应该派兵增援，直到派出最后一名士兵，因为第二天我们便拥有完全的胜利，不再有任何障碍摆在我们面前；单就这么一个想法就能确保胜利者再次获胜。"[10]

夏普塔尔报告说，拿破仑坚信唯有顽强的意志才能常常胜利。他听拿破仑讲其和阿尔文奇将军在阿尔科莱打仗，整整五天连续作战，双方谁都没有得到好处：

拿破仑说，因为我比他年轻，比他顽固，我一点也不怀疑战斗最终会以我夺取阵地而结束，我对此坚信不疑。第五天，晚上五点，他决定下令撤退[11]。

夏普塔尔补充道，拿破仑时常说阿尔文奇将军是他最好的敌人，也正因如此，他在公报中从不对阿尔文奇将军进行评论，不褒也不贬，但拿破仑曾称赞博利厄、维尔姆泽以及查理大公爵，并说他不担心。在拿破仑身上，对胜利的狂热比任何其他将军表现得都要明显。正是通过在战斗中的坚持不懈，拿破仑在意大利使他的首要敌人惊愕不已。[12] 在构成一场战役最终结果的各局部结果总和中，克劳塞维茨发现三个主要因素：使军队瓦解的速度、阵地丢失以及总指挥的精神力量。拿破仑也是总指挥中的一员：

在我获胜的战役中，我只投入一半，这已经很多了。这足以使一名将军得到提名。事实是军队赢得战役。[13]

克劳塞维茨写道，主力会战是"战争的中心"，必须"从中寻求胜利，哪怕只有最小的可能性，也要坚持到底"[14]。

第六章 主力会战——会战的运用

对战役的研究

克劳塞维茨认为"摧毁敌军力量应该通过大型战役及战果来实现,并认为大型战役的主要目的应在于摧毁敌军力量,他将这两点称为双重原则"[1]。然而存在这样一些情况:"有利的环境使我们小规模地投入作战便可极大程度地摧毁敌军力量。"他援引迈森战役(Maxen)为例,1759年11月20日,奥地利陆军元帅道恩(Daun)包围芬克将军(Finck)率领的1.5万名普鲁士士兵,并迫使他们在小规模战斗后投降。乌尔姆战役也是如出一辙,在这场战役中,3万名奥地利士兵缴械投降。拿破仑在给法兰西大军团的公告中为此感到自豪:

士兵们,我之前给你们宣布发动一场大规模的战役;但是,由于敌军糟糕的配合,我能够不碰任何运气就获得同样的胜利。[2]

耶拿战役前两天,拿破仑意识到他的军队正在包围普鲁士军队。他给缪拉写信要求攻打行进中的普鲁士纵队,并补充道:

或许不需要全面作战,两三个这样的有利条件就可以摧毁普鲁士军队。[3]

这两个例子细化了我们想象中的"好战者"拿破仑。从前面的话我们可以看到拿破仑在这方面的审慎保留。因为,"战役不是简单的、纯粹的彼此厮杀",因为"战争的作用更在于打压敌军的士气而不是消灭敌军",但是,战役为了胜利仍旧是要流血牺牲,也"正是面对这样的现实,将军的人性一面在战役中丧失"[4]。第五章里引用的例子证明了拿破仑身上人性的一面。克劳塞维茨可能对此没有足够的认识,在谈论乌尔姆胜利时,他说:"如果波拿巴畏惧流血牺牲,他或许无法经历像在乌尔姆所经历的那样一天,这是史无前例的一天;还是应把这一天看成是前面诸次胜利的副产品。"[5]既然我们看到拿破仑首先向士兵宣布了发动一场大规模战役,那么描述是准确的。克劳塞维茨想要说的是,拿破仑决心研究战役以便最迅速地结束它,这一点拿破仑比其他任何将领表现得都更突出。人们对1806年德国战败将有永远说不完的话,受此失败影响,克劳塞维茨写下这段话,也给自己招致骂名,尤其是在第一次世界大战之后:"希望人们不要给我们谈那些没有流血就取得胜利的将军。屠杀是可怕的场面。这也是战争更让人敬重的原因,而不是让我们手上的剑因为人道而变钝,一直等到另一方手持锋利的战刀来将我们斩首。"[6]对克劳塞维茨来说,拿破仑是第一个在每场战役之初将战役研究到如此地步的人。前面引用过的埃尔欣根公爵(Elchingen)的公告就证明了这一点,他的信件也可以证明。但不应该忽视环境。1806年10月10日,当拿破仑写信给苏尔特时,他感到环境对自己有利,而敌军只会犯错:

我非常想发动一场战役。[7]

在需要尽可能快地解决一场危机的情况下,拿破仑对战役的研究构成其战略的一部分,而该战略与其政治相联系。例如,1813年8月,在重回敌对状态时,他给内伊和马尔蒙的指令证明了这一点。拿破仑说他必须尽快攻打,因为他的军力不能再得以壮大,而盟军的军力却可以继续壮大:

我觉得,在尚未事先经历大规模的战役之前,目前的战役不能给我们带来任何好的结果。[8]

他对外务部长重复说:

此外，尽管不打仗我们就不能有任何结果，但让人庆幸的是敌军朝着德累斯顿行进，在那儿或许会开战。[9]

主要战斗和战役计划

对拿破仑来说，战役本质上是与战斗计划相联系，与"方法"相联系，好像战役本身没有价值，它只是其他各因素中的一个。除了立竿见影的结果，其他的都没有必要，胜利是战场上无可争议的荣耀。一系列的战役行动更重要：

在马伦哥，战役几乎还未确定。敌人在波麦达河（Bormida）前重整军队。[10] 如果敌军占据一个自然的地理位置，就能够驻扎在那儿或轻松地撤退，但是敌军必须途径波河（Pô），这里有士兵守卫，敌军战线被切断，所以必须投降或开辟一条道。在埃克米尔战役[11]之后，兰茨胡特事件（Landschut）切断了[查理大公]与维也纳的联系。我比他先到达，我是如此靠近维也纳。在埃劳，本尼格森[12]（Bennigsen）通过拦截军官和快报知晓我的行动，如果他没有拦截，他承认他就输了。[13] 他当时不能重整旗鼓，不能夺回他的占线；他被弃在埃尔宾，战败了。[14] 这些胜利归功于我的战争计划和方法。这些成功与众不同，腓特烈二世没有任何一场胜利能与之相比。在奥斯特里茨，普鲁士士兵的占线被切断，如果达武行进再坚决点，整个向匈牙利的撤退就不可能实现。[15]

的确，拿破仑是第一个将战斗纳入战役计划的人。随着战事的不断变化，如果能更具体地制定战役计划，该战役计划从此就符合作战整体思想的需要，就能使战斗中协调军队所有行动这一恒久的难题迎刃而解，而这个战役计划也就符合此后我们称之为行动方法的这一说法。拿破仑提出实战和心理战，他大规模策划军队的行动，并使这些行动朝着一个目标前进，即削弱敌军的战斗力，而这一目标可以通过心理施压、一系列战斗、包围行动，或者像他前面说过的阻断敌军撤退线来实现。[16]

奥斯特里茨战役中，主要战斗和战役计划间的联系很明显：

但是，奥斯特里茨战役本身也只是摩拉维亚战役（Moravie）计划的结果。在战争这门如此艰难的艺术中，人们常常是在战争方法中构思战役方法；只有那些训练有素的军人才会明白这点。拿破仑15天前从维什科夫（Wischau）侦察回来，站在驿站和池塘高地，对他身边的人说："仔细侦察这些高地；两个月之内，你们将会在这开战。"他们起初并没有注意这些话；但是在战役第二天，他们想起了这些话。[17]

摩拉维亚战役中，拿破仑早就明白俄军没有一名杰出的将军，他们会认为法军将从维也纳撤退；俄军应该着重部署拦截这条撤退线；但是，整个摩拉维亚战役中，法军从未想过从维也纳撤退。这一情况使俄军所有的算计落空，并使俄军做出导致自己失败的后续行动。

[……]他希望俄军计谋失误、犯错误，这些都是他在摩拉维亚的战役计划造成的，这是一个敌军不会也不能识破的计划。

因此，前天晚上，拿破仑从普拉钦高地、索科尔尼兹村（Sokolnitz）、塔尔尼兹村（Telnitz）和莫尼兹村（Mœnitz）巡视回来说："如果我想阻止敌军通过，我会在这个地方布阵；但是，这样我或许会只打一场常规战。相反的，如果我不把我的右侧军队撤回派向布隆，如果俄军放弃这些高地，俄军的30万大军会被当场擒拿，他们会彻底地失败，毫无对策。"[18]

"战役方法存在于战争方法内部"这一观念意味着战术和战略在战术—战略连续体内部的相互糅合。在拿破仑之前，战争艺术对战术和战略的二元划分指出了两者之间严格的差异。吉博特试探着提出中间带，并将其命名为"大战术"，拿破仑宣称第三方面，即行动或操作方面。[19]库图佐夫的奥斯特里茨战役报告如此虚假，好像俄军很懂得弄虚作假，尤其是对那些离他们国家遥远的战役，以至于拿破仑忍不住应战，从中透漏了他战略的几个重点。"总体战"或许不是决定性的。它仅仅是一个战术成果。俄军对法国右翼的兴趣造成更大的后果，它完全使俄军部署失衡。法军夺取了普拉钦高地，他们从该高地能够将奥俄联军阻隔成两部分。奥俄联军掉入法军的圈套里，他们预测法军的撤退路线，并试图阻断法军的这条撤退路线，而该撤退路线与战争的联系大于与战役的联系：这就是为什么拿破仑设计的圈套像他自己所说的那样与战争计划相联系。最大程度上，拿破仑是不想打一场常规战，但是，随着他希望通过一场决定性的战役结束战争，那么这场决定性的战役就取决于他的战争计划。

第七章　利用胜利的战略方法

[……] 胜利本身什么都不是，必须要利用胜利。[1]

奥地利道恩元帅在 1757 年 6 月 18 日的科林战役中打败腓特烈二世，他的行为说明不应该做如下的事：

直到科林战役之后，道恩元帅的行为都表现得的不错，人们猜测这种行为是建立在他知道在布拉格有兵力的基础上的；但是他没有利用他的胜利，这是有罪的：这如同没必要胜利！经过 12 天的深思熟虑，他最终决定向卢萨蒂亚进发。[……] 这场战争中的奥地利将军太过怯懦；尽管他们的部队英勇杀敌，但他们的将领们对部队一点信心都没有。[2]

即使是腓特烈二世，那个时代最勇敢的将军，也完全没有追击他们打败的敌人。也就是在鲁腾会战（Leuthen）（1757 年 12 月 5 日）之后，他才组织了一场真正的

对奥地利士兵的追击。而这场追击还是有限制的。拿破仑有理由说在这方面他自己是出色的:

腓特烈二世在战役中擒获五六千俘虏,缴获无数大炮,但战役第二天任何举动都没有。我跟他相反。我在战役中获得的寥寥无几,但战役第二天、第三天、第四天、第五天之后,我便开始行动。这就是我们两人的不同。

敌军本可以在耶拿战役中获胜,但他们战败了,如果他们取得一半胜利,就不能再撤退。这就是我的策略。实际上,我在耶拿战场上没得到什么东西:但第二天在魏玛、埃尔福特等地缴获了60多门大炮。敌军不再撤退,他们败了。在乌尔姆,战役继续,但第二天我们在市里俘获3.3万名士兵,在梅明根(Memmingen)俘获1万名士兵。[3]

再说说这些典型战役中所下达的命令。埃尔欣根战斗后(1805年10月14日),费迪南德大公爵从乌尔姆逃往波希米亚,缪拉发动追击,并很快将其擒获。拿破仑给缪拉写信道:

恭喜您获得胜利。但一刻也不要停歇,应追击受到威逼的敌军,斩断他们所有的联络。[4]

11月中旬,轮到库图佐夫率领的俄军遭到追击,但法军远没有按照拿破仑所希望的速度行进:

如果我昨天要斥责某人,那就是瓦尔特(Walther)[5],因为骑兵将军必须在敌军受到威逼时追击敌军,尤其是在敌军撤退时;因为我明白当马能够驼人时,人只能迁就马,还因为我明白我们昨天就可以做今天做的事。[6]

身体和精神的过度劳累也影响着获胜者，"为着这些作为人必有的原因，我们所做的比我们应该做的要少，总体来说，我们所做的取决于总将领的雄心、毅力，甚至他内心的坚韧"[7]。1806年10月14日的耶拿战役遭受了最严峻的追击。五天之后，主要的战果已经实现：

战役的首要目的已经完成。萨克森、威斯特伐利亚以及所有位于易北河左岸的国家都从普鲁士军队的占领下解放出来了。普鲁士军队吃了败仗，他们受到威逼，被追击50里，现在没有炮兵、没有辎重、没有军官，军队锐减，不足八天前的三分之一，而比这更糟糕的是普军丧失了斗志，对自己完全失去信心。[8]

追击变成真正的困兽：

普鲁士军官说的全变了；他们大声呼喊着要和平："告诉我们，你们的皇帝想要什么，他要一直这样威逼追击我们吗？自开战以来，我们一刻也没休息过。"这些军官或许已经习惯"七年战争"的作战方式。[9]

拿破仑大军团的骑兵队、缪拉、拉萨尔以及拉萨尔的"地狱之队"在这场对普鲁士士兵的追击中成为传奇：

唯有骑兵队可以享受胜利。多亏了骑兵队，普鲁士步兵在耶拿战役后才没能渡过奥得河，也正因此，他们几乎没有获得什么战果。[10]

是骑兵队为胜利追击敌军，是他们阻止战败的敌军汇合。[11]

当我们只派先锋部队追击，必须当心敌军反攻，甚至要当心战败了的敌军的暴怒，他们试图杀出一条道来。如果我们没有足够的部队可以用于围剿敌军，最好让敌人逃吧。这很好地解释了1796年9月11日席瑞亚（Cerea）战斗中所作出的奇特决断，当时维尔姆泽在巴萨诺战败后被追击，而马塞纳的先锋部队被维尔姆泽击溃。

必须给逃跑的敌军留个便于撤退的"黄金桥"，或给他们设个牢不可破的障碍；必须决定让敌军逃跑；根据各种评估和各种可能性，他们应在那一天被迫放下武器，甘愿成为战俘。[12]

"黄金桥"是莫里斯·德·萨克斯的无意识借用，他在谈论这点时说到一个成语，该成语实际上追溯到维盖提乌斯（Végèce），他是《古罗马文化》的作者，书中军事方面的内容在中世纪和文艺复兴时期获得巨大的成功。[13]

罗尼埃将军主张更有方法、有条理、更缓慢的战役，以便更好地供给部队。他被在圣赫勒拿岛流放的拿破仑斥责：

但是，如果战役就在您的阵营边界上爆发，离您的根据地就40古里，您能在恰到边界就停止作战？您会让战败的敌人逃跑而不趁着胜利，威逼敌人、追击敌人、击溃敌人、粉碎敌人？不和敌人一起到他们的首都或军库？您的敌人会给您一个更危险的建议？您能做些对敌人来说更惬意、对他们更有利的事？[14]

克劳塞维茨写道："如果我们不能在第一时间通过追击敌人使胜利圆满，那么，这个胜利将不能成为一系列战役中积极的、有利的方面。"[15]

第八章　战败后的撤退

一旦军队遭遇失败，召集残余各分队或援军以及进行反击是战争中最复杂、困难的，它严格要求将军在战争艺术原则方面有深刻认知；因此可以说，违背这些原则会招致失败并引起灾难。[1]

克劳塞维茨补充拿破仑的说法："战役的失败对军队精神上的摧毁程度远超过对军队物资方面。除非情况有很大的好转，不然第二场战役只会败得更彻底，甚至被全歼。这就是军事法则。"[2]

战争原则要求一支军队的分遣队避免独自与已取得过胜利的整个敌军作战：这会冒着失去所有的危险。[3]

为了更好地进行撤退，拥有若干条撤退路线是必要的，军队通过这些路线可以大规模地、迅速地撤退，当受到袭击时，他们又可以自我防御。[4]

军队在撤退中的精神状态不会随着生力军的到来而得到改善：

战败后，既然装备补给、援兵都不能改变军队的精神状态，也就改变不了军队的命运；这些只能让情况更糟糕，最后以彻底失败而告终。[5]

在回忆滑铁卢战役时，拿破仑对法国人做了如下的分析：

法国人民是我们所见过的最勇敢的；面对敌人，他们奋勇前行；但是，他们不懂得在获得胜利的敌人面前撤退。如果他们有稍微的败势，他们就自乱阵脚，毫无纪律，将自己送到敌军手里。[6]

法国许多军官笔录中描述了同样的情况，例如勒莫尼埃-德拉福斯（Lemonnier-Delafosse）中校：法国人在进攻时表现出极大的果敢和勇猛，但当他们失败时，他们以一种让人羞愧的、不负责任的方式逃走。[7] 在拿破仑看来，被打败的英国人也没好到哪去。

撤退中，一旦混乱在军队中开始滋生，剩下的事就无法估量。相较于其他军队，英国军队表现尤甚。[8]

小 结

现代战斗以热兵器为主导，有狙击兵以及大规模步兵的火力、炮兵火力。拿破仑强调炮兵火力：战役是靠炮兵火力取得胜利，在战斗中，军队的部署应该要考虑到这一点。战线上的各部分应该有效地相互连接，总指挥手下的预备兵要集中精力，准备好在某一时刻投入战斗。应重视侧翼部队，保证撤退线路。战斗的目的在于迅速地、有效地摧毁敌军力量。拿破仑不想就哪种战略部署或哪种战斗方式进行争吵讨论，这种争吵讨论形式在18世纪非常典型。克劳塞维茨赞同拿破仑的看法。形势决定了步兵是成纵队、直线或方阵。拿破仑自始至终在作战上都表现杰出，而在战术上，他越来越少展现出精妙。必须通过军队的突然行动获取战斗结果：用大量的大炮在敌军战线上进行突围，然后派上步兵和骑兵纵队。自1807年费尔兰德战役起，炮兵的重要性愈加突出，战役中的损失呈上升趋势。乔治·勒费弗尔写道，或许拿破仑战争艺术的不足之一在于没有给予战术足够的研究，没有根据盟军战术对自己的战术进行调整。[1]

交战中,在一天四分之三的时间内,各军队所遭受的损失大体上相当。当军队的精神支柱开始失去平衡、偏向一方时,当其中一支敌军开始撤退,对撤退线的保护就成为该敌军的首要任务,而胜利者通过威胁撤退线,能够俘获更多的战俘。战斗中有那么一个时刻,果决之势突然降临。拿破仑谈到此用"精神火花"来形容。克劳塞维茨承认拿破仑通常能够节约军力,让后备生力军在这个时刻发挥精神效果,取得胜利。

在拿破仑看来,不应该轻易发动战役。各种有利条件必须具备:当我们有百分之七十的把握时才发动战役。如果发动战役,所有可支配的部队要协力作战,让他们展现出毅力与决心。没有一场战役不是浴血奋战,因为撤退会使我们遭受巨大的损失。在这方面,"军队的光荣和声誉"是保持军心最好的保证。拿破仑总是以通过研究战役来开始自己的征战,因为他希望迅速地结束战役,但他懂得等待有利条件。这些有利条件有时候可以使得他不战而胜,例如1805年乌尔姆战役。

在拿破仑看来,战役是战争计划的结果,他将这个计划称之为"方法",是囊括军队行动的方法,是我们从战争操作层面或行动层面的叫法。简言之,他发动战役,却从未停止考虑战争的整体性。他的思想不会只局限在封闭的战场的战术上。他看得更远。追击战败的敌军使战役圆满,并可以获得更得的战利品。如果我们战败,就应该打撤退战。撤退战不易掌控,拿破仑就此也未做过多评论,因为他厌恶研究这种情况。尽管强渡了别列津纳河(Bérézina)和哈瑙(Hanau),他在1812年和1813年的撤退仍旧是灾难性的。

第五篇
军队

LES FORCES MILITAIRES
LIVRE V

第一章 概 述

拿破仑多次谈到征兵的好处：[1]

征兵的形式：采取流浪汉及无赖自愿加入的形式。在其加入军队后，第一种人要靠荣誉感来约束，而第二种人则需要纪律来约束。[2]

实际上，拿破仑的征兵形式有很多不合理的地方，穷人几乎占了军队人数的一大半，因为富人通常会用金钱去买一个替代者。[3] 拿破仑在圣赫勒拿岛同英国上校谈话时，他惊奇地发现在布列塔尼的军队中，士兵几乎不会变成军官。上校告诉拿破仑：之前他的同伴正是因为法国士兵会变成军官的现象而感到惊奇。

其实士兵会变成军官的现象是征兵制取得良好效果的一个重要的因素，这使皇帝陛下认识到，法国军队的力量将达到前所未有的规模。[4]

征兵制壮大了军队，拿破仑第一次能够带这么多兵，他意识到将会出现一种新现象，并且他将成为主导这个现象发展的人。1809年春天，在同奥地利开始一场新战争之前，他给考兰科特的将军写了一封信，这位将军也是他在圣彼得斯堡的大使。在信中，他预见到哈布斯堡帝国的分裂及该地区和平局面的结束：

在这些国家分裂期间，拿破仑主张减少军队的数量，取消一般性部队及由女人组成的小规模部队，改变常规部队（如普鲁士的火王[5]推荐的）的体制，将现有营房改为乞丐的兵站，并且被征用的士兵在无战争阶段可继续务农。[6]

第二章 军队关系

克劳塞维茨认为，战争主要借助两种方式：一是使用火力进行破坏，二是身体的直接对抗或"冲突"[1]。战争既可进攻亦可防守。骑兵部队只适合在进攻的时候使用，适合与对方的直接对抗。炮兵只能使用火力。只有步兵既要对敌军进攻也要防守，即与敌军的直接对抗，又要能够使用火力，他们是军队的核心力量。同时步兵也是三种部队中最能独立作战的，炮兵的依赖性最强，骑兵次之。

军队的比重

在与17世纪的军队做过比较之后，拿破仑指出了那个时代最理想的军队组成，他认为：

17世纪军队中，至少有一半是骑兵；炮兵很少，1 000个士兵中只有一个炮兵班；步兵排成四排，第四排为长矛兵和短矛兵。
如今，一支军队包括五分之四的步兵，将近五分之一的骑兵，以及一些炮兵：1 000人的军队配备4门大炮，其中一个为榴弹炮；步兵排成三排，取消了长矛兵和短矛兵[2]。

军队中，步兵、骑兵、炮兵都是不可或缺的，他们需要按照恰当的比例编排，各司其职，不能互相代替。我们曾经在战役中遇到过这样的情况：对方一个五六十人的炮兵接连抵抗住了我们4 000骑兵加上超过8 000步兵的进攻；其实当时我们也需要有这样五六十人的炮兵，在炮火的掩护下，我们的军队才能发挥出良好的进攻能力。如何在军队中恰当组织编排这三个兵种，无论在何时都是伟大的将军们应当思索的问题。

大家普遍认为：(1) 1 000人的军队中要有4个炮兵班；(2) 1个骑兵大概相当于4个步兵。[3]

骑兵所占的比例应当根据作战区域而变化：

莱茵河上的军队中，骑兵应该是步兵的四分之一。军队的二十四分之一是侦察兵，八分之一是猎骑兵和轻骑兵，十二分之一是骑兵和勇士。[4]

在弗兰德和德国的军队，骑兵是步兵的四分之一；在意大利和西班牙，骑兵是步兵的二十四分之五；在阿尔卑斯山区和比利牛斯山区，骑兵是步兵的十五分之一；在海岸边，这个比例成了二十四分之一。在法国，骑兵的实力相当于步兵的六分之一。[5]

在德国和弗兰德，骑兵（包括侦察兵）应该占军队步兵人数的四分之一；在比利牛斯山，骑兵应该占步兵人数的二十分之一；在意大利和西班牙，骑兵应该占步兵人数的六分之一。[……]

炮兵的数量应该与敌军相同，1 000个骑兵和步兵军队中应有4门大炮。步兵的作战能力越强，越需要有强大的炮兵做支撑。即使步兵作战水平不高，也需要大量的炮兵。[6]

军队素质越差，则越需要更多的炮兵做掩护：

我只要求在军队中三分之一的炮兵要随时待命，保持高作战能力与其他兵团一同作战。[7]

对北欧平原最为熟悉克劳塞维茨也赞同拿破仑的观点，认为骑兵和步兵的比例这样划分是有道理的。至于炮兵，他认为要根据时间来划分。在战争的初期，1 000名士兵中通常有2到3个炮兵班，然而炮兵的前行速度与步兵不同，在战争的末期，1 000名士兵中炮兵班的数量会达到4到5个。[8]克劳塞维茨拒绝给出军队中最佳兵种比例，但是他给出了不同兵种在军队地位主次之分的判断，其中最主要的兵种是步兵，炮兵次之，最后是骑兵。三个兵种中，炮兵的摧毁能力最强，骑兵最弱。他认为有两个问题需要时刻思考，一是军队在可能的情况下最多能编排多少的炮兵，二是最少只需要保留多少的骑兵，才对军队的作战力没有坏的影响。[9]

在战争中，部队之间紧密联系，协同作战是必不可缺的。拿破仑的军队因为深谙这一点，赢得过很多次的胜利。在1815年，也正是由于这个原因帮助威灵顿将军取得胜利，拿破仑把他这次在比利时的失败归结为驻扎在荷兰的部队的问题：

这次军队的步兵、骑兵和炮兵是分开驻扎的，步兵在四臂村四面受敌，[10]却得不到骑兵和炮兵的有效援助；这导致了大败，因为步兵不得不全力抵抗敌方的重骑兵以及其他部队的全力进攻。没有了骑兵的保护和炮兵的反击，部队犹如到了屠宰场，只能任人宰割。三个兵种的部队不能各自驻扎太远，否则就没有时间汇合，不能互相掩护，协同作战。[11]

炮 兵

炮兵是军队中最有威慑力的兵种。但是它行进缓慢，数量过多会造成口粮问题和防守问题，数量过少则不能在战争中取得进攻先机。所以需要增加大炮的数量，减少人员的数量，七年战争结束后，腓特烈大帝就是这样做的。[12]

我们知道革命军和帝国军队的炮兵是格里博瓦尔中尉组织的，他减少了路易十六时期的装备并对装备进行了标准化，废除了1732年武器设备检察员瓦莱尔创立的老系统。当时虽然有过争论，但最终还是废除了。格里博瓦尔中尉严格确定在不影响炮弹威力的前提下，大炮与榴弹炮能够减轻到的最低重量。这样做的结果是，炮弹的重量减轻了，威力却增加了。以前人们即便只携带一些8磅炮弹，在战场上行进也是困难重重，而现在可以轻松携带12磅大炮还有24磅的榴弹炮上战场。拿破仑由此成为了最强大的炮兵军队将军，他所带领的炮兵规模史无前例。这些炮兵帮助他取得了很多辉煌战绩。[13] 他赞扬格里博瓦尔中尉，希望能把疆域扩展到更遥远的地方。

[……] 炮弹仍然太重，太复杂；还需要进一步简化、标准化，一直到最简易的那天。[14]

拉卡齐伯爵认为对拿破仑来说"没有什么比军事设备和军备零件的标准化带来更多好处"，炮兵要在战场上不断地投入到战斗中，"不能计较子弹的费用"[15]。1778年，奥克松炮兵学校总指挥的兄弟——让·杜泰尔骑士出版的书籍中记录拿破仑在奥松战役开始使用新型设备：[16]

老杜泰尔将军曾在这所学校任总指挥。这是位很有想法的优秀的炮兵将军，他常常说，作为炮兵军官，最重要最核心的价值是做好两件事情；第一是管好人才、军火设备，第二是要知道如何正确使用这些设备，要会安装使用大炮，在关键时刻能够运载炮火，消灭敌方特遣队。[……]这是这个职业最杰出之处。也是最重要、最困难、最光荣的地方，只有真正的炮兵军官才知道的。炮兵将军反而不是最要紧的。当然，如果像德鲁奥将军一样，能够操控有 30 枚炮弹的轻型大炮，[17] 也是稀缺的人才。我们几乎所有的优秀炮兵军官，比如索尔比埃、多马丁[18]，都出身于轻型火炮部队。[19]

波拿巴中尉没有忘掉老师的教诲，发展并整合马炮兵、骑兵，从而在一些关键战场快速取得了胜利：

伽桑迪[20]就不喜欢马炮兵，尤其是我们的，我们的马炮兵系统中炮手的位置升高了。正是这一点改变了战争，也就是说骑兵和马炮时刻相连，骑兵打前线，炮兵消灭敌人后方，这是如今战场最重要的变化。面对这些重要的变化，那一点点的费用又算什么呢？[……]一场交锋中，一个国家的命运有时会由炮兵部队决定。[21]

马炮兵是骑兵的有效补充。2 万战马加上 120 门轻型炮相当于 6 万步兵加上同样数量的枪炮。[22]

马炮兵的确是法国革命军与法国帝国军队最有优势的地方。[23]它体现了拿破仑在兵种方面的两个创新：一是建立炮兵储备，二是建立骑兵储备，这两者都可能决定战役的胜负。其实不用奇怪为什么拿破仑如此崇尚炮兵，他曾任炮兵军官，知道其重要性：

如果你只提供我 6 门大炮，这是不够的，我们至少需要 12 门。在战场上，只有强大的炮兵才会给我们带来胜利。[24]

[……]我们只用大炮来打仗。[25]

[……]兵团到哪里,炮兵就要到哪里。[26]

伟大的战役都是靠炮兵取胜的。[27]

拿破仑在1809年放话给奥地利:炮兵的数量和战争的情况有关,也就是说,对方的军力和法国越接近,我们越需要强大的炮兵对其进行打击。[28]他在圣赫勒拿岛表示,所有的将军都应该到炮兵部队锻炼一段时间:

一名统帅应该了解炮兵并且具有领兵天赋。吉伯特认为所有的军官都应有过,或者应该有一到两年在炮兵部队的经验,他说得不无道理。炮兵部队经验对将军级别的军官来说是最重要的,否则他有可能一提到炮兵问题就被打断。一位炮兵团将军会这样回答:如果这样不行的话就沿着这条路走,因为他不知道还有什么其他办法。当你们面前有一条大路时为什么还要选择小道?最简单最有效的方法是告诉他们不可以走。然而,这样是不对的。当我还是炮兵团将军的时候,我就是这样推理的。[29]

在炮兵部队的时候要学到如何让军队所向披靡,我认为所有的军官可能都会来自炮兵,这实际上是最能培养将领的地方。这里有优秀的人才和强大的武器。带兵才华自身就是一种很好的武器,只不过它不像炮火那样能直接摧毁敌军。[30]

在陆地和沿海地区,炮兵开火遵循的规则也是不一样的:

在海岸线,炮火射程要尽量远。在内陆地区就不是这样,在内陆地区需要正确评估是否需要远程开炮,否则可能浪费弹药。[31]

骑 兵

骑兵可以强化军队的流动性。骑兵多了只有唯一一个缺点：会造成供给问题。数量众多的骑兵可以发动大规模进攻，但同时也需要伟大的决策。克劳塞维茨认为拿破仑很清楚如何调兵遣将，[32] 他知道如何最好组合骑兵，而不造成混乱。反过来，他倒是经常责备他的敌方将领：

[……] 德国人不知道怎么管理骑兵，他们害怕妥协，他们高估自己骑兵的力量并且弄得一团乱。[33]

古尔高也发表过类似的言论：

陛下说外国人从来不知道如何利用他们的骑兵，尽管这是一支很有优势的队伍。"你们可以看见我们在沃尚的战役[34]，还有在吕岑的那次，如果敌军聚集了他们的骑兵，在后方突围，战役的结果可能会改写了！"[……] 陛下认为在突击的时候，骑兵比步兵更有士气，这是骑兵真正的优势。我们以纵队形式突击，第一梯队可能会倒下，但其他队伍可以突破敌人的防线。[35]

骑兵应该同步兵一样有纪律，甚至骑兵的纪律性应高于步兵。拿破仑还曾经就这个问题批评过罗尼埃：

同步兵相比，骑兵需要更多的军官；他们需要更好的教育。保证骑兵取胜的不是速度，而是指令，是整体作战，是合理恰当使用储备。[36]

拿破仑大量使用骑兵，他认为他打的很多次胜仗的很大一部分功劳要归于骑兵部队：

在耶拿，法国步兵加上一支轻骑兵取得了战役的胜利，这次战役本来不会成功，但是储备的骑兵及时赶到，于是普鲁士人再也无力反击。普鲁士士气低落，被各个方向包抄，最后再受到致命一击。他们20万的士兵，没一人过了奥得河。这次战役，如果没有骑兵，结果就不会是这样了。

[……]劳埃德将军在质疑为什么要储备大量骑兵。同样，我也在思考，在一场战争中，如果被四面壕沟以及其他天然屏障围困，同时骑兵数量又不能同敌军相比，那这场保卫战该怎么打；要知道输掉一场战役，军队也就垮了。[37]

骑兵需要勇气、技能，不能被自我保护和贪婪的精神操控。我们可以给骑兵配上精良的火枪装备，组建龙骑兵。一支上乘的龙骑兵加上少量轻型装备的炮兵，这样的部队具有难以估算的强大威力。三个兵种：骑兵、步兵、炮兵，没有一个可以忽视，三支部队都同样重要。一支军队，如果骑兵精良，那么可以迅速在战场上取得优势地位。[38]

1813年，当拿破仑的继子欧仁在统领一支德国大军的残余部队时，拿破仑对他讲道，对皇帝来说，骑兵应该直接接受大将军的指挥。

斯巴蒂亚尼将军和拉图尔曼伯格将军应该直接听命于您，否则骑兵的士气会受影响。[39]步兵将军会经常排挤骑兵将军，所以我希望您能直接给他们下命令。[40]

在奥斯特里茨打了第一次胜仗以后，拿破仑对他们给予了高度的评价，称赞了他们的重骑兵部队。

重骑兵应该是骑兵科学作战的最高级别。[41]

我不知道怎么向你们推荐我的重骑兵。我想他们应该深谙驯马术。这支军队的确给我带来了太多的重大胜利，他们应该受到表扬，他们需要受到更好的训练，可以说训练和教育功不可没。我们知道俄国骑兵很骁勇，但他们接受的训练不足，所以全被歼灭了，而我的禁卫军却毫发未损。[42]

你们知道重骑兵比其他骑兵的作战能力更强。[43]

拿破仑坚持要给骑兵配上火药装备，这样才能在行进途中起到更好的保护作用：

众所周知，重骑兵要配上短枪是一件很困难的事情，荒诞的是 3 000 或 4 000 人组成的重骑兵有可能在营地或行进过程中受到轻步兵的突袭围捕，所以给他们配上好装备仍然是不可避免的。[……]我实在是不想看到 3 000 人精锐部队被突袭，或者被游击队围捕，或者被某条小溪或房子后面的土著民兵逮捕，这将是非常荒谬的。[……]战争中时常发生意想不到的事情，但不能因为这样就得让 1.5 万人的骑兵被扫荡。[44]

1811 年 6 月 18 日，拿破仑的一道圣旨将 6 个团转型为枪骑兵，专门在行动中配合重骑兵，同时在必要时刻作为重骑兵的补充。

在任何情况下，重骑兵都不能转为勤务兵，而枪骑兵就可以。将军自己也需要配备枪骑兵，作为联络员、护卫，还可以充当狙击兵。

当重骑兵部队猛攻步兵部队的时候，枪骑兵可以驻扎在后方或者侧翼，这样可以找间隙攻击敌人或者在敌军溃逃时给予打击。或者在与敌方骑兵部队过招时直接用长枪刺向对方。[45]

重骑兵（特别是胸甲骑兵）由骑兵部队的精要储备组成。他们不应在行军途中暴露：

重骑兵有专门的驻扎部署，是用来支持轻骑兵以及龙骑兵的。他们不会打先锋，也不会是后卫部队或者侧翼部队，当然他们会在必要时刻帮助龙骑兵或者轻骑兵减轻作战负担，让他们经受住战争的磨砺。[46]

根据作战任务的不同，骑兵有好几种分类：

法国胸甲骑兵在攻击步兵方面是全世界最厉害的。单独来看，他们却没有特别的优势，甚至比不上马穆鲁克骑兵（埃及苏丹卫队）；他们也不能脱掉胸甲来作战。哥萨克骑兵是优秀的游击队员。波兰骑兵是优秀的枪骑兵。[47]

龙骑兵特别适合用来平定已经占领的区域，如果利用得好，可以组成强大的移动力量。约瑟夫在统治那不勒斯的时候听他弟弟（拿破仑）说道：

傻瓜才会告诉您，在卡拉布里亚骑兵是无用的。按照这种看法，骑兵一无是处。如果雷尼埃将军有1 200名骑兵，特别是有装备了火枪的龙骑兵，他早就会给英格兰可怕的打击。[48] [……]您有5支分散的龙骑兵部队，您应该将他们统一起来，训练成拥有轻型炮兵素质的储备部队。这4 000将士可以在两天内占领30古里，能够傲视那不勒斯，并铲除其他地方的任何威胁。而单独的300名丧失斗志的龙骑兵有什么用呢？[……]我再向您重复一次，统一您的龙骑兵，给他们配上轻型炮、弹药车、药筒；把他们看作步兵，好好组织起来，带领他们征战四方。[49]

在致力于统一龙骑兵的过程中，我们看到了团队的精神，看到了扩大骑兵储备的积极性。拿破仑很好地利用了他的骑兵部队，同时他在 1809 年承认这也导致了马匹的高损耗率。[50]

步兵，法国士兵

为了驳倒罗尼埃将军，拿破仑宣称常规步兵与轻型步兵没有作战任务上的区别。他们在战争中的作用是相同的：

150 年以来，沃邦使得欧洲军队的长矛和短矛军备逐渐消失，取而代之的是步枪和刺刀，所有的步兵都装备了轻型的步枪刺刀，致力于骚扰敌人，进行侦察，并牵制敌人；现在世界上不再只有一个步兵兵种。[51]

然而这位第一执政官还是要求常规步兵和轻型步兵要有不同的组成：

我们没有被思维束缚，在 [征兵] 方面，我们往多山地区分配轻型步兵，在平原地区分配常规步兵；比如，第六团被分到阿列，这是一个完全由平原组成的地区。我们还要选出 30 个多山地区，分配 30 个轻步兵团的募兵任务，这对我们非常重要。[52]

同样，掷弹手的角色与步枪兵也不相同。在战斗训练中，培养掷弹手是固定的常规项目：

[……] 战争期间，掷弹手应当一直跟着大部队；他们从来都不是神枪手，从来不能作为强大的后卫部队，也从来不能散乱分布在护卫部队中；掷弹兵连需要紧密团结在队伍中，组织纵队进攻，或者在紧急情况中，支持护卫部队，向前行进，同时要用他们的行动来提升士气，给队伍胜利的信心。有时一些非常核心的位置，比

如桥梁，我们也要掷弹手来保卫。[53]

作为一个士兵，必须始终做到背包不离身，即使是在作战的时候也应当如此：

对于一个士兵来说，有五样东西是坚决不能分开的：步枪、子弹、背包、至少能够供应四天的粮食及冲锋工具。如果我们不得不将背包的重量减少到最小，背包中就只剩下衬衣、鞋子、领巾、打火机和足够的金钱；这个背包需要他们一直随身携带着，因为一旦抛开，就再也找不回来了。当然，这个理论不是从战争中实践得到的。在俄罗斯军队中，士兵们格斗时，会将背包放在地上。我们可以感受到这种方法所带来的益处：几排士兵可以更紧凑的靠在一起，第三排将会发挥更大的作用，士兵们将会更加敏捷、自由，并且不会感到很累。然而对于那些习惯于什么都放在背包里的士兵，出于丢失背包的恐惧感，他们总是将包随身携带着。在奥斯特里茨战争中，所有普鲁士士兵的背包被放成一排，当他们溃败时，背包才被发现。当然，所有的事情都有其两面性，俄罗斯人还是选择在战争中将背包抛弃。[54]

莱比锡战争（1813年10月16日—19日）前不久，拿破仑命令其步兵，战争中要站成两排而不是三排。

我的意思是，在军队中你们要站成两排，而不是之前的三排，因为第三排在面对火力进攻时没有任何作用，在面临刺刀攻击时作用也很小。当我们是紧凑两排队时，三个分区可以形成六排或者三排紧凑队列。您将会看到这同之前布局相比的优势，你们的火力攻击将会比较有优势，攻势将分为三等，而你们的敌人，早已习惯于看到你们排成三行，现在看到你们这样的布局后，会认为我们的力量比之前强了三分之一。[55]

在圣赫勒拿岛，他仍然坚持使用此种布局：

众所周知，第三排的火力攻击是有缺陷的，甚至对前两排是有害的。之前的规定是：在火力进攻中，第一排的人要以单膝跪地的方式蹲下，在自由射击时，第三排可负责原第二排的任务，用步枪射击。这种布局是非常不好的，因为步枪的特性只能允许这样的布局，所以士兵们只能排成两队。若想使得第三排士兵射击有利的话，步枪则必须有六英尺那么长。[56]

至少有两次，拿破仑将刺刀变成了法国步兵队伍最喜爱的武器：

拿破仑（总司令）很痛苦地目睹了由于刺刀的缺失而错过了一个十足的好机会（由于对方大量士兵的忽视，形成了一个进攻的好形势）。刺刀通常是勇士的武器，也是胜利者的主要武器；这与法国士兵的风格是十分吻合的。[57]

皇帝陛下建议每一个士兵都配一把刺刀，这是法国士兵最喜爱的武器。[58]

法国士兵的特点被多次谈到并且被分析得很透彻：

通过危险引诱的方式，我们从法国士兵身上什么都得不到，这是高卢人的优良品质。对荣誉的爱慕和骁勇善战是法国人的天性。有多少次，当战争进入白热化阶段时，我都能看到我们的新兵在战场上厮杀，他们全身上下都可以看到忠诚和勇气。[59]

一个将军的首要本领在于发现自己士兵的想法和获得他的信任。从这两个方面来说，相对于其他国家士兵，法国士兵更难领导。这并非一台机器，只需启动即可，需要领导的是一个理智的个体。

法国士兵有一种激进的勇气和无上的荣誉感，这些都驱使他们在战争中更加卖力，同时他们也需要严格的纪律，并且不能让他们长时间都处于休息状态。

法国士兵是爱推理的，因为他们都很聪明。他们能准确地判断自己军官的本领和勇气。他们能够商讨很多的军事计划和军事演习。当他们评价某种军事行为和领导时，他们什么都敢说，因此我们也不能完全指望通过他们获得成功。

在欧洲，法国士兵是唯一能够空腹作战的，尽管战争维持的时间很长，在遭遇困境时他们也能忘记自己还饿着肚子。而在无战争阶段，他们也比其他士兵更挑剔。

法国士兵在追杀敌人时是不知疲倦的，他们一天可以终结10到12场战役，且在晚上每两三个小时就可以打一场仗。在我的第一场意大利之战当中，我就经常会利用法国士兵这种不知疲倦的精神。

一名法国士兵甚至比一名俄罗斯军官还对战争的胜利感兴趣，他竭尽全力地去战斗，为战争的胜利贡献了功不可没的力量。

法国士兵的自我修复能力比北部士兵更差，一场败仗会带走他们的力量和勇气，削弱他们对自己军官的信任，不服从命令的萌芽在滋长。

俄罗斯、普鲁士和德国的士兵都是将把守城门视作义务，而法国士兵则视其为荣誉。前者对于一场战争的失败表现得漠不关心，而后者则认为是巨大的耻辱。

当法国士兵渴望或者是追逐成功时，无论是贫穷、险路，还是风雨，都不能阻挡他们。

法国士兵唯一的动机就是荣誉感，在这种动机的驱使下，更需要奖惩来规范他们的行为。如果这些条例不用在法国军队上，那么军队就会垮掉，并且它很快就会衰落。

法国士兵对于军官的赞赏和对军官艰苦生活的歌颂通常会使他们忘记贫穷，全力去解决困难。

法国士兵是很慷慨的，他们会花掉掠夺来的钱财，但绝对不会因此敛财。在这一点上，我听拉里布瓦西埃将军[60]说过，在德国的一个驿站，他发现马车上有四个法国精锐部队的士兵，其中负责支付邮费的那个士兵问车夫，皇帝陛下给他下达了什么指示。得到答案之后，他付了三法郎作为邮费，但是他把六法郎放在邮差手上，心情愉悦地来看着他如何给皇帝陛下上一堂慷慨课。并且他告诉邮差，等下次再来时别忘了把这件事跟他说。

法国士兵在得到统一制服之后，会变得更英勇善战。在经过两个月的行军之后，即能造就一位受过良好训练的士兵。[61]

在军队中，一个副官的作用也是非常大的：

他们同士兵在级别、体质状况上均相同，并且都服从于指挥官的领导。副官对士兵很友好，会对士兵提出良好的建议，在精神导向上对士兵起到了良好的影响作用，使得他们不仅能够服从命令，而且能够很好地执行命令。他知道哪些话该对他们说，哪些话不该说，他们从不会和士兵起冲突，因为他们都是平等的。为什么法国军队变成了当今世界上最令人生畏的军队？因为正军官都迁居了国外，副官则代替他们变成法国的将军或者元帅。我们和这些副官一起征服世界，和他们一起统领世界，因为他们是副官。[62]

工兵部队

谈到炮兵部队和工兵部队的古老战争，波拿巴将军非常惋惜那位曾被寄予厚望的工兵军官在埃及战争中的失败，他说这位军官极好地掌握了

[……]（工程学）这门很难的科学，在这方面即使有很小的失误，也会对战争的结果甚至一个国家的命运产生深远的影响。[63]

拿破仑认识到，在战争中，工兵比炮兵的效力更大，相关的军事研究应该在军校中普及。

我们发现工兵的学习训练往往需要两年的时间，而炮兵仅需一年就足够了。[64]

一支工兵部队往往会有自律性：

工兵部队不会变为炮兵团，它会由一些工兵和架桥兵组成。[65]

我们都知道，在理论上，后者是发射大炮不可缺少的一部分。在一些战争中，例如1809年的战争，拿破仑将他们交由工兵调配。如果说他重视工程师的技术能力的话，那么他对这些人指挥部队的能力并太不欣赏：

一位将军的知识领域和一位工兵军官的知识领域是不同的，也很少会有交集。我也是如此，我对于防御筑壕用12个小时或者24个小时并没有鲜明的想法。我从来没有想到这方面，也没有清楚地深究这个非常重要的问题。[66]

培养军事工兵会耗费大量的金钱和时间，拿破仑担心他们造成的浪费，他会怀疑这些工程师计算出来的数据：

先撇开钱的一事不说，我对工兵的预算很不满意，花多少钱，应该通过作战时长估算出来，这些是我不能控制的。我要向你们重复我的原则：我们每在一个地方花10万埃居建工程，就应该使它变得更为坚固。当然这还没有到最后一步，因为在意大利花费了8万或10万之后，这些地方并没有变得更加坚固。当一个工程师说某个工程需要更多年来建设时，他这个方案的编写是不成功的。我们所能给他的时间就是一场战争的时长，当然我们通常不是这场战争的主宰。[67]

这些地理工程师不属于工兵部队，他们直接隶属于军事部。他们没有统一的军队制服。他们的任务就是绘制行军图、驻军图、阵地图、战场和占领国家的地图。

相比之下，拿破仑更喜欢那些工兵军官：

这些地理工程师自身素质很不好，既没有什么团队作战头脑，也没有军事头脑。他们做的军事方案很糟糕，像是没有任何军事知识的人。他们的知识构成只包括以下几个方面：河流的长度、深度、道路的质量安全、国家的自然条件。这也是军事工程师所不擅长的弱项，对于一个下级、一个军事相关人员或是有军团精神的人来说，他们很需要这些知识。[68]

医疗健康服务

根据当时的医疗水平，在拿破仑时代，对伤病士兵的医疗服务是极其恶劣的。难道拿破仑不关心他的士兵和军队的医疗服务水平吗？直到1813年，他才意识到在战场上立即抢救伤员的重要性，他认识到医生不能在战争结束后再开始履行职责。但是在他的后代拿破仑三世统治时期也没有作任何的改变，这种不能及时治疗的现象给高明的外科医生造成一种技术上的障碍，[69]因为已经错过了治疗的最佳时间。在英国军队中，情况也好不到哪去。关于医院职责的问题，拿破仑在圣赫勒拿岛询问了布列塔尼的医生。在大布列塔尼区，医生指出了对于医院来说的增加供应的问题。这个问题已在法国被提出并讨论过，但是最后为了医生能够一心钻研医术、悉心照顾士兵而被否决了：

从现今的角度看，他们在拿破仑时代是法案评议委员会委员，他们一直关心士兵的利益，为其争取一切可争取的利益：医院的管理水平，医院的供应状况，供应给士兵的粮食、葡萄酒、啤酒、药物的质量状况。当然，如果他们来负责管理的话，也同样会被弹劾或者被质疑。[70]

第三章 军队的兵力部署

克劳塞维茨认为军队的兵力部署,与其说是战略部署,不如说是战术手法。他说,这是因为之前"有些小规模交战最后演变成了一场大的战争,并且这场小规模交战通常是大战争的主要原因"。军队越大,需要做的接应工作越多,与军事活动相关的兵力部署工作就越容易在战术和战略之间建立。兵力部署尤其体现在战术与战略这二者交汇处,"在军事力量整体布局阶段对战斗实施特殊布置"[1]。因此,克劳塞维茨认为,兵力部署可以链接或者配置不同的军事力量。在战役的整个阶段,都存在军事力量的部署问题。

军队的链接点

军队力量应与兵力数量链接起来分析,很明显,庞大的军队很难控制:

杜伦尼认为一支军队的人数不能超过5万,在这一点上,他同克劳塞维茨的观点是相同的。在他们那个年代,军队不宜实施分权组织。将军应当全权负责,起到统帅作用。应指出的是在某些情况下,5万人的军队比20万人的军队更有优势。它能变成几个小军队,我们将其称之为"师"。我还可以说:3万至5万人对于一个要分成三个师的军队,人数上已经足够了。这样的话,我们能够更好地管理和供给食物。[2]

杜伦尼的例子印证了克劳塞维茨的话,在这一章讲到的,在17世纪到18世纪,一支军队在下达战斗命令之后,将会集结大量步兵和侧翼的骑兵。[3] 18世纪末,伴随着"师"这个军事单位的出现,军队开始被集结,这种情况下,一支军队就包含了很多不稳定性：

现阶段军队最大的优势就在于其分成了"师"级单位，每个师都像一个罗马区，能够自给自足。[4]

目前，每个师的机构设置是完美的，每个师都有自己完整的机构设置，这就像是一个大区。如果法国军队早在丰特努瓦战役时期就这样管理，其军事演习就不会向他们当时表现的那么零散。[5]

每个师中主要包括步兵及很少的骑兵、炮兵和工兵。一个重组的军队通常包括两到三个师的兵力，主要包括步兵和一队力量稍弱的骑兵、一些炮兵和工兵。"一个大部队应该可以被分开管理，也应该很容易再重组起来，下达交战命令时也应如此。这就类似于所有的军队组成的一个大兵团。"[6] 1800年1月25日，第一执政官保留了古老军队的机构设置，并将其用到了意大利军队中。陆军各兵种的特点和军团的规模都在写给贝尔蒂埃的信中确定下来，这封信在战争史上有着划时代的意义。因为这种模式很快就被广泛应用，直至第二次世界大战期间：

国民部长，我的意图是组织一个预备队，在这个预备队中，第一执政官应当保留其指挥权，这个预备队应被分为右、中、左三队，每一队都应服从将军下属的代理长官的命令。另外，还应有一个骑兵师，也由将军下属的代理长官指挥。

每个军团都被分成两个师，每个师均由一个师级将领和两个准将指挥。另外，每个军团都应有一个炮兵的统领官。每个代理长官都有可能变成准将领，成为参谋长。每位将军都有一个副职军官。

每个军团都包括1.8万到2万人，其中有2个团的轻骑兵或者猎兵，6个炮兵团，12个步兵团，4个骑兵团。[7]

1805年，在大军团中，除了第二个小军团由马尔蒙将军自己领导，其他每个小军团都由元帅来统领。管理超大军团时，将其分成小军团是很有必要的。

但每个军团的人数是不一样的。一般来说会有4个、3个或者2个师那么多人。在一个大军队中，至少有5个步兵兵团。

当步兵军队人数达到6万时，最好将其分成师级单位来管理，由副官指挥侧翼或者支队。[8]

克劳塞维茨对拿破仑的观点进行补充或解释的确切程度令人震惊。对于普鲁士军队来说，没有什么比把一支军队分成3个师更难管理了。除非只分成2个师。然而，分成8个师的情况其实也是好管理的。我们通常能看到一个统领在有了三四个部下时，工作做起来会更便利一些。但是他也面临着两个问题。分级别管理时，一个命令在下达过程中会降低其传达速度、效力和精确性。这种情况通常会发生在军团司令的命令由将军和分区统领传达阶段。"随后，将军丢失的可支配的权利越来越多，而他的下属则可获得更多更直接的权力。统领8个师共10万人的将军与统领3个师共10万人的将军相比，前者的权力更集中。对这个问题有很多原因可以解释，其中最重要的原因是：所有的统领都认为，手上一旦有了权力，即使其上司在一段时间内要收回某些权力，他们之前已拥有的一些权力的效力也不会失去。要争权，就必须得有打胜仗的经验。"[9]这已经是对拿破仑谈话中的最后一段最好的解释了。

另外，为防止混乱，军队和各部分的规模都不应太大，如果师划分的太多，那就还得推荐师长。但是，克劳塞维茨指出，不要忘记，这同样也会创造出一种新生力量。理论上，军团以自治的方式存在。这种模块结构使军队活动较为分散，但是实际上他们还是一个整体，这种方式在操作起来有更多的灵活性，当然也需要统一发号施令。[10]

统一指挥

在 1796 年 5 月 10 日的洛蒂大捷之后和在进军米兰的前夜，波拿巴将军认识到，法国督政府将有意派他去罗马，并把北意大利的统帅权给了凯勒曼将军[11]。即使他的论据很难掩盖住与他自己日益滋长的雄心相对的失落感，波拿巴还是解释了这样一个决定在何种程度上背离了意大利境内的统一指挥：

我认为，将意大利军队分成两个区十分失策；同样，设置两个将军则与共和国的利益背道而驰。

出征里窝那、罗马和那不勒斯，获利是微不足道的。应该分梯队以独立师的形式进军，目的是一方进军，一方作掩护，围困奥地利，使其尽可能少地反抗。

在这种情况下，他不仅必须是唯一的统领，而且任何事情都不能束缚住他。我独自打了一场仗；如果我要和其他人商量，那么我就办不好任何事。[……]

如果您在共享兵力的同时削弱了自己的军事手段，如果您想在意大利中断统一的军事思想，那么我将会很难过地告诉您，您丢失了在意大利引入法律的最好机会。[12]

在同一天，他写信给卡尔诺：

我不愿与一个总认为自己会成为欧洲第一将军的人一起工作；除此之外，我认为，一个不好的将军好过两个还不错的将军。战争就像是政府，是一桩敏感的事件。[13]

几个月之后，同样的想法在相同的情景下被提出来：

如果查尔斯亲王在莱茵河和意大利统率了两年，那么，当我们到德国时，我们的军队就必定会有统一的指挥。[14]

海上作战时，应当只存在一位领导。这种情况在督政府时期显然是不真实的，因为波拿巴将军从在埃及起就作出了这样的评判：

必须禁止律师、顾问、议员干涉军事，必须保证船长的权威性，他应比罗马军队的议员更有权威性。[15]

执政府统治的前几个月，在贝尔纳多特将军下达的命令中，统一指挥的原则也有其政治意义。

在西方军队中，所有的将军都需要统一指挥，这也是一支军队的原则。包括那些紧随这些将军的命令而行动的士兵。[16]

这个原则在圣赫勒拿岛被重申：

只需一支军队，因为在战争中，统一指挥是尤为重要的。[17]

统一指挥是战争中最重要的事情。两个军队决不能同时安置于同一片战场上。[18]

拿破仑坚持这一点，因为大革命时期的军队经过了国民公会和督政府时期，已增长到了荒唐的程度。每个先锋都相当于一个部队了。1805 年，"大军团"（la Grande Armée）的建立从它的名字上来说就意味着统一指挥就此实现。这不影响军队的给养，例如意大利的军队，但他们的行动必须听从皇帝陛下的整体操控。

第四章　军队的整体布局

当旧制度下的军队在营地驻扎的时候，他们不能真正地感到战争的状态。腓特烈二世已经改变了这一点，从此以后，战争的危机渗透到军队的各个角落。一支作战的部队应在作战的同时能够生存下去。一些条款规定其这么做。[1] 拿破仑随后颁布了这项法令：

对于一支军队来说，主要的事情就是能够很好地支撑它的侧翼。这些侧翼可以依靠山川、山脉、中立线。如果我们不能依靠其中的一个侧翼，那么这就是一个需要修正的麻烦。两个侧翼是两项弱点。当然，如果您不仅仅有一支军队，而是有两个，那么就相当于您有四个侧翼。您有四个弱点，如果各个军队之间能够分享两个侧翼，那么您将会有6个、8个、10个或者12个侧翼，因此从这点看来，敌方军队的力量就会显得非常强大。这是一个致命的弱点。[2]

在1796年，莱茵河和桑布尔-默兹的军队犯了一个错误——把军队分成三个独立的队伍。

因此，在行军途中，法国士兵分成独立的三队，毫无共同之处，有3条作战线和6个侧翼，其中有5个是露天的。尽管这些侧翼都是军队的弱势部分，但现阶段我们还得依靠他们，当我们不再需要时，侧翼越少越好。[3]

当他想引发或制止一些成见之时，克劳塞维茨指出了另一方面，侧翼也不全是一支军队的弱点，因为敌军也有，如果不把这些缺点全部展露出来，就不会威胁到军队的安危。只有当敌军比我们强大且其通信很便利的情况下，我军才会显得很脆弱。军队的侧翼很重要,因为在军队迂回性战斗中,对侧翼稳定性的需要比先锋更大。对于敌军的进攻来说,侧翼还是很容易防守的,"比起那些仅需简单观测敌情的位置,我们把侧翼放在了一个强大的团队中"[4]。这些想法同皇帝陛下的想法很相近。

克劳塞维茨提出了关于分离军团在相互支持作战时的距离问题。目前还没有绝对有效的回答,"因为军事力量有绝对和相对之分,军团和国家均在一个相当大的范围内,我们不能回答一个很泛泛的问题,只能根据普通的情况进行有效回答"。克劳塞维茨作了几点指示,针对先锋的那些指示是最更易于实现的。[5]拿破仑的想法也与此接近:

部队之间行军时的距离取决于村庄、环境以及既定的目标。或许土地随处都可通行,那么为什么行军时的前线要在10到15古里之间呢?或许只有一部分路面或乡间小道可以同行,那么我们就得遵守当地的法规。[6]

军队人数的大量增长对于排兵布阵来说影响很大。我们不能再沿用蒂蕾纳时代的方法了。

规模小的军队仍然是脆弱的,而这些脆弱的军队还很重要。没有一个地方能够容纳20万到30万人,然而我们发现到处都是能够容纳2万到3万人的好地方。一个被占领的村庄就是一个很重要的据点。当然它的重要性也会由于军队的强大而减少。一个2.5万人的军队对抗2万人的军队,同25万人对抗35万人是不一样的。这里的军队指的不是几何意义上的军队,而是数字意义上的。例如,2.5万人的军队只能安排5 000人作为分队。他们在偷袭敌人时仍然有困难,而另外的5 000人什么都不用做。然而,一个25万人的军队,就会分出5万人去攻击一个国家,占领敌方领土。在出现分队之前,敌人很难分辨在他面前的是20万人的军队,还是25万人的军队。[7]

正是在这样一个阶段，拿破仑似乎是大规模（指兵力多）战争的发明者。这一点再怎么强调也不为过，它是帝国革命阶段战争艺术发展的里程碑（见第三篇第八章）。拿破仑是能够指挥大规模战争的第一人，同时他也被这种新的战争力量冲昏了头，最后也正是这种力量使他衰落。

第五章 先锋和前哨

我们进入了一个"兵法和理论相混淆"[1]的时代。在初始阶段，前哨属于驻军，先锋属于步兵，然而当先锋在晚上休息的时候，他们不能转变为普通的前哨。这同样也发生在前哨身上，这对将军来说有巨大的利益，拿破仑习惯于直接派传令官和参谋去战场，他们需要直接向他汇报战场情况：

这有很大的优势，对战争有很大的影响。这使得很多军官不顾百姓生命，因为在他们看来，战前演练最为重要。[2]

将军和上校非常关心前哨的情况，因为：

在一天的开始，将军、上校都应在前哨这个位置，且队伍应始终保持军队排列，直到恢复侦察为止。我们总是假设敌人在晚上已经控制了我们，在第二天一早就会发起进攻。[3]

同腓特烈二世的观点相反，拿破仑让他的一队军事力量比较强的前哨继续前进。他的军队被分成几个小部分；他依然还是指挥很多人的军队：

先锋和后卫部队之前并不相互产生不好的影响，他们的职责是追逐敌人或者是疏远、牵制敌人，使其延迟进攻，迫使其花三四个小时来驻扎军队。他们唯一的战术就是使自身的才智发挥最大的作用。比起步兵、先锋和前哨及其他位置的士兵，战术对于骑兵来说尤为重要。[……]

先锋和后卫部队的任务并不仅仅在于加速前进或者后退，更在于用计，为了做到这一点，他们必须是能够很好地保持骑兵队列的轻骑兵、优秀的作战步兵、良好的炮兵。这些军队的人员都应受过很好的教育，无论是将军、军官还是士兵，都精通战术。[4]

先锋是一个很重要的部队，有三种武装组成，但是缺少炮兵，就像第一执政官在谈到由布隆将军带领（之前由布伦将军[5]带领）预备役时说的那样。

军队的先锋朝瑞士方向行军，但是没有炮兵的先锋绝对是相当于什么都没有[……]。[6]

1809年，欧仁·德·博阿尔内让一队步兵充当意大利军队的先锋。结果受到重创，皇帝陛下对他说了原因：

第35排已经是孤军了，且已被敌人包围。军队作战原则是先锋必须保持1万人到1.2万人。[7]

轻骑兵也被指定做先锋或者前哨。他们的主要任务是勘察，且他们的领导会不断地提醒他们要警觉。

[……]轻装兵或者轻骑兵的上校，经常在露营地或者与前哨通信的地方过夜，这样很容易死亡。[8]

应向轻骑部队重申不得在城里过夜的命令,他们应在晚上露营或者改变露营地,要睡在半露天的地方,或者睡在能遮挡白天阳光的地方。这种情况在轻骑部队是司空见惯的 [……]。两三百人的轻骑部队的目标是照亮,而不是战斗。[……] 应当让大家知道,有针对那些在城市里过夜的轻型部队的指挥官的死刑处罚。[9]

龙骑兵对于先锋和后卫部队来说都是相当有用的:

对于在先锋、后卫和军队侧翼的骑兵来说,是很需要龙骑兵的。胸甲骑兵由于他们的胸甲,不太适合做先锋,然而也可以在先锋位置上部署几个胸甲骑兵,仅仅是为了让他们习惯作战,让他们屏住呼吸。1 600人的龙骑兵师同拥有1 500匹马的轻骑兵团很快达到了一个新的地点。他们为了保卫桥梁、峡谷、丘陵,在新地点临时安营扎寨,等待步兵的到来。在归营中,这种兵团有哪些优势呢?[10]

第六章　先遣部队的作用

先遣部队的作用是观察敌人的军力,阻挡敌人的前进。掩护主力军的侧翼部队也可以担当这个角色。这里克劳塞维茨用了整整一个章节专门来探讨先遣部队。他解释了为什么军队即使受到攻击,也不一定损失惨重的原因。因为敌人那边也有可能派出了一队先遣部队,主力部队并没有到达,并且也不知道对方的增援部队什么时候到达。双方的这些试探和提防可以让先遣部队在遇到真正的危险之前撤退。一个1万到1.2万人的带有骑兵的先遣部队,他们行进到了离主力部队一天半的距离,并且遇到了一支并不是特别强大的军队,那么他们可以就此牵制住敌人,当然先遣部队可能会后退一点,但是速度不会很快。敌人首先要击退这个先遣部队,那么他就没办法在同一天对我们的主力部队发动进攻。先遣部队的作用并不是要击败敌方,而是缓和他们的进攻,"像调闹钟一样调节敌军的作战节奏,给我们争取准备作战计划的时间"。[1]

我们可以把这些因素与下面这封信件的选段作一个比较,这封信是拿破仑写给他哥哥约瑟夫的:

假如英国人在卡拉布里亚有大量军队,他们要支持这场不该支持的战争,并且在不远处的卡萨诺派了一支由两三个旅组成的先遣部队的话,那么你在三天之内要先加派9 000援军;如果最后发现支持不住,往后撤退了一点点,这个时候你再加派3 000援军。仗就是这样打的,当我们有很多地方要防守的时候,我们不知道敌人会突然在哪里发动进攻。[2]

1809年驻意大利总督欧仁·德·博阿尔内收到了大量的细节:

所以我们要大部队统一行进,不能分散成小部队。战争有它的基本原则:一个2.5万到3万人的队伍是有可能散成小部队的,他们可能会战胜或者避免战役,可能根据实际情况调整策略防止伤亡,总之我们不能强制他们长时间战斗。一个9 000到1.2万人的队伍是可以单独战斗一个小时的;不管敌人那边人数怎么样,他们是可以牵制住敌人,给军队到达的时间。同时,要培养一支至少9 000人的先遣部队,组成紧密团结的步兵营,部署的位置离主力部队的距离不要超过一个小时的步行距离。你输了第35场战役[3]是因为你忽略了一个原则:你的后卫部队只有一个团,人太少而直接被撂倒了,如果是四个团的话,他们会足够强大来抵御敌人的进攻,至少可以坚持到援军到达。也许在一些侦察部队里,我们可以同劳瑞斯顿[4]少将一样,派一支有很多骑兵的步兵部队作为分遣部队;即使我们被发现了,分遣部队也可以灭掉敌人的骑兵和猎人部队。总之,在平原国家,除非是特殊情况,骑兵部队一般是可以单独作为先遣部队的,他们可以在敌人的步兵部队到达前快速撤退。

如今，你们将进入决算时刻，你应该部署一支先遣部队，这支部队里需要有大量骑兵，有 12 门大炮的炮兵，还要有一支精锐的步兵队伍。军队的其余部队需要驻扎在离先遣部队步行一个小时达到的地方，尽量安排骑兵部队驻扎在营地四周。你们应该想到，按照指挥约翰亲王[5]的纽根特上校的思维，只要他看见你的部队在他的一边，麦克唐纳的在另一边，他肯定会跟在你们当中一人的后面。而且因为他有地域优势，他会整个部队联合进行，不会让他的轻骑兵被发现，他会乘你们不备，出其不意地攻击。所以你们要组织好你们的行进队伍，炮兵一定要在大部队中间，不管是在营地还是在行进过程中，都要各就其位。即使在营地也要时刻拿好装备，做好随时战斗的准备。[6]

在信件选段的开头，拿破仑阐述了他对先遣部队的设想：军队严格由 2.5 万到 3 万人组成，炮兵实力雄厚，可以攻击或者防守一整天，直到救援部队到来。军队中的每一位长官都要有处理突发事件的能力，要有至少坚持十几个小时的能力，要知道皇帝马上就会派其他军队过来支援。[7]如果只有一个师，拿破仑会在里面加上炮兵，拿破仑不希望这个师离大部队太远，不能超过一个小时步行的距离。他还提及到"决算时刻"，这个词克劳塞维茨只在本章中提到。拿破仑在 1813 年也用了这个表达——"决算时刻"，他是想说在这个时刻军队报告要求要非常严格，要准确确定士兵、马匹和大炮的数量，换种说法，数字在这个时候起着非常重要的作用：

在我看来，任何计划，只要我不知道，都是不被允许的。所有计划，只要我没有参与，都可能直接决定战争结果，只要敌人的骑兵占了上风，或者他们士兵人数，甚至将军人数占了上风，都可以让我输掉整个战争。[8]

第七章 营 地

军队在战争时刻驻扎的营地与"营房"是不同的概念。营地是由帐篷、棚屋还有夜间哨岗组成的,它们的排列是战争策略的一部分,[1]对战役有决定性作用。这点拿破仑在克劳塞维茨之前就说过了:

布置营地的艺术和战斗中调兵遣将是一样的。营地的所有设备、武器都要上膛,要放在容易拿到的地方。营地的位置不能是容易被俯视、被包围之地,也不能一条线延长分布,相反,它最好是在可以俯视敌军、包抄敌军的位置。[2]

同一支军队的各个营地不能各自按照自己的想法部署,1762年,普鲁士的亨利亲王[3]就犯过这个错误:

在这场战役中,亲王完全违背了营地军事原则,一支军队所有营地的部署应该要起到及时互相支援的作用。[4]

克劳塞维茨记得,直到法国大革命,军队在夏天一直是驻扎在帐篷里面,冬天驻扎在营房里面。从法国大革命开始,帐篷就被抛弃了,因为作为军需品,它的体积太大。在军队行军过程中,它太笨重,导致行军速度太慢。对于一支10万人的军队来说,大家更倾向于多带5 000骑兵或者是几门大炮,而不是用6 000匹马来驮运这些帐篷。克劳塞维茨要强调的是,对帐篷的抛弃反而导致了更大的军需消费,还导致了占领区的劫掠。尽管帐篷的保护能力不强,但是在少了帐篷以后,很多军队都感染上了疾病。帐篷的弃用导致战争更加残忍。克劳塞维茨认为帐篷可能会被重新使用。"因为士兵们的健康防线被踏破后,出于本能,他们肯定会在原来的基础上采取更疯狂的行径"[5]。在伊比利亚半岛，威灵顿将军最后重新使用帐篷，他的将士们的健康也得到了很大的改善。[6]

罗尼埃将军的看法同克劳塞维茨很相似，但是拿破仑却驳斥了这个观点：

使用帐篷并不安全；还不如让士兵们露营，直接用稻草来抵御冷风，士兵们在火堆旁边烤火休息，同时火堆可以让士兵睡觉的露营地变得干燥。帐篷是给长官们使用的，长官们要写信，要阅读，还要查看地图。营长需要一个帐篷，将军也需要一个帐篷。这样的安排可以提醒人们处境的艰难。有了法国的先例，欧洲其他国家也放弃使用军需帐篷；当然，帐篷仍然有人使用，不过都是为了娱乐，毕竟帐篷经济实惠，可以在树林里、茅屋里，或者村庄里面安放。可以防晒，还有些许挡雨的作用。运输帐篷需要五个营的马匹，有这些马匹，还不如用来运输食物。帐篷还有一个坏处，它们是特务们或者是敌军的谋士们观察打探的目标。它们会在任何一天任何一个时刻泄露军队的情况。而如果军队分成两三行露营的话，就不会有这个问题，敌军只能看到露营地的炊烟，他们数不了炊烟，也数不了火堆的数量，从而也打探不出军情。而帐篷却是很容易计算的。[7]

拿破仑的这些想法并不只是针对罗尼埃将军。1808年，拿破仑也不让欧仁亲王的军队在意大利使用帐篷：

不要使用帐篷，它们只会带来疾病。意大利经常下雨。[8]

1806年，普鲁士的大败成了这个观点的重要证据；帐篷不应该在军队中使用。为了运输帐篷，行军速度受到影响，同时帐篷也对士兵的健康造成了不利影响，因为有了帐篷，士兵们就没有带军大衣，但是在战争初期帐篷就随行李一起被弄丢了。结果普鲁士人在耶拿战役与奥尔斯泰特战役输掉之后，只能分散住在村庄里面来躲避恶劣天气。他们花了很长时间才重新聚集在一起，法国人乘胜追击，将他们一举歼灭。[9] 不过拿破仑对士兵的健康的确比较关心，在写了上面这封信不久之后，西班牙的春天到了，天气开始转热，拿破仑在这个时候写信给他在马德里的中尉缪拉：

每一个营地都要特别当心，帐篷要水平方向来扎，并固定在大树或者树桩上，要花精力来做好这个事情。帐篷能遮挡阳光，却躲不过大风。力气大的人要经常往帐篷下面浇水，士兵们可以在那里安放桌椅，这样就不会感到太热了。没有大树遮挡的情况不妨这样做，沙漠中的阿拉伯人也使用这个方法。[10]

士兵的健康在好多封信里都有提到，拿破仑用教育作为论据，再次吹嘘了军营的好处。提到这，人们不难想到布伦军营和海岸军营，拿破仑相信乌尔姆和奥斯特里茨大军团就是在这两个军营中训练的：

士兵在布洛涅军营严格受训了两年，正是布洛涅军营成就了大军团的胜利。[11]

1806年3月，拿破仑希望欧仁亲王在伊斯特里部署两个军营：

我打算在这里部署两个类似布洛涅军营的营地，但同布洛涅军营不同的是，他们将是方形的军营，军营的士兵将被派到重要岗位。通过这种方式，军纪得到维持，士兵自我教育的同时，也将心怀整个国家。[12]

这样占领区多了一个新的职责。[13] 1807年年末，朱诺将军[14]打到葡萄牙，拿破仑指导他如何部署军队：

看到您把第一师部署在里斯本，我觉得很遗憾。这是您最强大的军队，整个军队应该呈方阵部署，要能够随时应对紧急情况才对。同时，您安排实力最弱的第二师露宿扎营，您应该做的恰恰与此相反。您不应该随便把强大的军队部署在离里斯本几步之遥的地方，他们应该分散部署在各个地方，可以随时互相支援，又不被发现。这才能体现阵营的优势。[15]

不怎么厉害的军队应该安排驻守首都，精英部队应该合理扎营部署，以应付各种突发事件。

第八章 行 军

要想一支庞大的军队能够在战役中拧成一股绳来进行战斗，那么他们在行军过程中应该兵分几路。"如果我们让一支10万人的军队兵分几路，同时向目的地前进，那么他们绝对不可能在同一天到达目的地。或者说他们的行进过程应该非常缓慢，否则就会像一滴落下的水，四处飞溅；这样的分散会给后卫部队增加很大压力，最后可能会导致完全的混乱。"[1]罗尼埃将军坚持认为大部队分散行进十分必要，并且把这作为一条严格的军纪来执行。拿破仑表示：

有些情况下，大部队需要整体前进，有些情况则是需要兵分几列才好。通常来说，军队不是排成一个12尺宽的纵队行进；道路一般有4到6个突阿斯宽，这就使得军队可以分成两列同车一样宽的队列来行军，最前面一列为15或20人。我们几乎始终可以同时在道路左右两边行进。我们也曾见到过一支12万人的军队排成一个纵队，最后他们用6个小时候到达了战场。[2]

克劳塞维茨认为拿破仑的观点过于注重无用的细节，不太有说服力。他认为拿破仑似乎是在借这个机会为自己行军莫斯科做辩解，那个时候拿破仑大军仅仅取道一条道路来行军，克劳塞维茨批评的正是这一点。[3]和所有的教条主义不同，他有的观点还是和拿破仑皇帝契合的，如当他提到"战争中有时候起决定作用的是军需，有时候是行军"。对他来说，战争艺术的发展让军队产生了一种新的职能，它可以让一支小分队或者一个师在一定的时间段里单独行军作战。正因为这样，行军"本身有据可依，有章可循，不需要提前做过多计划"[4]。波拿巴将军在他第一场意大利战役中首次证明了这些新的可能性。他的丰功伟绩中，行军的理论只是很小一部分，几乎可以忽略不计。普莱萨斯作品的评论披露了几个准确事件，1796年5月，拿破仑击退奥地利波留军队，并且在洛蒂使其后卫部队陷入艰苦的战斗。

行军途中要防止将侧翼暴露给敌人，如果万一不幸暴露了，要尽一切可能以最快的速度在最短时间内摆脱。[5]

要让军队行动起来。即使作战行动暂停，我们也可以通过适当的行军活动来巩固和提高士气。在指挥意大利的战役中，拿破仑将军队比作一种机械力量，说出了他那著名的速度乘上军队本身会提高作战能力的句子：

博尔盖托战役在[1796年]5月30日打响，8月1日维尔姆泽发动攻击；正是在这期间的60天里，拿破仑军队跨过了波河，攻占了费雷拉和波伦亚，占领了飞费雷拉城堡、里窝那，解除了周边省份的武装。在维尔姆泽开始行动之前，军队重新回到阿迪杰河，这占用了他不少时间。同机械动力一样，军队力量的增长是等于军队质量乘于速度的。这次行军，并没有削弱军队力量，相反，它充实了军队，提高了士气，增加了取胜的方法。[6]

战争的艺术同力学定律一样：军队速度越高，军队作战力量越强，军队越有动力，可以给敌人造成更强有力的打击。等于说，速度是军队人数的有效补充。[7]当然拿破仑混淆了加速度和实际速度。加速度是由军队质量和军队速度共同产生的，是用来衡量军队的运动效率的，而不是军队力量。拿破仑这一套理论在19世纪占据主导地位。实际速度是受到了一种推动力，是起始运动产生的力量，我们用公斤-米/秒来测量，冲击速度是军队自身乘上速度。实际速度简称为力量。[8] 拿破仑曾经是科学与数学研究所内力学专业的一名学生。[9] 同拿破仑一样，克劳塞维茨是牛顿的学生，他学了几年的力学，懂得其主要的原理：重心、平衡和摩擦力。这使得他可以归结出战争在排除了人为操纵以外的本质。[10]

拿破仑提高了行军的速度，这使得他在战斗中常常取胜，但是同时也逐渐展示出他的局限。我们回过来说。在地区之间的联系，尤其是在胜利的战役中，行军的重要性特别能体现出来。1805年的9月，拿破仑筹划着对意大利进行新一轮进攻，他写信给欧仁亲王，要他在米兰秘密赶制5万双特殊的行军鞋子，"不要次货，要真正能够在意大利使用的好行军鞋子"。这批鞋子作为增补军需品，加在已经计划好的军需品之中：

储存一些好的锅子和一些扎营工具，这对你们相当有用；千万别让它们发出噪音，偷偷准备这些，别被别人听见，防止他们停下他们手头的事情，要让他们有权利用这个资源。在战争中，我们最缺乏的往往是皮鞋。[11]

一个月以后，当拿破仑大军的七股"洪流"广泛分布在德国的时候，未来的将军勒日欧尼[12]告诉拿破仑皇帝他的任务就是派送30万双皮鞋，他抱怨说这份差事没什么意义，而且阻碍他参与到真正的战场上去，拿破仑回答道：

以您的身份，您居然理解不到你这份差事的重要性：皮鞋可以加快行军速度，军队的行进决定着我们是否能够取得战斗的胜利。[13]

在一封信中，拿破仑向苏尔特元帅阐述了他的军队在行军中需要达到的目的：

我建议您让您的助手快马加鞭,累死几匹马也行,让他们以接力的形式,取道威伊森豪尔,快些把你们的消息报告给我。我们不是说要打败敌人,而是要把他们杀个片甲不留。在梅明根聚集起你们的将军官兵,如果敌人没有采取任何行动来躲过我们的进攻,那你们要让他们清楚地知道,在这个重要的时刻,我会不惜任何代价取得战斗绝对的完全的胜利,要让他们知道,这一天将比马伦哥的胜利之日盛大十倍,在千百年之后,我们的子孙后代还会了解到这一天的发生的所有细节;如果我不曾打算取胜,我们就不会千辛万苦、长途跋涉行军至此,而我这次已然决定取胜,那么这支军队就要首先打破和平,要让我们躲过海战,这支军队不能允许任何一个敌人把消息传到维也纳;同时收受英国人黄金贿赂的奸邪法庭也不能知道,我们就要打到他们城墙下。[14]

对取得"完全而绝对的胜利"的狂热和信念是这封信主要表达的意思。形容词"绝对"同克劳塞维茨绝对战争的概念一致。拿破仑大军团的第六份捷报写于他在乌尔姆大败麦克将军领导的奥地利军队时,这份捷报中展示了以下成果:

拿破仑皇帝于葡月9日渡过莱茵河,于14日早上五点渡过多瑙河;当天下午三点渡过内卡河;于20号进攻到慕尼黑。先前部队23号到达因河,同一天到达梅明根,然后,在25日到达了乌尔姆。

拿破仑在很多战役中击败了敌人,比如维廷根战役、金茨堡战役、埃尔欣根战役、梅明根—乌尔姆战役、阿尔贝克战役、朗热诺战役、内勒斯海姆战役。在这些战役中,他擒获了4万名敌军,既有步兵,也有骑兵,还缴获了40多面旗帜,大量大炮、包裹、战车等等[15]。为了取得这些胜利,他组织行军,使用各种手段。[……]士兵们常常说:"皇帝陛下找到了一种新的获得战争胜利的方法,我们不需要用刺刀,双腿跑快一点就可以了。"[16]

在约瑟夫面前,拿破仑进一步放大了他取得的成果,当然是用极其简洁的方式：

我实现了我的目的；我用很简单的行军方式击溃了奥地利；[……]。[17]

取得的成果的确是巨大的，但是人们并没按照拿破仑期望的那样，一下子相信了这个结果。一直到10月12日、13日的晚上，他领会错了麦克将军的意图，认为乌尔姆没有陷阱，[18]取得的胜利都是行军正确的结果。

对拿破仑来说，总指挥意味着必须知道如何统领一场"行军战争"。他手下的一些将军能够懂得这其中的一部分内容，但不是全部。1808年，约瑟夫·波拿巴在西班牙加冕，但维持他的地位却显得有点力不从心。他需要一位肯站在他的立场上，并且懂得行军的将军，如同他在写给他哥哥的信中所提到的那样：

萨瓦里[19]是不错的二类战场指挥官，但是他没有足够的经验，也不能运筹帷幄，要统领一个这样庞大的军队实属为难。他对行军作战一无所知。我非常希望儒尔当赶快过来帮您。[20]担任总指挥的经验带来了运筹帷幄和联合部署的经验，这是无可替代的。[21]

1814年，拿破仑再一次以快速的作战速度给了敌人出其不意的打击。他利用人民的支持连夜行军：

[……]如果能够取得人民的支持，那么在夜间行军是十分有利的；我们可以利用这个优势直捣敌人老巢，因为我们可以借助当地人的智慧，他们会告诉我们敌军有多少人数，把我们领到敌人的后方，那里敌人有许多辎重和深陷泥沼的大炮。[22]

克劳塞维茨查了一下行军对战斗力量的破坏作用。不成比例的努力摧毁着士兵、牲口、车辆和服装。他承认这"很正常"，但是他坚持反对"这套吹嘘的理论，根据这套理论，最令人始料不及的惊喜、最迅速的行军、最狂热的行动都被视作是一钱不值的，就好像是一座将军们忘记去开采的金矿"[23]。如果我们要发起一场快速行军的战争，那么自损三千是极为正常的。拿破仑的军队遇到类似的最大打击是在俄罗斯战场上，不管是进攻途中还是撤退途中都是如此。在这之前，拿破仑很少作这样的思考，从俄罗斯战场开始，他给了达武元帅这样的意见：

直到此刻为止，那不勒斯国王的速度可能过快了。[24] 军队一直在聚集，他面对的是整支敌军，行军方式不能和我们面对溃军的方式一样。[25]

1806年10月末，拉纳将军得到一个集合掉队士兵的方法：

在急行军过程中，每天都要培训一些搬运工，大概400人的后卫，并指派一位优秀的军官进行领导，负责让这些后卫与大军会合。通过这个方法，我们可以防止在行军过程中混乱无序的现象，也可以防止士兵太过疲乏。[26]

至于西班牙，1808年刚发生了起义，一下子体现出节约人力的重要性，而这个时候拿破仑还未亲自参与进来，游击战争也刚刚开始：

在这种性质的战争当中，应该沉着冷静，耐心部署计算，不应该让军队因错误行军和反方向行军而筋疲力尽。当我们错误行军三四天后，不能认为我们还能通过反方向行军来弥补；这样一来我们就连续犯了两次错误，而不只一次。[27]

第九章 供 给

在当今社会，为了发动战争，军费增加，军队增加，从而使供给问题的重要性越来越凸显。然而在1807年初的波兰，却是另外一番景象，正如拿破仑发现的一样：

如果我的供给充足，那么我的处境是极好的；供给缺乏会让处境变得不好。[1]

从军事角度来说，我在这里的处境是极好的，可是我没吃没喝的时候情况就糟糕了。[2]

"忍受物资匮乏的能力是最好的军事美德之一，"克劳塞维茨写道，"如果没有这一美德，军队不会受到真正的战争精神的鼓舞；当然条件是这些匮乏是暂时的，是因具体所处的环境造成的，而不是由于预算不足、吝啬的军事系统、任何抽象原因、某些个人需求造成的。"[3]一些战争中的管理部门、独立组织被要求在旧制度中建立"军需仓库"，提供供给，他们要搜集面粉、炉子等需求以及堡垒中的各种需求。法国革命军队省去了这个部分，他们直接在全国提前征收了这些需求（税）。拿破仑时期则在两种制度中徘徊。克劳塞维茨认为供给有四种不同的组成形式，第一种是来自市政府或者居民的费用。在一个中等居住密度的地区，一支15万人组成的军队可以通过这种形式的供给维持一到两天。法国军队"从阿迪杰到多瑙河，从莱茵河到维斯瓦河，没有或者几乎没有其他的补给形式，只有来自居民的补给，即便这样，什么也没缺过"[4]。

当约瑟夫·波拿巴攻占那不勒斯王国以后，他要求他的士兵拥有主人的补给，拿破仑责备他说他采取的政策"太过狭隘"：

您要深信，如果您迫于形势不能采取大的军事手段，您必须知道如何有尊严地给养好您的军队；您可以在全国范围内抽取任何资源，这也是战争艺术的一个重要部分。[5]

克劳塞维茨认为，第二种补给形式是部队征用，这种形式无法满足大规模军队的需求，特别是当派出去的人只成功收取其中一部分的时候。这种形式只适用于8 000到1万人组成的军队。第三种补给形式是地方当局的"常规"征收。克劳塞维茨表示，从法国大革命的第一批次的战役开始，补给征收系统在法国军队中就起着基础的作用。"他们的敌人在使用这个系统，他们当然也不会放弃这个系统。[……]幸好有这个系统，整个战争才可以有完美的自由行动。"[6]

欧仁·德·博阿尔内和拿破仑的弟弟热罗姆分别于1809年和1813年受命去远方指挥作战，但是他们都不适应当地战场。拿破仑皇帝提倡征调补给，以消除他们的顾虑。[7]在西班牙，进攻必须更进一步。要"以战养战"：

要向絮歇将军反复重申这一指令：在莱里达举行征收仪式，获得几百万的捐款，以养活士兵，让他们吃饱穿暖。您要让他明白，西班牙战争要求的军力不断增加，我已经不可能再向他们发放银两；他们应该以战养战。[8]

那么根据克劳塞维茨的观点，是否不需要再使用第四种补给形式，即军需仓库模式？这就要看到国家征收补给制度的优点，当然也要承认这对拿破仑的军队来说是不够的，他还应该组织军需仓库补给形式，要给他的军队建设提供最大的支持。

需要为军队专门磨小麦粉和烤面包很大程度上妨碍了拿破仑的战斗规划和大规模远征，[9]他想象着士兵们可以自己给自己磨小麦、烤面包：

战争中要做的最大的改善，也是最重要的改善，就是要让士兵自力更生，要让他们自己磨面粉、自己烤面包，这样一来即使没有管理部门，他们也可以随时吃到面包，自己生存。这种改善会给首先尝试这么做的人带来巨大的好处，同时，其他人也会跟着效仿，进行改善。我们到处都能找到小麦，却不能磨成面粉。罗马人分发的是小麦而不是面粉。接着由士兵自行处理。如果政府只需要给军队提供小麦，那么军队就不再有专门磨面粉的行政管理组织，产生的结果将非常巨大。

我曾经命人在俄罗斯战场制作风车，但是它们太重了。从那以后，他们做出了8磅重的简单款式。这是一项伟大的改善。[10]

现代部队对面包和饼干的需要并不比罗马人多：在行军过程中给他们分发好面粉、大米或蔬菜，他们就不会挨饿。认为古代的将军们不关心军需仓库形式的补给是错误的：从对恺撒的评价中可以看到，他对这种补给的重要性有多看重。他只是不想过分依靠军粮供应商，不想做他们的奴隶；所有伟大的将领都信奉这种艺术。[11]

克劳塞维茨认为，组建军需仓库不应该被视作是战争中的一项改进措施，"以军需仓库更加人道主义为借口，因为战争本身就是不人道的"。[12] 还有，如果要以愤怒作为基调来统领战争，"那么保持战斗渴望和需求是最重要的，当然补给也是一个重要问题，但是是附属的问题"。他认为拿破仑不想人们同他谈论补给。上面给出的引言显示这种断言是错误的，拿破仑在写给葡萄牙朱诺将军的关于行军问题的信中提到了这一点：

我不想听到因为缺乏补给这样的借口，行军要延迟一天：这种理由只适用于那些什么都不想干的人；2万名士兵应该在哪里都能生存，即使在沙漠中也一样。[13]

在克劳塞维茨的眼中，拿破仑是"有激情的赌徒"，在进行"最疯狂的冒险"，尤其是在俄国。他表示补给不应该是目的，它只是一种方式。[14] 我们看到德国思想家借鉴了拿破仑军队失败的教训。从俄国战争开始，补给系统被认为是拿破仑战争系统中最薄弱的环节。[15]

第十章　交通线和作战线

拿破仑军队的存活依仗着后方国力的支撑。除了食物之外,军队还需要弹药、人员、马匹、物资这些供给,同时也存在伤员、战俘需要输送。这并不需要每天都与后方进行物流交换,但不时组织后援运输队却是必要的。拿破仑将这种与后方进行物流交通的线路称作交通线,也就是"邮驿线,多段运输线"[1]。

在采取任何军事行动之前,首先就是要确保建立完善的交通线。[2]

下令建立交通线是每位将军都肩负的重任之一。[3]

交通线是无法长期有驻军保护的。为了分出最少的兵力进行保护,拿破仑尽可能在每走完五六普里的地方建立一个守备要塞,或者在无法实现的情况下,就加固大多数城市都还保留着的中世纪城墙,并由此建立"野战地形",这些防御没有那么坚固,但是可以抵御轻型部队和小队敌军:

上个世纪有人怀疑这些防御工事是否有用。[4]一些统治者认为这些防御工事是毫无用处的,随后便将其拆除了。[5]对于我来说,则需要把问题反过来想,问一问假如没有这些工事,是否还能够顺利进行作战部署。我认为不能。没有了这些兵站,军队就无法建立有效的野战计划,从而丧失了我前面称作的野战地形,也就失去了面对轻骑兵和敌军小队进攻时的防护,军队就无法实现有效的攻击。同理,不少在理论上不希望建立这些防御工事的将军们最终也得出结论,没有这些工事,军队也不能进行入侵型战争。[6]

兵站和野战场地的显著区别不仅只限于战斗力和防御能力。通过下面的摘录，我们将会明白，兵站是进行作战部署和建立野战计划的条件。换句话说，兵站同作战行动有着更加直接的联系。如恺撒一样，拿破仑曾以第三人称自述他如何在1805年依靠兵站而稳步进兵的：

1805年，在乌尔姆消灭了多达8万人的整个奥地利军队之后，他兵临莱希河[7]岸，重新修缮了奥格斯堡的城墙并装配上武器，在莱希河上建立起坚固的桥头堡，并凭借这座大城市丰富的资源，将其建成了他的兵站。他还想重建乌尔姆，但它的防御工事已被夷为平地，地理位置过于糟糕。从奥格斯堡出发，他又进军因河并占领了布劳瑙。这个要塞成为了他对因河桥的保障：这个要塞是他的又一个兵站，并为他发兵维也纳创造了条件。这座首府城市本身又是抵御攻击的屏障。因此，他得以兵临摩拉维亚，占领布尔诺城堡，并马上在城堡上安装武器、输送辎重——这座城堡距离维也纳40古里*，成为了他对摩拉维亚采取军事行动的据点。从这里行军一普里，他就可以抵达奥斯特里茨发起战斗，而从战场出发，他可以退守维也纳，从那里再渡过多瑙河，或者，他也可以由林茨左岸越过城中大桥跨过多瑙河，并占领布劳瑙。[8]

这里反映出来的事实已经不只是保障交通线的安全，而是更进一步，把交通线作为采取"军事行动的据点"。1806年10月，大军团大举占领了普鲁士人的撤军路线。因为军团开始主要仰仗自身辎重，所以已经不能再像行军初期一样依靠国家补给。于是，拿破仑组建了一个军事中心，通过他的骑兵在周边大面积范围内征用物资，在军事中心建立起军需仓库，并在其中设立存贮场地和医院。[9]他因此提到了作战线的概念，用来设计连接这个军事中心和他的军团的最短路线，并继而对敌军采取行动，即伺机向敌军发起进攻。1806年9月30日，拿破仑向他的弟弟路易讲述

---

* 法国古长度单位，40古里约合今160里。——译者注

他采取的这一行动道：

  我打算把我所有的力量集中在我的最右翼，将莱茵河和巴姆贝格之间的军队全部撤走，从而将大约20万人集结在同一个战场上。如果敌军分兵进入美因茨和巴姆贝格之间，我不会有什么值得担心的问题，因为我的交通线将会建立在福希海姆上，这个城市是一个小型要塞，从那里向着维尔茨堡方向[……]。可能发生的情况是无法估量的，因为敌人会以为我在莱茵河之右和波希米亚之左，并且相信我的作战线会与我的战线平行，因而极有可能会试图包抄我的左翼，这样的话，我就把他们扔到莱茵河里。[10]

  此时为了将军队集中在右翼，他对交通线进行了细微修改，但始终都能把军团和法国本土联系起来。而实际上，作战线本身完全不同于敌人的推断。这也就是说，大军团不会如普鲁士人预期的那样发起行动。在圣赫勒拿岛的时候，拿破仑自称是他创造了这一方法：

  战争的高超艺术之处，就是在行动中改变作战线。这正是我的想法，也是一种全新的想法。正是凭借这种方法，我取得了马伦哥战役的胜利。敌军自以为占领并切断了我的作战线，而我实际上在此之前就已经更换了作战线，结果他们发现是他们自己的作战线被切断了。[11]

  如果说，1806年，拿破仑局部改变作战线方向这一举动真的出乎普鲁士人预料之外，他在马伦哥之战中其实并无此意。在马伦哥之战时，反而是奥地利人超出了他的预料。他只在旦夕之间就会丢掉那场战争，而他这种说法实际上是他当时精心罗织的政治宣传的一部分，[12]用意是要把胜利归功于己。撤退被伪装成了战略迂回，前军的变向则被他自述成了作战线的修改。[13]况且，拿破仑也不是第一个拥有这种想法的人。他曾在包瑟特的书中读到"在战争中，需要根据形势放弃一些交通线，从而保全其他交通线"。[14]

他在作战指挥中与腓特烈二世最大的不同,不是打法上的灵活多变,而是他敢于涉险。他敢于做我从来不敢做的事,他离开作战线的做法常常使他显得好像完全懂兵法一样。[15]

通常,军队不会离开它的作战线:

战争有两个准则,打破它们是从来都没有好处的:第一,把侧翼暴露于列阵的敌军前;第二,小心遵循您的作战线,决不要随意放弃。[16]

如果不想将"离开"和"改变"两个字眼搞混的话,那么一条作战线是可以在作战中改变的,这可以用来欺骗敌军——就如同腓特烈二世在鲁腾会战中所做的一样:

但他也没有违反第二条近乎神圣的准则,即绝对不要放弃作战线。他只是改变作战线,体现的是兵法中所讲授的灵活机动的特点。实际上,改变作战线的军队是为了欺骗敌军,使敌人分不清哪里是它的后方,哪里是可以进行有威胁的打击的关键点。[17]

这条准则是不能容忍任何例外的:一支军队不能走两条作战线来消灭一个国家,就像腓特烈二世在七年战争之初所做的一样,尽管其中也有运气因素。[18]

1808年9月,拿破仑很清楚地认识到了交通线和作战线的差别。他的哥哥约瑟夫因为在自己的都城马德里遭遇反抗,就逃离了那里。他因为想要遵从皇帝反复指出的集结军队的建议,就试着把他所有的部队集中起来,组成一支5万人的队伍,并向其首都进发。这种集结方式可能导致他与法国之间的交通线在大军团的第一支队伍从德国赶到之前发生了暂时性的中断。在这段时间，拿破仑可能没有他兄长部队的任何消息，当然他兄长亦然。拿破仑警告了他，坚持一定要拥有一条真正的作战线，与一个军事中心相连。

兵法是一种艺术，有些规则不容打破。改变作战线是天才的行动，而丧失作战线则会有非常严重的后果，如此做的将军是在犯罪，是罪人。因此，保住作战线是到达兵站的必要条件，有了兵站，军队才能移交战俘、留下伤员、补充辎重，并重新集结部队。

在马德里，如果假设军队是向城市方向集结的，比如把丽池公园[19]当作集中医院和战俘的所在，并作为夺取大城市和贮存城市提供的资源的手段，这种情形就属于失去了连通法国的交通线，但确保了自己的作战线，尤其是如果这个军队还能有时间把大量的辎重集中起来，并在距离如塞格维亚城堡等主要出路的地方，安排一些地点作为各师的据点和岗哨。但今天的现实是，军队被封锁在西班牙境内，没有任何的军事中心，没有一个成形的军需仓库，何况在两翼和后方都有敌军，此时集结大军可以算是一种疯狂的行为，在世界史上也绝无前例的。

如果在夺取马德里之前，在集结了军队并建立可以维持8到10天的军需仓库之前，在拥有充足的弹药之前，军队被打败了，这个军队会变成什么样子？它到哪里重新集结？到哪里疏散伤员？因为只能得到一次补给，它又到哪里补充战斗需要的弹药？我们不用多说了。一旦事情的发展证明出其行动之愚蠢，敢于提出这种建议的人将会成为第一个丢掉脑袋的人。

当军队被围的时候，它就丢掉了它的交通线，但并没有丢掉作战线，因为作战线连接了要塞前的防御斜坡和分布了医院、仓库和物资的要塞中心。军队不是在外面被打败的么？它可以在斜坡上集结，并且可以用三到四天来修整队伍，重振士气。

拥有一支全部由近卫军一样的兵士组成的军队，由如亚历山大或者恺撒那样最精明灵活的将军统帅，如果身处西班牙军队的情况下，若他们也能干出那种蠢事，那我们就什么也不说了。

这里必须要摒弃那个被战争规律否决再三的决策。在军事行动中任何执行了这一决策的将军都是有罪的。[20]

要说的其实很清楚，军队可以暂时中断其祖国和增援部队之间的交通线，但必须确保所有的军事行动都与拥有医院、粮食与弹药补给的军事中心相连。必须构建起能够源源不断提供给养的此类中心：这就叫拥有一条作战线。而约瑟夫完全没有预见到这些。他很机灵地努力想让他的弟弟明白他很好地应用了集结军队的原则，但他忘掉了另一个同样至关重要的原则。

几天以后，拿破仑表达了与前述同样的观点，只是措辞不尽相同，这也反映出了他几乎从不重视理论家们的定义的特点。在他脑子里要做什么很清楚。他不会迟疑一秒钟。但必须承认他行使权力的实质就是不断地在一大堆文件中作出决定，而且他对理论不甚感兴趣，这些都导致了他传达的命令模糊不清，因为他会先按照作战线的意思去谈论交通线，接着又会把交通线说成是可以暂时被切断的通往法国的道路。最终在引入了军事中心的概念以后，才把两者的不同明确出来。他说道：

按照战争规律，任何丢掉交通线的将军都死不足惜。这里的交通线我指的是可以找到医院、患病士兵救助、弹药、粮食的线路，也是军队能够重新集结、修整，并在某次陡然失败后，可以休息两天，然后重振丢掉的士气的地方。当交通线被猎狗、盗匪[21]、起义的农民以及经常出现的被我们在战斗中称作游击队的队伍侵扰时，这不叫作丢失交通线。这些会侵扰驿夫，拦住掉队的士兵，却阻挡不了他们最终突围，阻拦了某个分队，但不会与军队的前军或后军发生正面冲突，这就完全无关紧要。部署交通线的原则就是一切都可以撤回马德里。要做到这一点，就要全军在丽池公园集结，补充弹药、粮食等，并且如果有必要，能够在很少的时日里集结更大规模的部队。在军事行动中，系统性的在井井有条的军事中心停留，或是在建立起有序的军事中心之前就随意丢掉交通线，两者是完全不同的。[22]

劳埃德曾提出过作战线的概念，拿破仑读过他的著作。但是拿破仑没有使用由比洛普及，并被约米尼和克劳塞维茨使用的"军事基地"这一表达。

第十一章　地　形

地缘地形都与军事活动长期保持着紧密的联系。它对每场战斗，作战的准备、开展及成果都具有决定性的影响。克劳塞维茨使用了法语术语"terrain"*来更好地表现出这样一种关系。[1] 1805年，拿破仑敦促欧仁亲王熟悉他的属地的地形：

研究这个地区，早晚你都会发现这些关于当地的知识的珍贵之处。[2]

克劳塞维茨认为，地形的作用主要反映在三个特性上：妨碍通行、妨碍观察、防护火力。从拿破仑给欧仁亲王的一封信的摘录中，我们可以得出妨碍通行这一论断：

在像匈牙利这样的平原地形中，必须采取与在克恩顿和施蒂利亚[3]的峡谷中不同的行动方式。在克恩顿和施蒂利亚的峡谷中，如果我军比敌军先到达某一个交通要塞，比如说圣米歇尔，我们就可以切断敌军一个纵队，但是在匈牙利，情况却相反，在我们先于敌军到达某一个交通要塞时，敌军可以转向另一个要塞。于是，我认为敌军会去向拉布，并先于敌军到达该城市，而敌人会因为在路上了解到了这一信息，就转向了佩斯。[4]

---

*　指多种力量相互发挥作用的区域或平台，后用来指军事行动发生的场所。——译者注

作为一个出身地中海的炮兵，波拿巴很幸运地明白了故土的地形以及他的武器的适用条件。在他 1793 年著成的《博凯尔的晚餐》(*Le Souper de Beaucaire*) 一书中，他相信马赛不能够抵御进攻。那里四周长满了橄榄树的丘陵阻碍了防守一方的视野，同时给了进攻一方以优势：

因为这里是一个与外界隔绝的地区，优秀的炮兵只有通过灵活快速的移动、精准的工作和对距离恰到好处的测算，才能发挥其最大的优势。[5]

拿破仑当时的地理知识非常广博。他对意大利的一些思考达到了地缘政治的高度：

意大利为其自然环境的局限所隔绝，被大海和非常高大的山脉从欧洲的其他地方分离开来，似乎有希望形成一个伟大而强盛的国家，但在它的地理分布中，首都的位置很糟糕，我们可以把这视为意大利过去遭受的种种不幸，以及这个美丽国家的碎片化为若干王国和独立共和国的原因：意大利的长度和宽度不成比例。假设意大利是以维林诺山为界，就是说大概北到罗马的位置，而且所有从维林诺到伊奥尼海之间的土地，以及西西里、撒丁岛、科西嘉岛、热那亚，还有托斯卡纳都属于它的辖制范围，那么它就会拥有一个离国家边界各个点都很近的中心，它也会拥有统一的河流水系，共同的气候，相同的地方利益。但事实上，一方面，构成其领土三分之一的这三个大岛有自身的利益、立场以及完全独立的环境，另一个方面，处于维林诺山南部的半岛地区形成了在利益、气候和需要上同整个伯河地区截然不同的那不勒斯王国。［……］

但是，无论意大利南部是什么样子，以其自身的情况，同北部分开，意大利本身仍是一个单一民族的国家。统一的语言、风俗、文学，在或多或少还很远的将来，这些应该会最终把居民们团结到一个政府之下。这个王国的第一生存条件将会是发展强大的海上力量，这才能维持对其岛屿的控制力，并能够防卫海岸。［……］

按照人口和财富估算，意大利能够维持除海军外总体达到40万人的军队。在意大利打仗对骑兵的要求比在德国要小：3万匹马就足够了。要防卫海岸线和所有的海军设施，则需要大量的炮兵装备。[6]

小 结

拿破仑认为，在一支军队中，平均1 000人中应该有四门大炮，同时骑兵应该是步兵的四分之一。与克劳塞维茨相比，他倾向于认为骑兵并非如此重要。对他来说，炮兵明显是至关重要的，是炮兵赢得了战争。因此在一场正规战争中，面对同等实力的战争对手，应该拥有比敌军多得多的炮兵。同时，在各种情形之下，骑兵在采取行动和取得胜利方面也是非常有用的。绝不能忽视这一点。他对他的重骑兵寄予厚望。重骑兵很难被替换，他们不应该过多地参与行军。如若想平定敌占区，龙骑兵是再合适不过了。线列步兵和轻步兵的功能相同，在多山地区，轻骑兵需要招募更多兵卒。任何的武器都比不上智慧的强大。

一支军队按照其人数可分为军和师。指挥部占据首要地位。先遣部队和后卫部队应该有极大的战术灵活性。这两只军队应该由三支队伍组成，其中炮兵队伍应该至少有1万人。同时应该按照梯级列阵，一旦敌人紧逼，他们可以及时撤向后方的增援部队。拿破仑在这些问题上的思考以及他在1805和1806年的高超表现让他载入了史册。"在那之前，没人能够同时驾驭10万人之众。"[1]

然而，为了便于士兵行军，拿破仑舍弃了帐篷，他认为帐篷体积太大，不方便携带。可以说拿破仑是用士兵的双腿来打仗的，他把一支军队看成机械力学中的动量，可以由质量乘以速度来评估。虽然拿破仑为粮食的供应操心，征用必需品以及筹备军需仓库，但他没有找到最理想的方式，甚至在身处圣赫勒拿岛时，他还想象了一套体系，让士兵们自己磨小麦，亲手烘烤面包。军队需要国力的支持才能生存，但也需要一条交通线，能把人力、弹药、物资及军需器材等后备支持送到他们手中。

军队可以暂时放弃这条交通线以换取对敌人的打击，但它同时要组建一个军事中心，用来休整和给养。他们之间由作战线相连。所以作战线可以改变，而且如果改得切合时宜，甚至可算作神来之笔，但任何时候军队都必须有一条作战线。赖利将军认为，尽管当时军队机能不够完善，拿破仑军队的后勤依然是最出类拔萃的，而且直到1916年西线大战之前也不会被超越。拿破仑创建了辎重队。而直到今天，以人民更为拥戴的方式，军队依然借助所在地的资源来完成补给。考虑到当时的公路网的情况、运输方式和组织方式，拿破仑军队用来给养的方式代表的是预测、计划以及执行的杰作。这是一种高超的后勤组织方式，是乌尔姆、奥斯特里茨和耶拿这些战役胜利的前提。但是这个系统也很脆弱，无法负担持久的战事，无法适用于更辽阔更贫瘠的环境，比如西班牙的战争，尤其是俄国的战争。[2]

第六篇
防 御
LA DÉFENSE LIVRE VI

拿破仑重视防御如同重视进攻一样，即使他个人是偏向后者的。他在防御方面的考虑是非常详尽的，有时细节处都能见兵法。他只有过一次延长战略性防御，那是在1812年被迫受限的情况下执行的。但对他个人而言，只要有可能，他就会采取主动。而克劳塞维茨在面对1806年普法战争中普鲁士大败而归的局面，也表现出充足的耐心，并利用充分的时间思考防御对策。1812年他参加俄国战役时就深刻地体现出这一点。克劳塞维茨在防御方面建立起充分并广泛的理论体系。他的第六篇既是最无序的，也是《战争论》中最长的一篇：它占据整部书中四分之一的篇幅，也包括许多重复的叙述。

第一章 进攻与防御

对克劳塞维茨而言，防御意味着"避开一击"。它的鲜明特征就是"等待此次攻击的到来"。但要做的不仅是反击，而且是在此次防御范围内合适的时机出击进攻。换句话说，我们可以在防御战役中采取进攻。[1]防御和进攻模式的交替是战争行为的显著特点。拿破仑也这样表示：

LA DÉFENSE
LIVRE 6　防御

防御战不排除攻击。同理，攻击战也不排除防御，尽管其目的是强攻边境线，侵占敌国。[2]

[……] 时而胆大、时而谨慎的艺术就是制胜的艺术。[3]

防御以保存实力为目的，这比获取更容易。当处于弱势时，需要借助防御，并在此基础上等待力量的增补。克劳塞维茨认为，从形式上讲，防御是强于攻击的。他这样写道："如果我们求助于经验就会发现，几乎从没出现过由最弱部队发起进攻和由最强部队留守防御的战争先例。这种现象是普遍存在的，并且发生的往往是相反的情况。这清楚表明了即使那些将军们倾向于进攻，也依然会把防御视作最强形式。"[4]

1809年英军在瓦尔赫伦登陆时，拿破仑的一系列军事指令也流露出类似的认识与想法。瓦格拉姆大捷之后，拿破仑还身在奥地利，他指点陆军部部长克拉克如何运用国民军以及新招募的士兵保卫泽兰省。他一再重复，只有饱经战争锻炼、纪律鲜明的部队才适于战术进攻，而国民军只能用于防御。这一点与克劳塞维茨的论据不谋而合：

没有勇气就无法发起攻击和袭击。糟糕的部队或新部队只会一败涂地。如果向弗莱辛格进攻，这些部队就会陷入险境而受损。[5]

[……] 除非处于四对一或炮兵数量充足的情况，否则我们是不会发动攻击的。眼下英国人的远征只会再一次无功而返。他们想要取得胜利的唯一方法就是贸然攻击。因为倘若我们的国民军士气低落，这种状态就会影响到所有后备部队。

[……] 我不会反复要求，但你们依然要做到谨慎行事，不要连累那些状况糟糕的部队，也不要疯狂到像普通大众那样相信一个人就是一名战士。您现在拥有的这

样一支部队需要最多的棱堡、最多的军区工程以及最多数量的炮兵。[……]当一支部队不够好的时候,尤其需要数量更多的炮兵。[6]

克拉克给贝尔纳多特写信说道要贸然发起战斗,拿破仑重提他的论据:

我担心您误解我的想法。我说过在任何情况下,若不是为了解救安特卫普,决不能贸然开战,除非是四对一的情况,或者我们有棱堡和炮台作掩护。[……]

要想取得对英军的绝对胜利,必须要有耐心,并伺机等待。时间会让军队厌恶战争,并损害他们的实力。等待春秋分*的到来,让英国人走投无路,只能投降。原则上来说,这是指挥战略问题,不是全盘问题。[7]

在圣赫勒拿岛,拿破仑在评价1798年的作战活动时,批评了奥地利将军麦克领导那不勒斯部队的方式。当时的那不勒斯部队人数远多于法国部队。

那不勒斯部队并不是训练有素的部队。他不应该将这些人用于进攻,而应该用来发起阵地战,强迫法国人发起进攻。军官们在发起进攻还是防御的问题上各持己见。这个问题在两种情况下是毫无疑虑的。一是炮兵数量不多,但部队已饱经战争锻炼、训练有素;二则是部队士兵人数众多,炮兵数量充足,但军官和士兵并没经受过太多战争的历练。[8]

---

*　春秋分为海水涨退潮时期。——译者注

第二章　战术进攻与防御的相互关系

根据克劳塞维茨的观点，只有三种情况具有决定性的战术重要性：出其不意，地形优势，多面攻击。尤其后者能大幅提高火力攻击的有效性。这位《战争论》的作者认为，只有出其不意的一小部分和地形优势是有利于进攻的，然而大部分情况都是完全为防御服务的。[1]

在这点上，拿破仑赞成进攻的观点。他自问道，增加火力是有利于进攻还是防御。这个问题在历史中也总是一再被提及。

吉贝尔声称，火药的发明是对防御有利的。[……]他的根据是，喷射火药弹丸的炮台是很难被搬走的。但他没有看到，炮兵最大的优势在于炮兵本身被掩护在敌方想要攻击的火力防护带处。要想胜利，就要从铲平、熄灭此处的火力开始。过去的要塞是很长的防御带，今天其规模却迅速缩小了。数量众多的炮台和地下战争是造成破坏的重要方式。[2]

在给劳埃德回复时，这位皇帝毫不犹豫地断言：

[……]火器更适合用来进攻。[3]

于他而言，战术策略上并不存在什么绝对性。他只是想反对吉贝尔和劳埃德的论断，觉得他们的说法略显夸张。正如我们不久之后所看到的那样，他从没有大肆宣扬在任何情况下，进攻都是合适的。形势决定一切。接下来的章节展示了他敏锐地洞悉战略防御所能带来的好处：

查理亲王绝对是一名佼佼者，或者说是近些年来最好的奥地利将军。在我面前，他看起来没有别人那么不幸，但这取决于战争的性质。人们错误地断言说，在意大利我总是发起进攻战。而事实恰恰相反：考虑到山地地形的因素，我总打防御战。我等着敌人猛地冲进来，再如瓮中之鳖一样陷入困境。但埃斯林会战中，他遭到我袭击时的情况却出乎我的意料。[4]

第三章　战略进攻与防御的相互关系

如果建立起一套战略进攻及防御的策略，就不用总是依赖同样的部队去打仗。

若在敌国发起战役，只能带去训练有素的士兵。当被侵略的时候又该另当别论。你们可以隐藏在要塞内，保存军队的实力，保护仓库以及士兵及国民军的力量不被削弱。如果参谋部还有优秀的军官、炮兵及工兵等力量，为保存实力，守在要塞内是十分必要的。说到底是因为主动权掌握在别人手中。[1]

1796 年 3 月，当波拿巴将军刚刚在尼斯获得对意大利军队的指挥权的时候，他决定采取绕过阿尔卑斯山的进攻策略：

拿破仑想要绕过阿尔卑斯山通过卡迪波纳山口进入意大利，所有军队必须在山脉的最右侧集合。如果雪没有覆盖住阿尔卑斯山的出口，这将是一次非常危险的行动。从防御到进攻的历程将是所有行动中最为微妙的一环。[2]

从 1799 年 10 月 10 日到 11 月 15 日，当刚获得苏黎世大捷的马塞纳在瑞士带领大部队留守防御之时，勒古布将军则率领一支比敌军力量弱小很多的部队在莱茵河对面发起进攻，为战而战。更好的做法是待在莱茵河左岸。若他想要牵制敌人，他就应该在河右岸安营扎寨，四周设防：

当主要兵团按兵不动，分散的兵团及次要兵团不应采取主动或进攻去牵制敌人。他们应当与主要兵团在态度上保持高度一致，使自己占据威胁性地位，以防御态势对战场施加影响。[3]

第四章　攻势的向心性及守势的离心性

根据克劳塞维茨的观点，凭借想象，人们会认为攻势自然具有向心性，而守势则具有离心性。而事实上，情况并不总是如此。如果防御阵线是短的跨海的并排航行线，或者是从中立国领地上穿过，那么发起向心进攻是不可能的，选择也十分受限。如果防守方装出移动的样子，而且它可支配的力量都彼此靠近，那么它可以利用内部防线的优势，将力量最大限度地集中起来。阵线分布的空间越广，内部防线的优势就会不断增强。对克劳塞维茨而言，集中的向心的形式会带来辉煌战绩，但分散的离心的形式带来的结果则更加可靠。[1]

这些思考启发了年轻的波拿巴将军，那时他刚在1793年末土伦港之役中崭露头角，然后把视线投向了意大利阵线。他不断地思考，这些思考已经有体现出他认为法国军队处于守势是无益的倾向，相反，进攻带来的只有利益：

皮埃蒙特军团组成了一个半圆形的阵线，阿尔卑斯和意大利军队占据了圆的周边。萨丁国王占据着直径距离。

我们所占据的圆周边的范围都是山口和险峻的山岭。

撒丁国王占据的范围都是宽阔肥沃的平原，他能够在很短的时间内让部队从直径的一端移动到另一端。

防御的优势总是在撒丁国王这一边。因此我们必须要有敌人双倍的兵力才能平衡格局。

这些观察非常重要。通过对西班牙和皮埃蒙特阵线的细节描述，就能容易地看出其重要性。通过对不同战役的分析，我们也能清楚看到，每次我们在皮埃蒙特阵线布下防御阵势，都需要很多兵力。因此在军需上我们处于劣势。[2]

这些思考直接受到了包瑟特及费基耶尔的影响。他们不使用圆周和直径这样的说法，而是弓箭与弦。[3]

从圣伯纳到维多，我们的军队所占据的阿尔卑斯山形成一个95古里的圆周。没有二三十天时间是不可能把部队从左边调度至右边。可我们的敌人占据了直径范围，只需要三四天的时间就能接头。这种地形情况只会让守势不利，对我们的军队来说是致命的，对我们的运输大车来说更是毁灭性的，最活跃的战役更是耗费巨大。[4]

皮埃蒙特军团驻扎在平原及阿尔卑斯山脚下的圜丘地带，资源充足，养精蓄锐。在和奥地利军队的不断较量中，这支部队不断强大。而法国军队驻扎在阿尔卑斯山脊上，散布在从博朗山到塔纳罗河源头约60古里的半圆线范围，忍受着饥饿与疾病的折磨。我们与外界往来十分困难，食粮也匮乏昂贵。马匹忍受煎熬，整个军队的物资也难以维系。高原的空气和水质推波助澜地促发着疾病的滋生。整整三个月中，部队在医院所消耗的一切足以抵得上一场大型战役。比起攻势，守势是耗资巨大的，对人来说甚至是更加危险的。阿尔卑斯山的防御，不仅有这些劣势，地形特征也是巨大障碍。在山顶上驻扎的军队各自分散，无法互相救援。从左到右又需要20天时间，然而皮埃蒙特军团处于地理位置优越的平原，占据着直径范围，很短时间内就可以聚集兵力，发起进攻。[5]

因此，只有攻击是最好地去掉皮埃蒙特和奥地利军团占据内线优势的途径。法国军队所处的地形有利于他们实现集中向心力攻击。在其他情况下，拿破仑也明显地看到了内线防御的优势。1808 年，在假设驻西班牙的法国军队受到攻击并后退的情况下，他明确地提出了这一点：

如果贝西埃尔元帅战败，必须在七到八天的时间内把马德里的部队集中起来，研究各方向的军力部署情况，了解可以在什么地方部署前锋部队，这样才能充分利用我们处在圆中心位置的优势，用尽所有力量把敌军各个击破。[6]

第五章　战略防御特征

1797 年 2 月，波拿巴将军给他手下的一位中尉——负责看住蒂罗尔出口的茹贝尔将军[1]——上了关于战略防御的货真价实的一课。

我请您多思考，多观察村庄的形势。因为我没想到，拉维斯阵线也好，夜晚撤退行动也好，您没有占据中间阵地。但这是最有可能接近拉维斯阵线的。在那儿您可以抵抗整整一天，重整旗鼓，与夜晚分散开的部队会头，第二天晚上您可以重新启程。必要的话，走莫里阵线或者托雷波乐阵线，在那把敌人困上几天。最终你们要到达科罗纳的新海尔采格精简营，或者是到曼图亚或维罗纳的城下。换个方式行动，不是要发起战争。战争的艺术就是在兵力弱于敌人的时候尽量争取时间。[2]

克劳塞维茨可以给这条建议加以补充，他也一再提到："防御只是一种领导指挥战争的更厉害的形式，因为有了防御，我们就能够转入攻势，获得成功。也就是说，一旦我们获得优势，我们就能够达成积极的目标。"反攻是战略防御的主要元素。

"这条快速而有力的途径——剑锋闪烁着复仇的光芒——是防御最耀眼的时刻。那些从开始就没有注意到该点的人,就不会把它从一开始就纳入到自己的防御理念里,也就永远不会明白防御的优势所在。"[3]

在1806年的夏季期间,约瑟夫·波拿巴被封为那不勒斯国王,但彼时英国人已经在加里波利登陆,并于7月4日击退雷尼尔将军的敢死队。拿破仑指责他的哥哥部署不力。雷尼尔最终没能得到救援,因为其他的法国军队相隔甚远。下面这封信里谈论了如何部署战略防御的方式:

一旦雷尼尔将军得以抽身加入你们的援军时,必须将部队按旅分成梯队。从那不勒斯到卡萨诺,部队之间只能有一天的距离,这样三天之内人数在1万到1.2万人的四个旅就可以汇合。[……]只有在这种梯队的布局中,我们才能处于守势,防御一切外来情况。而当我们随后想要下决心采取攻势的时候,敌人是无从获悉的。因为他们只看到我们的防御形势令人生畏。他们不知道的是,在10到12天内,从守势到攻势的格局转变就已经完成了。我不知道你们是否理解了我说的这些。在防御上你们犯了极大的错误,但代价也是不得不付的。训练有素的人一眼就能觉察,但两个月以后你们才会感受到这带来的影响。有两点对你们来说很重要:一是加埃塔和勒佐,另一点则是你们有3.8万名士兵,所以必须将其划分为5个旅,形成梯队,每队之间只需一至两天的距离就能碰头。敌人若觉察到这样的布局形势,一定不敢轻举妄动[4],因为不久之后你们就可以在加埃塔、勒佐和圣尤菲米亚聚集起所有部队,而不浪费一天时间。这个布局是你们远征西西里岛时必须要采用的。守势一定要做足做强,令人生畏,让敌人不敢进攻。另外,除了首都的防御格局外,放弃已有的格局,全面改为进攻对抗敌军,这样敌军一旦登陆,也不敢轻易有所举动。这就是战争的艺术。你们看到很多人无为地打来打去,没有一个人知道怎么运用这个原理。如果在卡萨诺有3 000到4 000人的旅队,就什么也不会发生了。如果雷尼尔将军同时在圣尤菲米亚有这样一支旅,英国人准会栽个大跟头,或者说压根就不会让他们登陆成功。是你们防御部署的错误给了这些英国人胆量。[5]

第六章　防御战役

在一场防御战中,我们等待着敌人正好攻击到我们选定并部署好的位置。对这个位置的部署需要深度考量。我们需留有一支人数众多的预备军作为防守,大约占据总人数的四分之一或三分之一。当进攻者完全展开攻势,耗用其大部分兵力时,这支部队就会扑向他们。[1]

拿破仑一直非常留意部署这支"拦截预备军",它既可能是防御者,也可能扮演攻击者的角色。1806年,在他的权势顶峰时,他鼓吹借助战争的某些工事可以保护步兵部队:

看上去普鲁士人最令人害怕的是他们的骑兵。但是你们有步兵并排成方阵的话,就无需担心。然而,任何一种战争形式都不应被忽视。让你们的师团准备好3 000或5 000份工兵工具,以备必要时建造一座棱堡或一个简单的陷阱。[2]

第七章　防御工事

在关于国家战略防御的观点上,克劳塞维茨提到了防御工事。它是储备仓库,可以保护大城市的财富。只要封锁道路、河流,它就能够起到要塞的作用。它是战术支撑点,是营地,是羸弱部队和战败部队的避风港,是抵抗敌人进攻的盾牌。[1]

防御工事用途

拿破仑的思考则更加宽泛。他考虑了特别是在攻击战中要塞的防御可能性。防御工事，无论是长期还是暂时性质的，它的首要任务是能够给部队提供支持，缓冲或者弥补数字上的劣势。

通常我们能够找到的天然阵地无法给部队提供庇护。在没有救援技巧的情况下，无法让它对抗更加强大的敌人。

有很多军人问道，要塞、精简营、防御工事是用来做什么的。我们也会向他们反问道，在没有阵地救援，没有防御工事，没有其他军事手段的情况下，依靠不足或相等的兵力怎么打好仗、用好兵？[2]

防御工事的用途有多种：

要塞通常是用来存储军需品的好地方，还可以提供庇护。它能为那些在平原上面对几支轻骑兵部队逃跑的士兵提供容身之处，让交战中的士兵可以在这里完成重组，然后发动进攻，以及从活跃部队那里获得新的资源。如果敌人靠前，还可以干扰敌人的后方，让敌军为此担心，从而不得不为掩护自己而扔下一些军团。另一个好处则是可以缩短行动路线。当我在维也纳、维尔茨堡行军，布劳瑙对我来说用处极大。[3]

无论是对防御型战争还是进攻性战争，要塞都同样有用。虽然它无法代替一支部队，但它仍然是拖延、阻碍、削弱敌人、引起战胜方敌人担忧的唯一途径。[4]

现有的战争体系要求有庞大数量的常备军。一个被敌军侵占的国家不可能给所有要塞提供补给，尤其是在要塞的数量众多、分布广泛的情况下，但这样反而会削弱它的实力，让其无法与进攻者进行争夺土地的较量。

使用一条边境线上的所有要塞而不用耗费太多兵力进行防御的办法：给小部分极具重要性的要塞及占据第一阵线的要塞补充兵力和物资。因其位置特殊，补充兵力和物资会引起敌人不安，从而延迟围攻第二线的要塞城市。因为第二线要塞情况可能是不太乐观的，只留有足够从堡垒撤出以及按常规防卫的兵力。当其兵力只够勉强抵御敌人，而敌人又发起围攻时，兵团就有可能全军覆没。[5]

存储要塞和战役要塞

对于拿破仑而言，要塞有多种类型。最具重要性的是存储要塞：

一定要非常了解要塞的用途。有的要塞防御隘口，有着决定性的特质；有的存储要塞则能容纳大量军队，抵抗很长时间，给稍弱的部队提供养精蓄锐、重组、伺机而发的途径。第一种情况可能涉及的是一个堡垒或一个小型要塞；第二种情况则涉及必须耗费工程和金钱的大型要塞。[6]

战役要塞则更简单：

若有人问长期防御战役要塞是何意，就让他回顾一下蒲月（1805 年 10 月）发生的事情。让他看看维罗纳这个糟糕的要塞起了什么作用[7]：在这一系列事件中，它可能起到了无法估量的影响。是这个要塞更换了阿迪杰河的主人。它让战斗局势迅速发生了变化。[……]然而，在军队从一翼撤到另一翼、前进救援或增援的过程中［……］，敌人既没有时间也没有手段展开围攻，只能封锁所有要塞，开几枪，连续发动几下炮击。这是战役要塞应有的实力水平。[8]

不管战役要塞的状况多么糟糕，即使它只需少量兵力防御，它都能给军队行动提供支持，正如拿破仑在谈到意大利奥索波战役时所说的：[9]

[……] 这种独特阵地满足了指定的两个条件：给军区提供保护，存储军火，并且只需要一小撮人就可以防御。这种阵地从不会陷入困境，因为要塞起了阻碍作用，削弱了军队实力，也是造成战役和战斗失败的缘由。[10]

边境线和首府城市

继存储要塞和防守咽喉地要塞之后，拿破仑提到了边境线要塞的第三种用途：

从敦刻尔克到莫伯日的阵线分布着数量极多、规模和用途不等的要塞，在三条线上呈正方形排列，因此若不能攻下若干个要塞是无法通过的。在这种情况下，一个小型要塞可以抵御从一点到另一点的大范围攻击，或者封锁防御工事的角隅。它可以在所有要塞中心创立另一种战争形式。弱势部队可以劫掠车队、突袭军火库而不用较量和冒险，使敌军撤围，或导致其行动失败。简而言之，德南之战本身是没有什么价值的事件，却将法国从大灾难中拯救出来。[11]

要塞体系成就了维拉尔元帅1712年在德南的成功。必须增加首府城市的防御力量：

如果维也纳能[在1805年或1809年]顶住攻击，这有可能会改变军事行动，但对在一个首都里可能遭受到炮弹轰炸的百姓有着极大影响。一旦我成为维也纳的主人，只需8 000或1万人作为防御力量就足矣。我很确信敌人不想烧掉整个城市，而且居民因为恐惧驻防军烧掉城市，都听话地留了下来。巴黎不仅过去应当加强防御，现在也是如此。我们今天的部队数量众多，而防御要塞却无法抵挡一支凯旋之师的步伐，结果就是任由敌人唱着凯歌一路前行，继而攻占首都。因此，首都的外围工事必须能经得起炮弹的攻袭。我一直都想这样做。[12]

强化首都及中心城市防御工事的同时，会给将军们带来一切资源、财富及影响力。地窖、公共建筑等可给仓库补充军需。这些城市几乎都有非常古老的防御工事，如砖石铺砌的城墙、闸门等等。这些都是极为有用的。除非防卫部队的数量与要塞部队数量相当，否则泥土防御工事无法抵御袭击。[13]

大都市是一个国家精英的故乡，所有的杰出人物都以此为归宿，他们的家庭也在这里。这是舆论的中心，是存储库。让一个如此重要之地处于毫无防御的状态，就是最大的矛盾：自奥斯特里茨战役之后，皇帝陛下就经常谈起这个话题，并让下属起草了数个关于加固巴黎高地的计划。由于担心百姓为此产生忧虑，加之后来以迅雷不及掩耳之势发生的一系列事件，都阻碍了他继续此计划的行动。

什么？人们说，您宣称要给有1.2万至1.5万突阿斯长的城市外围加固工事？那您需要80或者100个前沿阵线，5万到6万名驻防士兵，800或1 000个炮台。但6万名士兵就是一支军队。把他们用在前线不是更好吗？这样的反对意见通常都是针对大型防御工事，但它错在将士兵与普通人混为一谈。捍卫一座首都，可能的确需要50 000至60 000人，但不是50 000至60 000名士兵。在灾难横行的年代，国家可能会缺乏士兵，但从不会缺乏防御内部的普通百姓。5万人中，炮手就有2 000至3 000名，他们保卫着首都，阻挡30万至40万人部队的进攻。而5万人若非是现成部队，也没有有经验的军官统帅，那么3 000人的骑兵就能将其击溃。此外，所有的大型首都都有抵御洪水的外围工事，因为这些城市都建在大型河流之上。不管是通过自然途径还是消防栓，都可以给沟渠填水。这些要塞数量众多，其驻防部队数量也极多，并拥有一定数量的居高临下的阵地。如果不占领这些地势，是绝无可能贸然进入城市内部的。[14]

处于边境线周围的要塞应当拖延敌人部队的进攻，并阻止他们建造长线围城工事。战役部队是否应当覆盖整个首都的范围？这可能是最审慎的做法，但我们不能抽象地解决问题：

我们不可能不建围城工事或不封锁要塞就通过边境线。欧根亲王不敢这样做，于是输掉了两场围攻战[15]。1793年，库伯格亲王也没敢这样做[16]。1814年，联军因为害怕弗兰德斯阵线而绕过它，通过践踏瑞士的中立权，取道瑞士而采取军事行动。1815年，在通过索姆省之前，联军不得不采取围城战术，等待同盟军的到来。是拉尚布尔起义使得他们能最终抵达巴黎，而我不得已而放弃了。

最明智的做法是给首都建防御工事，但这个问题同样不能以一种抽象的方式提出。我们所应做的取决于一只会飞的苍蝇。杜莫里兹这样掩护了巴黎，库特佐夫则在1812年掩护了莫斯科。我掩护了巴黎。杜伦尼所率领的公爵[17]和孔代亲王的侧翼部队既没有被切断，也没有被包围。掩护首都并躲避起来，我们通常就胜利了。伟大的将领不会回答这样的问题。只要审视他们过去所做的，就会为他们这样的统军行为找到原因，而无需总结归纳出普遍性原则。[18]

防御至最后一刻

要塞在作战计划中有它自己的使命。它必须尽可能地抵抗最长时间。我们在第一篇第二章中看到，拿破仑担心过早投降。作为旧制度的忠实信徒，他一再重复，要塞只有在被围攻者打开突破口时才能体面地投降。他提出以下原则：

要想体面的投降，投降书上必须明确规定，驻地的情况已经到了非常糟糕的地步。[19]

防御要塞的军官不应该相信工程师计算的要塞抵抗时间，实际时间可能会远远超出计算。拿破仑坚持要将此点明确地列入梅茨炮兵工程技术学校军官培训的著作中：

工兵军官总是认为一个要塞能抵抗的天数是有限的。一定要大声叫喊出来反对这些怪癖。让他们看看这种想法多么荒谬，给他们举些有名的围攻的例子看看。在这些例子中，抵抗时间并没有像计算预计的那样，反而是进攻方耗费了大量的时间，要么是因为要塞的突围，要么是因为火力的交锋，要么是因为要塞积极防御而产生的各种形式的滞后。在一个突破口已经被打开的情况下，如果壕沟外护墙没有被炸掉，并且内部还尚存有火力，那么就还有希望。防御方在后方固垒筑守。让他们看看对突破口的进攻是怎么失败的。[……]他[著作的作者]应当学习一些稀有的案例，如制造虚假动静，误导敌人。他应当提出，原则上，被围攻的要塞指挥不应对自己的抵抗作任何奇怪的推理。要塞指挥应自认为是孤立无援的，无论这种判断对错与否。他唯一的念头只应该是防御到最后一刻。这些内容与路易十四颁布的命令完全一致，也是勇敢之士的行为典范。[20]

在被围攻的城市行使指挥权则要求军官应具备一些新的责任能力：

当一座城市陷入被围攻状态时，军官也就成为了某种形式上的最高统领，他必须审时度势，审慎行事。他不应当成为乱党的工具，也不应是先遣队军官。[21]

任何一处要塞都应当防御至最后的极限：

我们应当坚持到底，不要算计着是否有被救出的可能。投降，无论迟与早，都是一桩军事上的罪行。将领不应当只看到自己统辖的要塞范围，防御的范围要尽可能延伸，而不要去刻意寻求一些政治上的原因。[22]

为使要塞能尽可能地抵御更长时间，就应为其装甲，也就是说让其上层建筑免受榴弹炮的威胁：

当所有的军事设施都不能躲避炮弹袭击时，可以说这样的要塞防御是完全没有经过设计的。因而就会有在第一次袭击发生后，将领召开战事理事会，并提出投降事宜的情况发生。同样，只靠着几枚臼炮和榴弹炮，敌人也能攻占一个规划良好、能进行持久抵抗的要塞。[……] 在被围困的时候，除非将领本人有着钢铁般的意志，否则此时再建造防卫工事就已经太晚了。但我们无法将赌注押在这上面。必须假设将领是一位平庸人士，并在此基础上保持理性思维。[23]

一处要塞必须"积极"防御。在关于科孚岛防御一事上，拿破仑这样解释他的想法：

关于积极防御的首要考虑就是，不让敌人建立任何支配性地点。[……] 做法就是，让敌人远离能俯瞰一切的高山，并让其卷入对其不利的战争形势中，因为我们才是优势地位的主人，而敌人对这一点是束手无策的。让它疲乏，筋疲力尽，疲于奔命，因为围攻的优势就在于所选的位置，而反之亦然。[24]

在 1793 年撰写的《博凯尔的宵夜》一书中，波拿巴这样对他的读者说：

[……] 在军事艺术中，这是一条公理：待在堡垒中的人必将挨打：经验与理论都印证了这一点 [……]。[25]

关于查理·德·洛林在七年战争初期被腓特烈二世关押在布拉格一事，他有一句令人无法忍受的厚颜无耻的名句：

查理亲王本应冲出重围。部队就是用来被杀的。[26]

巨大的差异也体现在征兵方面：法国大革命的元帅们拥有几乎无限制的人力储备，因而可以策划更激烈勇猛的战争。在上文中我们看到，拿破仑要求他的将军们不去攻击，而是包抄堡垒阵地，从而保存实力。但这并不妨碍他用更为严酷的、甚至是血流成河的方式进行战争。这也是克劳塞维茨所强调的，他认为战争更接近它的绝对形式。

也有能够提高要塞防御能力的其他方式。与其从一端包抄到另一端，不如分工，各自长期负责一块明确的区域：

> 执勤事务不应由换班卫队来执行，而应让驻扎在棱堡、半月形堡垒及桥墩中空部分固定位置的营队或连队来执行。这是土耳其人的方法。这是防御的最好方法，也可极大地节省人力。[……]您因此可以做如下指示：若发生围攻情况，应给每处前线防御阵地配备一名军官及一部分驻扎在木板营的部队。这些士兵将一直守在这个位置。[27]

这种体系将使士兵产生更多的责任感，他们也将更好地守卫他们所习惯守卫的地方。1814年3月，约瑟夫·波拿巴也曾做出类似的指令：

> 命令要塞执勤采用土耳其方式，也就是说同一批人要长期负责同一棱堡的防御，并在同一军营就寝。用这种方法，就只用到我们普通防御方式的四分之一的部队人数。[28]

第八章　防御阵地

部队的机动性在大革命期间得到极大增长，此后所有的战役计划也或多或少地力求包抄或围困敌军阵地。包抄也指切断敌军撤退及交通线路。迂回包抄阵地意味着在另外一条道路前进时不刻意考虑、达成其目标。而防御技巧会给阵地的自然条件赋予防御的特点。[1]

虽然拿破仑有着进攻意识，但他也同样在意好的阵地的优势。对于他而言，选择阵地比古罗马希腊时期显得更为重要：

古罗马的营地和市镇总是隔开独立存在的：对军队来说怎样都是合适的，所有的力量都集中体现在冷兵器上。安营扎寨既不需要判断力，也不需要军事天分。而对现代的指挥官来说，阵地的选择、占领阵地的方式、安置不同部队的方式以及对不同地形条件的合理利用，这是一门体现其天才智慧的艺术。

现代部队的战术建立在两个原则上：1. 必须占领有利于部队发动投掷武器的阵地；2. 必须优先占领能够统领、延伸、纵射敌军线路的阵地。其优势在于能够受到战壕、胸墙或其他堡垒组成部分的掩护。[2]

在战争的所有行动中，一定要以争取优势阵地为目的。[3]

在巴勒斯坦，波拿巴对缪拉这样规定：

军事原则是：整个派遣部队能自行筑垒固守。这是在占领一处阵地时要优先考虑和留意的。[4]

LA DÉFENSE
LIVRE 6　防御

阵地的面积大小取决于我方实力大小。1813 年，由于缺乏骑兵，拿破仑规定，为了让步兵部队能够充分施展火力，阵地范围要铺展得足够广阔：

[……] 一定要避免阵地过于紧密，这会阻碍武器发挥作用，并会把优势让给敌方的骑兵部队。[5]

在圣赫勒拿岛，拿破仑强调战场防御工事的用途，似乎是过去大型战役的历次失败记忆还一直在他脑海挥之不去，他似乎意图保存更多的士兵力量，将他们纳入防御体系保护。他认为，放弃给部队提供堡垒庇护是毫无道理的。[6] 他承认，如果他早知能在 12 小时之内筑起防御工事，甚至是 6 个小时或 3 个小时内，这是有极大可能影响他的作战方式的：[7]

战场防御工事的准则还需完善。关于战争艺术的这一部分是有可能取得较大发展的。[8]

从 1818 年 8 月末至 11 月，整整三个月中，这位皇帝一直忙于战场防御工事。他将注意力放在这些枯燥无味的事物上，"似乎这还关系到整个世界的命数"[9]。他让贝特朗元帅做了大量的工程和方案，以至于元帅都无法像平日那样规律地记日记：

问题可以解决：战场防御工事原则还需完善。从古希腊罗马时期起，有关战争艺术的这个重要组成部分就再未有任何形式的进步，甚至其如今的发展还低于两千年以前的水平。应鼓励工程师去完善这部分，让这部分艺术达到与其他战争艺术相应的水平。在自己的办公室以一种教条武断的口吻发号施令可能是很容易的。另外，我们很确信部队的懒惰思想是很容易迎合的：军官也好，士兵也罢，都厌恶摆弄镐子铲子。他们很快就会得到热烈的回应：战场防御工事是一无是处的，千万不要修建。胜利是属于那些行走的、前进的、操练的人：不需要工作，那么战争就不会叫人很疲惫么？……吹捧的谰言是令人鄙视的。[10]

这种对于战场防御工事的关注并非在圣赫勒拿岛才产生。1806年，在普鲁士战役发起之前，贝尔蒂埃元帅负责给每个军区配备400至500件工具，每个军团则配备1 500件。[11] 苏尔特元帅在1806至1807年战役期间，收到数封与此相关的信函：[12]

动动土是极为适宜的。棱堡和战场防御工事正适合如此。除它们的实际用途外，它们还具备舆论上的优势。[13]

应翻动土壤，砍些树木围栅栏。这是保存步兵实力的方法，这样也无须担心骑兵的入侵。[14]

在1809年奥地利战役的前夜，贝特朗将军作为德国工兵部队的统帅，他必须为战役储备工具。[15] 在1813年战役中途，拿破仑让人完成了大批战场工事。地点主要在德累斯顿城市周围。从夏季开始，此处就是他的军事活动中心。这些防御工事带给施瓦尔岑贝格部队以停歇的机会，因为此时部队的力量已远不如出发时。8月26日的阻击及27日的胜利很有可能应归功于此。其指挥者正是大军团的主要统帅——罗尼埃将军。在还未读过其撰写的《战争艺术思考》[16]一书时，拿破仑就非常欣赏此人。甚至在1819年4月，拿破仑就让人对战壕的深度以及能覆盖一人的高度做了计算。让人惊奇的是，在读过罗尼埃的书以及对其作了点评之后，拿破仑尤其强调战场工事的用途，他坚持认为这一点应在其他所有力量之上。工兵部队将军贝特朗本人与罗尼埃十分交好，他高度赞扬拿破仑这些极具革新意识的建议。十字镐这样的工具将成为步枪真正意义上的补充力量。[17]

拿破仑战争思想的重要方面，也是经常被忽视的部分都集中在此类研究中，即在圣赫勒拿岛时，他提出的战场防御工事是保证防御阵地的最好方式。罗尼埃的评论可能激发了拿破仑在此方面的思考,而贝特朗将军则让他更好地认识到这一点。拿破仑预感到 19 世纪中期的发展趋势,[18] 他看到只需略加使用战场防御工事就能增强威力的利益所在:

步兵部队的力量在于其火力。当部队排列成数量巨大的行列时,其火力就更加令人生畏。在战役中,步兵排列为三行,因为众所周知第四行是根本无法射击的。第三行的火力效力就已经微弱,可以说是无用。然而,只要简单的布置一下工事,我们就可以掌控地面,让第三排、第四排、第五排、第六排可以互相无妨碍的射击。这就给步兵的火力提供了两倍、三倍的巩固力量。[……]

步兵部队和骑兵部队对抗的特殊之处在于,如果步兵部队被突破,那么就意味着彻底败北,而对骑兵部队来说,即使弹药缺乏,对他们也不会造成任何不利。因此,所有军官都十分关心加强步兵优势。只需一点工程,就可以将步兵覆盖在壕沟或者沙袋墙的掩护下。我们命令对抗骑兵部队的方形营队呈六行排列,这样实际上是弊大于利,因为削弱了三分之二的火力。但若照上述做法,六排步兵就可同时射击。这样骑兵部队前进时,他们所遭遇的火力将是极其可怕的!在三种方式或操作的联合就能对步兵部队起到有效的保护。[19]

克劳塞维茨自身也意识到"利用地面作为辅助力量"的优势。他将目光投射到未来,说道:"即使涉及重要的战术布置,这个优势在大多数情况下也会是有效的。"[20]

第九章　筑阵地工事和营地堡垒

在本章中,克劳塞维茨计划给阵地修筑强大的防御工事,意在将阵地变得坚不可摧。修筑防御工事不再以追求改善战役环境为目的,而是妨碍交战,保护整个区域。

营地堡垒和要塞独立开来，意图不在保护一片区域而是保护一支军队的实力。克劳塞维茨认为，当要塞处在沿海一线时才应竭力主张这种做法。另外，如果给所有阵地修筑防御工事，那么占据这些阵地就需要过多的部队，这就是有害无益的。[1]

在评论拉扎尔·卡诺关于要塞防御的半官方著作[2]时，拿破仑对筑营地堡垒给出了自己的看法。如果能看出其中利益所在，那么就不应该用随便的方式去修筑设计：

在本著作中有一个更加荒诞的理念：将一处要塞的所有军需品及弹药放置在筑好堡垒的营地。这样一旦要塞被攻占，营地能够抵御很长时间。看得出卡诺先生毫无战争经验，并且他对于战争并无深刻的思考。堡垒营地想要对抗我们现在的部队，可以说处境糟糕。几组交叉炮台就可以将营地每一处变为不毛之地，而后摧毁之。营地只能等待死亡，而不是致敌人死亡。最简单的想法就只能是拔出刺刀，突出重围。要想对抗我们现有的部队，它几乎是不堪一击。如果它没有一个有力的统帅，前面也没有大而深的、经得起侧翼发来的火力袭击的战壕，如果这个战壕没有砖石或者木头护墙坡（或者是凝灰岩筑的，但其性质是没有台阶，不会给敌人向上攀爬的可能性），任何土制的工事都是不堪一击的，也就是说经不起一个装备齐全，有60至80枚大炮（尤其是12型炮，或榴弹炮）的军团的袭击。除非它有水渠的掩护，或者地面能够形成钝角，以及地面有栅栏，才能起到保护作用。卡诺在关键问题上模糊不清，这个问题在于分清当没有24型炮和白炮的时候会被攻击的部分，以及当没有围攻的时候会被攻击部分的界限。在这样的情况下，卡诺提出，用长度为1万突阿斯[19千米]的围墙包围安特卫普，让工地免受炮弹轰炸。但更好的做法是让要塞彼此孤立，因为一个要塞被攻占，不会牵连到围墙内的其他要塞，并且即使一处要塞抵御到最后一刻，也不会经受极大的恐慌，因为围墙内的每一处都在驻防军队的视线下。[3]

拿破仑提议在安特卫普周围建立彼此孤立的要塞，而比利时军队直到1850年才开始修建。他预见到了19世纪会迎来特征性的防御工事的全面发展。虽然他不

想把军队禁锢在罗马式的营地内,但他竭力要求堡垒营地要广泛地分布开来。这样的做法在他的时代也被军队广泛运用:

自罗马时期以来,建立战场工事的原则就再没有改变过。难道这不能改善吗?罗马部队过去摒弃弊端、吸收优势的做法,难道我们不能采取吗?原因在于,如果这些优势对于 2.5 万至 3 万人的部队来说作用明显,那么它们对于 10 万至 20 万人的部队来说影响就是巨大的。这些大型部队目前不得不分成四、六、八个军团,各自的行进线路也不相同,他们在丛林、隘谷、山区分散开来。但如果遭遇两倍或三倍于自己力量的武力,他们就会被各个击破。在没有堡垒营地救援的情况下,以及在没有养成每天巩固营地工事的习惯的情况下,他们无法获得任何庇护。[4]

拿破仑关于营地防御工事的见解并不含糊。事实上,他并不意愿"自我禁锢"在任何一个体系内,无论是卡诺还是罗尼埃的理念。至于后者,他否认了更改沃邦在北方前线工程的想法:

沃邦在一些地区部署了营地防御工事,这些营地有河流、洪水、要塞及森林的掩护。但他从未宣称只靠要塞就可以封锁边境。他希望被防御工事加强的边境线能够给实力低于敌方的部队提供保护、支撑,起到阻挡敌军前进,以及提供优势进攻的机会和赢取救援时间的作用。

在路易十四遭受挫折之际,这套要塞防御体系拯救了首都。欧根亲王在战役中败北,失去夺得里尔的机会。[5] 朗德勒西的围攻给维拉尔得以改变命运的机会。[6] 一百年后,1793 年,在杜莫里兹背叛之际,法兰德斯要塞拯救了巴黎。盟军失败,未能夺取孔岱、瓦朗谢讷、勒凯努瓦与朗德勒西等地。这条要塞线路在 1814 年同样发挥了用途。为避开要塞,联军践踏了中立国瑞士的土地,取道汝拉山脉的狭路。在绕过这些要塞的同时,他们必须对要塞进行封锁并监视,这就使得他们必须耗费比驻防地官兵总数还要多的士兵来完成这一系列动作。[7]

拿破仑最初将沃邦设计的由火力覆盖的地区视作堡垒营地,并吹捧这些营地工事可以为10万人以上的部队提供服务,但随后他非常警惕罗尼埃将军所宣传的类似观点。后者认为,沃邦与其建五十个要塞,不如在边境沿着其它通向国家中心区域的类似线路上修建五六个营地工事。这显然会引起极大的开销,但沃邦的要塞也绝对有存在的理由。罗尼埃从工程师的角度来思考,他惯用技术类及几何学般的解决方案。拿破仑虽然偶尔也有诸如此类的做法,但此处他批评这位过去的将军也不是毫无道理的。他提醒大家注意,封闭在营地工事内部有危险:

防御一个首府城市是应该将其直接掩护起来,还是将其封闭在后部的堡垒营地里?第一种方案无疑是最安全的:它可以保护河流、山谷隘口的通道,创造战役阵地,强化内部军队力量,为战斗提供优良阵地,同时还能让敌人不经意间就自我削弱力量。将己方封闭在营地工事里则是个糟糕的方案。我们就会面临被胁迫、封锁的风险,甚至会出现为争取面包和草料而手不离剑,随时准备战斗的情况。为供养一支10万人的部队,每天需要400或500架车辆。而侵略军若有超出我们三分之一的力量就会阻止车队行进。它不用密封这个广阔的营地工事,只需让其挨饿。一旦物资难以抵达,饥荒就会一触而发。

第三种方案则是运用策略,既不让我们要防御的首府陷入绝境,也不让其封闭在后部的营地工事内。为此,我们需要一支优秀的部队,以及一位优秀的将军、优秀的司令。一般来说,将要保卫的首府暴露给敌人的想法本身就包含着一种漠不关心的态度,并且会将我方的不利局面迅速展现给强敌。[8]

比起营地工事的理念,拿破仑尤其反对教条主义。在一段结束评语中,他提到,"未确定的物理数学问题是不能通过基本几何方程式来解决的"[9]。在提到大战术时,我们引用过这段话。

《回忆录》里的一段话暗示他曾经指责罗尼埃将军在他之前就将他已有的想法发表出来。拉斯·卡斯转述如下：

他说过他为安特卫普做了很多，但相较于他打算做的，这算不得什么。他曾想把海洋变为给敌人致命一击的地点，他也想把陆地变为大灾难发生时的一处希望之地，一个能真正提供国家范围救援的场所[10]；他想将这里改造为有能力接纳一支溃败部队的地方，并能利用壕沟和间隔坚持抵抗一年，这样国家将会在此期间派出大批救援，采取进攻。他还补充说道，这样的五至六个要塞就是他计划在未来引入的新型防御系统。[11]

第十章　山地防御

山地防御一直以有力、快速著称。这自然是因为在山地，长纵队的攻击显得十分困难，并且一个小小的岗哨就可以发挥极大的威力，这得益于陡峭的斜坡掩护了岗哨的正面及入口。在山地，选择一个有利的阵地能给一个简易的、只有少量驻军的岗哨以巨大的力量，让敌人停滞不前。[1]

拿破仑的思考也遵循了这一点，这是其战术思想的一部分。1817年2月，在大革命战争期间，他谈论到阿尔卑斯山区的军事行动：

对于山地战争，我提出一个大的原则：进攻的技巧就是让对方进攻，因为大自然已给我们提供了极好的阵地优势。对于进攻而言只有劣势，除非我们没有占据有利地势。因此想采取进攻的人必须在山脊或敌军后方建立几处阵地，这样就会妨碍他们，并让其不得不想方设法解除你们的岗哨，采取进攻。[2]

山地很适合防御。1817 年，关于此方面的论述又得到了发展：

在山地战争中，应让人进攻而不是主动出击。这才是天赋。敌人占据了有利地势吗？必须占据有利地势逼迫敌人进攻，或逼迫其占据后方阵地。[……]山地比河流带来的障碍多得多。跨越一条河极为容易，但像汝拉那样的山脉，就只有两三条通道。假如有不能通过的地方，几个小时足以在这些地方建一座桥，但要建成一条路则需六个月。如果撒丁国王没有修建好一条通往山脚的路，那么在马伦哥战役中，我就不可能穿过阿尔卑斯山。我们可以加把劲建造两三古里的糟糕通道，但 15 古里的距离就不行了。如果防御城市和巴德堡的驻防军太多，我也是不可能通过的。[3]

拿破仑承认，他在 1800 年曾孤注一掷，同样的行为本不可能发生第二次。但奇怪的是，他并没有吸取第一次意大利战役初期的教训。面对奥地利和皮埃蒙特联军，他将两军隔开，采取了山地进攻。克劳塞维茨也是这样做的。他认为，山地阵地的防御能力是不言而喻的，但这是相对的，这受制于战术水平。在战略层面，大革命战争显示出，进攻可以让力量凝聚在一处，突破延展范围非常广阔的阵线。对克劳塞维茨而言，山地防御将会在总体上遭受失败。[4]他想到了哪一场战役呢？是 1796 年 4 月蒙特诺特那场最辉煌的战役吗？[5]

第十一章　河流防御

河流大川也具备建立防御阵线的优势。意大利北部的战况尤其表现出河流防御的优势：

波河通往亚得里亚海北部，该河流的右侧沿岸是意大利或法国军队意欲采取的线路，抵抗来自德国方面的进攻。这条路线覆盖了整个波河山谷，合住整个半岛，并覆盖意大利的上中下部地区。这是最佳的防御路线。注入波河的河流沿线将波河河谷分开，并将意大利的中部和下部暴露出来。在波河的两岸需要两支可调遣的队伍。

覆盖波河河谷的路线就是伊松佐河、塔格里亚门图河、利文扎河、皮亚韦河、布伦塔河及阿迪杰河。[1]

捍卫河流通道尤其需要炮兵部队。[2]

1809年，一份长长的笔记里记录了拿破仑强调在河流或大川组成的长防御阵线中时间因素的重要性：

我们只能期望一条防线具有以下优势：让敌军阵地处境艰难，以致其会错误行动，并受到外部力量打击，或者说，如果我们的脑海中有一位谨慎而才华横溢的将军，防线优势会让他从容不迫地越过障碍，从而争取时间。相反，从法国军队方面来说，这样的防线让阵地情况简单明了，即便是软弱的将军也不会犯大的错误，并最终给他赢取救援的时间。战争艺术如同力学，时间就是介于质量与功率之间的重要要素。[3]

这种对力学的影射，是某种极具意义的思想表达，暗示了防御能够增加力量，这一点与克劳塞维茨关于防御优越性的论断相去不远。在类似的想法中，后者认为进攻可以决定时间，而防御可以决定空间。[4]

当要塞位于离水流不远的位置时，对于有秩序撤退的军队来说是有意义的，这可以让其在水流附近和要塞中间拥有一块地盘：

这应当是工程师要记住的一课，不仅要建造桥头据点，他们还必须在要塞和河流中间留出一块空间，以便部队在进入要塞之前，可以在此重整旗鼓，重新集合，以免危害要塞安全。[5]

1808年整个夏季，法国军队在埃布罗河后方撤退之后，拿破仑写下了如何设计此类防线的片段：

在守卫埃布罗河防线时，将军应当预计到敌人有可能采取的所有行动。[……]无论作何假设，一定要预想没有过多的磋商时间，因此应当采取从右到左或从左到右的灵活态势，避免过多牺牲，因为在联合作战中，反复摸索、犹豫不决都会导致随之而来的矛盾形势及厄运。[……]这不是毫无根据的，因为敌人为了利益，会通过掩盖其真正的攻击点而隐藏力量，其攻击行动也从不会以实际方式表现出来。将军只能通过对阵地形势的深入了解，以及设计圈套让敌军进入攻击系统的方式来猜测对方实力，从而达到保护防御系统的目的。[6]

应当为自己准备攻击的余地：

河流不是一般的防线，它只能通过建立攻击点来实现防御，如果只有防御形式，就可能会一无所获。但将防御和进攻行动联合起来，我们就有更多机会追击敌人，而不是被敌人追击。[7]

不要抱有幻想：河流、大川防线总是强行夺取的。一定要在河流另一岸设置桥头据点：

一条河流，不管它是否与维斯瓦河一样宽，是否和多瑙河入口一样湍急，如果在对岸没有出路和快速进攻据点，这条河流就什么也不是。至于埃布罗河，简直一无是处，我们只能把它当作一条曲线。[8]

从来没有哪一条河流会被当作是障碍，延缓部队行进。要想守住通道，只能在河对岸建立好桥头据点，并派精锐部队防守。一旦敌人开始通行，我方就能够立即采取攻击。但若只想防御，就只能合理部署，让部队能大批聚集，在敌人通行至对岸前对其进行打击，除此之外，别无他法。但这一点要求地形条件允许，同时需要提前做好所有的布局。[……]

在河流对岸沿线部署防御，没有什么比这更危险的了。因为一旦敌人突袭通道，发现部队处于分散的防御态势，就会尽力阻止部队聚合。[9]

这些关于优势和劣势的思考对克劳塞维茨起到了启发的作用。如果防御阵线在任意一点上被强攻，之后就不会有可持续的防御，与山地防御的情况一样。在历史上，有效的河流防御案例是非常罕见的。我们相信可以做如下总结：河流、大川并不能组成坚固的防御系统。然而它们的防御优势是无可争议的。[10]

第十二章 沼泽地带防御——洪水

1807年春，拿破仑在研究对抗俄国人的军事行动时仔细研究地形，派出了负责勘探的军士长吉米诺[1]。他想要利用东普鲁士的沼泽地：

必须探查清楚整个阵地的情况，了解我们可以利用的沼泽和自然障碍有哪些。在现在这种情况下，所有的障碍都是有利的，因为它能将人数不多的军团置于人数较多的军团的掩护下，强迫敌人耗费时间作出部署。[2]

除了堤坝，对于步兵而言，沼泽完全无法通行，这比跨越任意一条河流都要难得多。如果通道不多，那么沼泽地就是属于最强防御阵线中的一条。至于洪水问题，可能只有荷兰这一个国家是尤其需要注意这个现象的。[3]

英国人和俄国人都是好士兵。荷兰人则平庸无奇，逃兵很多。但在一个像荷兰这样的国家，处处都有无法通行的水渠、沼泽或洪水，每一步都能找得极具优势或者说不可攻克的阵地，即便部队力量很弱，防御起来也是极具优势的。[4]

第十三章　线型防御

"'线型防御'一词适用于通过在一条线路上建立哨所的方式，达到直接保护一个区域的防御情况。"[1]这条线路只能抵御力量薄弱的进攻。中国的长城就是在这个意图上建立的，是为了抵御鞑靼人的入侵。线型防御为亚洲人民提供了庇护。在他们那里，战争几乎是常态。线型防御也曾在欧洲存在，当时是为了对抗土耳其人。目的是为了阻止弱小力量的军事行动。在大革命期间此方式也曾被使用过。有一段时间，奥地利和普鲁士的参谋部曾认为，线型防御可以成为抵抗任何进攻的外壳：[2]

博利厄将军想通过线型防御保卫明乔河。这个体系在防御范畴上只会有害。[……]将部队沿着河流散开，力量就削弱了。而如果在位于里沃利高原前端的加尔达湖和阿迪杰湖中间的山丘上占据一处好的阵地，并以战壕掩护，部队就会更强。[3]

1800年3月，马塞纳将军正在意大利进行防御战，与此同时，第一执政官开始培训后备部队。第一执政官叮嘱他避免线型防御：

不要进行线型防御，让您的部队在热那亚附近集合起来，把兵站放在萨沃纳。这才是真正的军事方针。如果这样做，您可以凭3万人之力击败5万人，您也将获得不朽的荣誉。[4]

很难守住线型防御的每一点。1806年，约瑟夫在登上那不勒斯宝座时，拿破仑重复了这句话：

并不是将部队分布在各处你们就能守住每个点，而是要让部队在运动中守住它们。[5]

虽然您想要守住那不勒斯王国的每一寸土地，但是您并不具备法国那样的兵力。[6]

您是否想要通过线型防御守卫整个边境？那您只会处处薄弱，因为一切与人有关的因素都是受限的：炮兵、资金、好的军官、将军，这些都是有限的。如果您不得不四处分散，那么您就没有一处兵力强的地方。[7]

1808年的夏季，约瑟夫需离开他的新首都马德里。在关于约瑟夫采用的防御系统方面，拿破仑给贝尔蒂埃元帅写了一封评论：

他们采用了线性防御系统？他们是想要阻止走私还是敌人的进攻？[……]是什么事情让国王采取了线型防御？经历了十年战争，难道还要回来再做这些蠢事？[8]

一个月之后，他重复道：

我们已经让大家知道，线型防御系统是有害无益的，并且像莱茵河和维瓦斯河那样的防线，只能占据通道桥，发起主动攻击。[9]

对走私的影射在拿破仑的另一封信中也被提及。此信由贝特朗将军执笔,写给1814年1月防守比利时的迈松将军:

陛下根本不同意修建20古里的防线计划。预防走私是可以的,但这种战争体系从未有过成功的先例。[10]

第十四章 国家要害之地

在批评1796年在德国的军事行动时,拿破仑谈到了乌尔姆这座城市:

它是多瑙河上的重要阵地,也是从图林根延伸至蒂罗尔中部的多瑙河盆地区域及德国的要害之地。[1]

在1797年1月14日的战役中,里沃利高原是"整个阵地的要害"[2]。当提到奥斯特罗德,这个表达也再次被使用:

奥斯特罗德要塞是最具重要性的。必须将其维护在完好无损的状态。这是比利时的要害。[……]这是需要防守的要塞,因为一旦敌人成为这里的主人,他们将会缓慢地接近比利时或安特卫普。这促使我想要首先在距离要塞城墙400或500突阿斯距离的沙丘左右建立两座防御工事。[3]

拿破仑极有可能是从经常使用"要塞"一词的劳埃德那里获取了这个概念。克劳塞维茨批评了这种表达方式,虽然这给某些理论以科学的外壳,但却有其模糊之处。事实上,这个词有时指代最容易暴露的地方,有时又指代国家最坚固的地方。对于他而言，这个词所指代的应该是一个地区。只有将该地区拿下，军队才能真正深入一个国家内部。但拿下该地区，也不意味着其他全部地区尽为囊中之物。因此该词含义正确与否根本无关紧要，这是"法术"[4]的问题。

第十五章　内线撤退

拿破仑并没有将1814年的法国战役从实践提升到理论层面。然而他却强调，部队在撤退行动中，深度撤退是必要的：

当你们从第一处阵地被驱赶出来的时候，必须将在前端的纵队重新集合起来，这样一来敌人是无法预知的。因为你们将来遭遇的最恼火的事情就是：在集合之前，纵队将被各个击破。[1]

当他做出下面的思考时，他很有可能想到了对俄国的倒霉的远征：

如果一个人同意放弃他的国家并将其所得拱手送出，那么让他去勉强交战是不可能的。[2]

同样，对1812年俄国之战印象深刻的克劳塞维茨多次分析了内线撤退的情况。撤退时，为拖垮进攻方的精力，守卫方会心甘情愿地后退。他承认，任何一个欧洲国家都没有俄国那样延展的版图，撤退至几万里的深处几乎是罕见的。"但像1812年的法国那样的强国也是少见的。战役初期，法国军队拥有两倍以上的兵力，还有毋庸置疑的高涨的士气，这种优势就更是少之又少的了。"[3]他列举了别的较短的撤退路线的例子：1792年面对斐迪南的杜莫里兹的撤退，1810年面对马塞纳的威灵顿的撤退。以上两种情况,不用发起大型战役就可以将敌人拖垮,致其失败。

虽然拿破仑非常信任沙普塔尔,他还是高度评价了威灵顿的撤退之举:

就是这样一个人[……];在一支比他强大很多的队伍面前,他不得不逃跑,但他在敌人与自己之间了创造了80古里距离的一片沙漠。他延迟了行军的步伐。让敌人不断缺乏物资,从而导致实力被削弱。他很明白如何不用战争之力而将其击垮。在欧洲,只有威灵顿和我有能力执行这样的策略。但他与我之间,只有这个区别,就是这个法国,我们称之为法兰西的国家,将会责备我,而英国人将会称赞他。在埃及,我从来没有自由过。在埃及我也采取过相似的策略。人们谈论过很多次帕纳蒂纳火灾。我们可怜的历史学家还在此事上继续中伤路易十四。因此光荣是一点也不会属于这个国王的,而是完全属于他的大臣路瓦。在我眼里,这是此人一生中最辉煌的行为。[4]

1689年,为阻止在帕纳蒂纳的罗马人危及法国的安全,路瓦让人有步骤地焚毁了帕纳蒂纳的村庄和田地。这个行为引起整个欧洲的愤慨。拿破仑为战争中他不得不遵守某些约束而再次遗憾。

第十六章　人民武装

罗马宫廷在1797年2月发起人民武装以对抗法国,结果却是无疾而终,对此拿破仑引出了如下问题:

当一个国家没有管理干部,也没有军事原则时,想组织军队是件很难的事情。法国之所以能在1790年组建优良的部队,是因为有好的底子。贵族流亡给国家带来了损害，但更多的是改善了这个底子。罗马涅和亚平宁山脉是狂热之地；牧师和僧侣的影响是巨大的；传道说教及圣迹收效很大。亚平宁人是生来英勇的。在他们身上还能找到古罗马人性格的零星体现。但是他们无法抵抗任何一支只有极少兵力，且训练有素、纪律分明的队伍。布斯卡主教经常援引旺代的例子。旺代当时处于一个非常特殊的境况——人民尚武，且有相当数量在部队服过役的军官及（陆军、空军的）士官。我们派出的部队在巴黎的大街上被打得落花流水。我方的指挥官们都不是军官出身，而且净干蠢事，这也无形中让旺代人得到了锻炼。最终委员会采取了极端的办法，雅各宾派也没有留给这些人民一丝折中的办法：以死亡来对抗死亡。最好的办法就是防守。我们很清楚，如果在这场对抗罗马教廷的战争中，不采取镇静剂，不争取成功的话，我们就会首先经历失败，然后再求助于那些极端的血腥手段。一个旺代能最终在亚平宁半岛上矗立：严酷、鲜血、死亡造就了大批狂热分子，勇敢而绝望的决心造就了大批殉道者。[1]

高卢人面对恺撒不堪一击，这可能和意大利城邦的不堪一击有类似之处。在强调保留一支一线部队时，拿破仑重复道，不能过度依赖人民武装：

当时，高卢人既没有国家意识，也没有省份意识，他们只有城市意识。就是这样的意识铸造了意大利人的监狱。特殊的家庭或城镇意识与国家精神、自由的普遍理念相对立。从这个分裂处可以看出，高卢人没有任何一支训练有素的一线部队，也没有任何军事科学及艺术。并且，如果恺撒的荣光只是建立在对征服高卢人的举动上的话，那么这就很说明问题了。

任何一个国家，如果始终不重视一线部队的重要性，总是依赖征兵或国民军，就会遭受和高卢人一样的失败，甚至连像高卢人那样顽强抵抗的荣耀都没有。高卢人靠野蛮粗化的做法、依靠森林、沼泽、坑洼及无法通行的地况来抵抗，倒是有效阻止了进攻，增加了防御的有效性。[2]

在亚眠和平条约时代，第一执政官在国务委员面前沿着反对建立地方附属军队的方案说开去。这些附属军队由新入伍的青年组成，在入伍之前，他们将接受退役军官的领导：

组织建立附属军队一点也不符合目的。相反，这只会让新兵形成地方意识，而不是军队意识。另外，在和平时期，你们想让我们把这么多人变成什么呢？应当只在需要补充兵力的时候征兵，其余时间让其处于自由状态。我倒很需要让某些人恼火、生气……要想想艺术、科学、工艺（这些方面）……我们不是斯巴达人。我们只能在战争时期组织后备军。[3]

在法国即将被攻占之际，1814年1月4日的法令让9个受到直接威胁的省份组织了一次全民入伍。法兰克军团和党徒帮派都是招募的对象，但实际上最终并未招募到太多人。[4] 1815年，面对欧洲联盟，拿破仑又准备开展全民入伍，他给战争部长达武元帅写道：

全民入伍的对象为所有国民军、护林员、宪兵、优良市民及雇员，必须由各省组织，听从阵营元帅的命令。元帅要么是负责国民军，要么是指挥各省的人物。在警钟敲响后，全体集合。部队总司令应指出全军集合点，如峡谷、桥梁要道，或者与民众约定，在紧急日前来援助军队，从侧翼及后方袭击敌人。总司令将是全权指挥，指定一位参谋部将军负责整个通信联络及全民集合。在每个省区，总司令应指出民众重点防御的桥梁、峡谷及封锁的城市等。他必须给出指令，让在田地劳作的居民能够根据地方情况，通过城堡、栅栏或桥头堡来防御他们的城市、城门、桥梁等，这样一来，轻骑兵、负责指令的军官、军队及骑兵就无法分散开来。[5]

1815年的全民入伍并没有像1814年那样精心组织。拿破仑拒绝武装那些支持他的（1815年法国"百日事变"期间的）联盟军军人。[6] 在一场演变为内战的战争中，武装人民的话题于1818年1月的对话中被提起。古尔高说道，从今往后，我们再不能像过去一样用武力攻克别的国家了。拿破仑补充说道：

> 火器是抵抗征服的，因为一个普通的农民只要拥有这种武器，就可以成为勇敢的人，因此在内战中，如果全民拿起武器，那么新形势下就会出现新的际遇。[7]

对于他而言，西班牙战役并不能证明什么。但他指责当时形势不利，以及他的将军和兄长的表现不佳，是为了挽回其名誉。查理·艾斯戴尔*的研究证实了游击队的角色被政客和政论家过分颂扬了。事实上是常规军起了主要作用，尤其是威灵顿的军队力量。西班牙和葡萄牙游击队起了一些作用，但相较于"人民武装"[8]这个字眼，他们顶多是土匪联合。

不管怎样，武装人民的任务不再是常规军的任务。必须给要塞提供驻防军力量的支持：

> 要塞驻防军必须从人民力量中抽取，而不是现行部队。过去省区的民兵团就是这个用途。这是国民军最好的特性。[9]

对于克劳塞维茨来说，"人民战争总体上应被看作是被现代战争因素打破了旧的人为障碍的结果，因此有了我们称之为战争的事物的不断发酵和升级"[10]。在他看来，根据唯一总体作战计划，人民涉入的战争必须和常规军发起的战争联合起来。全民入伍不应成为对抗敌人或是其他任何一个大规模军团的主要队伍。"它不应尝试去打破核心力量，而是腐蚀和耗损其表面及边角力量。"[11]这个观点与拿破仑的观点不谋而合。

---

* 查理·艾斯戴尔，利物浦大学讲师、学者，研究拿破仑战争。——译者注

第十七章 战场防御

1800年4月，在成为后备军指挥之前，第一执政官披露了他对共和国防御体系的想法：

政府采用的战争体系，就是让军队在同时具有进攻和防御优势的几个点上大批集中。边境省无需担心，过去曾在整个战争期间有军队驻防的点今天已经撤防了。让他们左右看看，周围有无数更优良更集中的军队。这些军队不仅能威胁想要踏进法国领土的敌人，还能打几场漂亮的仗，抹去我们在上一场战役中遭受的耻辱。[1]

在这段话中，拿破仑向我们呈现了与线性防御体系相反的防御体系。这个理念与克劳塞维茨名为"重心"的一章中提到的重要概念有着相近之处。对他而言，进攻者必须朝着敌国部队最为集中的地方实施打击。作战略判断必须识别这一神经痛点。战场无论大小，只要具备相当规模的军队数量，都代表着它能演变为一个独立的"重心"。"这里才是下决定的地方。只有在这里取得胜利，才能防御好更广义的战场。"[2]

拿破仑只打算发起攻击战。他总是为法国的防御状况担忧。1792年的敌国入侵还时常浮现在其脑海里。他预感到入侵很有可能从比利时平原上再次发起：

这不同于法国的地形，他们不能企图将其密封包围；[……]相反，他们以科隆作为突破口，可以直接通往布鲁塞尔，再从布鲁塞尔通向安特卫普和奥斯特罗德。这就可以让他们获得一个美丽的国家，并把荷兰分割开来，再和我们永远的敌人联合行动。当他们抵达安特卫普或者奥斯特罗德时，英军登陆给予了其有力的支援，可以说他们就已经成功了。

在所有意图对抗我们的联合力量的作战计划中，这个计划是我们尤其要坚决抵抗的。[3]

在他漫长的军事生涯的不同阶段，拿破仑对某些特殊地形战场的防御作了一些总评。在谈到"地形"时，克劳塞维茨也非常重视这些方面，但他的理论分析部分并没有涉及各个方面。埃及战役和叙利亚战役让拿破仑看到了战场防御中沙漠起到的障碍作用。拿破仑对此非常欣赏。他有穿越整个西奈沙漠的经验：

在覆盖帝国边境线的所有障碍中，像西奈这样的沙漠毋庸置疑是最大的。而诸如阿尔卑斯这样的山脉则位居第二，河流居第三位。原因在于，如果搬运食物都有如此大的困难，而且几乎是无法完全成功的，那么在随身携带水、草料、木材等沉重的东西时，比起通常在营地就能找到这些东西时，困难就会变成通常的20倍。[4]

偏远战场的防御也会带来特殊问题。作战部队通常是二线部队，当其受到袭击时，它无法指望立即得到援助。这样的部队通常作为远征军军团形式存在的。当马尔蒙领导的部队必须征服普莱斯堡和条约中奥地利割让给意大利的达尔马提亚时，拿破仑对此展开了全面思考：

对于一支超出我方在达尔马提亚两倍至三倍兵力的部队，如果它又是按照数量比例布局的话，想要阻止它在80古里外海岸线上的某点登陆，并阻止其获取决定性优势，这是压根做不到的。

同样，如果一支更强大的敌军取道奥地利或土耳其边境，想要阻止它压倒我方在达尔马提亚的部队的优势，这也是根本不可能的事情。

但是难道要6 000人、8 000人或1.2万人在几场战役后死伤殆尽、弹尽粮绝，才能让我在达尔马提亚立足？如果弹药、医院、军火库盲目地分散开来，一旦敌人在战场上取得优势，难道要它们统统沦为敌人的猎物？不。这就是我必须要预防和避免的。只有建好大型要塞及存储工事,我才能这样做。这些工事就像整个达尔马提亚防御体系的内堡,能够容纳我所有的医院、军火库及全部机构。我在达尔马提亚的军队可以在此处重新组编、整合。我方要么闭门不出,要么就是在实力与敌方相当的时候重新发起战斗。这样的要塞,我称之为中心要塞。只要它存在,即使我方部队失败,但也只是战役中的寻常损失;只要它存在,部队就能在获得喘息和休息的机会后重新获得胜利,或者说,至少它给我提供了这两个优势,让我在要塞争取三倍的力量及三到四个月的时间去救援部队。其原因在于,只要要塞没有沦陷,一个省的命运就没有被最终定夺,并且用于防卫一个大省的巨额物资就不会丢失。[……]

中央要塞一旦存在,我手下将军的所有作战计划都应把它考虑进来。一旦数量占优势的敌军部队在某点成功登陆,将军应当发起一切行动,确保敌军在中央要塞撤退。

敌军一旦进攻奥地利或土耳其边境,法国将军的一切行动都应当考虑这些因素。若不能守卫整个省份,那就要在中央要塞看住它。

所有军火库将会集中在此处,所有防御手段都应竭力用上,将军们所有行动都将为一个恒定的目标服务。当我们以上层意志为主,建立一个长期的中央要塞,一切都变得简单、方便、果断。我们会体会到这个要塞带来的安全和简便,以及它给士兵带来的士气的满足感。它的存在和保护功能会影响到每个人,让人们感觉我们似乎一直都在。一方面,海上集结了敌军的军舰,另一方面,巴斯尼亚的山脉到处是野蛮人;再者,当我们把克罗地亚视为敌国时,在它崎岖的山脉撤退几乎是不可能的。如果在这种情况下没有一张适用于任何状况的简单且标示清楚的作战图,部队就会忧思过多。一张简单明了的作战图,就是扎拉[5]的城墙。假如在历经数月战斗之后,我们始终将躲避在供应充足的要塞里闭门不出作为一个权宜之计的话,那么我们获得的就不仅是生命的安全,而更多是荣誉的保证。[6]

为防止英军在荷兰海岸登陆,拿破仑向他的弟弟路易简要概述了应当采取的行动：

让在中心据点的后备军看守边界。我的指令里已经说得很清楚了。[7]

那不勒斯王国在抵御英军登陆时可能会产生类似的问题：

假设英国人在加里波利部署了强大的兵力，与你方兵力悬殊。他们已经作好了打持久仗的准备，并在卡萨诺部署了一支前锋部队，只隔几个边境省的距离，就能够给这支部队两三个旅的支援，那么你们就必须在三天之内再聚集9 000人的兵力，增强实力。如果他们自认为实力不足，他们就会从一个边境省撤出，再获得3 000人的增援。当你同时要守护好几个点，并且你并不清楚敌人会攻击哪一个点，就只能这样作战。[8]

为防止一切可能发生的战况，必须具备在任意一点快速聚集部队的能力：

我看到的情况是：您有太多的部队分散在各处。[……]战争的艺术在于让部队尽在掌控之中，让部队同时在某处出现。比如，在布伊耶部署2 600人以上的部队，必须将该部队四分之三的兵力按以下方式分布：一部分部队两天能赶到卡萨诺聚集，一部分四天内能赶到加埃塔聚集。而在加埃塔部署部队的方式是必须让其能在一天之内返回加埃塔，甚至如果情况需要，能让其赶到那不勒斯。我想要一支部队，兵力比您的少，但比在卡萨诺、加埃塔的多，必要的话，兵力甚至要超过在阿布鲁佐及布伊耶。请您不要草率地读这些。部署部队的方式是战争的最大艺术。不管敌人怎样行动，始终将你的部队按照聚集时间最短的方式分布。[9]

几天之后，约瑟夫又收到了类似的信件：

让各支队集合，小心经营您的集合部队。[……]让您的每一据点都没有明确的目的，如果您只从这样的原则出发，敌人就不会集中兵力攻击某一据点。如果您同时防守所有据点，您就会什么也守不住。让您的巨龙集合起来，形成一支后备军。[……]

9月末，您的部队刚刚集合，准备休养和实施机动，舆论就对您部队的表现给予了高度评价，这种舆论传播到了整个王国。舆论要比部队本身的实力维持的更久。[10]

从1793年起，类似上述的想法就已经逐渐成形了。拿破仑在20岁时，头脑里就已经有了关于战争的主要思考：

自20岁起，拿破仑就大量斥资修建科西嘉各个要塞的防御工事。钱总是花得恰到好处。岛上每一处据点都能抵抗哪怕是最小分队的进攻。理由很简单。如果想要给大批的据点加筑防御工事，就会疏于防备。尤其是这样一个多海湾的地方，就会难以抵御英军登陆。必须将力量使在一处，挑选好地址，尽可能用战争艺术的一切资源给它提供防御。如若遇袭，就可以在此处聚集防御力量，将它变为与陆地连接的连接中心，就像是可以慢慢抵抗岩石的房屋。

这个据点必须尽可能靠近法国。该点的吃水能力要保证能容纳一支船队，且具备强大的防御能力。在进行内部防御时，其海岸优势能让集合部队方便离开。圣弗洛朗就具备所有这些有利条件。如果在巴斯蒂亚、阿雅克肖、博尼法乔，用大批资金给它们建造防御工事，那么任何一支舰队都会被击退。如果不这样做，巴斯蒂亚、阿雅克肖就已经丧失防御能力，防御只会加剧两地的损耗。而圣弗洛朗则处在一个罪恶的无防备状态。[11]

我们在1794年的思考中再一次找到类似的想法。此时，年轻的波拿巴将军向公安委员会建议：与其防守，不如在皮埃蒙特展开攻势：

当两支部队均处于守势时，能快速集合、奇袭制胜的部队，必须能和对方势均力敌，才能一直取得优势。[12]

要对抗海上霸权，防御岛屿是不可能的任务：

[……] 英国人与俄国人是海上霸主，总是随意占领他们想要的岛屿，然后再在这些岛屿上安置五倍以上的人数。[13]

在意大利北部，防御建立在河流与要塞的基础上。这条防御线不能以线形方式展开。要清楚如何根据敌人的攻击形势，合理利用地形优势，掩盖兵力从一处到另一处的调遣移动：

不管敌人采取什么行动，都要巧妙地把防御工事分布开来。只需一半实力及同等天赋，就可以让将军的指挥变得简单。一切情况都可以为其所预见，并为其指明胜利的方向，而让敌人面临重重困难。这是防御工事能给战争带来的唯一优势。如同大炮的功能一样，防御工事也只是达成目的而启用的武器，它要求精妙地使用和操作。我能领会到，这些军事行动成功的保障在于，从龙科的阿迪杰河的右岸到安圭拉和威尼斯的交通线路必须精心布置。必须让人重视到这一点，保证在一夜之间以及相隔几个支队的距离，部队就能到达阵线的某一前沿地。任何一个经验老到且审慎的将军都不敢在这个从龙科延伸至马格拉的大型防御工事前贸然行动。法国军队会在其后方悄然行动，让敌人无机可乘，并能在每个日出之时聚齐力量，打击敌军分散的后方及侧翼部队。[14]

小 结

防御给弱势方以加倍的力量。这是战争的最强形式。拿破仑提倡在部队没有经历太多锻炼的情况下使用守势，隐晦地宣告了克劳塞维茨的这一著名论断。然而在大部分情况下，他本人是战术攻击的拥护者，并主张火力进攻。在战略上，他总是根据情况和地势来判断进攻或防御的优势。战略防御必须准备军需纵队、中间阵地以及军事部署，这样彼此之间可以相互支持。

在无数军事报告中，他发现在防御战中，防御工事具有如同攻击战中同样的有效性。在战斗中，存储要塞是必须的。即使要塞是小规模的，有很多缺陷，也能起到大作用。他想为巴黎加筑防御工事。于他而言，要塞应抵抗到极限。防御必须是积极的，不应让敌人占据居高临下之地。应由同一批人一直守卫同一区域。

在战役中，选择好的阵地是首要之举。这个选择关系到是否能够开动最大火力。在圣赫勒拿岛，他为未能充分使用战役防御工事而感到遗憾，号召要完善此方面的战争艺术。他同时强调建筑广阔的堡垒营地，掩护分散开来的防御工事，但也要提防堡垒营地被封闭起来的危险。

沿着河流修建临时防御系统可能是有用的，但必须要对所有可能发生的情况作出假设，假设敌人成功通过，并且在河对岸建立桥头堡，用大量兵力发起进攻的话，必须预想对策。千万不要将部队呈线性分布：这会导致没有一处有利的局面。在处于明显弱势的情况下，如果能削弱耗损攻击方的实力，那么深度撤退至国家内部可能是一个防御的好办法。

拿破仑并不青睐人民武装。即便他在1814年和1815年曾这样想过，他依然没有使用过这类办法。然而他也考虑过，人民能够为要塞提供驻防军。在战场防御中，他讲求力量的集中。对于偏远战场防御，他提出可以建立大型存储要塞，即"中央要塞"，它能够提供内堡的功能，同时一切作战计划都应将其作为保护对象而展开。

在不清楚敌人会攻击哪一点的情况下，不能将部队无序分散在各处，而应将部队按照梯级纵队排列，这样能使部队随处快速集合。

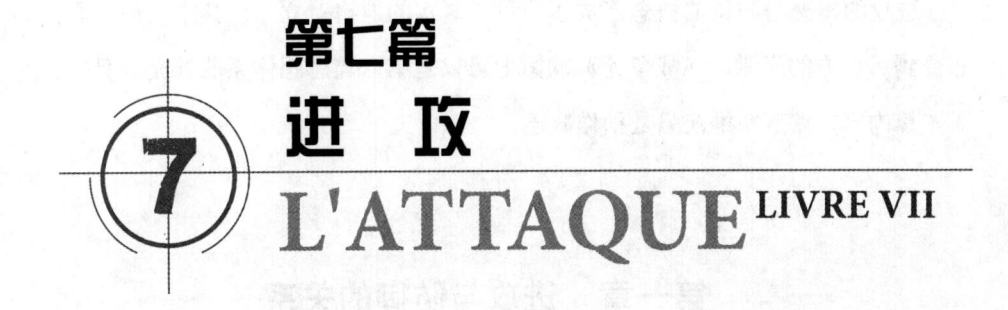

第七篇
进 攻
L'ATTAQUE LIVRE VII

进攻的概念与防御的概念形成了一种"真实的逻辑对立"。其中任何一方都必然受到另一方的牵制。《战争论》的第七篇仅是第六篇思想体系的补充。另外，对于本篇内容，克劳塞维茨只是稍作概述。

第一章　进攻与防御的关系

拿破仑的进攻行动远多于防御。使用炮兵部队是他的首选策略：

炮兵部队给进攻带来了比防御大得多的优势，因为防御方式一直未改变。从前，只要有条浅浅壕沟的阵地都是无法攻克的。今天，炮兵可以从敌人内部击溃一切，使之无法安营。马基雅维利像知道颜色的瞎子一样写了关于战争的内容，我向您讲述一下他的一些观点。[1]

进攻的一方掌握主动权，这会创造更多优势，正如耶拿胜利的报告中所建议的：

[……] 战争已经到这样的时刻，先于敌人行动、首先发起进攻比任何军事筹划都更具有优势。[2]

在这一点上，拿破仑认为自己很接近腓特烈二世：

我同腓特烈想法一致，在平原上，总是应该采取进攻。[3]

第二章　战略进攻的本质

在将战略进攻推进到维也纳和摩拉维亚（Moravie）（1805年）的过程中，拿破仑用三个月时间粉碎了第三同盟，然而他曾分别用五年和两年时间压制了前两个同盟。这个作战时间的缩短与它们空间上的扩张有关。在进攻奥地利中部的时候，拿破仑不止对其军队实施打击，还占领了指挥部和军事组织中心，因而也就无需将整个奥地利划进攻击的范围。1806年，为了打击普鲁士，拿破仑指挥了一场战线长度超过七百公里，从莱茵河到波罗的海（Baltique）的军事行动。[1]

克劳塞维茨强调，进攻并不是一个协调的整体。进攻过程不可能没有中断的时候。当一个军队进攻一个国家时，它必须要保护身后的空间。在战略上，进攻总是包含着防御的因素。[2] 以上结论很好地体现在拿破仑的这篇文章中：

一支出发去攻克一个国家的军队通常有中立国家或大型天然障碍这两种力量可依靠。要么是河流或大川作阻挡，要么拥有其中一种力量，要么两者皆无。在第一种情况下，它只要保持警惕，不要从前线被突破就行；在第二种情况下，它必须依靠支持它的这一方；第三种情况下，它必须保持自己的分队时刻依靠中心部队，绝不要分散；这是因为，如果说有两个侧翼很难战胜的话，有四个就呈现出双倍的困难，那么六个或八个侧翼就给敌人带来三至四倍的困难，也就是说，将军队分割成二、三、四支不同分队。在第一种情况下，这条军事战线可以在左翼和右翼部队旁提供支持；在第二种情况下，战线必须依靠为其提供支持的力量；在第三种情况下，战线必须与行军线路中部保持垂直。在所有情况下，战线上每隔五到六支分队都必须要有一处要塞或防御阵地，能提供军粮和武器储备，组织队列，把那里变成行动中心，以及缩短作战线的标志性地点。[3]

对于克劳塞维茨来说，"进攻力量减弱"是战略关键问题。力量减弱的主要源于以下因素：侵占一处土地，保护联络线导致的力量削弱，战争和疾病造成的损失，日益增长的战线距离造成的补给与支援的削弱。随着战事的推进，进攻会逐步发展至白热化阶段，在此阶段后，进攻"如同回落的潮水，会引发反冲力量"，而这种反冲通常会比最初的进攻态势更猛烈。所以依靠直觉牢牢抓住进攻白热化阶段十分重要。"一切都悬在想象这根线上。"[4]

拿破仑在关于他自己常胜生涯的一篇文章中早就提到过这个概念，与其说这体现了他的战略天赋，倒不如说是体现了他的政治天赋。他对贝特朗说，他是在俄罗斯达到了自己的职业顶峰。他本应该在克里姆林宫光荣牺牲的，那时他正处在荣耀和声望的顶点。但在滑铁卢战役之后，情形就完全不同了。他自此从俄国撤军。大家也了解到他的局限之处。[5]

第三章　进攻性战役

"进攻性战役的主要特点就是迂回包抄或包围作战，因此可以同时取得主动权。"[1]如同拿破仑在第四篇里说过的一样，马伦哥、奥斯特里茨、耶拿这几场战役的胜利都归功于作战计划本身。克劳塞维茨对此表示赞同，他认为，部队士气饱满、体力充沛、联络线通畅，加上包抄、迂回的阵线配合，都是发起进攻战役的要素。对他而言，进攻侧翼，即迂回阵线，通常比包抄行动更有效。后者涉及战术问题。前者则反映了作战手段；最好出其不意，打击敌军侧翼阵线，这比为包抄敌人而一直出现在对方视线里的战术部署要高明的多。在这一主题上，克劳塞维茨又增加了拿破仑关于腓特烈二世著名战役的评论。

腓特烈二世战役及倾斜式战斗队形

1757年12月5日，腓特烈二世在鲁腾大败奥地利人，此战成为了进攻性战役的典范：

> 鲁腾会战是行军、作战和决策的杰作；仅这一场战斗就可以使腓特烈永垂青史，位列最伟大的将军之列。他的作战部队中还有一部分刚吃过败仗，仅凭这样一支军队进攻比他强大、准备充分且常胜的军队，结果反而是敌人遭遇极不相称的巨大损失。[2]

许多军事评论员都认为，腓特烈的鲁腾之战证实了一种特殊的进攻队形——"倾斜式战斗队形"的有效性。但拿破仑嘲笑了那些认为此法就是胜利秘诀的人：

> 这是漂亮的一仗，但并不是因为倾斜式战斗队形。他在科林[3]和其他地方使用倾斜式战斗队形，却几乎没有胜利过。这只是招摇撞骗。[……]所有错误中最大的一个便是行军时把侧翼暴露在敌人面前。这些倾斜式进攻都是愚蠢的行为。腓特烈在科林感觉处境堪忧，他的将军在[曹恩道夫[4]（Zorndorf）]面对俄国人时也是一样。在奥斯特里茨，俄国人希望组织一次侧翼行军。结果他们处境糟糕。也许你们的行动距离太远，敌人没有发现你们，也许他们看到了。假如他们没有看到你们，

那么进攻他们的后方比进攻侧翼要好。这是我的作战方式，约米尼充分理解并很好地发扬了这种作战方式。假如你们的行动是在敌人面前，并被他们看到了，那么就很危险。假如腓特烈当时尝试这样对付我，他的下场就会像奥斯特里茨的俄国人一样。尽管如此，这些愚蠢的言论是评论家的问题，而不是腓特烈这位伟大将军的问题。[……]

此外，我不明白倾斜式战斗队形有什么意义。这是普鲁士人的骗子把戏。如果一支军队占据长达1万到3万突阿斯[19到59千米]的战线，那么我们可以理解这支军队想通过侧翼行军，以达到自我保护的目的；我们可以早早到达这支军队的一翼，以便在其援军到达前将其粉碎。但是当军队占据2 500突阿斯[4.9千米]长的战线，并拥有第二战线时，其中心预备队带着炮兵和骑兵在至少一刻钟后赶到侧翼，那么就找不出任何方法能阻止我们的进攻。因此，应该设想在没有发现敌军、没有占据高地、没有任何行动的时候，我们怎么办。除非我们能随之改变作战线，否则绝不能在没有发觉敌军作战线的情况下就随意地进攻敌军侧翼——这是伟大的战争艺术，正如我所说和所实践的那样。[……]

在奥斯特里茨，俄国人想要排列倾斜式战斗队形，并准备在战争前夕发起作战。我说过，当他们把侧翼暴露在我面前时，我是不会让他们安生地行军的。

在滑铁卢，我真应该把我的左翼部队部署于我发起进攻的圣让山（Saint-Jean），占据敌军右翼位置，但是假如英国人向我左翼进发，我就会失掉联络通道。当我看到布吕歇尔的行动时，我正要冲向敌军右翼，通过尼维尔路（Nivelles）来改变作战线。这本应该是很合理的行动。[5]

在一场战役中，当我们想绕过敌军一侧时，一定要注意与这次行动的主力部队保持联系。奥地利陆军元帅道恩在莱格尼察（LIegnitz）战役时（1760年8月15日）没有做到这一点，结果劳顿（Loudon）将军的孤军被普鲁士人击溃。

在莱格尼察，他身为这么一支庞大兵力的首领，却把劳顿将军孤立起来，没有一支中间部队与其建立联系，目的是同心协力进攻，并随时得知右翼的最新情况。战术上，我们应该绕过和包抄对方一翼，但不能将部队分散。[6]

在所有这些关于腓特烈二世战役的反思上，有一点基本的区别是拿破仑一直重复的：在战斗期间，如果一支由部分兵力组成的侧翼进攻分队被敌人发现，这会是一个非常严重的错误，要付出惨重的代价；相反，如果一支兵力众多的军队集体行军，避开敌军视线，突然出现在敌军一翼，或者更好的是出现在敌军后方时，这就是一位伟大将军的标志。而这就是腓特烈在鲁腾所做的。这并不是一次所谓的倾斜式队形攻势，因为根据其定义，这种队形攻势会被敌人发现。拿破仑玩了点文字游戏，但那是因为，当时战斗和作战行动之间的区别并不是很明显。腓特烈在鲁腾的进攻作战表现了作战术，拿破仑把这叫作大战术，而不是战斗战术。[7]

进攻的形式和方法

就像我们在第四篇里所看到的，拿破仑几乎不从细节层面关注战术，而把这一点留给将军们发挥主动性。他给出了一些普遍指令，如下文所示：

要注意，你们两支进攻队伍要联合起来，以便及时出现，不让其中任何一支队伍陷入孤立无援之境地。你们首先要注意的是，建立两支攻击队伍之间的联系，这样一来，如果一支队伍被击退，另一支仍可以绕向敌军后方，不仅能重新创造优势，还能给敌军带来巨大的损失，这就是获得成功的开端。[8]

我们觉得联合进攻会有风险。在埃及，拿破仑向德赛承认，他并不喜欢联合进攻：

您知道的，通常我不喜欢联合进攻。请去进攻缪拉德·贝伊（Mourad Bey），您可以使尽您的全力。如果战场上他抵抗，那您就用您的部署给他造成最严重的创伤。[9]

联合进攻通常意味着至少要把军队分割成两个纵队，使其中一支队伍包抄敌人。战斗的部署就要依靠德赛将军的洞察力。拿破仑在圣赫勒拿岛上提出的一个看法，证实了他在战术上的灵活性：

如今，关于进攻方式的看法并不是固定的。一位将军永远也不知道应该以直线还是纵队进攻。如果他以直线进攻，那么面对从侧翼进攻的骑兵，他就会很脆弱。例如在使用骑兵战术到出神入化境界的俄国人面前，这个方法就很危险。假如以纵队进攻，就意味着没有武器，比如在滑铁卢，近卫军们没有时间展开战斗，没有来得及使用武器，这造成了他们的溃败。[10]

过了一段时间，拿破仑倾向于纵队进攻：

战争时，一切要简单［原文如此］。进攻纵队就够了；要快速形成纵队，简单指挥。但实际在战争时，没有什么是特别简单的。[11]

战场的防御工事会给纵队提供他们所需的火力支援：

步兵战斗队列应该有三行；纵队应该有九列；纵队的缺点就在于火力无效，这是因为只有前两排才能开火，九分之七的枪无法投入使用。只需要稍微调整，变成九列，就可以无需改变队形，一齐开火。在纵队进军一通强烈扫射后，敌军的火力就会因此而变少、减弱。[12]

他总是坚持使用炮兵。1809年6月7日，他给欧仁·德·博阿内尔写信，后者当时正在指挥意大利军队，欲与奥地利大公爵约翰展开一战。

请让我知道您有多少门炮、多少火力可用。从先锋部队到军营尾部，距离不能超过三到四古里。至于炮兵，要注意的是，一旦决定进攻，就要有一组30到36门炮的分队来支援，这样敌军无论如何也抵御不了；然而同样数量的炮如果分散开来，就无法得到同样的结果。[13]

6月14日，欧仁赢得了拉布（Raab）战役。拿破仑祝贺了他的这位继子，但也补充了以下注意事项：

既然你分梯队进攻右翼，为什么不在梯队前安置25门大炮？这本可以加强攻势，震慑敌人。大炮与其他武器一样，如果想要获得重大胜利，就必须要将其大量集中。[14]

海 战

在海上，原则也一样。拿破仑宣称要在最容易获得战果的地方开火。海务大臣必须要让军官知道这一点：

您一定要在敌人进攻前就取得优势，还有，在任何情况下，从一开始就要重创敌人，这是一条非常正确的原则。[15]

法国海军向英国发动战争时，必须要找到进攻的方向。从这一点出发，拿破仑做了很有价值的关于双方海军传统的对比，分析了彼此的强处和弱点：

通常，我们不敢进攻英国最强的力量，会放过他们的舰队，因为没有时间进行徒劳的作战。海战的第一要务就是，一旦海军司令发出进攻的指令，每一位舰长都要采取必要的行动来进攻敌军战舰，参与战斗，支援邻舰。

这是英国近些年战术上秉承的原则。假如当时被法国采用，海军上校维尔纳夫（Villeneuve）在阿布基尔（Aboukir）就不会在敌人进攻另一翼时带领五六艘战舰，却24小时没有任何行动。他居然认为这种行为是无碍的，他的兵力可占了舰队的一半力量。[16]

号召法国海军极力获得击败英国海军的优势。法国人更了解船只构造，法国的军舰全部优于英国，英国人也承认这一点。船只在尺寸上比英国船只大了四分之一。这构成了两项巨大的优势。

英国人纪律性更好。土伦和埃斯科纳河舰队之前都采取了和英国一样的操作术与使用方法，并且执行同样严格的纪律。但因两国特点不同，他们的表现方式与英国人不同。英国人的纪律是一种奴隶般的纪律，像主人对奴隶一般。这是通过最可怕的训练才能维持的。类似的做法则会使法国人失去尊严、感到耻辱，法国人需要的是建立在荣誉和情感之上的家长般的纪律。

在我们对战英国失败的大部分战役中，要么是因为我们比较弱势，要么是因为我们使用西班牙战舰对抗，在恶劣天气条件下，这些战舰结构不好，削弱了我们的战线；最后或许是因为那些担任指挥官的将军们，他们虽然想要战斗，向敌人进军，但一旦上战场就犹豫不决，以各种借口撤退，打击了士气。[17]

第四章　渡　河

一条挡住进攻方向的大河通常都是大障碍。我们一般很少能够强渡宽阔的河。这需要极强的精神状态和身体素质才能做到。[1]

1796年5月7日，意大利法军的先锋队用了十几艘船渡过波河，到达皮亚琴察。

之后他们建起了一座桥。这耗费了两天时间。

位于皮亚琴察的这段河流速很急，它的宽度约 250 突阿斯。渡过这条重要的河是这次战役中最饱受争议的行动。[2]

应该尝试尽快渡河：

渡过像莱茵河这样的天然屏障是非常棘手的行动，部队互相之间不能太长时间失去联系。[3]

然而：

从历史能追溯到的军事行动以来，当我们以强烈获胜的意志进入战场时，就没有什么能够阻止行动，河流也无法成为真正的阻碍。[4]

炮兵可以帮助我们渡过所有河流；用船搭桥大约需要 12 小时。晚上搭桥，早晨渡河。[5]

1800 年 11 月 28 日，莫罗将军在带领莱茵部队跨越因河时，是通过六座不同的桥渡河的。对克劳塞维茨而言，尝试从不同的桥通过是错误的，除非这些桥相互之间很近，不会遭到联合进攻。[6] 拿破仑总是过分地批评莫罗，但是关于渡过因河，他发布了以下这条规定：

当与您对峙的敌军被一条河掩护，这条河上又有好几座桥时，就不应该正面渡河；这种安排会分散你的军队，将你们置于打击范围内。要分批次以纵队形式接近你们要渡的河。这样一来，哪怕最前方只出现一支纵队，敌人进攻就不会出动侧翼军队。在这期间,轻装部队接近河岸,当你们汇聚在确定要渡河的桥边时,这桥要远离先锋梯队以掩人耳目,你们要快速渡河,然后弃桥。[7]

要利用安置在居高临下位置的炮兵来为进攻性渡河提供便利。

在攻城战中,就像在野战中一样,大炮起到了最主要的作用;大炮掀起了绝对的变革。土城墙会因为遭到地面炮火攻击而被弃,被大量泥土掩埋。每日筑垒固守来建立营地的方法,或躲在一片桩基之后就觉得安全的想法,这些都要抛弃。

当我们是控制另一河岸阵地的主人时,如果这个阵地足够广阔,能让我们安置许多门大炮,我们就能获得渡河的便利。然而,假如河流有200到300突阿斯宽[380到600米]的话,优势就很小了,因为,我们的炮弹到不了河的另一岸,敌人很容易隐蔽,抵御渡河的部队有办法隐藏在羊肠小道里,这些小道使他们躲避了对岸的炮火。尽管负责保护建桥工程的精锐部队能够克服这些障碍,他们也会被隐藏在距离桥出口200突阿斯之处的敌军以连发炮弹击溃,这些敌军负责制造猛烈打击制敌于死地的炮火攻势,距离要渡河的整体部队400到500突阿斯的距离,以便他方完全掌控炮火优势。因此,在这种情况下,不要渡河,除非我们能够完全出敌不意,而且能够依靠一个中间小岛的优势,或者一处能让部队在入口汇集火力的显著凹地。这样的岛或者凹口形成了天然的桥头,给进攻部队提供了炮火优势。

当一条河不足60突阿斯宽时,进入另一岸的队伍被猛烈的炮火和河岸的大堤所掩护,就会拥有很多优势,只要河流形成了一个超过180度的大弯道,就无法阻止建桥。在这种情况下,只要最敏锐的将军能预计到敌人的计划,就会顶着距离他们高地三四百突阿斯的对岸炮火威胁,带领士兵赶到渡河的桥边,围成半圆形来阻击敌人。这就是旺多姆公爵曾为了阻止欧根利用他的卡萨诺桥(Cassano)采用过的行动。[8]

拿破仑重提1796年5月10日洛迪桥的事件来阐明这一点:

L'ATTAQUE
LIVRE 7 进攻

当河流只有 60 到 100 突阿斯宽并能被炮火控制时，渡河并不是什么大事。但当它有 300 突阿斯 [118 到 195 米] 宽时，就难度加倍：因为炮火无法制约河对岸，敌人可能会埋伏在那里。这就说明了通过洛迪桥绝对是一次勇敢的行动。河流仅有 60 突阿斯宽。我首先在右边和左边各安排了一些力量，这些人在桥前会合，使敌人远离，反攻敌部。当时双方应该有 30 门炮，但是决定性的因素在于桥附近的军队本身。士兵正是埋伏在此，置身于敌军加强的火力之下。那里战况激烈。我走下战场，亲自带领阵地上的部队；桥就在我方炮火掩护下了。我说道："桥是属于我们的。"很快敌军被迫撤退。

有一个情况利于渡河，就是村庄建筑上有突出部分，部队可以在那里躲避敌军炮火，而不受到任何伤害，如果左右各有一处，部队就可以不受任何伤害地安守在这些位置和桥上。当敌人发现时，纵队已通过一半。有几通炮火放倒了一些人。我们有过犹豫的片刻，但是拉纳和一些勇敢者们拯救了纵队先锋，整个部队最终都顺利通过。那是由精英部队的投掷手组成的超强纵队。结果是肯定的，我们只是拿一个营来冒险而已。很快就能在河的另一岸重聚力量。我想敌军有 1 万人。[9] 炮兵首先开火了一个半小时。

当我注意到敌军炮火撤退时，我对马塞纳说："时候到了！"我们有勇猛的纵队。马塞纳开始有点震惊，然而并没有等我说第二次，纵队就冲向右边的一座桥，渡河成功。

如果能用炮火掩护，渡河是绝对不会失败的。[……] 必须令敌人远离，如果可以远离敌军，也是肯定能渡河成功的。只有一种物质上的障碍能够阻止我们的行动：断桥，以及桥对面的房屋。这常常使得我们没有时间把桥烧毁。敌军炮兵加速行进，纵队快速到达，我们没法阻止，也就再没有时间可以阻止。

在布里埃纳（Brienne）撤退后，我命令内伊烧桥。[10] 我事先令工兵准备了涂满树脂的柴捆堆。尽管如此，这些事先的准备都毫无用处，因为我在桥的出口建了一所房子，并在那里留了不到 50 个近卫军，他们的扫射阻止了敌人。如果没有这

50 个勇敢的人，就算我发出了命令，就算有放火的准备，内伊对我说，他都不可能都烧毁桥梁。假设敌军纵队冲上来，我方根本无法阻挡。[11]

第五章　对防御阵地的进攻

如果进攻部队把敌军防御性阵地丢弃到一边，只追求自己的目标，那么这就是是进攻的错误。假如不能追求自己的目标，也应该指挥侧翼去驱逐敌人。最好从侧面进攻，因为袭击占据有利地势的敌人通常是非常危险的。[1]

在 1655 年埃斯科纳（Escaut）河边的战役里，

杜伦尼忠于这两条准则：第一条，不要从正面进攻那些包抄后可以夺取的阵地。第二条，不要做敌人希望的事；避免他们了解、研究过的战场，更要注意哪里筑有防御工事，哪里筑全固守。[2]

1757 年 6 月 18 日，在科林，腓特烈二世遭遇了最严重的失败，但是他在进攻奥地利阵地时表现出了极度的勇敢：

在科林战役时，他要以一支长度 3 000 突阿斯 [5.9 千米] 的侧翼行军去包抄占据 500 突阿斯 [990 米] 高地的道恩右翼，这个计划很难理解。这个行动非常大胆，与战争原则极其相悖：千万不要在敌军阵地前以侧翼行军，尤其当敌军占据高地时，你应当从高地下面进攻。假如他进攻的是奥地利军队的左翼，这样的部署倒是十分完美；但是，在占据高点[3]的敌军炮火连发和火枪齐射的情况下包抄敌军，这只能是假设敌军没有炮也没有枪。一些普鲁士作家说过这种运作失败只是战役的指挥官没有耐心造成的，指挥官疲于抵挡奥地利狙击兵的火力，指挥右翼作战，也投入了全部的纵队；这样说是不准确的。国王当时在场；所有的将军都知道他的计划，总纵队从头到尾将近 3 000 突阿斯长。普鲁士军队的行动是依据人生首要利益所指挥的，即自救的需求，不抵抗不能就死的本能。[4]

这个杰出的评论加入了一些关于科林战役的新分析[5]。在 1807 年以前，当拿破仑没被骄傲攫取时，波纳尔将军说他是很谨慎的，而且很重视敌军。[6]他要求将军们不要去进攻占据优良地势的敌人，哪怕只有一名敌军。1806 年，尽管大军团数量上占尽优势，他感受到了普鲁士军队杰出的名声，要求苏尔特将军谨慎小心：

假如敌人用少于 3 万人的兵力来对抗您，您就可以与内伊元帅汇合兵力进攻他们；但是，假如他们处在一个占据了很久的地点，他们很可能已经很了解这片阵地，并已筑壕，这种情况下，你们一定要小心行事。[7]

即使在耶拿战役前两天，当他觉得他对战普鲁士军队的优势加强了，他给拉纳写信：

如今的战术就是我们要进攻所有我们遇到的，以便在他们集结的时间里一点一点打败敌人。当我说要进攻所有我们遇到的，我想说的是要进攻所有正在行军的，而不是那些在驻地的，驻地会让他们占据绝对优势。[8]

1807 年，他得知缪拉常常投入到思虑欠周的进攻中去，就写信给他：

不要以正面进攻为乐，而要包抄敌人阵地，向柯尼斯堡（Kœnigsberg）进军。[9]

1809 年，他警告欧仁·德·博阿内尔：

很有可能约翰大公爵已经选择好有利地势，并等候您前去；在这种情况下，我建议您好好了解一下敌军阵地，在进攻前计划好您的攻防方法。一次没有太强联合的进军，在敌人撤退的情况下是可以成功的。但是如果敌人在阵地，并且决定抵抗，那就不会成功；那么要想赢得战役，就必须有进攻体系或联合。[10]

在威灵顿前方的搭拉维拉的战斗失败（1809年7月28日）后，儒尔当元帅自我检讨是因为从正面进攻了强势的防御阵地。拿破仑命令陆军部长克拉尔克给他写信：

[……]只有犯了所有这些错误，像我的西班牙部队一般的军队才会被3万名英国人打败；但是当我们想要进攻优质部队，比如占据了好阵地的英军，如果不好好地了解阵地，确认是否能夺取，只会置士兵于死地，带领大军走向彻底失败。[11]

拿破仑在滑铁卢也正面进攻了威灵顿。在圣赫勒拿岛，古尔高让他注意到他在莫斯科瓦也正面进攻了俄国人。拿破仑承认了这一点，但是补充道，那是因为他想不惜一切代价为此一役：[12]

在莫斯科瓦战役中，我本可以通过右侧包抄俄军阵地，逼他们放弃阵地，但是，我得承认我当时没想到这阵地那么难攻；另外，我当时需要一场战役。我想利用那个机会阻止库图佐夫通过追兵将我进一步引入俄国领地，而不是将来通过一场大战役来决定和平。[13]

拿破仑十分清楚自己在做什么，也考虑到了牵制躲藏至今的俄军比什么都重要。[14]尽管他并不常承认自己的错误，但是在莫斯科瓦战役这件事上他做出了例外之举：

在莫斯科瓦，我错误地进攻了俄国人已经筑壕的阵地，那是因为我渴望一场大战。

一支拥有大量优势骑兵的军队，且能从由军队驻守的严密的棱堡系统后方作战的骑兵队，我们是不应该去进攻的。应该通过兵力运用，迫使他们离开阵地。[15]

1813年在德国的战役期间，他命令他的将军们使用炮兵，尤其是榴弹炮来摧毁筑壕的阵地：

在筑壕的阵地和村庄前，不能浪费太多人力；但是应该在战场上推进四个预备部队的32门12型大炮*，加上40多门榴弹炮，两个小时就能把战场上的堡垒全部摧毁。[16]

假如某个村子有筑壕或有棱堡，那就应该在进攻前就用炮弹摧毁。您还记得维也纳的那次经历吗：棱堡的外部和内部都抵抗不住炮火，也抵抗不住高级炮兵。[17]

第六章　山地进攻

不应该进攻山地。当他在1799年三四月间指挥意大利军队时，舍雷尔将军错误地派出了大批部队：

舍雷尔将军派遣分队去格劳宾登州（Grisons）和蒂罗尔州（Tyrol）犯了非常大的错误。意大利的防御仅限于克罗纳，及保卫罗卡丹佛**。我从来没有留意过格劳宾登州，也没关注过那里是否有敌人。所有发生在格劳宾登州那些连路都没有的

---

*　即拿破仑12磅野战炮。——译者注
**　原文为Rocca d'Anfo，一军事要塞。——译者注

地方的事有什么重要的！蒂罗尔州又有什么重要！除了三十号公路，其他都不重要。守卫好科罗纳和阿迪杰河，好好掩护这一切。应该在这里集结所有的部队。组织部队投入战斗，进攻山区，这是不会有结果的：这太荒谬。预备队的例子什么也不能证明。首先，那次行动是完全出于计划之外突然而为的，这一点为胜利做出极大的贡献；其次是很具有操作性的，因为这个地方只有小小一处山地要穿越；道路周边很宽阔。我从没考虑过圣哥达山口。[1]

预备队在1800年穿过了圣伯纳隘口。在山里，若想进攻，最终会沦落到被进攻的境地：

在山上，会有大量具有天然优势的地理位置，这种情况是不应该进攻的。拿破仑此次战争要占据一些敌军侧翼或后方的营地，敌人留给了他一些两难的抉择，要么撤出己方阵地，不战斗向后方获取更多的空间，要么离开己方阵地去进攻敌人。在山地战中，进攻方是吃亏的。即使是在进攻战中，战术上也只能进行防御，并且要迫使敌人进攻。[2]

1808年11月30日，拿破仑在索莫西拉（Somosierra）山口做出了相反的举动，当时他派出近卫轻骑队去进攻西班牙阵地。但由于盲目的自信，他变得毫无耐心，以至于觉得自己能够违背自己的原则：

孔代亲王违背了山地战争的一条原则：不要进攻占据山上优势阵地的部队，而要从他们侧翼或后方驱逐他们。[……]法军第一天靠着出奇的努力和勇气，成功的攻取了最初的一些阵地；但是第三天却失败了，因为在山地中失去一个阵地后，人们会找到另一个同样有利的地点来阻止敌人。[3]

拿破仑拓展了这一观点，并提出他关于战争艺术的著名口头禅，"一门简单的操作性的艺术"：

山区依托平原获得粮食供给，只有当平原受到炮火袭击时，才会对山区产生影响。围绕帝国的边界线有平原、山丘、山地。如果一支骑兵强大的军队想要穿越边界线，最好选取穿越平原的作战路线；假如骑兵很弱，最好选取山丘地区；至于山地作战，在包抄山地时，要时刻侦查山地情形。其实，作战路线是绝不应该穿越山地的：第一，在山地地区无法生存；第二，在山地每前进一步遇到的狭道都要筑堡守卫；第三，山地行军很艰难很缓慢；第四，勇敢的纵队在山地也可能遇到从耕地里出来的衣衫褴褛的农民，被他们拦住、制服、打败；第五，山地战争的天才是决不应该进攻的，哪怕是在非常想要获胜的时候，也应该采取阵地行军去开辟道路，这种阵地行军迫使防御兵团只能进攻或者后退；第六，最后是因为要有一条作战路线为撤退服务；怎么能通过峡谷、狭道、悬崖撤退呢？当然，别无选择时，为了到达美丽的平原和风景宜人的地区，大部队会穿越山区。必须穿越阿尔卑斯山才能到达意大利也是同样的道理。但是为了穿越无法进入的山脉，做出超越自然的努力，置身于悬崖、狭路、岩石中，很长一段时间里，除了克服各种障碍、忍受各种辛劳之外，看不到别的前景；每走新的一步都知道之前走过的路途如何艰难；每一天都多一分会饿死的危险，而这一切都发生在我们其实可以有其他选择的情况下：这就是苦中作乐，与巨人作战；这就是不理智的行动，因此与战术的精神相悖。你们的敌人在守卫大村庄、漂亮的省份和首都，通过平原向那里进军吧。战术是一门简单的操作性的艺术：没有什么不清楚的地方；这些都是正确的道理，没有任何空想的成分。[4]

在论证这些事实的逻辑性时，克劳塞维茨认为，像西班牙这样的国家最好将兵力集中在鄂玻河（Ebre）之后，而不应该将其分散为比利牛斯山中的十五个分队。一场主要在平原上进行的战役也可以由辅助部队在山地预先设置防御体系。山地是一种力量，可以为第二计划的缺陷提供庇护。但是如果军队想将整个防御体系布置在山地，那么这个体系就会越来越接近一条细绳。进攻军队总会找到方法击穿它。[5]

军队考虑到包围行动的利益,因此避免正面推进,包围行动的目的"主要是实际上的切断,而不是对后方和侧翼的战术进攻。假如兵力充足的话,哪怕是在阵地后方,山区阵地也可以长久抵抗;我们也可以始终期待,失去撤退线路在敌军中引起的恐惧会带来怎样迅速的结果。这种恐惧更早在山区表现出来,接着会产生更大影响,因为最糟糕的事情一旦发生,就很难以冷兵器开辟出一条道路了"[6]。克劳塞维茨的推断补充了拿破仑的观点。

第七章 行军作战

对拿破仑而言,作战意味着非正面进攻。当他的军队向敌军推进,而后者又留下一支强劲的后卫部队在防御优势阵地时,就需要作战。这里需要战术性分批次进攻。在像1796年11月阿尔科莱这类战役中,作战就要包围敌军,或者让敌人以为他们被包围了:

敌军左翼倚着沼泽,依靠数量优势,强攻我军右翼。我命令公民赫丘利(Hercule),也是我基准兵的指挥官,选择他队伍中的25个人,沿着阿迪杰河行进半古里长,将敌军左翼依靠的沼泽全部包围起来,然后一边吹响冲锋号,一边直冲向敌军背部。这次作战圆满成功:敌军步兵被削弱。[1]

作战包含着很多"科学"。在1800年12月3日霍亨林登大捷后,莫罗将军收到了拿破仑的赞扬:

我就不向您说我从您这漂亮又充满智慧的作战中所得到的益处;您所做的超越了一场战役。[2]

L'ATTAQUE
LIVRE 7 进攻

在作战范围内——拿破仑称之为大战术——作战首先是行军和大型行动的同义词。它包含了在实际进攻点给予敌人变化的思想。我们从下面一段意大利军队作战计划的节选中可以看到这一点：

有三步行动要做：1. 保护进攻分队的行动；2. 进攻分队的行动；3. 欺骗敌军，使其无法识破我军真正攻势的假意行动。[3]

1805年，拿破仑调整作战计划，使之适应奥地利军队和俄国军队的行动。他知道应该怎样进攻奥军和俄军，正如他吐露给巴伐利亚特命全权公使的一样：

[……] 我尤其要通过作战和行军将其轻松进行到底。[4]

同一天，他给富歇写信：

我们已经渡过了莱茵河。我们很快就会开始行动。[5]

10月初，他向布律纳元帅写道：

我目前在路德维希堡（Ludwigsburg）；一部分军队在斯图加特，我们正在进行包抄敌军的大作战。我希望很快地取得显著结果。目前还没有出现太多伤亡。[6]

作战行动不能排除战斗。作战就是准备战斗并尽可能地使战斗具有优势：[7]

我的想法就是，假如敌人继续停留在他们的阵地，准备接受战斗，那么战争不是明天就是后天的事，要让苏尔特将军和他的3万兵力加入，迂回包抄敌军右翼，通过包围作战来进攻，这样的作战能带给我们比较确定和决定性的胜利。[8]

当评论恺撒于公元前49年在伊列达城（今天的列伊达）战胜罗马执政官庞培时，拿破仑强调这次胜利的特殊性，因为并没有发生战斗：

通过作战的重大影响，恺撒将与其力量同样强大的敌军摧毁。同样的结果只有在内战中才能获得。[9]

恺撒对庞培军队有着绝对的优势。他来到这边山区，切断了对手所有的物资补给，这使得对方阵营中有些人倒戈。[10]

尤其是像约米尼和卡蒙的评论家们，发现拿破仑有两种兵力运用的形式，无论操作性（或战略性）还是战术性都极为出色：无论是对后方还是对中心阵地的进攻。这些作战方式从古代就开始被使用。当战况适合时，拿破仑会使用这两种作战方式。1796年5月6日，在作战前，他向督政府描述了他在皮亚琴察的作战，即对奥地利博利厄的军队后方进攻：

在昨天一整天中，我军和敌军在波河上空进行炮击。这条河太宽了，很难渡过。我的想法是在尽可能靠近米兰的地方渡河，这样进攻首都就不会有太大障碍。通过这次行动，我可以包抄博利厄沿着阿哥尼亚河（Agogna）、泰尔多皮奥河（Terdoppio）和提契诺河（Tessin）布置的三支防御队伍。我今日要向皮亚琴察进军。帕维亚（Pavie）已经被包围了，假如敌军顽固守卫这座城，我就深入到他们和他们的军火库之间。[11]

用部队将前线拉宽有利于侵入甚至包围敌军，同时可以控制所有可能的撤退路线。后方作战变得更有效，因为敌军聚集在一个角落里，没法逃跑。苏尔特元帅在普鲁士战争伊始就收到了这封信：

要频繁地向我传递你们的最近战况；在一场像这样的联合战争中，只有保持信息畅通才能获得成功；这一点一定是首要考虑的。目前是战争最重要的时刻；他们不会等着我们进攻的；如果他们犹豫不决，失掉一天的时机，那他们就倒霉了！[12]

要把几支通过不同路线到达同一目的地的大部队的作战行动联合起来。"联合战争"一词在前文中（第一篇，第七章）提到过。难点在于要用三个步骤把不同队伍的作战行动协调起来：用不重要的或虚构[13]的部队来混淆敌军的行动，拦截敌人撤退线，分裂或摧毁敌军力量。战斗只是作战行动、作战计划的合力，就像我们在第四篇里看到的一样。这种观点其实是假设对手没有将军事力量联合起来。但是1813年，敌军军事力量联合起来了，这使得拿破仑此战术的作战效果降低了许多：同盟国不再上当了。[14]

关于中心阵地的作战行动是在圣赫勒拿岛上提出的：

滑铁卢之战就像刚进入意大利时的米莱西莫（Millesimo）战役一样：我将英国和奥地利的两支队伍分开，就像我之前将奥地利和皮特蒙埃两队士兵分开一样。[……]

当我制定作战计划时，我会一气呵成，直到我的思想稳定之后才停止。我就像一个产妇一样。我的滑铁卢作战计划是在5月的前两周制定的。我令人召唤儒尔当，他很了解地形。我判断出怎样利用桑布尔河（Sambre）来掩护我的作战行动，以及怎样可以成功分开这两支军队。[15]

拿破仑为这次作战选定了中心阵地，当时他的军队数量处于劣势。他想要到达两支联合敌军的结合部。这次作战更难实现，风险更大。他在军事生涯伊始和结束时都面对了数量上占优势的敌军。[16]除了简单，他没有针对这两次行动提出特殊的规则：

战争是一项操作性的职业，所有复杂的联合都要被摒弃。简单就是所有优良作战行动的首要条件；最好多行军三四天，在敌后集合所有纵队，距离远一点，不要在敌军前方集合。[17]

永远不要在敌人附近集合兵力。战术不要求复杂的行动，最简单的就是最好的。要头脑清醒。不要放马后炮，不要事后去想象将军们是怎样犯下那么多的错误。因为他们想表现出自己很聪明。最难的是猜测敌人的计划，从所有收到的情报中辨识真相。其余所需的就是头脑清醒。就像以拳头战斗，出击的越多，就越有力度。还必须会看地图。我很确定苏沃洛夫没有地图。亨利四世本是真正的军人，但是战争所要求的只是勇气和头脑清醒。这和只带领一大堆人打战是两回事。[18]

如果一切从简，那么速度在作战中比其他的因素都重要：

查理亲王和奥地利人通常都很会作战。他们的智囊团军官和训练军官的资源很好，但是他们作战很慢，这使得他们在我面前失掉了理智。我不给他们时间采取行动。在莫罗和其他人面前，他们有时间采取行动，将他们的侧翼或派遣队召回。在我面前，他们就完全晕头转向。[19]

在某些情况下，最好不要试图行动。某些地区的自然因素会影响作战，比如这条由贝尔蒂埃转达到埃及的命令中所说到的：

您要命令德赛将军，无论在哪里发现了缪拉德·贝伊都要进攻他，但要时刻保持兵力集中；我一点也不希望他把兵力分散去包围敌军，在他所处的那样一个被自然因素分隔开的地区，这样的作战行动是非常不确定的。[20]

就像拿破仑一样，克劳塞维茨也同意在作战战略方面没有固定的规律。在评论约米尼时,他认为包抄敌人和内线作战之间的对立、兵力集中和在不少阵地分散之间的对立,都是"谬误的准则和规则"。一切都取决于头脑是否清醒睿智和形势是否有利。假如形势有利,"力量、准确、秩序、服从和极度的勇敢都可以为自己创造显著的优势"[21]。克劳塞维茨想把自己与约米尼区别开来,更想强调精神力量,而不是兵力运用,这一点却让他受到批评。[22]

第八章　进攻堡垒

在那些具有决定性意义的战役里,只要胜利把握不大,克劳塞维茨就不会采取任何围城行动,除非实在无法避免。只有在胜利把握很大的情况下,才能去夺取要塞。[1] 1806年战役的幽灵一直追随着拿破仑。在耶拿和奥尔斯泰特战役后,他才对普鲁士阵地采取了包围。与克劳塞维茨相比,他还对进攻军事堡垒发表评论。从很多方面来看,他比克劳塞维茨更接近旧制度时期的作战方式。包围战是需要方法的。不能同时进行太多行动:

只有两种方法可以确保包围一个阵地:其一,就是以攻打敌军开始,使他们远离阵地,将敌人的残兵赶至天然屏障的另一边,比如山脉或宽阔的河流,把侦察部队安排在这道天然屏障的后面,在这期间开挖战壕,占据阵地。但是假如想在援军到来前夺取阵地,避免交战,就得具备保卫战的全部配套人员,在预判的保卫战持续时间里有足够的军需生活物资,可以借助所在地的情况,可能是高地、树林、沼泽、洪水,来修建要塞外围的对壕*和封锁壕。[2] 这样就不再需要和物资储备站

---

* 古语词,指围城者建立在要塞外围的防御工事网,用来自我保护。而封锁壕指围城者围绕要塞所建立的防御工事,除了自我保护外,更用来防止敌人援军施援。——译者注

保持联系，遏制援兵也不再是问题。在这种情况下，侦察部队时刻观察援军动向，拦截其通往阵地的道路，只要侦察部队能比援军快一步，总会有时间到达其侧翼或后方；或者，利用对壕，用一部分负责包围的兵力投入战斗来对抗援军。

但是要同时做到这三件事：(1) 包围堡垒，并且不通过使用对壕来牵制堡垒的驻兵；(2) 防止堡垒与距其六天路程之外的驻兵地的联系；(3) 不依靠天然屏障和对壕遏制援军，就是一个错误的办法，只会导致灾难，除非有双倍多于敌人的兵力。[3]

克劳塞维茨并不重视这些观点。他很简单地认为，封锁壕是"过时的"[4]。就像上文中证实到的一样，比实践家相比，理论家把战术的新变化阐明得更深入。

对拿破仑来说，即使遵循沃邦节省人力的方法，包围战的代价仍然是很高昂的。也许最好采取果断措施，尝试一次惨重但有决定意义的袭击：

威灵顿公爵被指责是一个残忍的人，大家尤其指责他对巴达霍斯（Badajoz）的进攻。[5] 然而，我们要算算，也许更应该这样进攻，不管怎样，与每日开战所造成的日伤亡量相比，或许在一天内便完成战斗所造成的伤亡要小一些，尽管后者有些残酷，但是却省了大量的时间。研究这个主题会让人好奇，古尔高，您一定很想了解。在这儿或者在战地图书馆一定会有一些关于包围战的详细叙述。[6]

这次调查的结果我们并不知道，但是古尔高在报纸上暗示了自己关于西班牙包围战的研究，这使得拿破仑又补充了他的反思：

要用少数人进攻城墙缺口。派出太多人只会造成损失和混乱。[7]

当包围战特别激烈时，有时会发生街道战。这就是巴勒斯坦雅法的情况。拿破仑给他的工兵指挥官这样写道：

特别要命令您的士兵，不能涌上街头；一定要占据出口，谨慎地一座接一座房子地迫近。[8]

当1808年4月暴动爆发前，缪拉担任拿破仑在马德里的特派大臣时，拿破仑向他下达了同样的命令：

您一定要记得您的处境，您是在我的指挥下，在大城市作战。绝对不能把战火蔓延到街上；要占据街口的房子，做好作战计划。[9]

三个月后，西班牙国内不安定起来了：

萨拉戈萨（Saragosse）没被攻占下来。这是一座受人民运动守护、有着四五万人的城市，如今我们只能通过时间和耐心来夺取了。因为暴力事件和城市中的巷战，战争的历史充满着最惨重的灾难。布宜诺斯艾利斯的情况和在那里死去的1.2万名英国精锐士兵就是一个例证。[10]

第九章　侵　略

入侵和有步骤的进攻

尽管克劳塞维茨没有直接引用罗尼埃将军的观点，但当他说到"法国军事评论家常常谈论入侵"时，他将入侵和有步骤的进攻对立起来，这表面他还是参考了罗尼埃将军的观点。入侵是指深入到敌人领土内部的进攻，有步骤的进攻只是蚕食敌人小面积边境的进攻。[1] 拿破仑反对这种区别方式：

所有进攻性的战争都是入侵；所有根据战术行事的战争都是有步骤的进攻。作战计划要根据环境、指挥的才能、部队的属性和地势而做无数次的修改。[2]

克劳塞维茨同意这一点，并在罗尼埃身上看到了"一种非哲理性的语言混乱。无论进攻仅限于边境地区还是深入到国家内部，无论进攻是要夺取敌军军事要地还是要寻找敌军力量中心，然后毫不留情地追击他们，这些都要见机行事，而不是靠方法。在某些情况下，向前追击一把可能更合理，同时比停留在边境线上更谨慎"[3]。

当拿破仑入侵敌国时，他试图与对方主力部队作战。1792年，布伦斯维克公爵在带领普鲁士军队时就没有这样的果断：

布伦瑞克在这次香槟地区战役中表现得太愚蠢。当我们想要进攻一个国家时，不应害怕发动战斗，也不应害怕到处找寻要与之战斗的敌人。[4]

侧翼部队总是容易受到攻击，一支侵略部队应该严加注意其侧翼，同时不要增加侧翼兵力：

侧翼是一支进攻部队最脆弱的部分；必须要努力将侧翼依靠着一个中间地带或者天然屏障，如果做不到两边皆有支持，至少一边要有依靠。法军［1796年，在德国］没有遵循第一条战争原则，将队伍划分为三部分，形成了六个侧翼；然而运作得好的话，是很容易集结，侧翼之间相互支援的。[5]

一支从海滨某处登陆的部队是拥有优势的，这支部队应当赶紧将这些优势利用起来：

整支通过海路到达的军队，优势在于像风一样突然而至；只有当敌军已经没有任何时间采取措施阻止它的登陆行动及随后的计划时，才会认识到这支军队的实力；

没有任何事实可以证明英国政府违背了此原则，放弃了这一可以在海上作战的整个军队的最大优势。英国人应该立即登陆。战术要求舰队在海上航行时不可从陆地上被观察到，除非已经很近，距离该陆地只有1古里。必须要计算航程，以便能在夏日早上三点、冬日早上六点到达即将登陆的海滩外一到两里处。必须要全速出动，半小时之后，甚至不会湿透，就已占据了海滩，并且在随后的一天一夜里，登陆成功，整支军队、所有的炮兵营、半个月的物资，全部都应该登陆。假如对方从陆地上发现了登陆舰队，并将在24小时后派出军队的话，那么登陆部队应该准备好迎战对方部队。以这样的声望作战，海面是否平静如湖并不重要，只要没有暴风雨，只要海边[原文如此]*没有狂风，不过这些都很少见。另外，还必须要在小河湾处登陆，这里当季的风不会在海边出现。英国人就是因为忽视这些原则，所以经常在登陆时损兵折将；这些原则常常战胜英国人，这本来是不应该的。假如遭遇雨天，无法在五六天内登陆，舰队就只有一个办法可循——离港，去另外一处计划外的地方登陆。[6]

获取被侵略人民的支持

在一次著名的转移中，克劳塞维茨发现胜利者总是和平的朋友，就像拿破仑常说的那样，他希望入侵一个国家时不要遇到反抗。[7]

他确实常常要求获取被侵略人民的支持。1797年1月末，正在指挥意大利军队的拿破仑写信给已经进入特伦托（Trente）并很快要向蒂罗尔进发的茹贝尔将军：

不要忘记笼络您攻克了的地区的居民。不是让您在这些山区穷困的居民家里搜刮钱或物资；而是让您尽力去获得他们的认同，让他们相较奥利地人而言更满意我们。[8]

---

* 法文 côte 意为"海滨、海边"，但原文中错写为 cote，有"份额、记号"等意思。——译者注

在登陆埃及的前夕，法国士兵收到了一份声明，内容如下：

我们将要与之一起生活的人民是信奉伊期兰教的；他们的第一信条就是："世上只有一个神，穆罕穆德就是他的先知。"

不要反驳他们；对待他们就像我们对待犹太人和意大利人那样；要敬重他们的穆夫提*和伊玛目**，就像你们敬重犹太教教士和基督教主教一样。对于《古兰经》所要求的宗教行为、清真寺，你们要报以对修道院、犹太教堂、摩西和耶稣基督的宗教同样的宽容。

罗马神话保护所有的宗教。你们可以在其中发现整个欧洲所有的宗教习俗：你们要适应这些习俗。[9]

几天之后，克莱贝尔将军生病了，留在亚历山大港，他在那里指挥驻军。他收到了明确的指示，要与当地民众和官方建立最好的关系：

要尽可能地与阿拉伯人保持最融洽的状态；对穆夫提和当地首长报以最高的敬意。[……]要慢慢地使这些人适应我们的方式，以及我们看问题的方式，在此期间，给予他们在他们内务上最大限度的自由，尤其不要干涉他们的法律，那些建立在宗教信条基础上的法律，完全都来源于《古兰经》。[10]

负责罗塞塔指挥权的门努瓦（Menou）将军[11]收到了更加明确的指令。他被要求：

14. 要保护穆夫提、伊玛目、宗教信仰，利用该地区主要的酋长来掌控民众，要留心尽可能使他们卸下武装，查清楚哪些人是我们要防备的，要谨防恶性事件迫

---

* 伊斯兰教教法说明官。——译者注
** 某些伊斯兰教国家元首的称号，或指伊斯兰教教长。——译者注

使我们采取措施控制民众。

15. 找出那些16到20岁之间可以拉拢的年轻人，半情愿半强迫地，以教他们制作武器为借口，一旦形势所迫，使他们成为我们的人质。

16. 我想罗塞塔像这里一样，会有三个党派：掌控政府的党派，纯粹的穆斯林或者道德高尚、品性正直的人构成的党派，这个派别自身有较多宗教和政治主张，最后就是以曾经的政府公务员为中心的党派，但这些人目前已不被信任。

17. 你要迎合第二个党派的意见，使他们在一系列需要维护公正的事情中拥有声望。

18. 您要吹捧第三个党派，使他们重新上位；如果可能的话，在获得他们顺从和绝不做任何违背我军利益之事的誓言后，可以令他们为我方所用。[12]

一支侵略部队的指挥者最好表现出尊重当地风俗习惯。拿破仑尝试让他的弟弟热罗姆——1809年时正在西法利过着逍遥的生活——能够理解这一点：

采取一些适合您所统治国家的方式和习惯。像这样您才能赢得民众的尊重，而民众的尊重永远来源于对该国家习俗的尊重和简单审慎的处理方式。[13]

部队占领和安置的困难

据拿破仑所说，他在科西嘉度过的童年使他很快明白了占据一个被征服的国家的困难：

在我少年时，法军占据了科西嘉，统治者费了很大的劲，想要知道发生了什么事，谁犯了这样或那样的罪，但他无法得知，因为阿雅克修的民众拒绝回答一切。无论这位统治者多么的努力，但是一切对他而言都太困难了。

我当时所见对我在处理被征服的国家时很有帮助：我从不会对引起疯狂行径的

仇恨感到惊讶，也不会对驯服一些狂热分子遭遇到的困难感到惊讶。

科西嘉欠了法国许多。它并没有因此而深深感激。法国想要消灭仇恨，阻止热那亚的孱弱政府为了领导科西嘉和确保其统治权而鼓励的刺杀。但是科西嘉人不觉得这是合理的。所以只为民众服务是不够的，还要像他们打算的那样利用他们，消除他们的偏见。[14]

在圣赫勒拿岛，拿破仑对狂热分子进行了跨越时代的思考：

他提到，在所有刺杀者中，狂热分子是最危险的：我们想保护自己避免遭受他们的狂热是很困难的。一个有意图、有意愿、愿意牺牲的人，永远会是别人人生的主人，当他狂热起来，尤其是宗教狂热，他的打击会很有力度。历史上充满着类似的行动：恺撒、亨利三世、亨利四世、古斯塔夫、克莱贝尔等等，都是他们的受害者。宗教狂热、政治狂热都要警惕。这些猛虎通常会成为彼此的帮凶，一旦有了帮凶，他们通常都会披着难以识破的面纱，遮挡着他们躲避最有效最准确的探究。[15]

拿破仑进行第一次意大利战役时，面对着一个被占领的民族。不是所有的意大利人都把法国人当作解放者来欢迎。当地发生过好几次反抗事件。在埃及，他面临着类似的困难。为了维护开罗的稳定，他给当时的执政官写了以下内容：

对于当地的稳定而言，高度的警惕要比到处分布兵力更有必要。几名巡视全城的军官、几名骑驴巡逻的执勤士官、几名巡查重要地段的军士长、几名在市场和不同街区溜达的法兰克人、几个能够派往可能发生骚乱地区的预备连，比全城各处、各十字路口驻兵严守要有用得多，也没那么劳民伤财。[16]

对付群氓，不要放空枪，要真枪实弹直接射击，否则他们会变得更大胆，对峙会更持久，造成更多伤亡：

对付群氓，一切都在于我们能给他们造成的第一印象。当他们看到自己的队伍里有死亡的、受伤的，他们会被恐惧打击，片刻就作鸟兽散状；但是，假如只是为了开炮而开炮，也就可以说是没有理解人性的意义，而不仅仅是开炮这么简单；因为这简直就是为了引发不必要的大规模流血事件，而不是为了避免此类事件发生。[17]

在一个地区范围内，不应该把占领部队的兵力分散，而要保持部队之间较小的行军距离，以便能迅速地将他们集合。拿破仑给1806年出发去那不勒斯登基的哥哥约瑟夫写过好几封信谈及这一点：

好好想想怎么能够在您的王国中的每一个村庄都布置您的部队，而且，人民不会因此抱怨这一点很重要。不把部队力量分散是很正确的。其实最好有600人通过六个不同的地点行进，或者处处派遣巡逻队，但是部队的主力是集合状态，只要派600人去往六个地点即可，每100人去往一个地方。您要努力保持部队统一。[18]

与许多小驻地相比，更需要的是几个机动营地：

[……]特别要摒弃那些小驻地，否则您将会有很大的损失。真正有效的系统是机动营地系统；派出1 800名士兵，由师长指挥，分布于科森扎（Cosenza）周围，不断地派遣500到600个士兵组成的纵队，巡视整个地区，这是最好的方法。[……]任何驻守点都不应该少于400人。只有军事要塞和筑有军事堡垒的地方才可以安置许多小分队。[……]假如当时陆军上校拉封[19]勇敢地进攻了暴动者，只要400兵力，他就可以将他们正法。所有没有组织好的部队在被进攻时都会被摧毁。[20]

有组织的军事力量总会取胜，哪怕对方是人数更多的队伍。这种观点在拿破仑给予已是西班牙国王的约瑟夫的建议里也有体现：

不论西班牙人数量有多少,都应该坚决地向他们进军。他们一定没法抵挡。既不要包抄他们,也不要用计诱敌,就用铁蹄踏破他们。[21]

要依靠集中并协调良好的军队力量。兵力集中的部队不仅军事效率更高,而且本身很有自信,他们对敌人施加的压力更大:

通常我希望我的部队尽可能地保持集中,因为习惯于看到我的部队兵力集中的人,一旦看到他们被派遣出去,就会造反。[22]

这一点上精神力量影响很大。占据伊比利亚半岛也要注意这些重点:

在所有国家里,占据了最重要的城市和地点,就会很容易掌握全国,并将那些仍希望掌控国家秩序的主教、行政官员、主要的财产所有者掌握在手里。[23]

请再一次写信告知德鲁埃(Drouet)将军[24],我对于掌握葡萄牙军队的最新消息非常看重;占领所有地点的方针是很难执行的;应该满足于占领仓库和医院所在地,将军队掌握在手中,随时派往需要的地方[……]。[25]

西班牙的情况与第一次国内战争情况相似:

在国内战争中,要占领的应该是重要地点;不需要哪里都去攻打。[26]

反暴动的方法

机动纵队是首要方法。拿破仑向他的哥哥约瑟夫建议在卡拉布里亚地区用会说意大利语的科西嘉小分队建立机动纵队：

请建立四支由聪明正直、信念坚定的军官所指挥的机动纵队，每队700到800人，由少量骑兵和大量步兵组成，分派去这个省份的不同地方，将其支队派往更多地方。用不了一个月，这些机动纵队就会建立起来，并且了解所有的地方情况，与当地居民融合起来，赶跑所有匪徒。如果有死不退让的，就立刻击毙。[……]但是要确保将军们不抢掠。如果他们行为专横，欺压和盘剥公民，那么他们就会使这些地区发生暴动。要大胆地打击他们，将第一个可耻的抢掠者撤职，交予军事委员会。[27]

机动纵队与兵力集中部队的支援相辅而行。在1808年5月2日马德里暴动前夕，拿破仑向缪拉将军很好地解释了这一点：

我完全不同意您将部队兵力分散的做法。我了解到您从埃斯科利亚尔（Escurail）派遣了一个兵团进驻村庄。您可以派遣一个兵团做做样子，但是他们得立刻回来。如果每处骚乱您都派出一个兵团或一个营，那我就没有军队了。如果那些村庄习惯了有驻军，那么一旦您撤军，他们马上会发动暴乱。您应该派遣机动部队，但是他们离开总队不得超过八天，任务一完成就必须回来。[28]

当西班牙发生暴乱时，拿破仑总是发出同样的命令：

爱卿，请您写信告诉多尔塞纳（Dorsenne）、卡法雷利（Caffarelli）、图弗诺（Thouvenot）几位将军[29]，在他们所处的国家里，人民遵循的是一个坏制度；许多民众在村庄里集结以对抗活跃的匪徒团伙，这使得我们常常面对各种惨烈的场景，然而本应该由军队来对付匪徒的；重要的地点是应该要占据的，机动纵队要从这些重要地点出发去追击敌匪；如果一切照这样进行，我们就可以避免许多不幸；要赶快遵循这个计划，对敌匪进行主动作战；旺代省的例子证明了最好还是要有分散在各处的机动纵队，而不是固定的驻军。[30]

"杀鸡儆猴"是第二个方法。在埃及，这个方法非常适合东方风俗。拿破仑给米努夫（Menouf）省的执政官将军写信道：

要非常严格地对待土耳其人；我在这里每天杀三个人，让他们在开罗游街：这才是战胜这些人的唯一方法。[31]

在曼苏拉省(Mansourah)，那里的村庄都暴动了，拿破仑令人焚烧了最主要的罪犯，抓了一些人质，威胁了那些看起来要报复的村庄。[32] 但是这些方法要与平息骚乱的尝试交替使用，就像写给维亚尔（Vial）将军的信中的这句话证明的一样：[33]

宣布大赦，让艾尔肖拉和来斯北*大部分的居民都回来。[34]

金元与大棒交替使用：这也是给予布律纳将军的指示中最重要的内容，当时正值执政府初期，布律纳将军正在指挥西路军镇压保皇党人：

欢迎所有来归顺的人；但是不需要与俘虏将领会谈；也不存在与他们做任何外交谈判的必要。

对于教士要非常宽容；对于大市镇采取严格的措施迫使他们自我防卫，保护小市镇。不要放过那些不"顺从"的市镇。焚烧莫尔比昂省（Morbihan）的几个镇政

---

* 原文为 El-Choa'rah、Lesbé，为埃及的两座村庄。——译者注

府和几个大村庄以儆效尤。

但愿您的部队不缺少面包、肉和士兵。在这些造反的省份里，有可以维系您部队的粮草。只有将他们拖入残酷的战争，他们的居民才会自己团结起来对抗匪徒，最后才会感觉到他们的麻木不仁对他们自己有害。[35]

对于奔赴帕尔马和皮亚琴察地区镇压暴动的朱诺将军而言，以儆效尤的价值在几封信件中被反复强调，也被证明是有效的，但矛盾的是，这同时又体现了人道主义：

不是用几句话就能维护意大利的和平的。要像我在比纳斯科（Binasco）做的那样[36]：烧毁一座大村庄；令人枪毙约12名暴动者，建立机动纵队，以便到处捉拿匪徒，并做给这些地区的人们看，以儆效尤。[37]

请您牢记比纳斯科：它使我付出了自进入意大利以来享有的宁静，但避免了数千人的流血。没有什么会比可怕的例子更为有用。[38]

如果没有这种可怕的例子，那么意大利人民会时刻准备发起暴动[39]。

我很开心地看到第一个拿起武器的村庄梅扎诺（Mezzano）被烧毁了。将此次行动大肆宣扬，让所有的报纸大肆报道。这种严厉的行动中其实充满人道主义和宽恕，因为这防止了其他的暴动。[40]

拿破仑在意大利一直享有一定的知名度，然而他对数次造反表现出来的严格和他对民众话语的严厉都表现出他人格中阴郁的一面。关于这一点，应该要考虑到那个时代的观念。在那不勒斯，约瑟夫登基了。拿破仑提醒他要防备暴动，预先限制武器：

您应该想到，在登基的前后 15 天里，可能会发生暴动。这种情况在被占领国家里是会持续发生的。[……]在那不勒斯这样的城市，无论您怎么做，都不可能得到舆论支持。[……]我猜想您的皇宫中有设有大炮，您也采取了必要措施来保证自身安全。但是您不可能做到监督所有人。法国人有着绝无仅有的自信和轻率。[……]请限制武器！限制武器！请整顿这座巨大的城市。将您的军用物资放置在安全的地方，令匪徒无法夺取您的大炮。要预先考虑到可能面对的骚乱或者小型暴动。我希望我类似的经历能帮助到您。[41]

请大家不要忘记，拿破仑是从镇压葡月 13 日保皇党起义开始他的将军生涯的。因此他希望能有一场暴动好置之死地而后生，就像克服了儿童疾病的孩子那样：

我非常希望那不勒斯的匪徒们暴动。只要您一天不杀鸡做猴，就没法做真正的主人。对付所有战败的民族都需要一场暴动。我看着那不勒斯的暴动，就像一个家庭的父亲看到他的孩子们出天花，只要不会使孩子们太过虚弱，这就是一个有益的危机。[42]

约瑟夫尝试赢得那不勒斯人的好感，承诺他们不会征战争税，禁止法国士兵抢掠当地居民的食物。结果他被训斥了：

不能靠奉承民众去争取他们[……]。如果您不从一开始就让他们害怕您，就会有不好的事情发生在您身上。税收制度的建立不会造成您所想象的结果；所有人都是有心理准备的，而且认为收税很自然。就是因为这样，在一分钱也没有的维也纳，大家都期待我不要征税。可是我到达几天后，就征收了一笔 1 亿法郎的税，大家都觉得这非常合理。您对那不勒斯人民的声明听起来并不像主人。您这样向他们过分示好是不会赢得什么的。意大利人民，或者其他地区的人民，如果没感受到您的主人风范，就会准备造反和叛乱。[43]

在一个被战胜的国家，慈善并不是人性化。好几个法国人已经被刺杀了。通常，只有在对叛乱者表现严苛之后，才能对民众展现仁慈的一面，这是一条政治准则。[44]

这个想法受到了马基雅维利著作《君主论》的影响。在圣赫勒拿岛上的拿破仑思考了1796年被占领的意大利，尤其是帕维亚暴动，他提出了以下的论述：

在一个被战胜的国家里，将军的行为危机四伏：假如他很严厉，他会激起敌人的数量增长；假如他很温和，他会给予期望，这种期望随后使得与战争状态相关的流弊和愤怒无可避免的突显出来。无论他是什么样的，只要这种情况下骚乱及时平定，只要战胜者懂得在当地将严格、公正、温和并用，那么骚乱就只会有好结果：它会是有益的，而且是未来的新保障。[45]

尽管拿破仑在冒险进攻半岛前搞错了西班牙国民情感的力量，但他非常明白暴动所引起的战争类型。暴动很快超越了一个简单骚乱的阶段。西班牙军队和人民得到从葡萄牙登陆的英国人的支持。特别需要让西班牙人控制的城市处于服从状态，首先就是萨拉戈萨。关于可以使用的特别的方法，拿破仑发布了以下命令：

我要求使用和在叛乱战争中使用的一样多的炮弹。[46]

西班牙战争就像叙利亚战争；我们使用地雷和大炮一样多。[47]

萨拉戈萨的对手是一个狂热的民族，它要面临的是榴弹炮造成的爆炸，和布雷工兵一幢又一幢引爆的房屋。[48]

绥靖方法

为了能够安抚人心，也需要一些非军事的方法：

必须通过一些精神方面的方法使得被战胜的省份服从胜利者，比如市镇责任制、行政组织方式，等等。当人们认为人质的死亡是违反胜利者规则的必然结果时，人质也是有力的方法之一。[49]

与当地精英人物的合作对于绥靖工作的保证是不可或缺的。在埃及，拿破仑不同意当时控制米努夫省的将军所使用的处理方法。同时，拿破仑理解当时情况困难，他让这位将军当心，并且用自己的信心令他安心：

我也不同意您未经过深入调查土耳其政府是否有过错就将他们逮捕，又在12小时后将他们释放；这并不是取得一党支持的方法。好好研究一下您所在地区的人民；找出那些最有可能为您所用的人；树立几个公正严厉的典型，绝不要朝令夕改，或有任何的轻率。我觉得您的位置有时可能有点尴尬，但我对您的善良本性和您对人性的了解有非常大的信心；您要相信我会给您应得的公正。[50]

在离开埃及时，拿破仑将指挥权留给了克莱贝尔，同时留下了一系列指示：

将军，您很清楚我是怎样看待埃及内政的；无论您做什么，基督徒永远都是我们的朋友。要防止他们太过蛮横无理，以防止土耳其人像反对基督徒那样狂热地反对我们，否则会使我们与他们势不两立。在我们能够将狂热主义连根拔起之前，要先平息这个倾向。获得那些开罗酋长们的好感，就会获得整个埃及和这个民族所有首领的好感。那些酋长不懂如何战斗，却能像天主教教士一样，本身并不狂热，却能煽起狂热之风，对于我们而言，没有什么比这更危险了。[51]

有一段话语讨论了治理埃及的方法：

对于那些认为我们还很陌生的人民来说，我们很难立即对其产生影响；为了领导他们，我们还需要有中间人；我们要给他们领袖，否则，他们就要自己选出领袖。我倾向于伊斯兰本教的神学家和医生：第一，他们本身已经是领袖；第二，他们是《古兰经》的解释者，我们已经经历过的和将要经历的巨大障碍都来源于宗教问题；第三，这些伊斯兰神学家品性温和，热爱正义，富有，且遵循良好的道德准则。他们毫无疑问是这个国家最正直的人。他们不懂骑马，没有军事操练习惯，非常不适合指挥军事行动。我以我的管理方式使他们感兴趣。我利用他们来与他们的人民对话，我让他们自己成立了法庭；他们就是我用来统治这个国家的方法。我增加了他们的财富；我在任何情况下都给予他们最大的尊敬。我令他们对军事抱有最深的敬意；我奉承他们的虚荣，用整个民族满足他们的虚荣心。但是如果我们没有表现出对伊斯兰宗教最深的敬意，如果我们放纵科普特基督徒、希腊人、拉丁人横行而改变了他们惯有的关系，那么我们特意为他们所做的一切都是徒劳。我希望他们能对一切珍惜伊斯兰教的人和事比从前更顺从、更尊敬。[……]

要多费些心思说服穆斯林们，我们也爱《古兰经》，我们尊重先知。一个简单的字眼，一个没有好好考虑的坏方法，这些都有可能会摧毁几年的工作。我从不允许行政部门直接处理清真寺的人员和俗权；我常常委托神学家，让他们去处理。在所有诉讼辩论中，法国官方必须站在清真寺或虔诚机构一方。宁可放弃一些权利，也不能使行政部门在这个棘手方面的秘密部署被诟病。这个方法是所有方法中最有效的，为我的政府被广泛接受做出了最大的贡献。

要适应东方人的方式，取消帽子和紧身短裤，给我们军队的服装加入一些马格里布人和阿尔努特（Arnaute）人的服装元素。这样穿起来，当地居民就会感觉这是他们的国民军；这是符合本国情况的。[52]

然而相反，法国人离开埃及时并没有优化他们与当地居民的关系。当地人仍然认为法军是他们的"基督教敌人"，十字军的继任者。拿破仑的观念表现出了殖民主义，但是就像史蒂文·英格伦让我们注意到的一样，拿破仑在这一方面革新了：他是第一个找出解决之道的人，这个方法在很久以后才变得过时。我们可以认为他是建立反叛乱方法的创始人，这种方法后来在北非和印度支那得到很大发展。埃及人靠一支英国远征军赶跑了法国人，而不是靠本地居民的暴动。尽管法国人没能赢得真正的好感，尽管他们的宗教策略没有带来信服，但是他们的方法却是越来越有效。克莱贝尔和门努瓦将军的表现都不失为优秀的殖民统治者。[53]

拿破仑在西班牙滥用他从埃及的经历中吸取的教训，就像下面这条他令人给萨瓦里将军撰写的注意事项所提到的：

皇帝认为建立一个负责的官方机构是不够的；也许应该让他们负起责任，但是更应该给他们方法。关于这一点，应该解除他们的武装，建立四支这个国家最需要的国民警卫连，来支援西班牙治安法官和维护和平；如果他们没能维护和平，就是他们的责任。在这个每座城市最重要的职责中，得再加上主教的职责和风俗习惯的责任。法国就是这样才能一直维持和平。如果没有这些约束，法国在1789年之后就坠入最可怕的混乱状态了。[54]

约瑟夫从那不勒斯国王变成马德里国王。拿破仑向他明确指出怎样能让当地精英人物为他所用：

但是，想要一个国家顺从听话，那么这个国家人民习惯服从的总督、市长和高级行政官员必须由您来任命，他们要去往这些省份，发出公告，原谅拿着武器回来造反的人，尤其要向治安法官和本堂神甫通报，通过这样的方式，他们就会明白他们已经在您的统治之下。这种举措有重组治安、金融和给人民指出方向的好处。那些总督、市长也需要和您的部长们好好交流，让他们了解一下不同的信息。[55]

假如胜利方不仅想要占据一个国家，还想在那里征集部队，那就必须创造一些条件，使得当地民众赞成。尤其不可以让占领军依靠这个国家而活。1796年，意大利就发生过这种情况：

法军这种依靠掠夺当地资源过活的情况，使意大利人民对其严重不满。相反，假如当时法国能继续供养法军，那么从一开始就能征集许多意大利人部队。但是想要召唤一个国家寻求自由、独立，以及想要民意在人民群众中自由形成，由民意召集部队，并同时夺走主要物资资源让其战斗，这是两种矛盾的想法，能协调这两者就是有才能的。[56]

假若当地民众表现出某种狂热态度，我们可以征集部队。如果没有这种现象，最好不要征集：

不要遵守省份守卫兵体系；没有什么会比这个更危险。这些人洋洋自得，以为不会被战胜。所有拥有这样想法的外民族都是不顺从的。[57]

在西班牙，面对这样一场"人民战争"，拿破仑仍然非常忧心民意：

撤退行动对于战争来说是非常危险的；它们绝不应该在人民战争中被采用：舆论比事实更有效；领导者任意地采取的撤退行动都是为敌人创造新的军队。[58]

被战胜的人民只有通过政治手腕和严格措施，还有与军队的融合才能变成胜利者的臣民。这些现象在西班牙发生过。[59]

……还有在旺代省：

只有通过政治手段和心理手段才能维持被战胜人民的稳定；法国军队的精英们没能攻下只有 50 万到 60 万兵力的旺代。[60]

对于一位所谓的军事方法冠军来说，效忠书是强有力的，而且可以体现出他的人文深度。以下这句著名的、在第一次意大利战役之后说与法兰西学院院长的话也有体现：

真正的征服，也就是那些唯一不使人感到遗憾的征服，是对愚昧的征服。[61]

这也不能让我们忘掉在拿破仑书信中那些以最严厉的方式鼓动将军们进行镇压的大量命令。无可争辩的是，他只相信以用兵和枪毙来杀鸡儆猴。[62] 他在埃及的占领政策在人道主义方面是残酷的。[63] 但是，随后大部分殖民远征都一样血腥，或者更甚。就像上文说过的，他的方法表现出了总体的有效性。在伊比利亚半岛也是一样，假如不是俄国远征军占用了一些兵力，西班牙游击队在 1811 年底就被战胜了。[64]

小 结

拿破仑非常重视率先发起进攻。对他而言，战略上的进攻都应该依靠拥有防御要塞或防御地点的作战线。在进攻战役中，进攻通常是为了包抄或包围敌人。但包抄或包围行动决不能从敌军正面进行，而要从敌军侧翼或后方进行，不被他们发现。腓特烈二世在鲁腾就是这么做的。联合进攻会有进攻不足的风险。拿破仑并不太关注进攻细节，而更看重纵队构成简单化的优势，还有炮兵的集中。海战也是，他希望所有战舰的舰长都能尽量进攻，发挥炮兵的优势。渡河通常是很棘手的，但不能因此减缓进攻的速度。在这一点上也是，如果可以合理地使用炮兵，迅速将兵力集中在战斗点上，就可以放弃一座桥。不要从前方进攻一个防御地点，而要包抄它。拿破仑多次推荐这种方法，但是他在莫斯科瓦和滑铁卢急于发动战役时却违背了自己的规则。他有一次在圣赫勒拿岛上与古尔高谈话时，承认了自己的错误。

他规定，在山地作战时，即使是在进攻战争中，也不能进攻防御地点的敌人，而是要行进到敌军侧翼或后方，再突然进攻。他还指出要避免山地作战。在这一点上，克劳塞维茨的理论正好补充了拿破仑的看法。而兵力运用就不是这种情况了。拿破仑常常讲起兵力运用，并强调两个重要的特点：简单和迅速。他在关于包围战这一点上也展开论述了许多。拿破仑比克劳塞维茨年长，作为一名熟练军队和法国军队的军官，他很明显对进攻要塞的问题更感兴趣。这里可能有一个重要的情况要留意：理论学家倾向于强调实践家发现的新内容。

对于拿破仑来说，进攻敌人领土不论多少，不取决于方法问题，而是形势问题。克劳塞维茨也这么认为。他写道，战胜者总会说自己是和平的朋友。拿破仑确实多次要求寻求被战胜人民的支持。他特别关注埃及的穆斯林民众。从他在科西嘉的年轻时代起，他就留意到了占领一处地方的困难。早期在意大利和埃及的战役使他面临过这些问题，并让他形成了驻军的方法；不要固定而分散的守卫军，而是需要集中并且机动的力量；不要小型驻军，而是要机动营地；要掌控重要人物居住的主要城市，这些人都希望维持该地秩序。要镇压暴动，就要建立机动纵队来驱赶匪徒，但是绝不能抢掠。要杀鸡儆猴，做出严厉的示范，然后予以宽恕以平息骚乱。为了稳定地区局势，可以抓捕一些人质，但是要确定当地精英对人质感兴趣，会因此而达成合作共识。

这些方法就是随后所有占领者使用的方法，但是拿破仑确实是这方面的创新者。他甚至可以被看做反暴乱方法的创始人。他深受启蒙运动的影响，认为自己把进步带给了充斥着蒙昧主义和狂热主义的国家。但他不理解为什么这些国家的人还要暴动反抗。我们在他身上，除了看到不可改变的严厉，还能看到他了解人性心理以便统治占领地区的的特殊意愿。但是，这并没有避免随之而产生的掠夺和残暴。进攻埃及、那不勒斯王国、葡萄牙和西班牙的责任也几乎都落在了他身上。他发出的命令都有结果吗？就连"典型"的绥靖工作，比如絮歇在阿拉贡（Aragon）的安抚行动，也没能获得持续的成功。而且抽取兵力远征俄国，使得本来有利于法国的形势转而变弱。[1] 拿破仑对于这些永恒问题的记录值得我们仔细推敲。他在其中展示了他丰富的经历、他的历史常识和对人类的了解。尽管他没有给出常胜的秘方，但是这些内容总是值得思考，至少可以让人了解哪些是绝不能做的。

第八篇
战争计划

LE PLAN LIVRE VIII
DE GUERRE

在这最后一篇中，克劳塞维茨回到总体的战争上，这让他重申了第一篇所提及的若干观点。在他看来，拿破仑战争的残暴揭露了战争的本性，即其"绝对特性"。"我们现在所经历、所实现的，曾经无一人认为是可能的。"[1] 正是在这几页中，克劳塞维茨用"战神"[2]来比喻拿破仑。虽然本篇中有几节无正式标题，但正是这些未尽之言引导我们按着与克劳塞维茨观点最相似的标题来重组拿破仑的思想。

第一章　战役计划

1799年10月26日，雾月政变前几天，波拿巴将军向皮埃尔·路易·侯德吐露道：

在制定军事计划时，没有一个人比我更胆小；我夸大战场上所有的危险和所有可能的坏处；我陷入极其痛苦的烦躁中。这些没影响我在身边人面前表现出异常的平静；我像个正在生产的女人。而当我做出决定时，一切忧虑都抛之脑后，此刻只想着对成功有利的一面。[1]

在土伦围攻和第一场意大利战役间的两年里（1794—1796），拿破仑把自己塑造为计划制造者。一份北意大利入侵计划，他就草拟了十四个注释或备忘。[2] 因此，他完全有资格来评论别人的计划，例如1796年在德国莫罗将军和儒尔当将军对抗查理大公爵的计划。他尤其指责他们缺乏整体意识：

首先，必须知道我们想做的，并制定个计划。[3]

战事需要长期酝酿，为了获胜，必须花上几个月来思考可能发生的一切。[4]

我有个习惯，在行动前要思索三四个月，而且我会盘算着最糟的结果。[5]

一场战役计划应该预见到敌军能做的一切事情，并包含能够挫败敌军的办法。[6]

拿破仑设想着敌军能做的一切事情，设计出包含不同方案的作战计划。年轻时，他深受皮埃尔·德·包瑟特中尉的观点的影响，包瑟特在战役计划方面的理论观点是最早被人们详细评述的。[7] 拿破仑应该是1791年在瓦伦西亚（Valence）读到这些观点的。[8] 包瑟特认为一场战役计划应包括若干方案，且须"检验行动，即在面对将来需战胜或可能战胜的最强或最弱阻碍的情况下、在每个方案取得胜利而引起的利或弊的情况下对可能行动的检验；在这些合情合理地推测的阻碍被一一检验后，决定发动一场能够或可能带来最大益处的战役。[……]"[9]。

在西班牙，拿破仑在指挥作战前当场斥责他的元帅们，尤其是儒尔当，斥责他们没有一个"确定"的计划：

如果敌人来到布尔戈斯城（Burgos），是发动攻击还是静观其变？若静观其变，为什么贝西埃尔元帅（Bessières）没有在布尔戈斯后方布兵？战争的胜利是建立在明确且设计精良的作战计划之上的。我们应该像放弃图德拉城（Tudela）一样放弃布尔戈斯吗？如果 1 万名士兵进入布尔戈斯并在城堡中驻扎，这可不是一种给士兵提升士气的方法，而是让军队置于等同失败的撤退行动的危险中。这就是在没有确定的计划时我们可能遭遇的。[10]

如果没有一个包含若干方案的计划，拿破仑从不采取行动；他只会偶尔将计划透露给属下，若计划符合战场情况，透露出去的可能性就更小。例如，1796 年 9 月初在巴萨诺和提洛尔行动中追击奥地利将军维尔姆泽时：

一场类似的追击行动能够提前严密地筹划；但行动的实施是渐进的、由每日战况所决定的。[11]

1806 年 9 月 20 日，拿破仑皇帝向其弟路易透露了在法国与普鲁士交战情况下的战役计划的整体想法。路易立足于他的荷兰王国，分散普鲁士士兵的注意力，并将他们的注意力引向北部：

您须在您的各大报刊上说庞大的部队从法国各个地方赶往荷兰，在韦塞尔（Wesel）将有 8 万名士兵受命于荷兰国王。我希望这些部队能在 10 月初行动，因为这是一次为吸引敌军注意力而发动的反攻，以便在此期间我展开行动将敌军合围。您的所有部队要驻扎莱茵联盟领地边界，但不跨过边界，也不进行任何有敌意的行动。[……] 我将于 9 月 30 日到达美因茨。这一切都是为了您；一切行动都要保密。[12]

拿破仑总是不使用准确的词，我们之前就此已提及过。很明显，此处的"反攻"就是指"钳制"。[13] 9 月 30 日，一封长信详细地谈及了钳制行动，并阐述了行动的整体思路，该行动被称为"行动计划"，同时还阐述了敌军的反击，在此我们只节选有影响价值的部分：

我的意图是将所有兵力集合在我右侧能及的最远处，在莱茵和巴姆贝格（Bamberg）之间的场地不留一兵一卒，使得20万人的兵力全都聚集在一个战场上。敌军若在美因茨和巴姆贝格之间推进轻装部队，对此我不甚忧心，因为我将在福希海姆（Forchheim）这个小小的重地建立延伸到维尔茨堡（Würzburg）的交通线。[……]潜在的行动路线是无法计算的，因为敌军以为我派兵到莱茵河左方及波希米亚右方，以为我的行动路线与我的战役前线平行，如此，他们围攻我的左方会获得巨大利益，并且在这种情况下，我能够把他们推向莱茵河。[……]而我的头几次进军威胁到普鲁士君主政体的心脏，我军展开神速，规模成震慑之势，使得威斯特伐利亚的整个普鲁士军队在马格德堡投降将成为可能，并且迫使整个普军日夜兼程赶回保卫首都。[……]我指望您的军队来阻击和分散敌军注意，直至10月12日，这是我军事行动掀开面纱的时刻。[……]凭着所有的这一切，人类远见所能及的正是我所能及的。[14]

即使需要制订计划，也总是要考虑到局势以及突发情况：

根据局势、将领的才智、部队的特点及地形，作战计划总是不断被调整。有两种作战计划：好的和不好的；有时好的作战计划因出乎意料的局势而失败，有时坏的作战计划因时来运转而成功。[15]

里沃利战役之前，维尔姆泽计划有着巨大的缺陷，因为没有将对手可能采取的行动考虑在内：

如果人像山一样静止不动，这个计划堪称完美；但他忘了那句流传的俗话，"若山不动，人动而相遇"。我在这点上的奥地利兵法家比比皆是。制定维尔姆泽计划的枢密院[16]假设法军是静止不动的，一直待在曼图亚：这个无根据的假设招致了奥地利王宫最优秀军队的溃败。[17]

1806年夏末，拿破仑就此方面问题批评了在达尔马提亚的工兵部队指挥军官：

作战计划取决于敌军的构成和军力，以及法军的构成和军力，工兵指挥官不去积极解决别人抛出的问题，却一门心思的钻研十分荒谬的作战计划。[18]

面对俄国广袤的战区及庞大的军队，要让总体计划中的每一个构成部分都发挥作用就更难了。然而，如同拿破仑在给表弟热罗姆的信中写到的一样，这却不可或缺：

战争中，面对一个如此巨大的战区，想要取胜，我们只能靠周密的计划和各要素间的完美配合。因此，要认真研究您的命令，别人告知您的，要严格遵守，多一点或少一点均不可，尤其是在涉及联合行动时。[19]

第二章 战争目标和敌军重心

为了估算战争目标大小及要付出多少努力，必须研究敌军政府及人民的特点，落实大量局势和各种关系："在这方面，波拿巴所言极是。他说这可是一个抽象难懂的问题，就算牛顿在跟前也无能为力。"[1]但是，"一切取决于一定的重心、力量的中心和行动的核心，而这重心、中心、核心将自动形成，正是为了摧毁敌军的这个重心，必须将力量集中进行攻击"[2]。克劳塞维茨继续为拿破仑含蓄地批评罗尼埃，他认为行动应以敌军力量核心为靶心，以便将其摧毁，并认为要不间断、无限制地追求胜利，而不是采用一种被称为有条理的缓慢方案。[3]重心并不一定指力量的最主要部分；而是那些掌握整体军队力量的部分。如果它遭到攻打，敌军将失去平衡。因此，必须将敌军看成一个整体，分析其各部分直接的衔接，确定其重心，而该重心可能是主力军、最重要的盟军队伍或首都。[4]

拿破仑经过深思，他承认自己在法国大革命浪潮上"冲浪"；并在深入思考之后，对"战争目标大小"及"要付出多少努力"略微有些了解：

一个人就只是一个人，要产生效力，他必须拥有众多要素。必须知道火通过自身使锅炉沸腾。可能还必须比穆罕默德早20年了解阿拉伯的情况。[……]穆罕默德和他的后继者若率领着软弱的人民又如何能进行如此多、如此震撼的征战？他若带领当今的阿拉伯人或许就无法实现了。只有在经历革命后，人民才能准备好迎接大事情。帝国的巨大胜利以及假如法国成功统治了欧洲，这一切，法国应将之归功于大革命。毫无疑问是我指挥了大革命，但是我找到了指挥它的要素，并利用了这些要素。[5]

拿破仑此处强调狂热之情对战争的重要性。他时常谈及人民（盟国之民）。克劳塞维茨将这些要素融合到他关于战争的描述中，称为"三位一体，其中首先是原始的暴力、憎恨及仇恨性，这些是一种自然盲目的冲力；其次是可能性与偶然性，这使得战争成为一种自由的精神活动；最后是它作为政治从属工具的一面，通过这种政治从属工具的特性，战争成了纯粹的智力活动。三点中的第一点使人民尤为感兴趣，第二点吸引将领［首脑］及其军队，第三点确切说属政治方面"[6]。

在圣赫勒拿岛，拿破仑喜欢批评并非由他指挥的大革命军事行动。我们必须把各种可能发生的事都考虑在内，而且要知道拿破仑如此为之是想试图突出自己的价值。尽管他的观察分析常常准确、合乎情理，却也在战争总指挥中错误不断。战争目标和重心两个概念是1799年初在德国和意大利研究战役计划时暗暗萌生的：

像在意大利采取进攻一样，法国政府也命令军队要在德国发起进攻。但他们本应该在德国进行防守，因为法军没能集结比敌军强大的兵力。无论如何，多瑙河军队、艾勒维蒂军队（Helvétie）及下莱茵军团应合三为一。[……]

在意大利必须采取进攻，因为法军在半岛的军力远胜于敌军，此外，在俄军到达前将奥军赶出阿迪杰河战区是至关重要的。但必须集结所有兵力后，方可进攻。舍雷尔率6万名士兵进攻；[7] 几天前，他将1.4万名士兵派往瓦尔特林纳省（Valteline）和托斯卡纳省，使自己兵力减弱。在阿迪杰河发动的战役的结果影响着瓦尔特林纳战役和托斯卡纳战役的结果，而这两省战役的结果却对阿迪杰河战役的胜利无任何影响。同时还要集合驻扎那不勒斯省的3万名士兵。兵力上优势显著的法军本该打败奥军，将他们赶出皮亚韦河镇，让他们吃个大败仗，应夺下莱尼亚诺，这或许是使苏沃洛夫军队失利的大举措，重要性足以让沙皇头疼。然而，这所有的一切没能顶得住一场失利，一切不过是空想而已，并没有付诸行动，也没有如愿以偿。[……]按着这个战役计划行进，第二次联盟迅速瓦解。[8]

克劳塞维茨对拿破仑所说的补充道："在制定战争计划时，首要考虑的问题是确定敌军力量的所有重心，另外，如果可能的话，将这些重心缩减成一个。其次是将我们用来打击该重心的所有力量集合，进行一次大决战。"[9]

有时必须分清主战区和副战区，以便更好地分配兵力。在1800年执政府初期，拿破仑对此感受颇深：

在这场战役里，德国战线是主要战线；热那亚河战线是次要的。的确，假如在意大利行动，对莱茵军事活动可能不会有任何直接、即刻、必要的作用，然而，假如在德国行动，对意大利军情可能会有必要、及时的作用。因此，首席执政官拿破仑集结共和国所有兵力派往主要战线，即：他曾增援的德国军队、荷兰军队、下莱茵军队，以及他集结在索恩河的预计在需要时可进入德国的后备军队。

德国枢密院将其主力集合在意大利这个次要战线。这个反其道之举违背了主要原则，成为了这场战役里奥军败局的真正原因。[10]

这些思考是在圣赫勒拿岛成型的，但它们表达的是早已为人所深刻认知的信念。1794 年 7 月，当波拿巴将军只率领了意军炮兵部队时，他就已经主张将力量集中在主要战线，用那些阐述克劳塞维茨重心概念的话来说：[11]

每支军队该采取哪种类型的战争由以下因素决定：
1. 对我们战争的总体精神的分析考虑；
2. 对不断发展的政治的考虑；
3. 军事考虑。

对我们战争的总体精神的分析考虑。

我们战争的总体精神是捍卫我们的领土。奥地利是我们最顽强的敌人，因此必须尽可能地发动那些由不同军队组成的可以给其直接或间接打击的战争。

如果驻扎在西班牙边境的军队采取进攻策略，可能展开一场仅对他们而言的单独战。而奥地利和德国军队完全不受威胁。那么，这场单独战就完全不符合我们战争的总体精神。

如果驻扎在皮埃蒙特边境的军队采取进攻，他们迫使奥地利投入战役，以保卫他们在意大利的附属国，从此刻起，这个进攻策略就会符合我们战争的总体精神。

有的战争策略是包围一些地点，集中火力攻打一点，一旦打出个缺口，敌军的平衡被打破，剩下所有的变得无用，随即夺取据点。[12]

需对德国大力攻击，一旦成功，西班牙和意大利则不攻自破。

因此，决不可分散进攻，必须集中打击。[……]

政治考虑。

决定每支军队采取何种战争的政治考虑提出了两个观点：

1. 发动一场钳制性攻击，迫使敌人减弱其重兵部署的若干战线中的一条战线的兵力。

如果我们在西班牙的军队采取进攻，我们将可能达不到如此的效果，因为这种完全的孤立的战争要求同盟部队不可有一丝一毫的分心。

驻扎皮埃蒙特的军队采取的进攻策略势必在莱茵战线和北方战线起到钳制作用。

2. 在一或两场战役中，王权动荡，政府变革，这就是政治考虑中第二个观点向我们展示的前景。

我们驻西班牙的军队采取的进攻策略理所当然地不能为我们带来这样的结果。

西班牙是个大国，马德里宫廷的怠惰和愚蠢、人民的堕落使得西班牙在进攻中几乎毫无令人畏惧之势，但当国家受到压迫时，这个民族耐心的特质、国内居于主导的自豪和执着精神以及富足的资源使它变得让人生畏。[13]

西班牙是个半岛国家，在海上同盟处于优势时，它将获得大量的资源。

那么，在我们当下战争中一无是处的葡萄牙或将大力支援西班牙。[14]

因此，但凡头脑冷静，夺取西班牙的想法决不可有，按我军目前情况，这想法断不可取。

皮埃蒙特是个小国家，子民生活愉快，鲜有余力庆祝节假，寡民，缺乏民族特有精神，那么最迟下场战役，国王将像他的堂兄弟般颠沛流亡这样的预见也是合情合理的。

军事考虑。

西班牙有着如此的边境地形，同等战斗力下，防御的有利条件都属于我们。

与我军对立的西班牙军队须更强大以保证百战不殆，且须对我们进行威胁。

[……]

因此，在西班牙战线，我们应采取防御策略，在皮埃蒙特战线，采取进攻策略。

从我们战争总精神中得出的考虑，

政治考虑，

军事考虑，它们聚合起来为我们规定相关法则。

攻打德国，决不攻打西班牙，也不攻打意大利。如果我们取得巨大胜利，但只要德国还能够组成令人生畏的战线、还没有被削弱，我们绝不变换策略进入意大利作战。[15]

如果民族自豪感和复仇心理召唤我们投入即将在罗马发动的战役，那么政治和利益应始终将我们导向维也纳。[16]

波拿巴从孟德斯鸠《论法的精神》（*L'Esprit des lois*）的意义层面来理解"我们战争的总精神"。[17] 孟德斯鸠对克劳塞维茨来说也是一个榜样。[18] 我们须重新回到波拿巴这份长篇评论中最著名的句子，卡蒙（Camon）和柯林两位将军曾对此句进行阐述，将其与战场上包围战突围进行类比。这句话表达的是前面已提及的力量集中的观点，在柯林看来，这个观点是拿破仑理论里最重要的。拿破仑很早以前就定义该观点。柯林强调只有在一场有炮兵参加的战斗中，而该炮兵能够在战场上突围的情况下，集中力量的策略才有可能和有必要："为了揭示这些，必须成为格里博瓦尔一派（Gribeauval）。"[19]

专注于核心的观点在比利时出身的奥地利将军卡斯特勒面前以另一种方式呈现，卡斯特勒将军是全权特派员，负责振兴威尼斯共和国以及1797年《坎波福米奥和约》签订后确定新边境的任务。波拿巴将军在会谈中向他说：

没有什么比战争更简单的了。大多数将军得不到什么大的成就，因为他们同一时间专注的太多，或他们首先专注一些彼此无联系、次要的事情。阵地上的焦点，就是我将全部力量导向的目标点；由此，所有力量立刻在我眼皮底下投入战斗。战役到来之日，我既不关心意外事件，也不关心我的行动路线。这些关心不应归将领负责。国家将10万名士兵托付给他；如果他将6万人派上战场，他就得想着对未参加战斗的4万名士兵负责。[20]

在贝尔特兹将军的回忆录里，他对这段话给出了一个简化的版本，据他说，这段话本应于1797年在莱奥本当着奥利地将军的面发表的：

在欧洲有许多杰出的将军，但他们一次贪图的太多；而我，我只图一样，这就是成群的敌军；我竭力将其摧毁，当然，其附属的一切也将随之倾塌。[21]

1813年秋，德累斯顿败落后，贝尔特兹被盟军俘虏，在他被俘期间多次与卡斯特勒将军交谈。[22]当一场战争的目的是征服时，只有政治能确保征服：

毫无疑问，征服是战争和政治的结合。正是这点使得亚历山大大帝令人钦佩。[……]亚历山大大帝令人钦佩的地方在于他深受被征服者的爱戴；在经过了12年的统治后，他的继任者们却分割他的帝国；在于被征服者比他自己的士兵更爱戴他；在于他用严格的规定来强制他最亲密的将领们按政治原则行事。

亚历山大大帝征服埃及，直达朱庇特·阿蒙神庙。这一举措使埃及牢牢控制在他手里。假如我和将领们进入[开罗]清真寺，谁会知道这一举会有什么样的结果？我可能会获得30万名士兵和这个东方帝国。[23]

第三章　战争和政治

在第八篇中，克劳塞维茨重复他在第一篇中谈及的这个说法："战争不是其他，而只是政治关系的另一种方式的延续。"[1] 战争只是一种政治工具。政治并不渗透到战争的所有细节里，但它的影响对一场战争、一场战役，甚至对一次战斗的整体计划起着决定性的作用。因此，军事观点应该从属于政治权威。

政治目的对军事目标的影响

军事目标即每支军队要做什么由政治权力决定。波拿巴在1794年7月公安委员会记录中承认：

每支军队该采取哪种战争类型由上级权力决定。

正是通过这些考虑，在一场浩大的战斗中，比如像我们的战斗中，我们坚信革命政府的绝对必要性；拥有稳固体制的中央集权给每一个管辖区充分的自由，长远地、深刻地来看，中央集权主导我们的信念，让我们的胜利稳固、明确且不再有那么多的流血牺牲。[2]

爱尔兰人奥米拉是拿破仑在圣赫勒拿岛的医生，在一次对奥米拉的斥责中，拿破仑指出英国人使用他们的海军力量达到他们的政治意图的方法：

你们具有随时发动战争的巨大优势，具有在距你们国土甚远的战场发动战争的巨大优势。凭借你们的舰队，你们能够用发动进攻来威胁与你们意见相左的国家的海岸；能够扰乱它们的商贸，而它们却不能进行大规模的报复。[3]

军队，国家的城墙

通过刚刚在您面前发生的事件，您应该意识到：一个没有军事力量、没有优秀军事组织的国家是一无是处的。[4]

尤其是法国，四面环敌，必须拥有一支军队。也正因如此，法国不应由议会领导：

> 议会的统治可能比一个人的统治要好。但我怀疑这在法国永远也不能实现。在法国，拥有一支强大的军队是必须的，因此，实难不让政府充当领导角色。如果英国人想要保全他们的自由，那么他们今天想要撤掉军队就顺理成章。然而，军队是法国最需要的；最需要的就是不被其他国家征服。四面环敌的法国不能撤掉军队。一支绝对服从的军队。军队造反的情况如同推翻国家、国家动乱一般鲜有发生。[5]

戴高乐将军不会否认这些言论。这些言论见证着拿破仑的信念，即从瓦尔姆战役到滑铁卢战役，尽管尖兵部队延伸到威尼斯、开罗、维也纳、马德里和莫斯科，法国只是进行自卫。1814年和1815年的入侵使法国预感到其他可能接踵而至的入侵，并产生对防御的忧虑，这种忧虑将主导法国的战略。旧制度已经历了外国的渗透，格局已经变了，军队较之以前更明确地成为国家不可或缺的城墙。夏尔·戴高乐在他的《未来的军队》（*Vers l'armée de métier*）（1934）、《法国和她的军队》（*La France et son armée*）（1938）这两部著作中进行的思考与此观点不谋而合。他对议会政体不屑的动机应与拿破仑相同，1940年的事件足以证实这一观点。也就是说，拿破仑凭着一份固执，将其一生用以保全统治地位、加重邻国敌对态势，并最终削弱法国。

平民对军事的优势

雾月政变时期，拿破仑身为部队军官和将军，却没有建立军事政体。[6] 成为首席执政官后，他一心只在穿上代表他政治职能的红色法兰绒华服，举行各类典礼和接见，以及展示他的官方形象。花月14日（1802年5月4日），在行政法院会议期间，拿破仑明确确立民权高于军权。在他看来，任何将军都应该拥有最基本的平民性质。在古罗马和希腊，有组织有纪律的军队里早已是如此。中世纪，强健的身体和灵活运用武器还是战争将领的首要品质。自火药出现以后，军事就与步兵团、军团的纪律和组织相关。在此就涉及"现代军事革命"的主要因素[7]：

自此次革命后，是什么构成了一名将军真正的力量？是他的平民性质、判断力、谋略、智慧、行政才能、口才，此处不是指法学家的口才，而是作为军队头领的口才，最后是对人的认知才能。这一切都是平民的。今天，伟业不是一个五尺十寸的人来成就的。如果只要有强壮的身体和勇敢的心就能成为将军，那么每一个士兵都可称统帅。成就伟业的将军是能聚集所有平民性质的人。正因为他被视为具有最出众的智慧的人，士兵才听命于他、尊重他。在露营部队，士兵要听他讲理推论；懂谋略的将军比有勇无谋的将军更让人欣赏。士兵蔑视怯懦的将军，但这并不是说士兵只欣赏勇者。穆哈德·贝伊是马穆鲁克骑兵中最强壮最敏捷的一位，没了强壮和敏捷，他也将不再是贝伊。当他见到我时，他无法想象我是如何指挥我的军队；只有当他了解我们的战争体系后，他才明白。马穆鲁克骑兵就像骑士一样短兵相接，毫无秩序；也正是这点促使我们将其打败。如果我们摧毁马穆鲁克骑兵，挺进埃及，在埃及发动战斗，他们的军事精神一点也不会被消灭；相反地，军事精神力量可能会更加强大。在所有国家，军事力量让步于平民性质。步兵在以天为名的神父面前低头，在以才能令人敬畏的人面前低头。我向那些心存顾虑的军人们预言军事统治在法国永远不会存在，除非法国遭受到半世纪愚昧无知而浑浑噩噩时。一切企图终将失败，而始作俑者将成为这些企图的牺牲者。这不是因我以将军身份来统治，而是因为法国认为我具有适合统治的平民性质；如果国家不是这么认为的，那么我的统治也不会得到肯定。作为军队将军，在我获得法兰西科学院院士身份时，我很清楚我所做的。我确信即使最差的鼓手也会理解我的。

我们不能立足当下去解释过去的野蛮时代。文明、财富和贸易将3 000万民众聚齐起来。面对这般庞大的人民，我们三四十万的军人微不足道。除非将军是以平民性质之名领导，当他不再担此职务时，他将回归平民行列。士兵们也都是公民的孩子。军队就是国家。军人是这些关系作用的抽象体，如果我们仔细分析军人，我们就会确信军人不讲其他只讲力量，军人将一切归于自己，军人只关心自己。相反地，公民关心整体利益。军人的特性就是完全专制。而公民的特性是完全使人遵从商议、事实和理性。这些商议、事实、理性都有其不同的偏见。这些偏见通常是骗人的，但是光明正是在商议中产生的。因此，说到优势，我毫不犹豫地认为它无可争议地属于公民。如果我们将荣誉分为军事性质的和平民性质的，我们或许要建立两组秩序，然而国家却只有一个。如果我们将荣誉只授予军人，这种偏爱可能更有害，从此，国将不国。[8]

雾月18日的政变不是一场军事政变。波拿巴没有凭着军队夺取权力。我们知道，军队还远没有完全支持他。[9]当涉及征兵时，他希望民事当局对军事当局同样有着优势，因为新兵都是公民：

当涉及选派开赴前线的士兵时，我将该任务交给民事当局。这是市政事务。军队从市政那将他们接收过来，然后只考察他们是否适合服役。民事当局较之只会放行的军事当局更能公正些、更不易被贿赂，而且军事当局在开拔后几乎不用担忧人们对他们的评论。[10]

1806年，朱诺因与帕尔玛省省长相处不融洽而遭到皇帝训斥：

军事当局在民事范畴显得无用且不适宜；因此，举止决不可像个下士那样。[11]

皇帝也不欣赏梅茨学校学生对百姓的不礼貌行为，为此，他写信给警务大臣：

这些年轻人的第一职责是尊敬民事权力。他们决不能像从前的年轻军官那般被准许做事无礼、放肆；他们必须知道市民是他们的父亲，他们只是家里的孩子。[12]

这没能阻止拿破仑政体遭到"强大的军事渗透"。例如,在典礼活动中,军官要求上座。此类与民事当局的事件不胜枚举。[13]

第四章　总司令和政府

总司令必须在自己指挥的战场上行动自由,为的只是能迅速应对突发事件。波拿巴将军甚至在获得意大利军队指挥权之前就要求此项自主权:

政府必须完全信任它的将军,赋予他很大的自由,只告诉他要达到的目标即可。答复一份来自索恩河的快报需要一个月,而在此期间,一切都可能变了。[1]

在前几场胜利后,意大利军队的总指挥显得更果断:

如果督政府采取果断措施,将一部分阿尔卑斯山军队给我,将骑兵部队给我,甚至将计划设计得更诡秘些,在调动我们作战时更狡猾莫测些,不久之后,我将成为整个意大利的主人,我将在罗马建一座市政厅。但如果人们没将他们想要的告诉我,我会因害怕不能完成他们意图,会因被指控企图干涉外交不停地中断行动,我要做出些大事是不可能。此时的意大利战争是一半军事性质一半外交性质。通过休战缓和一半矛盾,以期为消灭另一半矛盾争取时间或为获取通道和给养,这才是意大利战争从今以后的最大的艺术之处。[2]

如果您对我强加各种束缚;如果我每一步都要向政府特派员们请示,而特派员们有权更改我的行动、夺了我的部队、派遣我的部队,您就别期望有任何好结果。

[……]法国在意大利事务方面,一位完全得您信任的将军对您来说是不可或缺的。[3]

波拿巴要求在意大利军事、外交统一行动,他将经济方面也纳入其中:

带领一支平庸的军队,需要面临各种问题:钳制德军、围攻要塞、保护我军后方部队,扬威热那亚、威尼斯、托斯卡纳、罗马、纳普勒斯。在各处都必须强势。因此,必须保持经济、外交和军事思想上的统一性。在此必须营造火光冲天、枪林弹雨的氛围,目的是营造恐怖气氛,给对手一个下马威。另一方面,面对发生的事情假装没看到,之后也不谈论,因为时机还不成熟。在这个时期,在意大利的外交真真正正成了完全军事性质的了。[4]

因马尔伯勒展示出他军事和外交两方面的才能,拿破仑很欣赏他:

他不是一位完全局限在战场上的人,他能谈判,也能打仗;他既是军事家,又是外交家。[5]

在圣赫勒拿岛,拿破仑对总司令与其政府间的关系作了很长的注解:

大臣或君王远离战场,对最新战况不了解,甚至不知道,总司令手持他们的命令,并不意味着就有了可靠担保。1.任何一位总司令负责实施一份在他自己看来都是糟糕的计划,他就是有罪的。为了计划能得以修正,他应该上疏坚持己见,最后给出自己的方案,而不是成为实现他人荒唐行为恶果的工具;2.任何一位总司令因上级命令发动一场败局已定的战斗,同样是有罪的;3.总司令是军队等级中的最高等级军官。他应该全心全意地服从大臣、君王的指示;但这些指示不是军事命令,不要求盲目服从;4.只有当军事命令是由熟知局势的临阵上级下达的,而且该上级要能够听取别人反对意见并给予执行命令者以解释的情况下,才要求盲目服从此军事命令。

图尔维尔率40艘军舰攻打英国80艘军舰；法国舰队全军覆没。[6] 路易十四的命令完全不能为他的失败辩白；这实则不是一条军事命令，而是指示，不要求盲目服从；指示的言下之意是在至少有一半取胜的机会情况下可执行该指示，这种情况下，海军司令的责任就给予指示的君王承担。但根据局势，败局已定的话，严格执行指示就是对该指示的误解。如果海军司令与路易十四交谈，他或许会说："陛下，如果我攻打英国人，您的整个舰队将会不复存在，我要让舰队回到某个港口。"国王会因此感谢他，而实际上，国王的命令也被落实。

[……] 儒尔当将军在其《回忆录》[7] 中写道，政府曾暗示他发动史塔卡赫战役；因此，他竭力为此次战役的坏结果辩解；但即使他收到了正式、明确的命令，如我们之前所说，他的辩解也不会被采纳。因为当他决定发动这场战役时，就是坚信有十足的把握取得胜利，然而，他失算了。

为了使每条命令明明白白，不存在任何言下之意，难道大臣或君主不能明确地说明自己意图吗？他对总司令说：开战。敌人会凭借其数量优势、优秀的队伍、有力的地势将您打败；不管怎样，这就是我的意愿。这样的命令能被消极执行吗？不，如果总司令明白如此奇怪的命令的实用性，继而明白它的意图，他应执行该命令；但如果他没有明白这些，他不会服从命令。

然而，一些类似的事情时常在战争中出现：为了拯救军队，一支部队会被留在艰苦的阵地；但部队的指挥官是从他的长官那儿收到这条明确的命令，该长官下达命令时在场，如果有人提出合理的异议，他就解答所有的异议；这是由在场的长官下达的命令，我们必须盲目服从命令。但如果大臣或君主在军中呢？如果他们掌握指挥权，他们就是总司令；原来的总司令就只是从属分部队的一名将军了。

上述并不意味总司令不应该听命于让他开战的大臣；相反地，只要在他看来每次双方获胜机会均等时，他就应该开战；因为我们所持的异议只是针对机会对他完全不利的情况。[8]

对克劳塞维茨的最新解读与此处拿破仑的阐述有细微差异。长久以来，我们将克劳塞维茨的观点浓缩为"战争只是政治以另一种形式的延续"。这句话在冷战期间和"恐怖平衡"时期令人心安，而如今只是众多对战争含义阐释的一种，我们从中看到今天军事与政治和谐的必要性，而不是军事从属政治了。从事政治的人必须深刻意识到战争真正的性质，以防企图通过战争完成战争不能实现的意图。克劳塞维茨在第八篇中理解到政治不必渗透到战争的各个环节。它造就战争计划而非战术。它可以向战争提供它的逻辑思路，但战争还是有着自己的规则。在现实中，政治适应战争、发展及局势，如同战争自身适应政治一样。[9]

谈到在西班牙的一些将军，拿破仑向贝尔蒂埃重申军事权力的限制：

我的兄弟，我从西班牙给您发来快报；请将快报转递给伊斯特利亚公爵（Istrie），请告诉他看到多尔塞纳将军下达命令很滑稽，将军不应使用那些属于王权的用语，他们只能按命令行事，不能终止也不能发布任何命令。[10]

第五章　以消灭敌军为目的的战争计划

1802年8月13日在维特伯斯克，拿破仑在一篇长篇报告中阐明他入侵俄国的计划，该报告由范恩男爵汇报。报告重申前面几篇提及的观点：法军的活力与焦躁、战略的政治因素、战争不可避免的风险，以及为避免陷入困境而对战役的研究：

人们说，俄军主动后撤作战；他们是想将我们引至莫斯科！——不，他们不会主动后撤作战。如果他们离开维尔纳（Wilna），那是因为他们不再能在此重新集合；如果他们离开多瑙河战线，那是因为他们已经失去与巴格拉季翁的部队在此会合的希望。如果最后您看到他们为了退到斯摩棱斯克（Smolensk），将维特伯斯克战场让给我们，那是为了实现在如此遥远的斯摩棱斯克的会合。战斗的时刻即将来临。不打仗就夺不了斯摩棱斯克；不打仗就夺不了莫斯科。主动的战役会有不利的可能性；但是拖得太久的战争可能会有更多不利的可能性，而我们离开法国的远距作战只会成倍地强化这些可能性！

我能考虑在7月扎营吗？［……］类似的远征能分成若干次战役吗？相信我，问题重大，我已对其分析研究。

我们的部队积极前进。入侵战争使他们兴奋。但持久、稳定的防御可不是法国的强项。为了待在原地，我们在河流下游停下，在窝棚中扎营，日日演习，遭受八个月的贫苦和忧虑，这是我们作战的一贯做法吗？

您今天介绍的波里斯丹尼河防线（Borysthène）和多瑙河防线都只是幻想。冬天一到，您会看见河流结冰，消失在白雪之下。

在冬天，不仅仅有冰霜威胁我们；还有巧妙地诡计威胁我们，这些诡计制造者们背着我们沆瀣一气。我们刚利诱过来的盟国还在惊讶于不再与我们作战，还在为能跟随我们而荣耀，我们将给它们留时间去思考自己奇怪的新处境吗？

当我们用20天足以达到目的时，我们为什么要在此停留八个月？预想一下寒冬和士兵们的抱怨指责吧！我们必须迅速打击，否则就会危害全局。一个月后必须到达莫斯科，否则就永远无法进入！

在战争中，凡事一半都靠运气。如果总是等着所有有利情况完全汇集，我们可能什么也成不了。

总而言之，我的战役计划：一场战斗；我所有的策略就是：胜利。[1]

这段引文像总结一样表达了拿破仑的整个思想。在《战争论》最后一节中，克劳塞维茨用数段文字讲述了1812年在俄国的战役。这场战役是拿破仑的第一场败仗。这场投入军力空前、战场规模空前的战役成为拿破仑战争的制高点。在克劳塞维茨看来，皇帝的失败并不是像大家通常认为的因前进过快或过远而导致的。就本质而言，他或许就没有其他的前进方式可选择。这场战役他之所以会失败，是因为俄国政府稳固、人民坚定不移。拿破仑失算了。他没能正确评估他的对手。[2]

从这封从莫斯科写给沙皇的信中可以看出俄国人民的稳固与拿破仑的慌乱：

> 绚丽的莫斯科城不复存在了。罗斯托普金（Rostopchine）命人把它烧了。400多名纵火者被当场捉住；他们都说是服从这位总督及警察局长的命令：他们已被枪决。大火似乎已熄灭。四分之三的房屋被烧毁，只有四分之一幸免。这是无目的、残暴的行为。放火是为了夺取一些物资吗？可物资都放在大火威胁不到的地窖里。况且，莫斯科是世界最美城市之一，是历经许多世纪工程才完成的杰作，怎能就把它毁了呢？纵火者从斯摩棱斯克开始点火，大火使得60万个家庭沦落到行乞的地步。莫斯科城的消防泵被砸碎或被拿走，军火库内一部分武器被行凶者拿走，为了驱赶他们，我们不得不向克里姆林宫开了几炮。既然俄军已不再能保护这座城市，为着人道，为着陛下的利益，为着这座雄伟城市的繁荣，也应该委托我保管它：我们应该给这留驻行政管理机关、司法人员以及城市卫队。就像我们在维也纳那样，以及在马德里、两次在柏林所做的那样。[3]

拿破仑命人为农奴解放撰写声明，但他把这份声明放在秘处作为潜在的威胁形式。他不想跨越某些界限，并将谈判的任务交给考兰科特：

> 直到现在，除亚历山大大帝烧毁他的城市、防止我们进驻外，我们这仗打的相当漂亮。没有让人不悦的言论，也没有辱骂。既然我们已经上了决斗场，他不和解是错的。我们很快会达成一致，成为好朋友。[4]

打一场"相当漂亮"的仗：拿破仑仍深受启蒙时代的影响，故不希望倾全力地猛烈攻击。正如我们在第一篇中读到的，他以一种俏皮话的方式表达对没有全力攻击的遗憾，他没有打开潘多拉的盒子。这一保留并不只是因为摧毁技术相对还不完善。[5]

拿破仑若干次对俄国力量进行分析,结果使他害怕:

俄国拥有令人恐惧的力量,似乎能征服整个欧洲。它能在各处部署成千的包括哥萨克骑兵在内的骑兵、鞑靼兵及波兰兵。欧洲甚至没有足够的马匹与之抗衡。曾经的三大强国阻碍了它的壮大:自从芬兰、波兰灭亡后,瑞典便不再能成事,它被沙皇帝国吞并。土耳其一无是处。[6]

此外,拉斯·卡斯对俄国作了大量的分析思考,甚至分析了欧洲的未来:

局势变迁,在拿破仑看来,相较于攻打欧洲其他地区,攻打俄国的黄金时代已经来临,可展开大规模猛烈入侵。他仔细分析着这个依附北极广袤冰川的稳固大国,在必要时刻,这些冰川将成为俄国极佳的屏障,使人不可靠近;他说的一年只有三四个月或一年只有四分之一时间可以进攻俄国,而俄国却全年或12个月可对我们进攻;俄国能给进攻者的只有严寒、苦痛、贫瘠的土地、了无生机或沉寂的自然,而俄国人民却满怀趣味地向我们的南部快乐进发。

拿破仑补充:除了这些自然环境外,贫苦、漂泊的众多中小部落也融合到俄国众多定居的人民中,这些人民勇敢,冷酷,忠诚。"一想到这样一个庞大的民族,我们不禁地颤抖,我们既不能从侧翼也不能从后方对其进攻;如果这样庞大的民族取胜,它会毫无顾忌地向您包抄,吞没一切,或者它战败,它可以退到冰川腹地,置身荒芜与死亡中,这些冰川会成为它的保护地;若局势所需,这一切都会轻易重现。难道这不是水蛇怪物的头(问题的症结处)、寓言故事中的安泰俄斯,我们只需懂得抓住它的身体,将其举向空中就足以战胜吗?但是赫拉克勒斯在哪里?他只属于我们这些敢于为此追求的人,我们曾笨拙地尝试过,对此我们必须承认。

拿破仑皇帝说:在欧洲新的政治联合中,世界上这一片地区的命运只取决于一个人的能力和态度。他说道:"出现一位英勇、刚烈、有才能的俄国皇帝,总之一位下巴蓄须的沙皇(这样,他看起来更强大有力),那么欧洲就属于他了。他能在德国领土开始行动，距柏林、维也纳这两个首都100古里，两地的君主是唯一的障碍。他通过武力摧毁一方的联盟，利用这一方的协助从背面打败另一方；自此后，他便是德国中心，置身在一群平庸的亲王中间，而这些亲王中很多人都是他的亲属或期待从他那儿获得一切。若局势所需，他便在途经阿尔卑斯山时在意大利土地上放几把火，然后雄赳赳气昂昂地向着法国前进，再一次宣称自己是法国的救星。当然，在这样的局势下，我会每日前行一定距离，在一个确定的时间点到达加莱，成为此地的主人，成为欧洲的主宰……"在沉默片刻后，他补充道："亲爱的，或许你像皮洛士的大臣向皮洛士讲的那样试着对我说：总之，这有什么用？我回答道：建立新的社会、拯救苦难的人民。欧洲等待、乞求这般善举；旧体系已瓦解，而新体系还一点不稳固，所以，不经过这种长期、猛烈的动荡，新体系是不会稳固的。"[7]

对因1792年至1815年间的战争造成变革的觉醒，以及对战后可能引发其他大冲突而造成变革的觉醒，都是克劳塞维茨在《战争论》最后的结论："但是，大家都明白，一旦可能的界限被推翻，那么就很难再建立；这些界限可以说只存在于我们的无意识中；最终，每次涉及巨大的利益时，彼此间的敌意也将弱化，正如在我们这个时代一般弱化。"[8]拿破仑在厄尔巴岛居住期间已经幻想着一个"新社会"，已经谈及过"体系"。时任佛罗伦萨堡垒指挥员的樊尚将军，在其厄尔巴岛回忆录中说，1814年5月7日，被废黜的皇帝在交谈中说再也不要向他谈论战争：

您知道，我已经对此考虑太多；我们一生都在打仗；或许，未来的命运将迫使我们继续打仗，然而，战争将成为一个不符合时代的存在。如果您在整个大陆发动战役，实际上是两个社会制度的对峙，一个是始于1789年的制度，一个是旧制度；它们不能共存，最新的吞噬另一个。我非常清楚，作为法国大革命的代表、大革命方针执行者的我，终究是被战争推翻的：但无所谓。这场败仗是为了文明而战，相信我，文明将会进行报复。有两种体系：过去和将来；现在只是一个痛苦的过度。依您来看，哪个应该取胜？未来，是吗？嗯！未来是智慧、工业与和平；过去是暴力、特权与无知；我们的每一次胜利都是大革命思想的胜利，而非杰出人物的胜利。未来某一天的胜利是没有大炮没有刺刀的胜利！……别再跟我谈论战争。[9]

小 结

战争行动前，对战争本身的思考应是重点。拿破仑主张提前对可能出现的情况进行长期思考，并主张预测敌人可能的一切行动，并就最坏情况进行估算。随着每日战况的发展，战事逐步展开。一份战争计划可以不断调整，突发情况总是存在。假设敌人原地不动而制定的计划是最糟糕的计划。战争目标的大小与大量的战局相关，而这正表达出克劳塞维茨后来所谓的重心论观点，即必须集合所有力量。由此可构成主战场。未能明白这点是主要的错误。如果将全部军力集合在主战场，一旦被突围成功，军队平衡被打破，其他战场也会相继溃败。人们总是会重新考虑集合军事力量。

如果战争的目标是获胜，必须有政治举措来确保这一目标，正如东方的亚历山大大帝所做那样。政治目标决定军事目标。拿破仑隐约地预感到了克劳塞维茨著名的言论。他认为一名将军无论怎样，首先必须具有平民的特质。正是除勇气和无畏之外他所具有的这平民特质，才让他与人民共命运。在他看来，在法国从不会建立军事政府。民权高于军权。这并不影响总司令在他指挥的战役中拥有行动自由。同时，他还应该能够介入外交和经济。他也不应该服从远离战场的君王或大臣所下达的不合理的军事命令。总司令在面对一份在他认为糟糕的作战计划时，他应该卸职而不是执行命令。

不管怎样，如果拿破仑的战争让克劳塞维茨发现了战争的绝对本质，那就是相较于上一个世纪，更多的暴力起义出现，拿破仑自己也感到逐步扩大的危险，他说他会尽力控制这些危险。尽管他性格暴躁，尽管他有一种想利用一切强化法国的失控的欲望，尽管他有着毫不妥协的固执，但他仍旧是理性的。他不希望将对手置之死地，因为他懂得战争之后总是谈判。他思考着欧洲的平衡，对俄国力量的壮大表示担忧。为了从旧体制过渡到新体制，欧洲还将经历"长期的、猛烈的动乱"，面对在圣赫勒拿岛给后代留下的这些言论以及军事、外交事件的现实检验，总会有让我们学习和思考的地方。

结　语

CONCLUSION

历史科学的关键在于其批判性，所以它会攻击神话，重新评估那些被崇拜的对象，这些都是很正常的事情。拿破仑曾经非常明确地揭示了这两种批判，当然他一直都在这样做。基于此，查尔斯·艾斯达乐理所当然地批判了革命战争和帝国战争。他强调拿破仑在此期间犯了严重的战略错误：比如拿破仑在1807年占领伊比利亚半岛，并于1812年侵略俄罗斯，这实际上造成了严重的政治和人文灾难。[1] 拿破仑失去了法国大革命的果实，使得法国领土比他刚领导法国时还小。而且蒂埃里·朗茨认为，拿破仑的贡献不在于他的"欧洲制度"，而是在于促成了现代法国的建设。[2] 或者说执政党期间促成的各项改革具有可持续性，而帝国时期的政策则最终被证明是战略上的失败。约翰·林恩曾经非常坦诚地提出这样一个问题：拿破仑在军事领域真的能教会我们很多吗？他把拿破仑与他更为熟悉的路易十四作了一个对比，两位都征战四方，但是他们之间的区别非常大，拿破仑之鹰所取得的胜利是瞬间的，而太阳王路易十四的征服却是持久的。[3] 保罗·施罗德认为拿破仑对欧洲缺乏长远眼光，缺少我们今天所说的"退出策略"。他不遵守当时的国际准则，这从他不断侵略其他国家就足以看出来。[4] 可能是人们错误地把能行军作战和战略混淆起来了，所以认为拿破仑是卓越的军事战略家。林恩的这个观点没错，但是他过分强调拿破仑是革命战争果实的受益者。的确，拿破仑军事作战艺术受益于当时某些特殊的形势（林恩也没有对这些形势作出说明）。拿破仑教会了人们怎么打胜几场战役，却没有教会大家如何赢得一场战争。林恩的观点虽然太着眼于细节，但是总的来说是正确的，他提出了很多问题。拿破仑在对外政策上，或者说在他的"伟大战略"上是失败的。莱利将军认为这个失败的原因是由于当时的法国所有策略只从单一的军事角度出发，不顾经济，也不顾海军实力。英国是当时世界上唯一的同时拥有强大经济实力和军事实力的国家。[5] 在部分问题上，我们可以再做辩论，但是我们可以一致认为在传统的军事外交领域，拿破仑更擅长实地指挥作战，而不是统筹战略。

当法国的首脑们通过研究学习拿破仑，商量如何对德国发动反击报复时，他们主要集中精力对作战层面进行研究。洛特·德·塞里尼昂中校是其中最有批判精神的，也是为数不多的从战略和政治层面进行思考的。他认为，20年来，在欧洲四处征战、侵略和无数次的骚扰所引发的仇恨，导致法国在1914年依旧饱受政治孤立之苦。他还认为拿破仑的影响不像人们想象的那样，只存在于当时的法国军队中，而是直接抹杀了个人积极性。[6] 除了这些并非毫无根据的观点，洛特·德·塞里尼昂还引用了高级战争学校的教授们的观点，认为并不存在准确的拿破仑主义的定义。波拉尔将军说道："战争中的作战方法是科学的，总是根据当时特定的精神力量和物质力量、特定的时空条件进行计算得出的。如果拿破仑战争方法是科学的，他只是依托于概念上的经验主义。拿破仑的考虑并非依据某个特定的情况。他只在潜意识中作出概念判断，或者是在无意识状态的深处进行的，他下意识根据周围环境的变化，运用不同作战方法，作战灵感如同火花一样闪现在其脑海中，让他接近完美地、艺术地解决战争难题。"[7]

他这个"案例"在于他的独特个性能够适应变幻莫测的战场。在历史中，我们很少遇到这样的战争将领，他们的个性在战争中展现，并且得到发展。他们本能地识别出将要施行的法则将会产生的最好的情况和最差的情况："数量的影响、大规模法则、军队节约法则——也就是说在最短时间内消灭敌军主帅的法则。"[8] 拿破仑这种作为战争首领的独特性，甚至可以说是怪异特点，通过他对一些悖论的掌控体现出来[9]：没有人比他更能意识到战争中偶然因素的分量，没有人比他更不能忍受哪怕丝毫的侥幸，没有人有比他更大胆的观念，没有人比他有更高的执行力，也没有人像他一样，对军队组织中所有的细节都如此关心，并且如此谨慎。[10] 基于以上所有原因，那些意图高效利用军队的人总会想到拿破仑。在2002年，美国国防部一个分析中心专门做了一项在历史中"军事优势"的研究。拿破仑排在马其顿人、罗马人、蒙古人之后，美国人之前。[11] 他一个人就占了一个章节的内容，而且经常在调查中占据大篇幅内容。很少有人能成为一个时代的代表，或者在一系列留下自己名字的战争中刻上如此清晰的印记。对于这份研究报告的其他作者来说，拿破仑给将军们提供了"一个参与并赢得战争的典范。与他同时代的将军没有人能有与他相匹敌的战略眼光（指挥作战），之后也很少有"。拿破仑对武器战术作了一个汇总，重点强调联合作战。在作战计划中，他的优势在于他拥有优越的信息系统，他自己是系统中的"关键变量"。在战略方面，他没有意识到海军的重要性，大规模裁减海军。他留给后人的遗产在于他在战争中指挥作战的能力：努力分散、扰乱敌军，然后在恰当的时刻把他们引到法军占尽优势的地方发起进攻。[12]

关于拿破仑的著作和语录的研究揭示了更多。他对于战争的看法比我们到目前能够想象的要重要得多。他的著作之多、思索之深令人深深折服。让·吉东称之为"先前思考的力量"。吉东相信在战争者和思索者之间有某种秘密的关联，可以互相了解，彼此强化。[13] 法国"哲学之父"笛卡尔曾经就是名士兵。正如美国人大卫·贝尔曾写到，关于全面战争的研究，不能将感情格外萦回在对于拿破仑的同情上，人们或许对历史所知甚少，从而出于本能的将拿破仑与斯大林、希特勒或者毛泽东归于不同的类别。在拿破仑的所有言论中，他深厚地表露了其人文素质。他继续补充到，或好或坏，一个人能否在战争中培养出伟人所具有的品质。[14] 对于斯大林、希特勒和毛泽东而言，并没有拥有如同拿破仑这般的特质。如同克劳塞维茨一样，拿破仑总是把人放在他思考内容的中心位置，他非常了解他所画的蓝图，他经常关心永久性的根基而不是暂时的外在形式。[15] 在人类智慧的历史中，我们都渴望能够表现出丰富的特性，拿破仑的著作就是这个历史中的一座纪念碑。人们总是优先研究拿破仑的各个战役，而不是拿破仑关于战争的思想。然而他对战争的思想是非常中肯的。除了一些实用法则，还有一些适用于任何形式的战争的沉思，包括21世纪的种种矛盾。哪怕克劳塞维茨刚刚才重新发现这一点，[16]拿破仑也是当之无愧的。让我们一起来看看其中几个关键思想。

战争本身并不是温文尔雅的。权利，如果受到足够尊重，就能限制暴力。总司令需要经常深思熟虑，要知道凡是没考虑的地方总有可能出纰漏。总司令强势的性格比精神魅力更为重要，当然后者也是不可或缺的。他经常需要在不确定的条件下快速做出决定，因此他需要有"午夜两点"的道德勇气。他需要知道尽可能多的信息，他的"机智"会帮助他分辨出有用的信息并作出正确决定。战争中总会有出乎预料的事情。娴熟的领导者会对此加以利用而免受其害。战争中总有理论要去学习，但是"高级知识"却只能在实际经验中或对历史的研究中获得。各种理论原则提供"组成曲线的中心轴"，指挥者通过自己的能力，根据所处情况做出判断，决定他们所采取的基本原则。一项分析显示，过去所参加的战斗经验会首先影响其作出的判断。与创想出一套战略相比，更重要的是鼓起勇气执行它。"一切都是战争的评判标准。"荣誉感、好胜心、团队精神、平等精神都是一支军队的美德。战火中，战斗的目的是要大规模摧毁敌军力量。"道德火花"可以使天平取得平衡。我们不能在战斗中思索如何轻创敌军，因为身处其中是很难跳出来思考的。只要条件有利，就应该集中所有力量快速赢取战斗胜利。

战争中，统一指挥相当关键。军需补给是一项重要的任务，同时要有效利用当地资源。对于没有实际作战经验的部队，最好让他们担任防守任务。防守部队最好由固定班底组成，因为士兵们会比较了解彼此的习惯。他们不能被安排在前线：这意味着没有强有力的前线。当我们不知道敌军从何方发动进攻时，部队的编排最好紧凑一点。这样一来，当一个点受到攻击时，可以快速支援。当我们主动发动进攻时，要努力乘其不备，迂回包抄或直接包围敌军。在相同的时间发动不同进攻相当困难。集中火力，以最简单的方式发动攻击是最好的。在山区作战要特别注意，不能直接攻击敌军先遣部队，要攻击其侧翼或者后卫部队。如果是城市作战，最好不要将步兵分散在各条路上。占领城市是相当困难的。军队应该在任何时候都集中，并且保持良好的行动能力。要攻下住着主要人物的关键城市，切断其互相联络合作的关键环节。部队可以追捕造反者，但是注意不能有过失行为。对个别要严惩，但也要宽恕其他。最后，在战争中要考虑到所有的假设因素。要考虑到可能产生的最坏结果。要详细制定作战计划，同时也要对其保留余地，使之能适应各种不同的实际情况。要经常思索敌军会如何反应。要瞄准关键，先派遣主力部队，要在这里集中力量进攻：如果在这里给敌军重创，那么就可以接着对付敌军的其他部队。军事占领需要与政治活动同步。所有的军事目标都要服从政治目的，要有公民素质。当然，这并不意味着战争总指挥不能相对自由地指挥作战。以上这些观察适用于所有形式的战争，包括21世纪初的各种战争。

杰·路瓦斯已经揭露，拿破仑和克劳塞维茨的观点相似处很多，没有什么好惊讶的。[17] 他们几乎在所有问题上都持有相同的观点，只在某些细节处不同，比如一场战役可以分成两个还是三个主要阶段。克劳塞维茨的观点和拿破仑不存在对应关系，他只是读了拿破仑的《回忆录》，不过他的思考完全是基于拿破仑的战争之上的。"在开始的时候，有拿破仑的影子。"安德烈亚斯·赫伯格·罗希在她有关克劳塞维茨课题的研究中这样写道。1806年的普鲁士战争让克劳塞维茨成功地创作出一种有关作战成功方面的理论。拿破仑在俄国战场、莱比锡战场以及滑铁卢战场的失败让克劳塞维茨制定出战争政治理论。换种说法，基于拿破仑战争中的成功、局限以及失败，克劳塞维茨跳出单纯的军事角度，从战争的整体角度、政治角度进行了完整的思考。[18] 在1806到1815年期间，拿破仑的作战方式并没有发生本质上的改变。他说，在20岁的时候，他已经有了全部的、一生遵循的职业想法。修·斯特拉坎强调《战争论》是一部对话式的创作。与当时其他大部分思想家不同，比如说，克劳塞维茨没有直接介绍约米尼的结论，只是提出了一些争论和辩论。他在第一篇和第八篇中都采用了这种辩证的方法。在第二篇到第七篇中，他介绍了拿破仑的战争艺术，这种手法用得相对少一些，[19] 主要是通过拿破仑在战争中的对话来表现其特点。这解释了为什么我们可以大量引用《战争论》中拿破仑的观点。这部作品还有一个教育使命：他一直想让普鲁士士官进行思考。这里有一个同拿破仑文章一致的观点。在他的信件中，他解释了很多他的战争方式。我们显然应该从大量的信件中萃取出精华。要根据所处的确切情况，对其作出解释，当然这些观点也是有普遍意义的。通过他写给欧仁·德·博阿尔内或兄弟约瑟夫、路易和热罗姆的信件，我们发现拿破仑将一些军队交给一些并没有军事知识的家庭成员管理，他在其中扮演着教育指导者的角色。他有时候会为一些元帅勾勒出作战计划，但是很少按照计划行事，例如，他曾在1806年为苏尔特元帅勾勒作战计划，1809年为马尔蒙元帅勾勒作战计划。他有时会同德让将军交流重要想法。这些交流有局限性，拿破仑和他的将军们之间关于战争艺术的交流是非常缺乏的。而且他从来没有像腓特烈二世那样，以文字形式来发布战争"指令"，他也没有创办高级军事教育。

拿破仑和克劳塞维茨都是世纪交替之际的杰出人物，都具有浪漫主义情怀。对后者来说，前者代表着战争艺术的"精神"。拿破仑皇帝的思想在整体上更接近于18世纪，他比克劳塞维茨年长。他经常发动的仍然是"古代"战争，这是克劳塞维茨没有的。[20] 勒内·杰拉德认为，拿破仑的思想一直隐藏在克劳塞维茨的想法里，一直萦绕在克劳塞维茨的脑海中，他就像是一个"障碍 模范"，克劳塞维茨既为之吸引，同时又心怀抗拒。克劳塞维茨从反面思考拿破仑，他的不满情绪是强烈的，这样使得他能将自己的想法理论化。如果说他对战争中的相互作用理解很深入的话，那是因为他自己一直在就双方模拟对抗的情况进行思考。杰拉德表示，他曾经试图盗用拿破仑的想法。[21] 其实这是有合理的途径可以使用的，比如我们就截取了《战争论》中的提纲来组织拿破仑的思想，使其体系化。

注 释

前 言

[1] 约翰·R. 艾特林(John R. Elting),《伟大的领袖、理论家和战争历史的缔造者》(Great Captains, Theorists, and Fighting Men Who Have Shaped the History of Warfare),伦敦,W. H. Alen, 1987年,第112页。

[2] 大卫·盖茨(David Gates),《19世纪的战争》(Warfare in the Nineteenth Century),贝辛斯托克-纽约,Palgrave,第54页。

[3] 杰里米·布莱克(Jeremy Black),《军事历史再思考》(Rethinking Military History),伦敦,Routledge, 2004年,第184页。

[4] [雷蒙多·蒙特库科利](Raimondo Montecuccoli),《蒙特库科利回忆录——拿破仑军队的大元帅》(Mémoire de Montecuculi, généralisme des troupes de l'Empereur),最新版本,巴黎,d'Espilly, 1796年;[莫里斯·德·萨克斯](Maurice de Saxe),《我的梦想,莫里斯·德·萨克斯伯爵的战争艺术回忆录》(Les Rêveries, ou Mémoires sur l'art de la guerre de Maurice, comte de Saxe…),德·博纳威尔出版,海牙,Pierre Gosse junior, 1756年。

[5] 《拿破仑军事语录》(Maximes de guerre de Napoléon),布鲁塞尔,Petit, 1838年。

[6] 《拿破仑一世格言和思想》(Maximes de guerre et pensées de Napoléon Ier),第5版,巴黎,Dumaine, 1863年。

[7] 达马斯·黑那尔德(Damas Hinard)(主编),《拿破仑词典——拿破仑一世观点和评论字母排序文集》(Dictionnaire Napoléon ou Recueil alphabétique des opinions et jugements de l'empereur Napoléon Ier)第2版,巴黎,Plon, 1854年。"战争"一词含有诸多词条。从"阿尔卑斯山"到"红酒"。引文资料非常简要。

[8] 安托万·吉鲁瓦(Antoine Grouard),《拿破仑的战略》(Stratégie napoléonienne),《拿破仑一世军事语录》(Maximes de guerre de Napoléon Ier),巴黎,Baudoin, 1898年。

[9] 奥诺雷·德·巴尔扎克,《拿破仑和他的时代》(Napoléon et son époque),由雷昂·葛德翁(Léon Gédéon)收集和注释,J. 黑提尔

(J. Héritier)作序，巴黎，Colber, [1943年]，第295页；《巴尔扎克的525个语录》(Les batailles napoléonnes de Balzac)，第295-360页；蒂埃里·布丹(Thierry Bodin)，"巴尔扎克笔下的拿破仑战役"(Les batailles napoléoniennes de Balzac)，《拿破仑，从历史到传奇》(Napoléon, de l'histoire à la légende)，1999年11月30日和12月1日在奥斯特里茨军事博物馆，荣军院国家酒店的专题讨论会，巴黎，备考迈松内夫的军事博物馆版本及拉罗斯版本，2000年，第107页。

〔10〕弗雷德里克·马松(Frédéric masson)，《短篇小说》(Petites histoires)，共2卷，巴黎，Ollendorff, 1910—1912年，第1卷，第40-50页。

〔11〕[拿破仑]，《拿破仑的见解和箴言》(Préceptes et jugements de Napoléon)，E. 皮卡德(E. Picard)收集分类，巴黎—南锡，Berger-Levrault, 1913年。

〔12〕《拿破仑其人》(Napoléon par Napoléon)，共3卷，巴黎，Club de l'honnête homme, 1964—1965年。

〔13〕保尔·阿道夫·格里斯特(Paul Adolphe Grisot)，《拿破仑语录》(Maximes napoléoniennes)，节选自《军事科学报》(Journal des sciences militaires)（1897年5月），巴黎，Librairie militaire Baudoin, 1897年，第32页。

〔14〕安德烈·巴鲁埃尔(André Palluel)，《拿破仑一世词典》(Dictionnaire de l'Empereur)，巴黎，Plon, 1969年。

〔15〕让·德尔玛(Jean Delmas)、皮埃尔·勒卢夫(Pierre Lesouef)，《拿破仑，战争领导》(Napoléon, chef de guerre)，共3卷，巴黎，Club français du livre, 1970年。

〔16〕以下将按时间顺序排列主要参考，《拿破仑一世，领导者的指南》(Napoléon Ier, Manuel du chef)，儒勒·柏图(Jules Bertaut)筛选的拿破仑格言，巴黎，Payot, 1919年；《拿破仑不朽的篇章》(Les Pages immortelles de Napoléon)，由奥克塔夫·奥布里(Octave Aubry)整理并加注，巴黎，Corrêa, 1941年；《拿破仑，行动中的思考》(Napoléon, Pensées pour l'action)，爱德华·蒂奥勒(Edouard Driault)收集整理，巴黎，PUF, 1943年；《拿破仑，如何作战》(Napoléon, Comment faire la guerre)，严·克罗阿雷克(Yann Cloarec)收集整理，巴黎，Champ libre, 1973年；吕西安·热艮伯艮(Lucian Regenbogen)，《拿破仑谈话：格言、引文及见解》(Napoléon a dit. Aphorismes, citations et opinions)，巴黎，Les Belles Lettres, 1996年；查理·拿破仑(Charles Napoles)，《拿破仑其人：思想、格言及引文》(Napoléon par Napoléon. Pensées, maximes et citations)，巴黎，Le Cherche Midi, 2009年。

〔17〕《包含拿破仑格言及思考的拉斯·卡斯的手稿：拿破仑在圣赫勒拿岛最后两年的记录》(A Manuscript Found in the Portfolio of Las Casas Containing Maxims and Observations of Napoleon, Collected During the Last Years of his Residence at St. Helena)，法译英，伦敦，Alexander Black, 1820年。

〔18〕大卫·钱德勒(David Chandler)，"概论"(General Introduction)，《拿破仑军事语录》(The Military Maxims of Napoleon)，法译英，G. C. 德·阿圭勒(G. C. D'Aguilar)，伦敦，Greenhill Books, 2002年，第25页。

〔19〕同上，第22-23, 30-31页。

〔20〕同上，第23, 27页。

〔21〕G. F. R. 亨德森(G. F. R. Henderson)，《"石墙"杰克逊和美国内战》(Stonewall Jackson and the American Civil War)，共2卷，伦敦，朗曼格林集团出版，1900年，第2卷，第394-395页。

〔22〕《拿破仑和现代战争：他的军事格言注释》

(Napoleon and Modern War. His Military Maxims Annotated)，康拉德·H.兰扎(Conrad H. Lanza) 翻译并注解，哈里斯堡，宾州，兵役法出版有限公司出版，1943 年。

[23] 杰·路瓦斯 (Jay Luvaas)，"拿破仑的领导艺术"(Napoleon on the Art of Command)，《美国陆军战争学院参考》(Parameters, Journal of the US Army War College)，15，1985 年 2 月，第 30-36 页。

[24] 《拿破仑的战争艺术》(Napoleon on the Art of War)，由杰·路瓦斯节选、翻译并出版，纽约，The Free Press，1999 年。

[25] 因为没有合适的标题，而克劳塞维茨论著的参考通常只涉及书名和章节，所以我们不会把书分成三部分。

[26] 路瓦斯，《拿破仑的战争艺术》，第 32 页。

[27] 罗伯特·冯·罗斯波洛克(Robert Van Roosbroeck)，"拿破仑及其军事系统对普鲁士战争的影响"(Der Einfluss Napoleons und seines Militärsystems auf die preussische Kriegführung und Kriegstheorie)；沃尔夫冈·冯·格鲁特(Wolfgang von Groote) 和克劳斯·于尔根·穆勒(Klaus Jürgen Müller)(主编)，《拿破仑一世的军事时代》(Napoleon I. und das Militärwesen seiner Zeit seiner Zeit)，弗里堡·布里斯格，Rombach，1968 年，第 202 页。

[28] 卡尔·冯·克劳塞维茨 (Carl von Clausewitz)，《1796 年意大利战役》(La Campagne de 1796 en Italie)，德译法，巴黎，1901 年；Pocket，1999 年，第 8 页。

[29] F. G. 希利 (F. G. Healey)，"拿破仑在圣赫勒拿岛的图书馆：哈德森·罗威论文中未发表的文件"(La bibliothèque de Napoléon à Sainte-Hélène. Documents inédits trouvés parmi les Hudson Lowe Paper)，《拿破仑研究院期刊》(Revue de l'Institut Napolpon)，n° 75, 1960 年，第 209 页；弗雷德里克·斯科尔菲 (Frédéric Schoell)，《纠正近期法国人误解的官方文件集》(Recueil de pièces officielles destinées à détromper les Français sur les événemens qui se sont passés depuis quelques années)，共 9 卷，巴黎，希腊语-拉丁语-德语书店，1814—1816 年。也可参考雅克·若尔干 (Jacques Jourquin)，"圣赫勒拿岛的图书馆"(La bibliothèque de Sainte-Hélène)；伯纳德·舍瓦里耶 (Bernard Chevallier)、米歇尔·当古瓦尔斯-马蒂诺 (Michel Dancoisne-Martineau) 和蒂埃里·伦茨 (Thierry Lentz)(主编)，《回忆之岛——圣赫勒拿岛》(Sainte-Hélène, île de mémoire)，巴黎，Fayard，2005 年，第 121-125 页。

[30] 艾曼纽尔·德·拉斯·卡斯 (Emmanuel de Las Cases)，《圣赫勒拿岛回忆录》(Le Mémorial de Sainte-Hélène)，第 1 版（完整版并附评论），马塞尔·杜南 (Marcel Dunan) 注释评论，共 2 卷，巴黎，Flammation，1983 年，第 2 卷，第 568 页。

[31] 斯科尔菲 (Schoell)，《纠正近期法国人误解的官方文件集》(Recueil de pièces officielles)，第 1 卷，第 29-30 页；第 2 卷，第 289-342 页。

[32] 让-雅克·朗根多夫 (Jean-Jacques Langendorf)，"克劳塞维茨，巴黎 1814 年：第一个译本，唯一一份署名的研究"(Clausewitz, Paris 1814, la première traduction; l'unique étude signée)，《瑞士历史杂志》(Revue Suisse d'histoire)，34，1984 年，第 498-508 页。

[33] 埃米尔·迈耶 (Émile Mayer)，"克劳塞维茨"(Clausewitz)，《拿破仑研究杂志》(Revue des études napoléoniennes)，24，1925 年，第 158 页。

[34] 文森特·德斯波特 (Vincent Desportes)，《理解战争》(Comprendre la guerre)，巴黎，Economica，2000 年，第 382 页。

〔35〕赫威·斯特拉坎(Hew Strachan),《卡尔·冯·克劳塞维茨的战争论：一个传记》(*Carl von Clausewitz's On War: A Biography*), 伦敦, Atlantic Books, 2007 年, 第 25、26、105 页。

〔36〕安图略·J. 艾奇瓦利亚二世(Antulio J. Echevarria II),《克劳塞维茨及当代战争》(*Clausewitz and Contemporary War*), 牛津大学, 牛津大学出版社, 2007 年, 第 26 页。

〔37〕古斯塔夫·达瓦(Gustave Davois),《至 1908 年拿破仑的法国参考书目》(*Bibliographie napoléonienne française jusqu'en 1908*), 共 3 卷, 巴黎, L'Edition bibliographique, 1909—1911 年, 第 3 卷, 第 5-52 页。尽管该书年代久远,但这本经典之作仍向我们精确地概述了拿破仑发表的文章。我们将完善该目录,借助于 Fayard 出版社出版的《拿破仑书信合集》(*Correspondance générale*), 以及尚塔尔·勒乐-沛沃(Chantal Lheureux-Prévot)收集的圣赫勒拿岛上的文章"拿破仑一世流放圣赫勒拿岛,专题书目"(*L'exil de Napoléon Ier à Sainte-Hélène. Bibliographie thématique*), 由舍瓦里耶、当古瓦尔斯-马蒂诺和伦茨(主编)收录,同前, 第 361-394 页。

〔38〕纳达·托米齐(Nada Tomiche),《作家拿破仑》(*Napoléon écrivain*), 巴黎, Armand Colin, 1952 年。

〔39〕同上,关于这个主题有趣的思考, 第 143-155、241、244 页。

〔40〕拿破仑一世,《拿破仑评论》(*Commentaires*), 共 6 卷, 巴黎, 皇家出版社, 1867 年;《拿破仑三世责令出版的拿破仑一世的书信录》(*Correspondance de Napoléon Ier publiée par ordre de l'empereur Napoléon III*)共 32 卷, 巴黎, Plon et Dumaine, 1858—1867 年, 第 29 卷, 第 3 页。

〔41〕休伯特·卡蒙(Hubert Camon),《拿破仑战争》(*La Bataille napoléonienne*), 巴黎, Chapelot, 1989 年, 第 10 页。这是第一部介绍拿破仑战争的系列著作。

〔42〕休伯特·卡蒙,《拿破仑战争：战役概述》, (*La Guerre napoléonienne. Précis des campagnes*)共 2 卷, 巴黎, Chapelot, 1903 年, 第 1 卷, 第 4 页。

〔43〕国防部历史办公室,陆军部, (SHD/DAT), C 系列, 编号 17C2。

〔44〕SHD/DAT, 编号 17C2, 第 27 号文件；SHD/DAT, 编号 17C3, 第 50、53 号文件。第 53 号题目是"意大利军队首领和人民代表的简介"(Instruction pour les représentants du peuple et le général en chef de l'armée d'Italie), 由朱诺(Junot)执笔,拿破仑修改。虽然没有标明日期,但通过战争资料档案室保管员的分析,时间应该是共和三年果月 5 日(1795 年 8 月 22 日)。这三个文件按照编号已在第二帝国时期出版的《拿破仑书信录》(*Correspondance*)的第 1 卷中出版,该版书中认为第 53 号文件完成于 1975 年 7 月。

〔45〕埃德蒙·博纳·德·甘热(Edmond Bonnal de Ganges),《战争资料档案室：1791—1797 年期间人民代表在军队中的任务,公约大会,国家档案馆》(*Les Représentants du peuple en mission près les armées 1791—1797, d'après le Dépôt de la guerre, les séances de la Convention, les Archives nationales*), 共 4 卷, 巴黎, Arthur Savaète, 1898—1899 年, 第 2 卷, 第 164-165 页。

〔46〕让·柯林(Jean Colin),《拿破仑军事素养》(*L'éducation militaire de Napoléon*), 巴黎, Chapelot, 1900 年；Teissèdre, 2001 年, 第 295 页。

〔47〕拿破仑,《文学作品和军事文集》(*Œuvres littéraires et écrits militaires*), 让·杜拉尔(Jean Tulard)作序并整理, 共 3 卷, 巴黎, 法国百科全书公司出版, 1967 年；克劳德·特欧(Claude Tchou), 2001 年, 第 2 卷, 第

309-314 页。罗伯斯庇尔失败后，没有给出拿破仑文章注释的参考历史文献，但是这部书在军事问题方面少有研究，路易吉·马斯里·米里奥尼(Luigi Mascilli Migliorini)发现了这一点《拿破仑》(Napoléon)，意译法，巴黎，Perrin, 2004 年，第 493 页。

[48] 《回忆录——法国历史之参考》(Mémoire pour servir à l'histoire de France)（拿破仑时期，一同囚禁的将军们写于圣赫勒拿岛，拿破仑修改后，发表了原手稿，共 8 卷，巴黎，Didot et Bossange, 1823—1825 年（古尔高，共 2 卷；蒙托隆，共 6 卷）。新版本，《拿破仑回忆录》(Mémoires de Napoléon)，蒂埃里·伦茨著，共 3 卷，巴黎,Tallandier,2010—2011 年。

[49] 参考圣赫勒拿岛政府官员哈德逊·洛的文件，该文件先保存在大英博物馆手稿办公室，后移至英国图书馆，其他手稿，20.149，第 50 页；〔菲利普·柯纳尔 (Philippe Gonnard)，《拿破仑传奇的起源》(Les Origines de la légende napoléonienne. L'œuvre historique de Napoléon à Sainte-Hélène)，有关拿破仑在圣赫勒拿岛的史作，巴黎，Calmann-Lévy, 1906 年，第 35 页〕。

[50] 让·杜拉尔、路易斯·卡洛 (Louis Garros)，《1769—1821 年间的拿破仑》(Itinéraire de Napoléon au jour le jour 1769—1821)，巴黎，Tallandier, 1992 年，第 510 页；1819 年 4 月 15 日星期四是口述这些评注的日期；伊夫·德·伽尼 (Yves de Cagny)，《1733—1844 年贝特朗将军的档案》(Archives provenant du général comte Bertrand 1773—1844)。拿破仑一世、贝特朗将军和拿破仑亲信们在圣赫勒拿岛的手稿……再版，巴黎,德鲁奥宾馆，1983 年 6 月 8 日星期三，第 95 号：拿破仑一世，军事书籍。圣赫勒拿岛的口述，1。《关于罗尼埃将军<战争艺术思考>的十八条评注》共 38 页的文章由阿里 (Ali) 执笔，此外还包括1页拿破仑亲笔写的注释和对此做的修改，文中有二十多处修改。阿里叙述了罗尼埃的这部作品和拿破仑的口述，但没给出具体时间〔路易斯·厄蒂安纳 - 圣丹尼 (Louisétienne Saint-Denis)，又名阿里，《致拿破仑皇帝》(Souvenirs sur l'empereur Napoléon)，克里斯托夫·布拉扣 (Christophe Bourrachot) 作序并评注，巴黎，Arléa, 2000 年（1926 年第 1 版），第 240、243 页；古尔高，前引著作，第 75 页〕。

[51] 布鲁诺·科尔森 (Bruno Colson)，《罗尼埃将军，拿破仑研究专家和评论家》，(Le Général Rogniat, ingénieur et critique de Napoléon)，巴黎，ISC-Economica, 2006 年，第 539-644 页。

[52] 柯纳尔，前引著作，第 46-63 页；托米齐，前引著作，第 237-250 页。

[53] 关于口述计划与出版的《拿破仑书信录》相悖之处,参见托米齐,前引著作,第 251-258 页。

[54] 卡尔·冯·克劳塞维茨，《战争论》(De la guerre)，丹尼斯·纳威尔 (Denise Naville) 译，巴黎，Editions de Minuit, 1955 年，第 8 章，3B，第 679 页。

[55] 柯纳尔，前引著作，第 63、97、113-114 页。

[56] 迪迪埃·勒加尔 (Didier Le Gall)，《拿破仑与圣赫勒拿岛回忆录——话语分析》(Napoléon et le Mémorial de Sainte-Hélène. Analyse d'un discours)，巴黎，Kimé, 2003 年，第 14、16、42、46、47 页。

[57] E. 德·拉斯·卡斯，《圣赫勒拿岛回忆录或囚禁日记——拿破仑18 个月来每日言行记录》(Mémorial de Sainte-Hélène ou Journal où se trouve consigné, jour par jour, ce qu'a dit et fait Napoléon durant dix-huit mois)，新版，20 分册，共 10 卷，巴黎，Barbezat, 1830 年。

[58] 拉斯·卡斯，《圣赫勒拿岛回忆录》(Le Mémorial...)，杜南版本，前引著作。

[59] 巴瑞·E. 奥米拉 (Barry E. O'Meara)，《拿破仑在圣赫勒拿岛的流放生涯——拿破

仑对其生命中最重要事件的评论及看法》(*Napoléon en exil à Sainte-Hélène*)。英译法，第 2 版，共 1 卷(分为 2 册，4 部分)，布鲁塞尔，Voglet, 1822 年；古尔高，前引著作，第 148 页。

〔60〕弗朗索瓦·安托马契(François Antommarchi)，《拿破仑最后的岁月(圣赫勒拿岛回忆录之补充)》(*Derniers momens de Napoléon, ou Complément du Mémorial de Sainte-Hélène*)，共 2 卷，布鲁塞尔，Tarlier, 1825 年；让·杜拉尔、雅克·卡尼尔(Jacques Garnier)、阿尔弗雷德·菲耶罗(Alfred Fierro)、查尔斯·杜阿尔特(Charles d'Huart)，《拿破仑时代新的关键书目(原创或法语翻译书籍)》(*Nouvelle bibliographie critique des mémoires sur l'époque napoléonienne écrits ou traduits en français*)，新版，经过修订和扩充，日内瓦，Droz, 1991 年，第 23 页。

〔61〕柯纳尔，前引著作，第 286,292-296,307-308 页。

〔62〕加斯帕德·古尔高(Gaspard Gourgaud)，《圣赫勒拿岛，1815 年至 1818 年未出版的日记》(*Sainte-Hélène. Journal inédit de 1815 à 1818*)，格鲁西子爵(Grouchy) 和 A. 吉鲁瓦(A. Guillois)作序并加注，第 3 版，共 2 卷，巴黎，Flammarion, 1899 年；同上，《1815—1818 年圣赫勒拿岛日记》(*Journal de Sainte-Hélène 1815—1818*)，该版本根据原文添加了内容，奥克塔夫·奥布里(Octave Aubry)续写前言并加注，共 2 卷，巴黎，Flammarion, 1944 年。

〔63〕国家档案馆(AN)，巴黎，私人档案馆，314，古尔高基金，30 号文件夹(314 AP 30)，圣赫勒拿岛日记。

〔64〕杜拉尔、卡尼尔、菲耶罗、杜阿尔特，前引著作，第 138-139 页。

〔65〕亨利-卡蒂安·贝特朗(Henri-Gatien Bertrand)，《圣赫勒拿岛札记》(*Cahiers de Sainte-Hélène*)，保尔·费力欧·德·兰格(Paul Fleuriot de Langle)辨识手稿，添加注释，共 3 卷，巴黎，Sulliver et Albin Michel, 1949 年、1951 年和 1959 年。

〔66〕AN, 390 AP 25, 圣赫勒拿岛札记。

〔67〕杜拉尔、卡尼尔、菲耶罗和杜阿尔特，前引著作，第 215 页。

〔68〕柯纳尔，前引著作，第 306 页。

〔69〕雅克·卡尼尔，"对让·杜拉尔版《拿破仑时代新的关键书目(原创或法语翻译书籍)》的补充"(*Complément et supplément à la Nouvelle bibliographie critique des Mémoires sur l'époque napoléonienne écrits ou traduits en français de Jean Tulard*)，《拿破仑学院杂志》(*Revue de l'Institut Napoltut*)，n° 172-173, 1996—3/4, 第 7-80 页。

〔70〕钱德勒，"概论"(General Introduction)，前引著作，第 14 页。

〔71〕劳伦斯·蒙图斯尔(Laurence Montroussier)，《<圣赫勒拿岛回忆录>中军事领袖的行为准则》(*L'éthique du chef militaire dans le Mémorial de Sainte-Hélène*)，蒙特利尔，保罗·瓦列里大学，1998 年，第 155-156 页；哈罗德·T. 帕克(Harold T. Parker)，"理解拿破仑，拿破仑是否有良知？"(Toward Understanding Napoleon, or Did Napoleon Have a Conscience?)，《1750—1850 年欧洲革命联盟》(*Consortium on Revolutionary Europe 1750—1850*)，入选论文，1997 年，第 201-208 页。

〔72〕安东尼·卡萨诺瓦(Antoine Casanova)，《拿破仑与拿破仑时代的思想：一段独特的思想史》(*Napoléon et la pensée de son temps: une histoire intellectuelle singulière*)，巴黎，历史书店，2000 年，第 221 页。

〔73〕柯纳尔，前引著作，第 7 页。

〔74〕拿破仑一世，《领导者的指南》(*Manuel du chef*)，第 7 页。

〔75〕巴鲁埃尔，《词典》，第 16 页。

〔76〕史蒂文·英格伦(Steven Englund),《拿破仑》,英译法,巴黎,De Fallois,2004 年,第 574 页。

〔77〕巴鲁埃尔,《词典》(*Dictionnaire*),第 17 页。

〔78〕儒勒·勒瓦尔(Jules Lewal),《积极战略介绍》(*Introduction à la partie positive de la stratégie*),A. 贝纳德(A. Bernduc)注释,巴黎,CFHM-ISC-Economica,2002 年(1892 年第 1 版),第 121 页。

〔79〕安迪·马丁(Andy Martin),《作家拿破仑:一种未彰显的才能》(*Napoléon écrivain. Histoire d'une vocation manquée*),英译本,图卢兹,Privat,2000 年。

〔80〕我们对托米齐的风格进行了更深入的分析。前引著作,第 156-160、170-184 页(书信集),第 183-196 页(声明、日程、演讲),第 198-207 页(报告、回忆录和公告),以及第 259-274 页(圣赫勒拿岛的作品)。

〔81〕注释仅限于帮助理解文本内容。如想进一步了解相关人物、战役、战争理论,读者可参考下列图书:热纳尔·夏里昂(Gérard Chaliand)和阿尔诺·布兰(Arnaud Blin)主编的词典《从起源到当代的军事战略》(*Dictionnaire de stratégie militaire des origines à nos jours*),巴黎,Perrin,1998 年;蒂埃里·蒙布利亚尔(Thierry de Montbrial)和让·克莱因(Jean Klein)主编的《战略词典》(*Dictionnaire de stratégie*),巴黎,PUF,2000 年;阿兰·皮格阿尔(Alain Pigeard),《大军团词典》(*Dictionnaire de la Grande Armée*),巴黎,Tallandier,2002 年;《1796—1815 年间拿破仑战役辞典》(*Dictionnaire des batailles de Napoléon 1796—1815*),巴黎,Tallandier,2004 年;乔治·西斯(Georges Six),《帝国和大革命时期将军及上将传记辞典(1792—1814 年)》〔*Dictionnaire biographique des généraux et amiraux de la Révolution et de l'Empire*(1792—1814)〕,共 2 卷,巴黎,Saffroy,1934 年;让·杜拉尔主编,《拿破仑词典》(*Dictionnaire Napoléon*),第 2 版,共 2 卷,巴黎,Fayard,1999 年。

第一篇 战争的性质

〔1〕拉丁历史学家,《伟大上尉们的一生》(*Vie des grands capitaines*)的作者。

〔2〕纪尧姆·雷纳尔(Guillaume Raynal),历史学家及哲学家,曾写过一部批评殖民化和教会的著作(1770 年)。

〔3〕亨利·波纳尔(Henri Bonnal),"拿破仑军事心理学"(La psychologie militaire de Napoléon),《课程与讲座周刊》(*Revue hebdomadaire des cours et conférences*),1908 年 2 月 22 日,第 423 页。

〔4〕卡尔·冯·克劳塞维茨,《战争论》,德尼斯·纳威尔(Denise Naville)译,Editions de Minuit,1955 年,第 1 卷,第 1 章,第 51 页。在克劳塞维茨《战争论》引文中,对卷的引用用罗马数字表示,对章节的引用则用阿拉伯数字表示。在其他引文中,对卷的引用则用罗马数字表示。

第一章 战争是什么?

〔1〕AN, 390 AP 25, 贝特朗馆藏(Fonds Bertrand),《圣赫勒拿岛札记》(*Cahiers de Sainte-Hélène*),1817 年手稿(5 月 11 日),第 3 页(亨利-葛田·贝特朗,《圣赫勒拿札记》,1821 年 1 月至 5 月稿,保尔·费力欧·德·兰格解读并注释,巴黎,Sulliver,1949 年,第 1 卷,第 223 页)。

〔2〕让·柯林,《拿破仑军事素养》(*L'Éducation militaire de Napoléon*),巴黎,Chapelot,1900;Teissedre,2001 年,第 366-377 页。

〔3〕 尤其是彼得·巴莱（Peter Paret），《战争中的认知挑战》(*The Cognitive Challenge Of War*)，Prussia, 1806 年，普林斯顿，Princeton University Press, 2009 年，第 154-155 页。

〔4〕 维杰瓦诺男爵科利·米卡埃尔（Michael, baron von Colli da Vigevano），他是借调至撒丁王国联合作战的奥地利将军。

〔5〕 《书信录》，第 1 卷, n° 127, 第 128 页，致科利将军，阿尔本加（Albenga），共和四年芽月 19 日（1796 年 4 月 8 日）。

〔6〕 同上，第 1 卷, n° 738, 第 479 页，致奥地利驻意军团司令博利厄（Beaulieu），1796 年 6 月末；n° 1484, 第 894 页，致查理大公（archiduc Charles），克拉根福（Klagenfurt），共和五年芽月 11 日（1797 年 3 月 31 日）。

〔7〕 同上，第 1 卷, n° 955, 第 606 页，致贝尔蒂埃（Berthier）将军，共和五年蒲月 10 日（1796 年 10 月 1 日）。

〔8〕 同上，第 1 卷, n° 1092, 第 56 页，致维尔姆泽（Wurmser）将军，莫迭纳大公国（Modène），共和五年蒲月 25 日（1796 年 10 月 16 日）。

〔9〕 AN, 314 AP 30, 贝特朗馆藏，《圣赫勒拿岛札记》，ms 39（5 月 11 日）（加斯帕德·古尔高，《1815—1818 年圣赫勒拿岛日记》(*Journal de Sainte-Hélène 1815-1818*)，原文基础上补充版，序言和注释由奥克塔夫·奥布里所书，共 2 卷，巴黎，Flammarion, 1944 年，第 2 卷，第 185 页）。

〔10〕 同上，第 2 卷，第 191-192 页。

〔11〕 AN, 390 AP 25, 1818 年手稿，第 52 页（贝特朗，《札记》，第 2 卷，第 156 页），亨利·德·拉图尔·奥弗涅（Henri de la Tour d' Auvergne），杜伦尼子爵，在三十年战争中获得数次胜利之后，他成为路易十四军事艺术方面的指导老师。1674—1675 年的阿尔萨斯战役是他战争生涯中最为显著的一仗。

〔12〕 公元前 216 年汉尼拔让罗马人经历了惨败。

〔13〕 AN, 314 AP 30, ms 40（古尔高，《日记》，第 2 卷，第 222 页）。

〔14〕 1800 年 4 月 19 日至 6 月 5 日，马塞纳与 15 000 名法国人在热那亚顽强抵抗敌人的围攻。马塞纳抵抗至最后一刻，为 6 月 14 日的马伦哥战役大捷做出了不可磨灭的贡献。

〔15〕 AN, 314 AP 30, ms 50（同上，第 2 卷，第 330, 340 页）。

〔16〕 《书信录》，第 13 卷, n° 11281, 第 553 页，致元老院，柏林，1806 年 11 月 19 日。

〔17〕 乔纳森·莱利（Jonathon Riley），《拿破仑将军》(*Napoleon as a General*)，伦敦，Hambledon Continuum, 2007 年，第 28 页。

〔18〕 克劳塞维茨，《战争论》，第 2 卷，第 2 章，第 52 页。

〔19〕 同上，第 2 卷，第 2 章，第 66 页。

〔20〕 克劳塞维茨，"1793 年旺代战争事件概述"（Übersicht des Krieges in der Vendée 1793），《卡尔·冯·克劳塞维茨将军遗著：论战争和军事学术》(*Hinterlassene Werke des Generals Carl von Clausewitz über Krieg und Kriegführung*)，共 10 卷，柏林，Dümmler, 1832—1837 年，第 10 卷。法文译本《卡尔·冯·克劳塞维茨关于战争及战争行为后继著作——第九册及第十册——关于几场战役的战略观点》(*Œuvres posthumes du général Carl von Clausewitz.Sur la guerre et la conduite de la guerre.Tome IX et tome X.éclairage stratégique de plusieurs campagnes*)，德译法，G. 热贝尔（G. Reber）译，巴黎，La Maison du Dictionnaire, 2008 年，第 633-658 页。

〔21〕 《回忆录：拿破仑时代的法国，圣赫勒拿岛随行将军所著，拿破仑亲笔修改后发表》(*Mémoires pour servir à l'histoire de France, sous Napoléon, écrits à Sainte-Hélène, par les généraux qui ont partagé sa captivité, et publiés sur les manuscrits entièrement corrigés de la main de Napoléon*)，共 8 卷，巴黎，Didot et

Bossange, 1823—1825 年（其中两卷由古尔高所写，六卷由蒙托隆所写），第 6 卷，第 207、231、246、255 页。该作品在下文中用以下名称出现，《回忆录》(*Mémoires*)，蒙托隆（或古尔高），册，页。

〔22〕《书信录》，第 6 卷，n° 4478，第 57 页，致埃杜威尔将军（Hédouville），巴黎，共和八年雷月 8 日（1799 年 12 月 29 日）。

〔23〕"尤里乌斯·恺撒战事概要"（Précis des guerres de Jules César），《书信录》，第 32 卷，第 47 页。

〔24〕"对《圣多明各革命史回忆录》一书的四份注解"（Quatre notes sur l'ouvrage intitulé Mémoires pour servir à l'histoire de la révolution de Saint-Domingue），《书信录》，第 30 卷，第 526 页。

〔25〕《书信录》，第 2 卷，n° 1086，第 47 页，致督政府，米兰，共和五年蒲月 20 日（1796 年 10 月 11 日）。

〔26〕[安东尼·克莱尔·提波多]（Antoine-Clair Thibaudeau），《1799—1804 年执政府纪事》（*Mémoires sur le Consulat.1799 à 1804*），巴黎，Ponthieu et Cie, 1827 年，第 396 页。

〔27〕原文如此。拿破仑被任命为第一执政，任期十年。

〔28〕提波多笔记。

〔29〕原文如此。[提波多]，《回忆录》，第 390-395 页，原文为斜体。

〔30〕雷蒙·阿隆（Raymond Aron），《战争与和平》(*Paix et guerre entre les nations*)，巴黎，Calmann-Lévy, 1962 年，第 108-111 页。

〔31〕《书信录》，第 10 卷，n° 8282，第 121 页，致皮诺元帅（Pino），巴黎，共和十三年雨月（1805 年 1 月 22 日）。

〔32〕同上，第 15 卷，n° 12474，第 151 页，致塔列朗（Talleyrand），芬肯施泰因（Finkenstein），1807 年 4 月 26 日 22 时。

〔33〕同上，第 11 卷，n° 9561，第 472 页，致约瑟夫亲王（Joseph），美泉宫（Schönbrunn），共和十四年霜月 22 日（1805 年 12 月 13 日）。

〔34〕让-保罗·贝尔多（Jean-Paul Bertaud），《当孩子们说起荣誉——拿破仑心中的法国军团》（*Quand les enfants parlaient de gloire. L'armée au cœur de la France de Napoléon*），巴黎，Aubier, 2006 年，第 42 页-44 页。

〔35〕《书信录》，第 11 卷，n° 9575，第 480 页，致约瑟夫亲王，美泉宫，共和十四年霜月 24 日（1805 年 12 月 15 日）。

〔36〕同上，第 15 卷，n° 12408，第 91 页，致那不勒斯国王，芬肯施泰因，1807 年 4 月 18 日。

〔37〕AN, 390 AP 25, 1817 年 8 月手稿（8 月 26 日），第 11 页（贝特朗，《札记》，第一卷，第 264 页）。

〔38〕雅克-奥利维耶·布东（Jacques-Olivier Boudon），《1799—1815 年执政府及帝国史》（*Histoire du Consulat et de l'Empire 1799—1815*），巴黎，Perrin, 2003，第 138-140 页，第 149 页，第 278-282 页；蒂埃里·伦茨，《1804—1810 年拿破仑与欧洲征服战争》（*Napoléon et la conquête de l'Europe 1804—1810*），巴黎，Fayard, 2002 年，第 205 页，第 226 页，第 230-235 页；让·杜拉尔，《1804—1815 年大帝国》（*Le Grand Empire 1804—1815*），Paris, Albin Michel, 1982 年，第 66、318-321 页。

〔39〕菲利普·G. 德维尔（Philip G. Dwyer），"拿破仑及荣誉行为：法国外交政策思考"（Napoleon and the Drive for Glory: Reflections on the Making of French Foreign Policy），菲利普·G. 德维尔（主编），《拿破仑与欧洲》（*Napoleon and Europe*），伦敦，Pearson Education, 2001 年，第 118-135 页；史蒂文·英格伦，《拿破仑》，英译法，巴黎，De Fallois, 2004 年，第 311-312 页，第 21；查理·艾斯戴尔（Charles Esdaile），《拿破仑的战争：1803—1815 年国际史》

（*Napoleon's Wars: An International History, 1803—1815*），伦敦，Allen Lane，2007 年，第 91-92、112-113、407 页。

〔40〕 同上，第 130-131 页。

〔41〕 英格伦，《拿破仑》，第 46、56、567、570 页。

〔42〕 《拿破仑一世未发表信件（共和八年—1815 年）》〔*Lettres inédites de Napoléon I*^{er} *(an VIII—1815)*〕，由雷昂·勒赛斯特（Léon Lecestre）发表，共 2 卷，巴黎，Plon，1897 年，第 2 卷，n° 1020，第 248 页，致国务大臣康巴塞雷斯亲王，德累斯顿（Dresde），1813 年 6 月 18 日。

〔43〕 同上，第 2 卷，n° 1029，第 254 页，致康巴塞雷斯，德累斯顿，1813 年 6 月 30 日。

第二章 战争与法律

〔1〕 刚希尔·卢斯伯格（Gunther Rothenberg），"拿破仑时代"（The Age of Napoleon），由米歇尔·哈瓦尔（Michael Howard）、乔治·J. 安得普洛斯（George J. Andreopoulos）和马克·R. 舒曼（Mark R. Shulman）主编，《战争法律：西方世界战事冲突局限》（*The Laws of War: Constraints on Warfare in the Western World*），New Haven-Londres，Yale University Press，1994 年，第 86-97 页。

〔2〕 法国人弗雷（Furet）和德尼·利切（Denis Richet）对入侵帕尔马公国的指控提出的异议，见《法国大革命》（*La Révolution française*），巴黎，Fayard，1973 年，第 380 页。同样，1806 年通过安斯巴赫领土可能也并未违反巴勒合约（英格伦，《拿破仑》，第 336 页）。

〔3〕 在旧制度时期，中立原则经常受到破坏。欧根亲王于 1701 年毫不犹豫地践踏了威尼斯的领土〔阿彻·琼斯（Archer Jones），《西方世界战争艺术》（*The Art of War in the Western World*），牛津，Oxford University Press，1987 年，第 283 页〕。

〔4〕 瓦泰尔（Vattel），《国际法或适用于国家及君主行为与事务的自然法准则》（*Le Droit des gens, ou principes de la loi naturelle, appliquée à la conduite et aux affaires des nations et des souverains*），新版，共 2 卷，巴黎，Aillaud，1830 年，第 2 卷，第 176 页（第 1 版，1758 年）。

〔5〕 乔治-费雷德里克·德·马尔当（Georges-Frédéric de Martens），《建立在条约及惯例基础上的现代欧洲国际法纲要——为政治外交发展引入》（*Précis du droit des gens moderne de l'Europe fondé sur les traités et l'usage. Pour servir d'introduction à un cours politique et diplomatique*），第 2 版，改写版，哥廷根，Dieterich，1801 年，第 425 页-426 页。

〔6〕 1797 年 3 月 24 日第一场意大利战役末期，查理大公率领奥地利军团追击时，科布洛斯（Samuel Köblös von Nagy-Varád）在弗利乌尔岛（Frioul）的拉吉乌萨（Chiusa di Pletz）堡垒营地展开防御。这个岗哨后来被夺取，科布洛斯沦为俘虏。

〔7〕 《书信录》，第 2 卷，n° 1632，第 417 页，致督政府，高里泽（Goritz），共和五年芽月 5 日（1797 年 3 月 25 日）。

〔8〕 同上，第 5 卷，n° 3983，第 329 页，在埃尔阿里什（El-Arich）前，共和七年风月 2 日（1799 年 2 月 20 日）。

〔9〕 杰扎尔-帕夏（Djezzar-Pacha），达米埃塔（Damiette）省部队指挥官。

〔10〕 《书信录》，第 5 卷，n° 4035，第 361 页，致督政府，雅法（Jaffa），共和七年风月 23 日（1799 年 3 月 13 日）。

〔11〕 菲利普·德维尔，《拿破仑——通往权利的道路》（*Napoleon.The Path to Power, 1769—1799*），伦敦，Bloomsbury，2007 年，第 421-422 页。

〔12〕 英格伦，《拿破仑》，第 166 页。

〔13〕《书信录》，第 12 卷，n°10131，第 304 页，致那不勒斯国王（约瑟夫·波拿巴），圣克卢（Saint Cloud），1806 年 4 月 22 日。

〔14〕《未发表信件》（Lettres inédites），第 1 卷，n°333，第 227 页，致西班牙国王约瑟夫·拿破仑，波尔多，1808 年 7 月 31 日 23 时。

〔15〕维拉尔大公（Claude-Louis-Hector），法国元帅，德南（Denain）会战的胜者（1712 年）。

〔16〕弗朗索瓦一世在巴维（Pavie）（1525），约翰二世（好人约翰）在普瓦提埃（Poitiers）(1356)。

〔17〕罗马历史神话中与居伊拉斯（Curiace）兄弟对峙的贺拉斯（Horace）三兄弟的父亲。

〔18〕蒙托隆，《回忆录》，第 5 卷，第 275-281 页。

〔19〕1808 年 7 月 22 日，杜邦（Dupont）在拜伦（Bailén）（西班牙）；1799 年 4 月 28 日，塞吕里耶（Sérurier）在韦尔德廖（Verderio）（意大利）。

〔20〕AN, 390 AP 25, 1818 年手稿，第 51 页（贝特朗，《札记》，II，第 155 页）。

〔21〕洛日·杜甫莱斯（Roger Dufraisse）与米歇尔·柯罗泰（Michel Kerautret）著《拿破仑时代的法国——1799—1815 年外在表现》（La France napoléonienne. Aspects extérieurs 1799—1815），巴黎，Seuil，"当代法国新历史 5"（Nouvelle histoire de la France contemporaine 5），1999 年，第 265 页。

〔22〕《书信录》，第 6 卷，n°5277，第 565-566 页，致塔列朗，巴黎，共和九年雪月 21 日（1801 年 1 月 11 日）。

〔23〕同上，第 7 卷，n°5524，第 116 页，致塔列朗信附言，巴黎，共和九年芽月 22 日（1801 年 4 月 12 日）。"恶魔"指的是 1800 年 12 月 24 日晚，当第一执政的车辆经过圣尼凯斯街后不久，有人引爆了一台"可怕的机器"，造成大量伤亡。

〔24〕同上，第 6 卷，n°5216，第 528 页，军令文件，巴黎，共和九年霜月 23 日(1800 年 12 月 14 日)。

〔25〕拉斯·卡斯，《圣赫勒拿岛回忆录或囚禁日记——拿破仑 18 个月来每日言行记录》（Mémorial de Sainte-Hélène ou Journal où se trouve consigné, jour par jour, ce qu'a dit et fait Napoléon durant dix-huit mois），新版，增补，共 10 卷 20 册，巴黎，Barbezat, 1830，第 17 册，第 107 页。带附注版本将由马塞尔·杜南（Marcel Dunan）出版，附注会明确注明对应页面：拉斯·卡斯，《圣赫勒拿岛回忆录》（Le Mémorial de Sainte-Hélène），第 1 版，全版及评论，马塞尔·杜南校正并注释共 2 卷，巴黎，Flammarion, 1983 年（此处为杜南版本，第 2 卷，第 487 页）。马塞尔·杜南明确指出并注释："英国人将大部分囚犯禁闭在两三艘旧船甲板上，这些船停泊在主要港口，且大都断了桅杆。英国人对此辩解说道，陆地上很难有效监控这些囚犯，而他们出色的海军又不断捕获新的战俘。论法国人的海军实力是完全达不到这一点的。"

〔26〕贝尔多，《当孩子们说起荣誉》，第 207 页。

〔27〕索菲·瓦尼赫（Sophie Wahnich）与马克·贝丽莎（Marc Belissa），"英国人的罪行：背弃法律"（Les crimes des Anglais : trahir le droit），《法国大革命编年史》（Annales historiques de la Révolution française），n°300，1995 年 4 月—6 月，第 233-248 页。

〔28〕卢斯伯格，"拿破仑时代"，第 91-92 页。

〔29〕"尤里乌斯·恺撒战事概要"，《书信录》，第 32 卷，第 14 页。

〔30〕《书信录》，第 3 卷，n°1971，第 157-158 页，威尼斯事件评论，推测时间为共和五年获月 12 日（1797 年 6 月 30 日）。

〔31〕同上，第 11 卷，n°9038，第 57 页，致布洛涅（Boulogne）阵营的塔列朗，共和十三年热月 15 日（1805 年 8 月 30 日）。

〔32〕同上，第 13 卷，n°10893、10895、10900，第 270、271、276 页，致贝尔蒂埃、缪拉（Murat）、苏尔特（Soult），美因茨（Mayence），1806 年 9 月 29 日。

〔33〕 同上，第 28 卷，n° 21760，第 66 页，致考兰科特 (Caulaincourt) 将军，巴黎，1815 年 4 月 3 日。

〔34〕 同上，第 5 卷，n° 4198，第 468-469 页，致贝蒂埃将军，开罗，共和七年 3 日 (1799 年 6 月 21 日)。

〔35〕 《拿破仑未发表的文字》(Inédits napoléoniens)，由阿尔图·舒克 (Arthur Chuquet) 发表，第 2 卷，巴黎，Fontemoing et de Boccard, 1913—1919 年，第 1 卷，n° 1014，第 278 页，致贝尔蒂埃，德累斯顿，1813 年 6 月 19 日。普鲁士副官冯·卢佐夫 (von Lützow) 于 1813 年初征集了一支法兰克军团，该团着装为黑色，其成员大部分来自德国大学的志愿兵。他们主要负责对法军前线作战，骚扰其防御较弱的车队及岗哨。哥伦伯副官 (Enno von Colomb) 是布吕歇尔 (Blücher) 的连襟，他同时也是 1813 年骑兵部队的指挥，以游击队的形式对法军防线作战。

〔36〕 《回忆录》，古尔高，第 2 卷，第 93-96 页。

〔37〕 意大利人阿尔贝克·真提利斯 (Alberico Gentili，拉丁语为"Gentilis") 于 16 世纪末逃亡至牛津。他是第一个将战争法从神学里解除关系的人。荷兰人格老秀斯 (荷兰文写法 Hugo de Groot) 常年生活在巴黎。他于 1625 年发表了《战争与和平法》(De iure belli ac pacis)这本著作。瑞士人艾美尔·德·瓦泰尔(Emer 或 Emmerich de Vattel)在他的《国际法》一书中，将封建领主之间的战争与国家之间的战争划分开来。较之前人，他建立的是一个致力于降低战争伤害的框架体系。

〔38〕 1815 年 6 月 16 日的利尼战役是拿破仑最后一场胜仗。这场战争对庄稼、牲畜及村落房屋都造成极大破坏，但却没有一个平民伤亡。松布雷夫 (Sombreffe) 市档案馆保留有损失赔偿记录。这些赔偿金经认定后由当局即当时的荷兰王国支付。

〔39〕 大卫·A. 贝尔 (David A. Bell)，《第一次全面战争——我们所知的拿破仑的欧洲及冲突的产生》(The First Total War. Napoleon's Europe and the Birth of Warfare As We Know It)，波士顿—纽约，Houghton Mifflin, 2007 年；Jean-Yves Guiomar (让-依夫·吉欧玛尔)，《18 世纪至 20 世纪全面战争的出现》(L'Invention de la guerre totale XVIIIe-XXe siècle)，巴黎，Félin, 2004 年。上述第一本著作虽然内容很振奋人心，但它只保留了非常极端的例子，因而相去甚远。

〔40〕 也就是说只有军需品会以违禁品的名义课税，并成为查封对象。

〔41〕 《回忆录》，古尔高，第 2 卷，96-100 页。

〔42〕 同上，第 100 页。

第三章　军事天赋

〔1〕 《回忆录》，蒙托隆，第 5 卷，第 76 页。

〔2〕 克劳塞维茨，《战争论》，第 1 卷，第 1 章，第 53-54 页。

〔3〕 同上，第 1 卷，第 3 章，第 84 页。

〔4〕 [皮埃尔-路易·候德] (Roederer, Pierre-Louis)，《候德伯爵著作》(Œuvres du comte P.-L. Roederer…)，由其子发表，共 8 卷，巴黎：Firmin Didot, 1853—1859 年，第 3 卷，第 536 页。

〔5〕 古斯塔夫二世·阿道夫，17 世纪初瑞典国王。他采取弱化步兵阵线而增强火枪手火力的方法引起了战术革命。三十年战争时期，他在和神圣罗马帝国日耳曼军团的较量中取得布莱登菲尔德(Breitenfeld)会战大捷(1631 年)，这给他带来极高的荣誉。

〔6〕 拉斯·卡斯，《回忆录》，第 18 册，第 113-114 页 (杜南版本，第 2 卷，第 57 页)。

〔7〕 路易二世·德·波旁 (Louis II de Bourbon)，又称"大孔代亲王"，罗克鲁瓦 (Rocroi) 战役的胜者 (1643 年)。

〔8〕 奥地利最伟大的将军之一。他在 1697 年森塔

(Zenta) 战役中击败了土耳其人，1706 年都灵 (Turin) 之战中打败了法国军队。1716 年及 1717 年在彼得罗瓦拉丁 (Peterwardein) 和贝尔格莱德 (Belgrade)，他再一次大败土耳其军队。

〔9〕 [雷米萨] (Rémusat)，《1802—1808 年雷米萨夫人回忆录》(*Mémoires de madame de Rémusat 1802—1808*)，由其孙发表，第 7 版，共 3 卷，巴黎，Calmann-Lévy，1880 年，第 1 卷，第 333 页。

〔10〕 同上，第 1 卷，第 267-268 页。拿破仑在青年时期曾写过几部小说和短篇，《克里松与欧也妮》(*Clisson et Eugénie*)、《埃塞克斯伯爵》(*Le comte d'Essex*) 〔拿破仑·波拿巴，《文学作品》(*Œuvres littéraires*)，阿兰·戈埃尔候 (Alain Goelho) 校正并注释，南特，Le Temps Singuilier，1979 年〕。

〔11〕 皮埃尔·西蒙·拉普拉斯 (Pierre Simon Laplace)，《关于概率的哲思》(*Essai philosophique sur les probabilités*)，第 5 版 (1825 年)，R. Thom 作序，巴黎，Bourgois，1986 年，第 35 页。第 1 版出版时间为 1814 年。其主要内容，尤其是这里列出的短文内容在 1785 年就已发表 (同上，第 240 页)。同见洛林·达丝东所著 (Lorraine Daston)，《启蒙时代的经典概率》(*Classical Probability in the Enlightenment*)，普林斯顿，Princeton University Press，1988 年。

〔12〕 《书信录》，第 24 卷，n° 19028，第 112 页，致拉普拉斯伯爵，维贴布斯克 (Vitebsk)，1812 年 8 月 1 日。

〔13〕 奥古斯特·弗雷德里克·路易·维爱丝·德·马尔蒙 (Auguste-Frédéric-Louis Viesse de Marmont)，《论军事制度之精神》(*De l'esprit des institutions militaires*)，布鲁诺·科尔森作序，巴黎，ISC-FRS-économica，2001 (第 1 版，1845 年)，第 135 页。英格伦在所著的《拿破仑》一书中非常完善地描述了拿破仑这种超强的感知力，参见第 132 页。

〔14〕 《书信录》，第 12 卷，n° 10325，第 442 页，致那不勒斯国王约瑟夫，圣克卢，1806 年 6 月 6 日。

〔15〕 [皮埃尔-路易·候德]，《在波拿巴身边——部长、评事候德伯爵备忘录。杜伊勒里宫的亲信私人政治笔记》(*Autour de Bonaparte. Journal du comte P-L. Roederer, ministre et conseiller d'état. Notes intimes et politiques d'un familier des Tuileries*)，莫里斯·维塔克 (Maurice Vitrac) 写作引言及注释，巴黎，Daragon，1909 年，第 250 页。

〔16〕 威廉·杜刚 (William Duggan)，《拿破仑的灵光闪现：战略的秘密》(*Napoleon's Glance: The Secret of Strategy*)，纽约，Nation Books，2002 年，第 3-4 页。

〔17〕 克劳塞维茨，《战争论》，第 1 卷，第 3 章，第 87 页。

〔18〕 威廉·杜刚，《拿破仑的灵光闪现》，第 6 页。

〔19〕 威廉·杜刚，《意向性：成功如何真实地发生》(*The Art of What Works : How Success Really Happens*)，纽约，McGraw-Hill，2003 年，第 6 页。

〔20〕 纳达·托米齐，《作家拿破仑》，巴黎，Armand Colin，1952 年，第 17 页；英格伦，《拿破仑》，第 41 页；雅克·若尔干，"拿破仑的私人图书馆" (Bibliothèques particulières de Napoléon)，让·杜拉尔(主编)，《拿破仑词典》，巴黎，Fayard，1987 年，第 214-215 页。安妮·儒尔当(Annie Jourdan)谈到"一种知识暴食症"〔《拿破仑——英雄、绝对统治者、文艺事业资助者》(*Napoléon. Héros, imperator, mécène*)，巴黎，Aubier，1998 年，第 22 页〕。

〔21〕 威廉·杜刚，《判断力：作战计划中的战略直觉》(*Coup d'œil: Strategic Intuition in Army Planning*)，卡莱尔，宾夕法尼亚大学战略研究所，2005 年 (http://www.StrategicStudiesInstitute.army.mil/，2009 年

12月2日查阅），第5卷，第1-2页。

［22］优尔莱克·科林梅（Ulrike Kleemeier），"战争中的道德力量"（Moral Forces in War），斯特拉坎（Strachan）与赫堡-罗特（Herberg-Rothe）主编，《21世纪的克劳塞维茨》（Clausewitz in the Twenty-First Century），牛津，Oxford University Press，2007年，第114页。

［23］《书信录》，第18卷，n°15144，第525页，致欧仁·拿破仑，布格豪森（Burghausen），1809年4月30日。

［24］让-安东尼·夏普塔尔（Jean-Antoine Chaptal），《我记忆中的拿破仑》（Mes souvenirs sur Napoléon），由其曾孙A.夏普塔尔发表，巴黎，Plon，1893年，第295-296页。新版由帕特里斯·格尼菲（Patrice Gueniffey）注释，巴黎，Mercure de France，2009年。

［25］《书信录》，第14卷，n°11658，第211页，致那不勒斯国王，华沙，1807年1月18日。

［26］弗朗索瓦·安托马契，《拿破仑最后的岁月（圣赫勒拿岛回忆录之补充）》，共2卷，布鲁塞尔，Tarlier，1825年，第1卷，第321页。

［27］《书信录》，第17卷，n°14283，第480页，西班牙事务评论，圣克卢，1808年8月30日。

［28］《回忆录》，蒙托隆，第2卷，第90页。

［29］同上，第4卷，第345页。

［30］"埃及和叙利亚战役"（Campagnes d'Egypte et de Syrie），《书信录》，第30卷，第176页。

［31］克劳塞维茨，《战争论》，第1卷，第3章，第90页。

［32］《书信录》，第12卷，n°9810，第44页，致贝尔蒂埃，巴黎，1806年2月14日。

［33］[马尔蒙]，《拉居萨大公回忆录》（Mémoires du duc de Raguse），共8卷，巴黎，Perrotin，1857年，第5卷，第256页。

［34］让-巴普蒂斯特·瓦歇（Jean-Baptiste Vachée），《战斗中的拿破仑》（Napoléon en campagne），巴黎，Berger-Levrault，1913年；Bernard Giovanangeli éditeur，2003年，第54页。

［35］波纳尔，"拿破仑军事心理学"，第434页。

［36］[侯德]，《侯德伯爵著作》，第3卷，第537页。

［37］莱利，《拿破仑将军》，第11、12、177页。

［38］我感谢马丁·莫特（Martin Motte）对此点作出的评论。

［39］蒙托隆，《回忆录》，第5卷，第213页。

［40］克劳塞维茨，《战争论》，第1卷，第3章，第87页。

［41］AN, 314 AP 30, ms 50（古尔高，《日记》，第2卷，第347页）。

［42］N. 托米齐，《作家拿破仑》，第9、11-13页。

［43］F. G. 希利，"拿破仑在圣赫勒拿岛的图书馆：哈德森·罗威论文中未发表的文件"，《拿破仑研究院期刊》，n°73-74，1959—1960年，第174页。

［44］萨克斯元帅曾率领法国军队在奥地利王位继承战（1740—1748年）中分别于丰特努瓦（Fontenoy）、洛库特（Raucoux）、洛菲尔德（Lawfeld）取得胜利。

［45］卢森堡大公、法国元帅弗朗索瓦-亨利·德·蒙莫朗西-布特维尔（François-Henry de Montmorency-Boutteville）取得了弗勒吕斯（Fleurus）战役大捷（1690年）、斯腾柯尔克（Steinkerque）大捷（1692年）及尼尔维登（Neerwinden）大捷（1693年）。因其缴获的敌军旗帜数量众多，他的外号为"圣母院挂毯工"。

［46］马尔伯勒公爵，约翰·丘吉尔（John Churchill），西班牙王位继承战中荷兰及英国军团司令。他取得了1704年布伦海姆（Blenheim）大捷、1706年拉米伊（Ramillies）大捷及1708年的奥德纳尔德（Audenarde）大捷。

［47］奥米拉，《拿破仑在圣赫勒拿岛的流放生涯——拿破仑对其生命中最重要事件的

评论及看法》(*Napoléon en exil à Sainte-Hélène. Relation contenant les opinions et réflexions de Napoléon sur les événemens les plus importans de sa vie*…),英译法,第2版,共1卷2册4部,布鲁塞尔,Voglet,1822年,第2卷,第3部分,第182页。原文为斜体。

[48] 欧仁·德·博阿尔内(Eugène de Beauharnais),意大利总督。

[49] 拉斯·卡斯,《回忆录》,第3册,第244-247页(杜南版本,第1卷,第278-279页)。原文为斜体。

[50] 蒙托隆,《拿破仑皇帝在圣赫勒拿岛囚禁事记》(*Récits de la captivité de l'empereur Napoléon à Sainte-Hélène*),共2卷,巴黎,Paulin,1847年,第2卷,第240-241页。

[51] 克劳塞维茨,《战争论》,第1卷,第3章,第87页。

[52] 《书信录》,第10卷,n°8832,第474页,致热罗姆·波拿巴(Jerôme Bonaparte),米兰,共和十三年牧月13日(1805年6月2日)。

[53] 同上,第13卷,n°10558,第9页,致那不勒斯国王,圣克卢,1806年7月28日。

[54] 勒费弗尔(Lefebvre)元帅是著名的"无顾忌"夫人的丈夫,没有多少文化,这刚好和马蒂厄·杜马斯(Mathieu Dumas)相反,后者还写过好几部著作。勒费弗尔知道如何在战场上训练及指挥军队,而杜马斯主要在参谋部、政治议会、内阁及外交部供职。

[55] AN, 314 AP 30, ms 40(古尔高,《日记》,第2卷,第325-326页)。

[56] AN, 390 AP 25, 1819年手稿,第160页(贝特朗,《札记》,第2卷,第445页,这句话是1820年所加)。

[57] 《书信录》,第15卷,n°12511,第178页,致热罗姆亲王,芬肯施泰因,1807年5月2日。

[58] 让·吉东(Jean Guitton),《战争与思考》(*La Pensée et la Guerre*),巴黎,Desclée de Brouwer, 1969年,第76-77页。

[59] 苏比兹亲王虽有41 000人,却不敌腓特烈二世率领的22 000人的部队。1757年11月5日他在罗斯巴赫战败而归,但这并没有影响他来年成为法国元帅。苏比兹一贯对路易十四的宠妃大献殷勤的行为,也使得他在这方面"享有盛名"。

[60] AN, 314 AP 30, ms 39(古尔高,《日记》,第2卷,第80页)。

[61] AN, 390 AP 25, 1818年手稿(11月),第75页(贝特朗,《札记》,第2卷,第197页)。

[62] 《书信录》,第15卷,n°12641,第264页,致大将军的公文,芬肯施泰因,1807年5月24日。

[63] 同上,第9篇,n°7766,第368-369页,致巴达维亚舰队海军准将维于·艾尔(Ver Huell),圣克卢,共和十二年牧月1日(1804年5月21日)。

[64] [候德],《候德伯爵著作》,第3卷,第536页。

[65] 《书信录》,第9篇,n°7818,第399页,致海军少将冈托姆(Ganteaume),圣克卢,共和十二年获月4日(1804年6月23日)。

[66] 同上,第13卷,n°10646,第72页,致穆东(Mouton)将军,圣克卢,1806年8月4日。穆东将军因在1809年奥地利战役中的英雄行为成为洛伯爵。1813年及1815年,他担任军团指挥官。路易-菲利普任命其为法国元帅。扎沙里·阿尔芒(Zacharie Allemand)在印度群岛的萨弗兰舰队中享有盛名,但他在1797年被指责滥用权威。1813年他因暴躁的令人难以忍受的性格而被罢免职务。

[67] 《书信录》,第12卷,n°10350,第458页,致欧仁亲王,圣克卢,1806年6月11日。

[68] AN, 390 AP 25, 1821年手稿(3月9日),第21页(贝特朗,《札记》,第3卷,第94页)。

[69] [候德],《在波拿巴身边》(*Autour de Bonaparte*),第133-134页。

[70] 洛朗·古维翁·圣-西尔(Laurent Gouvion Saint-Cyr),《督政府、执政府及帝国时代军事史》(*Mémoires pour servir à l'histoire*

militaire sous le Directoire, le Consulat et l'Empire》，共 4 卷，巴黎，Anselin，1831 年，第 3 卷，第 48-49 页。

[71] 《书信录》，第 35 卷，n° 20090，第 363 页，致贝特朗，利格尼茨（Liegnitz），1813 年 6 月 13 日。

[72] 巴带雷米-路易-约瑟夫·舍雷尔（Barthélemy-Louis-Joseph Schérer）于 1795 年指挥东皮埃蒙特军团，随后又指挥意大利军团，不久波拿巴取代了他的位置。1797 年至 1799 年他担任陆军部长。1799 年，他再次担当意大利指挥官，但被击败。

[73] "1799 年上半年战事纪要"（Précis des événements militaires arrivés pendant les six premiers mois de 1799）。主要涉及欧根亲王，而不是欧仁·德·博阿尔内。

[74] "意大利战役 (1796—1797 年)"（〔Campagnes d'Italie (1796—1797)〕，《书信录》，第 29 卷，第 187 页。

[75] 让-皮埃尔·博利厄男爵在第一场意大利战役初期指挥奥地利军团，随后于洛迪战役战败。

[76] 《书信录》，第 1 卷，n° 366，第 251 页，致公民卡诺（Carnot），皮亚琴察（Plaisance），共和四年花月 20 日 (1796 年 5 月 9 日)。

[77] AN, 314 AP 30, ms 35（古尔高，《日记》，第 2 卷，第 51 页）。

[78] 蒙托隆，《囚禁事记》，第 2 卷，第 361 页。

[79] 亚历山大·苏沃洛夫（Alexandre Souvorov）在打败土耳其人后名声显赫。他指挥盟军 1799 年入侵意大利并取得数次胜利，其中包括 1799 年 8 月 15 日的诺维（Novi）战役。在苏黎世，他的部分兵力遭受重创。此后，他不得不面临凄惨的晚年境遇随后不久逝世。

[80] "1799 年上半年战事纪要"，《书信录》，第 30 卷，第 269 页。

[81] 蒙托隆，《囚禁事记》，第 2 卷 I，第 361 页。

[82] 让·拉普（Jean Rapp），骑兵部队将军、拿破仑副官。他在奥斯特里茨率领骑兵近卫军与俄国军队交战。他在战斗中擒获了记列普宁亲王（Replin），并将其作为囚犯连同缴获的战旗一起带至拿破仑面前。这一景象成为画家热拉笔下的不朽画面。

[83] AN, 314 AP 30, ms 39（古尔高，《日记》，第 2 卷，第 60 页）。

[84] AN, 390 AP 25, 1817 年 6 月手稿（6 月 15 日），第 7 页（贝特朗，《札记》，第 1 卷，第 234 页）。

[85] 让-路易·雷尼尔（Jean-Louis Reynier）将军当时是那不勒斯第二军团指挥官。

[86] 《书信录》，第 12 卷，n° 10325，第 440 页，致那不勒斯国王，圣克卢，1806 年 6 月 6 日。

[87] 唐·若阿尚（Don Joachim），原籍为爱尔兰的西班牙军。1812 年 1 月 9 日瓦朗斯（Valence）战役投降。

[88] 亚历山大一世，俄国沙皇。此句是 1807 年在蒂尔西特相会时对其的含沙射影。

[89] AN, 390 AP 25, 1819 年 1 月至 9 月手稿，第 52-53 页（贝特朗，《札记》，第 2 卷，第 227-228 页）。

[90] 莫里斯·德·萨克斯：《兵学沉思》（Mes rêveries…），让-皮埃尔·布瓦（Jean-Pierre Bois）作序，巴黎，CFHMISC-Économica，2002 年（第 1 版，1756 年），第 159 页。

[91] 亚历山大大帝，马其顿国王。

[92] 《回忆录》，古尔高，第 2 卷，第 189-192 页。

[93] 弗朗索瓦·阿克索（François Haxo）与约瑟夫·罗尼埃将军于 1813 年分别指挥皇家近卫军与大军团。皮埃尔·封单（Pierre Fontaine）是第一帝国最伟大的建筑师，尤其是对杜勒伊宫及卡尔塞门的改造工程（又称"小凯旋门"）让他盛名远扬。

[94] 拿破仑一直想为梅茨炮兵工程学校争取一部教材。拉扎尔·卡诺（Lazare Carnot）于 1810 年发表了一部名为《论要塞防御》（De la défense des places fortes）的专论。但这部著作并没有太受欢迎，皇帝也没有将此

书分发下去〔拉扎尔·卡诺,《革命与数学》(*Révolution et mathématique*),让-保罗·夏内(Jean-Paul Charnay)作序,共2卷,巴黎,L'Herne,1984—1985年第1卷第132-133页〕。

〔95〕炮兵军官路易·伊万(Louis Evain)大部分职业生涯都在陆军部办公室度过。

〔96〕AN, 314 AP 30, ms 17 (古尔高,《日记》,第1卷,第212-214页)。

第四章 战争中的危险

〔1〕原文为空白。

〔2〕AN, 390 AP 25, 1821年1月至4月手稿(2月20日),第9页(贝特朗,《札记》,第3卷,第66-67页)。

〔3〕《回忆录》,蒙托隆,第5卷,第106页。

〔4〕AN, 390 AP 25, 1818年手稿(10月),第62页(贝特朗,《札记》,第2卷,第177页)。

〔5〕《书信录》,第11卷,n° 9738,第573页,致约瑟夫亲王,巴黎,1806年2月2日。

〔6〕[路易·马尔尚(Louis Marchand)],《皇帝贴身侍从遗嘱执行者马尔尚回忆录》(*Mémoires de Marchand, premier valet de chambre et exécuteur testamentaire de l'Empereur*),让·布尔格尼翁(J. Bourguignon)及亨利·拉舒克(H. Lachouque)发表,第2卷,巴黎,Plon, 1952—1955年,第1卷,第97-98页。新版合成为一卷,巴黎,Tallandier, 2003年。

〔7〕《回忆录》,古尔高,第2卷,第188页-189页。

〔8〕让·杜拉罗与路易斯·卡洛(Louis Garros)著,《1769—1821年拿破仑每日路线》(*Itinéraire de Napoléon au jour le jour 1769—1821*),巴黎,Tallandier, 1992年,第52-53页。

〔9〕同上,第314页。

〔10〕同上,第319页。

〔11〕亨利·呼塞耶(Henry Houssaye),《1814》,巴黎,Perrin, 1888年;埃特雷皮伊(Etrépilly), Presses du Village et Christian de Bartillat, 1986年,第308-309页。

〔12〕路易·沙迪尼(Louis Chardigny),《男人拿破仑》(*L'Homme Napoléon*),巴黎,Perrin, 1987年,第183页(新版, 2010年)。

〔13〕过去他曾是这样,尤其是在埃及的阿布基尔(Aboukir)战役。

〔14〕AN, 390 AP 25, 1819年1月至9月手稿,第108页(贝特朗,《札记》,第2卷,第340-341页)。

〔15〕AN, 390 AP 25, 1817年7月手稿(7月5日),第4页(贝特朗,《札记》,第2卷,第243页)。

〔16〕大卫·钱德勒,"拿破仑和死亡"(Napoleon and Death),《拿破仑研究:国际研讨会刊物》(*Napoleonic Scholarship: The Journal of the International Napoleonic Society*),第1卷,n° 1, 1997年4月,http://www.napoleonnapoleon series.org/ins/scholarship97/c_death.html (2008年10月22日查阅)。

〔17〕《书信录》,第14卷,n° 11800,第297页,笔记,埃劳(Eylau), 1807年2月12日。

〔18〕同上,第14卷,n° 11813,第304页,致王后,埃劳, 1807年2月14日。

〔19〕克莱蒙-温斯莱斯-罗代尔·德·梅特涅(Clément-Wenceslas-Lothaire de Metternich),《奥地利首相梅特涅亲王回忆录、资料及文字》(*Mémoires, documents et écrits divers laissés par le prince de Metternich, Chancelier de Cour et d'état*),由其子理查德·德·梅特涅发表, M. A. 克林克斯托姆(M. A. De Klinkowstrœm)收集整理,共8卷,巴黎, Plon, 1880—1884年,第1卷,第151-152页。

〔20〕AN, 314 AP 30, ms 35 (古尔高,《日记》,第2卷,第37页)。

〔21〕瑞典国王查理十二是18世纪初声名最显赫的军事领袖之一。在纳尔瓦(Narva)战役中,他击败了彼得一世率领的俄国军队

（1700年），但他草率地进攻俄国，最终在波尔塔瓦（Poltava）战役中战败（1709年）。1718年12月17日，他被围困在腓特烈斯塔（Fredrikstad），随后被杀。

〔22〕 AN, 390 AP 25, 1817年9月手稿（9月17日），第7页（贝特朗，《札记》，第1卷，第273页）。

〔23〕《书信录》，第2卷，n°1198，第120页，致克拉克（Clarke）将军，维罗纳（Vérone），共和五年雾月29日（1796年11月19日）。

〔24〕《书信录》，第4卷，n°3046，第361-362页，致布律埃斯夫人（Bruyes）（其夫是阿布基尔海战中牺牲的海军将官布律埃斯，开罗，共和六年果月2日（1798年8月19日）。

第五章 战争中的体力

〔1〕《书信录》，第3卷，n°2272，第357页，致外务部长，帕萨里亚诺（Passariano），共和六年蒲月10日（1797年10月1日）。

〔2〕 同上，第14卷，n°11806，第30页，致拉纳（Lannes），埃劳，1807年2月12日。

〔3〕 1813年6月21日的这场战役让威灵顿公爵将约瑟夫·波拿巴从西班牙的王位宝座上永远地赶下台。

〔4〕 1809年4月17至23日，拿破仑在巴伐利亚（Bavière）击退查理大公，从而力挽狂澜。埃克米尔（Eckmühl）大捷体现了他灵活的用兵艺术已达至登峰造极的水平，但奥地利军队逃脱了。在经历艰苦卓绝的埃斯灵（Essling）会战和瓦格拉姆（Wagram）会战之后才最终赢取和平。

〔5〕 AN, 314 AP 30, ms 39（古尔高，《日记》，第2卷，第157页）。

〔6〕［阿尔芒-路易-奥古斯汀·德·考兰科特（Armand Louis Augustin de Caulaincourt）］，《维琴察公爵、御厩总管考兰科特将军回忆录》（*Mémoires du général de Caulaincourt, duc de Vicence, grand écuyer de l'Empereur*），引言与注释由让·汉诺托（Jean Hanoteau）所注，共3卷，巴黎，Plon，1933年，第2卷，第315页。

〔7〕《书信录》，第6卷，n°4449，第38页，致法国士兵，巴黎，共和八年雪月4日（1799年12月25日）。

〔8〕 拉斯·卡斯，《回忆录》，第10册，第21-22页（杜南版本，第1卷，第681页）。

〔9〕 克劳塞维茨，《战争论》，第1卷，第5章，第105页。

〔10〕 路易-马修·莫莱（Mathieu-Louis Molé），平政院评事，路桥部门总管，1813年司法部长。

〔11〕［马修·莫莱］，诺阿耶侯爵，《莫莱伯爵（1781—1855）——他的一生及回忆》〔*Le Comte Molé (1781—1855). Sa vie, ses mémoires*〕，共6卷，Paris, Champion, 1922—1930年，第1卷，第131-132页。

〔12〕 该段在书中标为"五十岁"，但此处实际应是在手稿抄写时混淆了"30"和"50"所出现的错误。

〔13〕 "关于《战争艺术思考》的十八条评注"，《书信录》，第31卷，第304页。

〔14〕《书信录》，第5卷，n°3424，第33页，致贝尔蒂埃（让部队听令），开罗，共和七年蒲月14日（1798年10月5日）。

〔15〕 同上，第8卷，n°6400，第79页，致意大利法国军团司令缪拉，共和十一年雾月6日（1802年10月28日）。

〔16〕 同上，第8卷，n°9105，第110页，军事命令文件，布洛涅阵营，共和十三年果月4日（1805年8月22日）。

〔17〕 同上，第13卷，n°10709，第117-118页，致欧仁亲王，圣克卢，1806年8月30日。

〔18〕 同上，第14卷，n°11412，第47页，致克拉克，波森（Posen），1805年12月8日。

〔19〕 同上，第18卷，n°14748，第246页，致阿尔卑斯内省总执政卡米尔·鲍格才（Camille Borghèse）亲王，巴黎，1809年1月27日。

〔20〕安德烈·科威耶(André Corvisier),《战争——历史随笔》(La Guerre.Essais historiques),巴黎,PUF,1995年,第167-169页。1870年及1914年的战争颠倒了德法两国之间的关系。

〔21〕《书信录》,第9卷,n° 7139,第7页,致布鲁日阵营指挥官达武(Davout),巴黎,共和十二年风月5日(1803年9月28日)。

〔22〕同上,第18卷,n° 18041,第411页,致驻汉堡德国军团指挥官达武,圣克卢,1811年8月16日。

〔23〕同上,第23卷,n° 18723,第431页,致克拉克将军,德累斯顿,1812年5月26日。

第六章 战争情报

〔1〕热拉尔·阿尔布瓦(Gérald Arboit),《拿破仑与情报》(Napoléon et le renseignement),巴黎,法国情报研究中心,历史注解n° 27,2009年8月,(www.cf2r.org)。

〔2〕《书信录》,第13卷,n° 10672,第87页,致那不勒斯国王约瑟夫,朗布依埃(Rembouillet),1806年8月20日。

〔3〕《西班牙战役——约米尼将军未发表回忆录节选(1808—1014)》〔Guerre d'Espagne. Extrait des souvenirs inédits du général Jomini(1808—1814)〕,由费尔迪南·勒孔特(Ferdinand Lecomte)发表,巴黎,L. Baudouin,1892年,第83页。

〔4〕查理大公在1797年第一场意大利战役末统领奥地利军团。1809年,拿破仑从阿本贝格(Abensberg)行至瓦格拉姆时与他正面遭遇。

〔5〕此处很难读懂,手稿很有可能指的是工程将军也是皇帝的副官西蒙·伯纳德(Simon Bernard)。1815年6月16日,他身处利尼。

〔6〕AN,390 AP 25,1821年1月至4月手稿,第1页(贝特朗,《札记》,第3卷,第29-30页)。

〔7〕《书信录》,第17卷,n° 14347,致西班牙国王约瑟夫·拿破仑,凯撒斯劳滕(Kaiserslautern),1808年9月24日。

〔8〕达格伯特·西蒙德·冯·维尔姆泽(Dagobert Sigismond von Wurmser)伯爵接替博利厄指挥在意大利的奥地利军团。在被围困在曼图亚和投降之前,他的军团从卡斯蒂雷恩(Castiglione)到巴萨诺(Bassano)一路挨打。

〔9〕《书信录》,第2卷,n° 1632,第418页,致督政府,高里泽,共和五年芽月5日(1797年3月25日)。

〔10〕1796年7月25日,波拿巴与约瑟夫重逢并一起前往布雷西亚(Brescia)。7月28日,他们于22时离开布雷西亚前往新海尔采格(Castelnuovo)。29日清晨,他们到达布斯基耶拉(Peschiera)〔杜拉尔、卡洛,《拿破仑军事路线》(Itinéraire de Napoléon)第83-84页〕。这些军事行动最终导致洛纳托(Lonato)和卡斯奇里恩(Castiglione)战役爆发。

〔11〕保尔·纪尧姆(Paul Guillaume)为旅长,并担任布斯基耶拉指挥官。1796年7月30日他被奥军围困,8月6日马塞纳将其解围。

〔12〕1810年,沙皇陆军上校、副官切比雷夫亲王(Tchernitchev或Czernitchev)被派往巴黎参加拿破仑与玛丽·路易丝(Marie-Louise)的婚礼。他同时也肩负间谍使命。由于他和陆军部职员交往密切,他得以了解法军实力并向俄国规律性地提交报告。陆军部警察很晚才识别出他的身份〔蒂埃里·伦茨,《1810—1814年拿破仑体系的瓦解》(L'Effondrement du système napoléonien 1810-1814),巴黎,Fayard,2004年,第231、245-247页〕。

〔13〕AN,390 AP 25,1818年手稿(10月),第63-64页(贝特朗,《札记》,第2卷,第178-179页)。

〔14〕《书信录》,第4卷,n° 2540,第81页,致海军少将布律埃斯,巴黎,共和六年花月3日(1798年4月22日)。

〔15〕同上，第 10 卷，n°8787，第 444 页，致海军少将德克莱（Decrès），米兰，共和十三年牧月 16 日（1805 年 5 月 25 日）。

〔16〕同上，第 23 卷，n°18503，第 230 页，由贝尔蒂埃转致马尔蒙，巴黎，1812 年 2 月 18 日。

〔17〕同上，第 17 卷，n°14276，第 470-471 页，西班牙事件观察报告，圣克卢，1808 年 8 月 27 日。

〔18〕同上，第 17 卷，n°14283，第 479 页，西班牙事件评论，圣克卢，1808 年 8 月 30 日。

〔19〕同上，第 19 卷，n°15388，第 141 页，致欧仁，美泉宫，1809 年 6 月 20 日 10 时。

〔20〕约瑟·费尔南德·维嘉（José Fernández Vega），"战争'艺术'：克劳塞维茨的美学及政治思考"（War as "Art": Aesthetics and Politics in Clausewitz's Social Thinking），《21 世纪的克劳塞维茨》（Clausewitz in the Twenty-First Century），第 130 页。

〔21〕《书信录》，第 5 卷，n°3605，第 128 页，致贝尔蒂埃，开罗，共和七年雾月 21 日（1798 年 11 月 11 日）。

〔22〕同上，第 23 卷，n°18727，第 436 页，致约瑟夫·拿破仑，德累斯顿，1812 年 5 月 26 日。

第七章　战争摩擦

〔1〕同上，第 3 卷，n°2292，第 370 页，致外务部长塔列朗，帕萨里亚诺，共和六年蒲月 16 日（1797 年 10 月 7 日）。

〔2〕同上，第 17 卷，n°14283，第 447-448 页，西班牙事件评论，圣克卢，1808 年 8 月 30 日。

〔3〕同上，第 21 卷，n°17389，第 420 页，致海军部长德克莱，巴黎，1811 年 2 月 26 日。

〔4〕《回忆录》，蒙托隆，第 5 卷，第 21 页。

〔5〕阿兰·D.贝叶申（Alan D. Beyerchen），"克劳塞维茨：战争中的非线性及不可预见因素"（Clausewitz:non linéarité et imprévisibilité），《理论、文学及教育》（Théorie, littérature enseignement），12，1994，第 165-198 页（http://www.clausewitz.com/readings/Beyerchen/BeyerchenFR.htm，2009 年 10 月 19 日查阅，第 8-10 页，原名译"克劳塞维茨，战争中的非线性与不可预见因素"，International Security, 17-3, 1992—1993 年冬，第 59-90 页）。

〔6〕《书信录》，第 9 卷，n°8018，第 524 页，致海军少将德克莱，海牙城堡（chateau de La Haye），共和十二年果月 25 日（1804 年 9 月 12 日）。

〔7〕同上，第 10 卷，n°8897，第 529 页，致海军少将德克莱，维罗纳，共和十三年牧月 27 日（1805 年 6 月 16 日）。

〔8〕同上，第 16 卷，n°13652，第 418 页，致贝格大公（Berg），巴黎，1808 年 3 月 14 日。

〔9〕同上，第 12 卷，n°9997，第 204 页，致约瑟夫亲王，巴黎，1806 年 3 月 20 日。

〔10〕"对《圣多明各革命史的回忆录》一书的四份注解"，《书信录》，第 30 卷，第 536 页。

〔11〕《书信录》，第 26 卷，n°20612，第 229 页，致麦克唐纳（Macdonald）元帅，德累斯顿，1813 年 9 月 22 日 10 时。

〔12〕蒂埃里·魏德曼（Thierry Widemann），《启蒙时期的战争古文化，18 世纪法国的战争表现及参考》（L'Antiquité dans la guerre au siècle des Lumières.Représentation de la guerre et référenceantique dans la France du XVIII siècle），该历史博士论文由弗朗索瓦·哈尔托（Francois Hartog）指导，巴黎，法国社会科学高等研究院（Ecole des hautes études en sciences sociales），2009 年，第 251-252 页。

〔13〕贝叶申，"克劳塞维茨……"（http://www.clausewitz.com/readings/Beyerchen/BeyerchenFR.htm），2009 年 10 月 19 日查阅，第 8 页。

〔14〕雅克·德·劳瑞斯顿（Jacques de Lauriston）在担任 1813 年战役指挥官之前，曾在炮兵部队、参谋部及外交部门任职。让-度散·埃

里吉·德·卡萨诺瓦（Jean-Toussaint Arrighi de Casanova）是出色的步兵军官，也是拿破仑的姻亲弟兄。他指挥步兵第三军团，同时也是1813年的莱比锡执政官。

〔15〕《书信录》，第17卷，n°14328，第515页，致西班牙国王约瑟夫的公文，圣克卢，1808年9月15日。

〔16〕《书信录》，第25卷，n°19776，致当时在柯尼希斯（Konisberg）指挥大军团中的第五军团的劳里斯顿，1813年3月27日。

〔17〕《书信录》，第26卷，n°20676，第278-279页，致贝尔蒂埃，德累斯顿，1813年10月2日。

〔18〕克劳塞维茨，《战争论》，第1卷，第6章，第107页。

〔19〕AN, 390 AP 25, 1819年1月至9月手稿，第127页（贝特朗，《札记》，第2卷，第322页）。

〔20〕拉斯·卡斯，《回忆录》，第18册，第124页，杜南版本，第2卷，第578页。

〔21〕《书信录》，第3卷，n°2259，第342页，致塔列朗，帕里亚诺，共和六年蒲月5日（1797年9月26日）。

〔22〕［雷米萨］，《回忆录》，第1卷，第270页。

〔23〕贝叶申，"克劳塞维茨……"（http://www.clausewitz.com/readings/Beyerchen/BeyerchenFR.htm），2009年10月19日查阅，第7页。

〔24〕吉东，前引著作，第90页。

〔25〕《回忆录》，蒙托隆，第5卷，第116-117页。

〔26〕拉斯·卡斯，《回忆录》，第5册，第4页（杜南版本，第1卷，第367页）。

〔27〕《书信录》，第19卷，n°15322，第89页，致威斯特伐利亚国王、德国军团第十军指挥官热罗姆，美泉宫，1809年6月9日。

〔28〕同上，第18卷，n°15144，第524-525页，致欧仁·拿破仑，布格豪森，1809年4月30日。

〔29〕同上，第2卷，n°1582，第388页，致茹贝尔（Joubert）将军，萨奇莱（Sacile），共和五年风月25日（1797年3月15日）。

〔30〕同上，第19卷，n°15381，第136-137页，致达尔马提亚（Dalmatie）指挥官马尔蒙，美泉宫，1809年6月19日正午。

〔31〕路易·巴拉杰·迪里埃（Louis Baraguey d'Hilliers）将军自1810年8月22日起在加泰罗尼亚（Catalogne）军队效力。

〔32〕《书信录》，第21卷，n°16965，第157-158页，致克拉克，枫丹白露，1810年9月29日。

〔33〕同上，第23卷，n°18784，第484页，致纳沙泰尔和瓦格拉姆亲王贝尔蒂埃，但泽（Danzig），1812年6月11日。

〔34〕同上，第24卷，n°18936，第40页，纳沙泰尔亲王致塔兰托大公，维尔纳（vilna），1812年7月9日。

小结

〔1〕自20世纪初，克劳塞维茨所有关于这些战役的著作都有法文译本并再版：《评1806年灾难中的普鲁士》（*Notes sur la Prusse dans sa grande catastrophe*），A. 倪塞尔（A. Niessel）译，巴黎，Champ Libre-Ivrea，1976年；《1812年俄国战役》（*La campagne de1812 en Russie*），M. 贝古安（M. Begouen）译，G. 沙利郎（G. Chaliand）作序，比利时，Complexe；《1813年至停战期战役》（*La campagne de 1813 jusqu'à l'armistice*），沙再尔（Chazelles）译，巴黎，ISC，2002年；《法国1815年战役》（*Campagne de 1815 en France*），倪塞尔译，巴黎，Champ Libre-Ivrea，1973年。

〔2〕莱利，《拿破仑将军》，第4-5、15-17页。

〔3〕克劳塞维茨，《战争论》，第1卷，第6章，第107页。

〔4〕同上，第1卷，第8章，第112页。

第二篇 战争理论

第一章 战术分类

[1] 数学家路易·德·拉格朗日特别是在 1790 年主持了建立统一的度量衡单位的研究。

[2] AN, 314 AP 30, ms 39 (古尔高,《日记》, 第 2 卷, 第 2 章, 第 77-78 页)。

[3] 克劳塞维茨,《战争论》, 第 2 卷, 第 1 章, 第 118 页。

[4] 巴莱,《战争的认知挑战》(*The Cognitive Challenge of War*), 第 114 页。

[5] 赫尔威·古图-贝盖瑞,《论战略》(*Traité de stratégie*), 第 5 版, 巴黎, ISC-économica, 2006 年, 第 106 页。

[6] "关于《战争艺术思考》的十八条评注", 第 31 卷, 第 321-322 页。

[7] 同上, 第 31 卷, 第 410 页。

[8] 华莱士·P·弗朗茨 (Wallace P. Franz),"大战术" (Grand Tactics),《军事杂志》, 第 61 期, 1981 年 12 月, 第 32-39 页; 克罗·泰尔普 (Claus Telp),《1740—1813 年作战艺术的演变——从腓特烈二世到拿破仑》(*The Evolution of Operational Art, 1740—1813. From Frederick the Great to Napoleon*), 伦敦, Frank Cass, 2005 年, 第 3-4、96-97 页。

[9] "关于《战争艺术思考》的十八条评注",《书信录》, 第 31 卷, 第 380 页。

[10] "关于军事事件概要或 1799—1814 年战役的历史论文的注释" (Notes sur le Précis des événements militaires ou Essais historiques sur les campagnes de 1799 à 1814),《书信录》, 第 30 卷, 第 496 页。

[11] 同上, 第 500 页。

[12] 莫斯科瓦战役或博罗迪诺 (Borodino) 战役, 1812 年 9 月 7 日。

[13] 拿破仑针对的是罗尼埃将军, 他批判了该将军的著作。

[14] "关于《战争艺术思考》的十八条评注",《书信录》, 第 31 卷, 第 337-338 页。

[15] 《回忆录》, 蒙托隆, 第 1 卷, 第 296 页。

[16] 同上, 第 2 卷, 第 201-203 页。

[17] 克劳塞维茨,《战争论》, 第 1 卷 第 3 章, 第 101 页, 其他比喻出自第 2 卷第 2 章, 第 141 页,"尽管他有丰富的教育经验, 也不会再出现一个牛顿或欧拉。但可以做出高于孔代和菲特烈大帝的算法。"克劳塞维茨引用了关于建立战争目标的困难的段落第 8 卷第 3 章, 第 679 页),"从这个意义上讲, 波拿巴完全有理由说这是个代数问题, 即便一个像牛顿一样的人也无法解决。"

[18] 阿米-雅克·罗盼 (Ami-Jacques Rapin),《约米尼与战略, 从历史的角度看》(*Jomini et la stratégie. Une approche historique de l'œuvre*), 洛桑, Payot, 2002 年, 第 27 页。

[19] 考兰科特,《回忆录》, 第 2 卷, 第 66 页。

[20] 奥地利查理大公 (Charles d'Autriche),《战争原则, 基于对 1796 年德国战役的描述》(*Principes de la stratégie, développés par la relation de la campagne de 1796 en Allemagne*), 德译法, 约米尼将军及 J.-B. F. 科施做评注。第 3 卷, 巴黎, Anselin et Pochard, 1818 年。

[21] 影射约米尼, 他对洛伊滕战役 (Leuthen) 的战术和卡斯奇里恩战役的战略安排印象深刻〔让-雅克·朗根多夫 (Langendorf),《作战: 安东尼-亨利·约米尼》(*Faire la guerre:Antoine-Henri Jomini*), 第 2 卷, 日内瓦, Georg, 2001 年, 2004 年, 第 2 卷, 第 202-203 页〕。

[22] AN, 390 AP 25, 1818 年 12 月手稿, 第 85-86 页(贝特朗,《书信录》, 第二卷, 第 212-213 页)。

[23] 克劳塞维茨,《战争论》, 第 2 卷, 第 1 章, 第 118 页。

〔24〕 同上，第 3 卷，第 1 章，第 181 页。

〔25〕 古图 - 贝嘉里(Coutau-Bégarie)，《论战略》，第 59 页，保尔 - 吉迪恩·乔利·德·梅齐乐(Paul-Gédéon Joly de Maizeroy) 参加过奥地利王位继承战争和七年战争。他著有许多部书，是他引入了"战略"这一名词。他认为战略应位于政策和大战术之间。迪特里希·冯·比洛出身于勃兰登堡(Brandenburg)一个显赫的家庭。他受过良好的教育，但性格古怪，他的一生很曲折。他的《现代战争系统的精神》(Esprit du système de guerre moderne) (1801 年)引起了极大的反响。

〔26〕 AN, 390 AP 25, 1819 年 1—9 月 (10 月 20 日) 手稿，第 136 页(贝特朗，《书信录》，第 2 卷，第 405 页)。

第二章　关于战争理论

〔1〕 《回忆录》，蒙托隆，第 2 卷，第 51-52 页。

〔2〕 斯宾塞·威尔金森(Spenser Wilkinson)，《波拿巴将军的成长》(The Rise of General Bonaparte)，牛津，克拉伦登出版社，1930 年，第 144 页。

〔3〕 [劳埃德，亨利]，《劳埃德将军关于政治及军事的回忆》，用于《1756 年德国战争的历史》一书的序言，该战争发生在普鲁士国王和女王及其盟军之间，英译法，巴黎，Magimel, 共和九年 (1801 年)，第 6 页，英文原版在《战争，社会及启示: 劳埃德将军的功绩》(War, Society and Enlightenment: The works of General Lloyd)，由帕特里克·J. 斯勒尔曼资助出版，波士顿莱顿，Brill, 2005 年，第 14 页。

〔4〕 作为一名军事工程师，皮埃尔·德·包瑟特参加过奥地利王位继承战争和七年战争。他于 1775 年写了《山区战争作战原则》，一个世纪后才出版(巴黎，Imprimerie nationale 出版社，1888 年)。来自汉诺威的格尔哈德·冯·沙恩霍斯特是耶那(Iéna)战役(1806 年)失败后普鲁士军队的伟大改革家。他也是克劳塞维茨的精神之父，阿扎尔·盖特(Azar Gat)，《从启蒙时代到克劳塞维茨：军事思想的起源》(The Origins of Military Thought. From the Enlightenment to Clausewitz)，牛津，Clarendon Press 出版社，1989 年，第 165 页。

〔5〕 C·冯·克劳塞维茨，"关于艺术的思考"(Considérations sur l'art) (1820—1825 年前后)，同前，《从法国大革命到复辟，文章及书信》，由 M.-L. 施泰因豪泽(Steinhauser)资助出版，巴黎，Gallimard, 1976 年，第 131 页。

〔6〕 "关于《战争艺术思考》的十八条评注"，《书信录》，第 31 卷，第 365 页。

〔7〕 W·杜刚，《判断力》(Coup d'œil)，第 4 页。

〔8〕 《书信录》，第 15 卷，n° 12416，第 108 页，第 110 页，《关于在法兰西公学院专门设立文学及历史学院的规划的意见》，芬肯斯坦，1807 年 4 月 9 日。

〔9〕 盖特，《军事思想的起源》，第 166 页。

〔10〕 候德，《在波拿巴身边》，第 6 页。

〔11〕 《书信录》，第 15 卷，n° 12465，第 145 页，致热罗姆亲王，芬肯斯坦，1807 年 4 月 24 日。

〔12〕 让·柯林，《拿破仑军事素养》，巴黎，Chapelot, 1900 年；Teissèdre, 2001 年，第 118-126、137 页。安托万·德·巴斯(Antoine du Pas)，费基耶尔(Feuquière)侯爵，是路易十四时期的一名中将，他在他的《回忆录》中真正地论述了战术，这是基于对现代战争的批判性历史研究。骑士让·德·大利(Jean du Teil) 在 1778 年发表了《关于在移动战争中新式炮兵的运用》。

〔13〕 我们在另一部著作《从马基雅维利到克劳塞维茨的战争艺术》中简要介绍这些作家和他们的故事。那慕尔, Presses universitaires de Namur 出版社，1999 年

〔14〕 英格伦(Englund)，《拿破仑》，第 186 页。

〔15〕尼古拉斯·马基雅维利,《战争艺术》(*L'Art de la guerre*)(译本), 由让-伊夫·博瑞欧(Boriaud) 做评注, 巴黎, Perrin, 2011 年; Presses universitaires de Namur, 1999 年。

〔16〕贝特朗,《书信录》, 第 1 卷, 第 158 页。

〔17〕让·夏尼奥(Chagniot),《富拉尔的骑兵, 不确定形势下的战略》(*Le chevalier de Folard. La stratégie de l'incertitude*), 巴黎—摩纳哥, Rocher, 1997 年。

〔18〕AN, 390 AP 25, 1817 年 1 月(1 月 12 日)手稿, 第 8 页,(贝特朗,《书信录》, 第 1 卷, 第 181 页)。

〔19〕丹尼尔·赖歇尔(Reichel),《达武与战争艺术》(*Davout et l'art de la guerre*),《大革命期间及达武元帅——奥尔施泰特公爵, 埃克米尔亲王(1770—1823)——指挥的战役中的编队及行动的研究》, 安德烈·考威斯耶(Corvisier)作序, 纳沙泰尔—巴黎, Delachaux et Niestlé, 1975 年, 第 243-252 页。

〔20〕安托马契,《拿破仑最后的岁月》(*Derniers momens de Napoléon*), 第 1 卷, 第 115 页。

〔21〕同上, 第 2 卷, 第 30 页。

〔22〕莫里斯·德·萨克斯,《兵学沉思》, 由 J.-P. 布瓦出版, 巴黎, CFHM-ISCéconomica, 2002 年。

〔23〕AN, 390 AP 25, 1817 年 1 月(1 月 12 日)手稿, 第 8 页,(贝特朗,《书信录》, 第 1 卷, 第 181 页)。

〔24〕《书信录》, 第 23 章, n° 18418, 第 159-160 页, 致贝尔蒂埃元帅, 巴黎, 1812 年 1 月 6 日。

〔25〕AN, 314 AP 30, ms 40,(古尔高,《日记》, 第 2 卷, 第 267 页)。

〔26〕AN, 314 AP 30, ms 40,(同上, 第 2 卷, 第 268-269 页)。

〔27〕关于腓特烈二世军事著作其写作原因, 请查阅克里斯托弗·达菲(Christopher Duffy),《军事人生: 腓特烈大帝》(*Frederick the Great.A Military Life*), 伦敦—纽约, Routledge, 1985 年, 第 76-80、403 页(索引)。

〔28〕热罗姆·威尔库斯(Jeroom Vercruysse),《利涅亲王著作参考书目的介绍》(*Bibliographie descriptive des atégie de l'incertitude*), 巴黎, Honoré Champion, 2008 年, 第 69 页。

〔29〕写有布萨特将军名字的这部书在班什(Binche)(比利时)市政厅举办的纪念该将军的展览中得以展示, 它属于一位私人收藏家, 2000 年 11 月 3 日。作为具有意大利和埃及血统的老将军, 安德烈-约瑟夫·布萨特(André-Joseph Boussart)在 1805 年指挥了龙骑兵旅。从 1808 年至 1813 年服务于西班牙。

〔30〕柯林,《军事教育》(*L'Éducation militaire*), 第 123 页。

〔31〕拿破仑在 1789 年 2 月的一份手稿中提到了吉博特〔拿破仑一世,《1786—1791 年间未出版的手稿》(*Manuscrits inédits,1786-1791*), 按照其手稿真迹形式, 由弗雷德里克·马松和圭多·比亚吉(Guido Biagi)资助出版, 巴黎, P. Ollendorff, 1907 年, 第 265 页〕。

〔32〕马蒂·罗尔玛(Lauerma),《雅克·安托万·伊波利特·德·吉博特(1743—1790)》, 〔*Jacques Antoine Hippolyte de Guibert (1743—1790)*〕赫尔辛基, Suomalainen Tiedeakatemia, 1989 年, 第 269 页。

〔33〕据说在圣赫勒拿岛的藏书中存有吉博特全部的著作, 其中当然有《战术概论: 吉博特军事著作》(*l'Essai général de tactique:Œuvres militaires de Guibert*), 由其孀妇根据其手稿和作者的修改出版, 第 5 卷, 巴黎, Magimel, 共和 12 年—1803 年〔希利(Healey),"拿破仑在圣赫勒拿……"(La bibliothèque…), n° 73-74, 1959—1960 年, 第 174 页〕。

〔34〕AN, 314 AP 30, ms 40(古尔高,《日记》, 第 2 卷, 第 286 页)。

〔35〕AN, 390 AP 25, 1818 年手稿, 第 49 页(贝特

朗,《书信录》,第 2 卷,第 152 页)。

[36] 雅克·安托万·伊波利特·德·吉博特,《战略》(*Stratégiques*),让-保尔·沙尔奈 (Charnay) 的序言,巴黎,赫恩出版社,1977 年,第 27 页;《1772—1790 年的军事著作》(*Écrits militaires 1772—1790*),梅纳德将军作的序言及注释,Copernic, 1977 年,第 7 页;《1772 年战术概论》(*Essai général de tactique 1772*),让-皮埃尔·布瓦的介绍,Economica,2004 年,第 34 页。

[37] 《吉博特军事著作》,第 1 卷,第 7-8 页。

[38] 柯林,《军事教育》,第 123 页;罗尔玛 (Lauerma),《雅克·安托万·伊波利特·德·吉博特》(*Jacques Antoine Hippolyte de Guibert*),第 272 页;古列尔莫·费雷罗,《波拿巴在意大利 (1796—1797)》〔*Bonaparte en Italie (1796—1797)*〕,意译法,巴黎,Fallois,1994 年(第一版出版于 1936 年),第 83 页。

[39] 让·杜拉尔,让-弗朗索瓦·费耶德,阿尔弗雷德·菲耶罗,《法国大革命的历史及词典 (1789—1799)》(*Histoire et dictionnaire de la Révolution française 1789-1799*),巴黎,Robert Laffont, 1987 年,第 561 页。

[40] 巴萨诺公爵的兄弟,弗勒若奥·德·朗格勒 (Fleuriot de Langle) 明确做过说明。

[41] 1787 年吉博特任职于战争部的管理委员会。

[42] 此处指 1781 年 5 月 22 日颁布的法规,即著名的塞居尔 (Ségur) 法令,该法令要求所有步兵、骑兵及龙骑兵中晋升陆军少尉的候选人必须是四级贵族。吉博特供职的委员会在 1788 年从严修订了该法令〔让·夏尼奥 (Chagniot),"旧制度末期军队与社会的关系" (Les rapports entre l'armée et la société à la fin de l'Ancien Régime),收录在安德烈·顾尔威斯耶(主编)(Corvisier) 的《法国军事历史》(*Histoire militaire de la France*) 中,共 4 卷,巴黎,法国大学出版社,1992—1994 年,第 2 卷,第 118-119 页〕。

[43] 这种集中一侧兵力通过斜向进攻打击敌人侧翼的进攻方式其实已经在伊巴密浓达的勒克特及芒蒂内战斗(公元前 371 年及公元前 362 年)中使用过了。参阅蒂埃里·魏德曼,《古代文献参考及 18 世纪的"战略原因"》("Référence antique et 'raison stratégique' au XVIIIe siècle"),布鲁诺·科尔森,埃尔韦·古图-贝嘉里(主编),《战略思考及人道主义,从古代战术到战略伦理》(*Pensée stratégique et humanisme. De la tactique des Anciens à l'éthique de la stratégie*),巴黎,FUNDP-ISC-économica, 2000 年,第 147-156 页。

[44] AN, 390 AP 25, 1818 年 (11 月) 手稿,第 75-76 页(贝特朗,《书信录》,第 2 卷,第 195-198 页)。

[45] 1757 年 6 月 18 日在波希米亚,柯林指挥的战斗中,腓特烈命令其带领军队从侧面进攻,都能的奥地利士兵注视到了这一切并且他们占据了一个非常好的防守位置。普鲁士人的进攻全面溃败了。

[46] 贝特朗,《书信录》,第 2 卷,第 446 页。

[47] 泰尔普,《作战艺术的演变》(*The Evolution of Operational Art*),第 33 页。

[48] 亨利·劳埃德,《德国战争史》(*Histoire des guerres d'Allemagne*),巴黎,ISC-FRS-économica, 2001 年(第 1 版,1784 年);帕特里克·J·斯皮勒曼 (Speelman),《亨利·劳埃德及 18 世纪欧洲的军事启示》(*Henry Lloyd and the Military Enlightenment of Eighteenth-Century Europe*),西港康涅狄格州,Greenwood, 2002 年。

[49] 法国的两场战役。1814 年 2 月 17 日,在南吉或穆尔曼 (Mormant),法国骑兵掉转了被俄国占领地点处的两翼军力。在尚波贝尔,一个星期前,法国的重骑兵将俄国的步兵逼到

无路可退,打败了他们的军队,使他们溃散而逃。

〔50〕 AN, 390 AP 25, 1817 年 4 月(4 月 13 日)手稿,第 8 页(贝特朗,《书信录》,第 1 卷,第 216-217 页)。

〔51〕 古尔高,《日记》,第 2 卷,第 70 页。

〔52〕 亚当·海因里希·迪特里希·冯·比洛,《霍恩林登和马伦哥战役史》(Histoire des campagnes de Hohenlinden et de Marengo)〔C. L. 塞威林热(Sevelinges)将德语版翻译成法语〕,该书包括 1819 年拿破仑在圣赫勒拿岛上就此书做的注释,由布威·玛热尔·埃米特整理并出版,伦敦,惠斯克,Treacher & Arnot, 1831 年,第 2 标题页。

〔53〕 《书信录》,第 26 卷,n° 20382,第 62 页,致康巴塞雷斯亲王,包岑,1813 年 8 月 16 日。

〔54〕 暗指拿破仑在 1813 年 8 月 26 日和 27 日打败同盟军取得的胜利。

〔55〕 AN, 390 AP 25, 1819 年 1 月—9 月手稿,第 59 页(贝特朗,《书信录》,第 2 章,第 240-241 页)

〔56〕 这里指的是约米尼出名的第一部书,这部书有很多版本,《大战术论》(le Traité de grande tactique)(共 3 卷,1805—1806 年),后改为《大军作战论》(Traité des grandes operations militaires)(共 5 卷,1807—1809 年;第 3 版共 8 卷,1811—1816 年),在此基础上又增加了《自 1792 年法军反对同盟军战役的重要关系》(Relation critique des campagnes des Français contre les Coalisés depuis 1792)(1806 年),后又改为了《法国大革命时期战役的关键历史时期及军事历 史 》(l'Histoire critique et militaire des campagnes de la Révolution)(共 2 卷,1817 年),等等。参阅朗根多夫,《作战: 安托万·亨利·约米尼》(Antoine Henri Jomini),第 2 卷,第 435-436 页,拉平,《约米尼与战略》,第 303-304 页。

〔57〕 AN, 314 AP 30, ms 50 (古尔高,《日记》,第 2 卷,第 347 页)。

〔58〕 AN, 390 AP 25, 1818 年(10 月)手稿,第 62 页,(贝特朗,《书信录》,第 2 卷,第 175 页)。

〔59〕 AN, 314 AP 30, ms 39 (古尔高,《日记》,第 2 卷,第 104 页)。

〔60〕 AN, 390 AP 25, 1818 年(10 月)手稿,第 58 页,(贝特朗,《书信录》,第 2 卷,第 168 页)。

〔61〕 在还是内伊的副官时,在与普鲁士的战斗中约米尼已经是拿破仑的参谋了〔《书信录》总卷,第 6 卷,n° 13007,第 879 页,致贝尔蒂耶(Berhtier)元帅,圣克卢,1806 年 9 月 20 日〕。

〔62〕 AN, 390 AP 25, 1818 年(10 月)手稿,第 62 页,(贝特朗,《书信录》,第 2 卷,第 176 页)。

〔63〕 AN, 390 AP 25, 1818 年(12 月)手稿,第 84 页,(同上,第 2 卷,第 209-210 页)。

〔64〕 同上,第 2 卷,第 362 页。

〔65〕 AN, 390 AP 25, 1818 年(12 月)手稿,第 87 页,(同上,第 2 卷,第 214 页)。

〔66〕 同上,第 2 卷,第 288 页。

〔67〕 同上,第 3 卷,第 169 页。

〔68〕 布鲁诺·科尔森,《罗尼埃将军,拿破仑研究专家和评论家》(Le Général Rogniat, ingénieur et critique de Napoléon),巴黎,ISC-économica, 2006 年。

〔69〕 "关于《战争艺术思考》的十八条评注",《书信录》,第 31 卷,第 302 页。

〔70〕 根据相似性,影射"论战斗中的防御工事",(Essai sur la fortification de campagne)《书信录》,第 32 卷,第 462-484 页。

〔71〕 罗尼埃没有参加奥斯特里茨战役,并且也无法确定他是否参加了耶拿战役。

〔72〕 如同许多工程军官,无论是连还是营,罗尼埃从来没有指挥过军队。1814 年罗尼埃设立了工兵团。

〔73〕 AN, 390 AP 25, 1818 年(12 月)手稿,第 80-82 页(贝特朗,《书信录》,第 2 卷,第 203-205 页)。

〔74〕 让-巴普蒂斯特·安托万·玛尔斯兰·德·马尔博,《关于中将罗尼埃阁下〈战争艺术思考〉的评论》(*Remarques critiques sur l'ouvrage de M. le Lieutenant Général Rogniat, intitulé*),巴黎,Anselin et Pochard,1820年9月。

〔75〕 "关于《战争艺术思考》的十八条评注"是对罗尼埃的反驳,于1823年在《回忆录》中出版。

〔76〕 AN, 390 AP 25, 1821年1—4月(3月15日)手稿,第23页(贝特朗,《书信录》,第3卷,第99-100页)。

〔77〕 《书信录》,第5卷,n° 4300,第528-529页,致马尔蒙将军,El-Rahmanyeh,共和七年热月3日(1799年7月21日)。

〔78〕 AN, 314 AP 30, ms28(古尔高,《日记》,第1卷,第192-193页),上校西蒙·弗朗索瓦·盖伊·德·弗农,《军事艺术及防御工事基础论(供巴黎综合工科学校及军校的学生使用)》(*Traité élémentaire d'art militaire et de fortification à l'usage des élèves de l'école polytechnique et des élèves des écoles militaires*),共2卷以及1本地册图,巴黎,Allais,共和十三年(1805年),该作品收藏于朗伍德图书馆(希利,"拿破仑在圣赫勒拿……"(La bibliothèque…),n° 73-74, 1959—1960年,第174页)。

〔79〕 AN, 390 AP 25, 1821年1—4月(4月19日)手稿,第33页(贝特朗,《书信录》,第3卷,第130页)。

〔80〕 AN, 390 AP 25, 1817年1月(1月12日)手稿,第8页(贝特朗,《书信录》,第1卷,第181页)。

第三章　战争艺术或战争科学

〔1〕 《书信录》,第26卷,n° 20678,第281页,致麦克唐纳元帅,德累斯顿,1813年10月2日。

〔2〕 AN, 390 AP 25, 1818年手稿,第54页(贝特朗,《书信录》,第2卷,第159-160页)。

〔3〕 AN, 390 AP 25, 1816年11月(11月13日)手稿,第4-5页(贝特朗,《书信录》,第1卷,第146页)。

〔4〕 《书信录》,第10卷,n° 8716,第399页,致海军少将德克莱,米兰,共和十三年花月21日(1805年5月11日)。

〔5〕 《书信录》,第2卷,n° 1976,第163页,针对杜南先生的回答所作的注释从蒙贝洛(Mombello)推测而来,据蒙贝洛推测,共和五年获月13日(1797年7月1日)。该注释来自布赫埃奈(Bourrienne)的回忆录,该回忆录不可信。

〔6〕 《书信录》,第23卷,n° 18503,第228页,贝尔蒂耶写给指挥过葡萄牙军队的马尔蒙的信,巴黎,1812年2月18日。

〔7〕 AN, 314 AP 30, ms40(古尔高,《日记》,第2卷,第324页)。

〔8〕 内伊统领三支军队及一支骑兵部队向柏林方向前进,因拿破仑亲率部队的加入,他的军队实力应该得以增强。但他需要击退布吕歇尔和施瓦岑贝格两次意外的攻击。不出意料,内伊急于进攻,最终在1813年9月6日被比洛和都恩兹彦(Tauentzien)率领的普鲁士军队击败。

〔9〕 古维翁·圣西尔,《回忆录》,第4卷,第149-150页。

〔10〕 AN, 390 AP 25, 1818年手稿,第42页(贝特朗,《书信录》,第2卷,第139页)。

第四章　战争宗旨

〔1〕 "埃及和叙利亚战役"(Campagnes d'Égypte et de Syrie),《书信录》,第30卷,第171页。

〔2〕 拉斯·卡斯(Las Cases),《回忆录》,第18卷,第117-118页(杜南版本第2卷第576-577页)。

〔3〕 前面已经提到过费基耶尔和维拉尔。在奥地利王位继承战争中,玛耶布瓦(Maillebois)的让-巴普蒂斯特元帅在德国打败了奥地利

人，在普罗旺斯和伦巴第打败了奥撒丁人。西班牙盟军没有听取他的好建议，1746年他巧妙地率领法国部队从意大利撤退。尼古拉·德·卡蒂纳是路易十四时期最好的将军之一，斯达法尔德(1690年)和马尔撒耶(1693年)战役中的胜利者。亨利·德·罗昂公爵是新教党的领袖之一。受到恺撒大帝典范的启发，他写了《理想中的指挥总长》(Le Parfait Capitaine) (1636年)，这部书有许多版本并且被翻译成其他语言。

[4] 亚瑟·德·卡尼埃(Ganniers)，"作为军队领袖的拿破仑：他的知识结构、他的荣誉及衰落"(Napoléon chef d'armée. Sa formation intellectuelle, son apogée, son déclin)，历史问题研究杂志，第73期，1903年，第518-521页。

[5] "关于《战争艺术思考》的十八条评注"，《书信录》，第31卷，第353-354页。

[6] 《书信录》，第10卷，n° 8209，第69页，致劳瑞斯顿将军，巴黎，共和十三年霜月21日(1804年12月12日)。

[7] 《回忆录》，蒙托隆，第5卷，第20页(文中斜体部分)。

[8] 同上，第4卷，第350-351页(文中斜体部分)，第354页。

[9] AN, 390 AP 25, 1819年1—9月手稿，第107页(贝特朗，《书信录》，第2卷，第339-340页)。

[10] 《回忆录》中这句话结尾的另一种说法，参见蒙托隆，《回忆录》，第2卷，第193页："带有一个目标：战争中要根据预计的困难来调配兵力"。

[11] 彼得大帝，波尔塔瓦，1709年6月28日。在进攻俄国之前，拿破仑让他的图书管理员给他找来有关查理十二世波兰和俄国战役的最详细的法语资料(《书信录》，第23卷，n° 18348，第93页，致巴比尔先生，巴黎，1811年12月19日)。

[12] 暗指安卡拉战役(1402年7月20日)，帖木儿和他的蒙古士兵击败了叶兹德一世或巴耶塞特和他的土耳其士兵。

[13] "关于《战争艺术思考》的十八条评注"，《书信录》，第31卷，第418页。

[14] 《书信录》，第20卷，n° 16372，第284页，致贝尔蒂耶元帅，贡比涅，1810年4月9日。

[15] 同上，XII，n° 10325，第442页，致那不勒斯国王，圣克卢，1806年6月6日。

[16] AN,314 AP 30,ms39(古尔高，《日记》，第2卷，第72-73页)。

[17] 《回忆录》，古尔高，第2卷，第192-193页。

[18] 安蒂隆·J·艾奇瓦利亚二世，《克劳塞维茨及当代战争》，牛津，Oxford University Press, 2007年，第154-156页。

[19] 赫威·斯特拉坎，《卡尔·冯·克劳塞维茨的战争论：一个传记》，伦敦，Atlantic Books, 2007年，第96页。

[20] 费利克斯·雷莫尼，"重读克劳塞维茨"(En relisant Clausewitz)，法国军事杂志，1929年12月,第266页,伯努瓦·杜勒诺引用过，《克劳塞维茨在法国，关于1807—2007年间战争的思考》(Clausewitz en France. Deux siècles de réflexion sur la guerre 1807—2007)，巴黎,ISC-CID-Fondation Saint-Cyr-guerre1, 2008年，第459页。

[21] AN,314 AP 30,ms40(古尔高，《日记》，第2卷，第269页)。

[22] "关于《战争艺术思考》的十八条评注"，《书信录》，第31卷，第412页。

[23] AN,390 AP 25,1818年(12月)手稿,第86页(贝特朗，《书信录》，第2卷,第214页)。

[24] 1796年8月5日，维尔姆泽在位于加尔达湖的南面的卡斯奇里恩被打败后，放弃了维罗纳，沿阿迪杰河溯流而上。拿破仑率法军朝特伦托和蒂罗尔方向追赶维尔姆泽，他预计维尔姆泽会经由布伦塔河谷前行至巴萨诺，然后到达维罗纳和曼图亚。维尔姆泽果然采取了这种行军方式，他本以为拿破仑会一

直向蒂罗尔方向行进。9月8日，维尔姆泽在巴萨诺被擒获。他的一部分部队逃向了弗留利。维尔姆泽和其余的士兵将被关在曼图亚。

〔25〕同上，第2卷，第368-369页，文中斜体部分。

〔26〕AN, 314 AP 30, ms40（古尔高，《日记》，第2卷，第324-325页）。

〔27〕克劳塞维茨，《战争论》，第2卷第2章，第135页。

第五章 评论

〔1〕托米齐，《作家拿破仑》，第15页。

〔2〕《书信录》总卷，第1卷，n°207，致安德瑞斯（Andréossy）上尉，尼斯，共和二年获月17日（1794年7月5日）。

〔3〕应该是穆威永（Mauvillon）的《弗朗索瓦·欧根·德·萨夫瓦亲王传记》(l'Histoire du prince Franançais Eugène de Savoie)（阿姆斯特丹，1740年），杜蒙（Dumont）和鲁塞·德·米斯（Rousset de Missy）的《欧根·德·萨夫瓦亲王军事传记》(l'Histoire militaire du prince Eugène de Savoye)（海牙，1729年）。

〔4〕《书信录》总卷，第1卷，第1322页，致卡隆将军的信（无文字，丢失），1796年3月7日。斯宾塞·威尔金森在维也纳的一家书店里找到了一本佩扎依（Pezay）的书，1796年末拿破仑将此书忘在了维罗纳〔威尔金森，《波拿巴将军的崛起》(The Rise of General Bonaparte)，第156-157页〕。旺多姆的路易斯-约瑟夫也就是旁提耶夫公爵曾于1705年在皮埃蒙特大区的卢察拉和卡萨诺战胜过欧根·德·萨夫瓦亲王。玛耶布瓦在上面提到过。

〔5〕《书信录》总卷，第5卷，n°10657，第618页，致贝尔蒂耶元帅，巴黎，1812年1月6日。Pont-de-Brique，共和十三年果月7日—1805年8月25日。

〔6〕安东尼·卡萨诺瓦，《拿破仑与拿破仑时代的思想：一段独特的思想史》，巴黎，La Boutique de l'Histoire, 2000年，第86-87页；〔阿加东·让·弗朗索瓦·费恩〕，《费恩男爵的回忆录，皇帝内阁的第一任秘书》(Mémoires du baron Fain, premier secrétaire du cabinet de l'Empereur)（P.费恩作序及注释），巴黎，Plon, 1908年，第70-71页。

〔7〕AN, 390 AP 25, 1819年手稿，第160页，（贝特朗，《书信录》，第2卷，第445页，这段文字被放到了1820年一栏中）。

〔8〕柯林，《军事教育》，第151-152页。

〔9〕AN, 314 AP 30, ms39（古尔高，《日记》，第2卷，第72页）。

〔10〕AN, 314 AP 30, ms40（古尔高，《日记》，第2卷，第268页）。参阅第71条加给柯林的注释。显然拿破仑不了解利涅亲王的故事，在法国可以找到他的故事但并不广为人知〔《军事、文学及情感合集》(Mélanges militaires, littéraires et sentimentaires)，第14、15及16卷，德累斯顿，瓦尔特出版社，1796年；参阅我们的再版的评论：查尔斯-约瑟夫·德·利涅，《七年战争时期我的日记》(Mon journal de la guerre de Sept Ans)（由热罗姆·威尔库斯和布鲁诺·科尔森收集整理并作注解），巴黎，Honoré Champion, 2008年〕。

〔11〕AN, 314 AP 30, ms50（古尔高，《日记》，第2卷，第347页）。

〔12〕《书信录》总卷，n°11097，第848页，致贝尔蒂耶元帅，美泉宫，共和十四年雾月24日（1805年11月15日）。

〔13〕克劳塞维茨，《战争论》，第2卷，第5章，第154、157页。

〔14〕盎格鲁-撒克逊人谈论"交替历史"，乔纳森·诺斯，《拿破仑的选择，拿破仑战争中

的抉择》(*The Napoleon Options. Alternate Decisions of the Napoleonic Wars*),伦敦,Greenhill Books, 2000年。

〔15〕 AN,314 AP 30,ms40(古尔高,《日记》,第2卷,第275页)。莫里斯-艾蒂安·热拉尔与尼古拉斯-约瑟夫·迈松是拿破仑在其最后几场战役中寄予期望的几位将领中的两位。这两位都在1812年的俄国战役和1813年的德国战役中出名,并且在法兰西第一帝国之后成为法国的元帅:迈松在1829年,热拉尔在1830年成为元帅。

〔16〕 AN, 390 ∴P 25,1819年手稿,第151页,(贝特朗,《书信录》,第2卷,第433页,这段文字被放到了1820年一栏中)。

第六章 关于典范

〔1〕 柯林,《军事教育》,第146-147页。
〔2〕 威尔金森,《波拿巴将军的崛起》,第149页。
〔3〕 拉斯·卡斯,《回忆录》,第18卷,第221-225页(杜南版本,第2卷,第614-615页),文中斜体字部分。
〔4〕 蒙托隆,《囚禁时期的故事》(*Récits de la captivité*),第2卷,第528页。
〔5〕 [赫姆兹](Rémusat),《回忆录》,第1卷,第268页。
〔6〕 安妮·乔丹为《拿破仑及历史》(*Napoléon et l'histoire*)写过1个章节〔《拿破仑——英雄》(*Napoléon,Héros*),第19-56页〕
〔7〕 [考兰科特],《回忆录》,第2卷,第302页。
〔8〕 "关于《战争艺术思考》的十八条评注",《书信录》,第31卷,第347页,第414页,第418页。
〔9〕 盖特,《军事思想的起源》,第160页。
〔10〕 皮埃尔·伯奇及其他合作人,《真迹,手稿及古今优秀的书》(*Manuscrits,autographes et très beaux livres anciens et modernes*),德鲁奥拍卖行,2004年12月7日(销售目录中包括22号的《回忆录》,这是手稿,拿破仑向贝特朗、古尔高、蒙托隆将军口述其思想,对开84页,其中40页左右是由拿破仑用钢笔或铅笔亲笔写成的),第30页。

〔11〕 "关于劳埃德将军所著《1756年普鲁士国王和奥地利女王及其盟国在德国的战争史》前言的注释"(*Notes sur l'introduction à l'Histoire de la guerre en Allemagne en 1756, entre le roi de Prusse et l'impératrice-reine et se alliés, etc., par le général Lloyd*),《书信录》,第31卷,第422页。

〔12〕 [费基耶尔],《费基耶尔侯爵的回忆录:包括其战争格言及实施格言的典范》(*Mémoires de M. le marquis de Feuquière… contenans ses maximes sur la guerre, et l'application des exemples aux maximes*),最新版,共2卷,4册,阿姆斯特丹,Honoré et fils, 1731年;克劳塞维茨,《战争论》,第2卷,第6章,第174页。

〔13〕 约翰·马尔凯塞·普罗韦拉(Johann Marchese di Provera)和弗里德里希,弗里德里希是霍亨索伦-兴根的亲王(Hohenzollern-Hechingen),他们是奥地利的将军。

〔14〕 指的是设在围攻军队的营地后方的一道防线,可以来保护军队抵御援军的进攻。

〔15〕 1654年西班牙军队包围了阿拉斯。8月24日,杜伦尼率援兵打败了这些西班牙士兵。1706年5月,弗亚德公爵带领的法军围攻都灵。9月,欧根·德·萨夫瓦亲王率领部队前来支援,最终解除了围攻并赶走了意大利的法国军团。

〔16〕 《回忆录》,蒙托隆,第5卷,第91-93页(文中斜体字部分)。

〔17〕 作为英国国王乔治三世的第二个儿子,弗雷德里克·约克公爵率领盎格鲁-汉诺威的几支部队登陆奥地利的荷兰境内,1793年被收复。他率军围攻敦刻尔克,乌沙尔将军前去救援,9月6日—8日与约克在翁斯科特

［18］ 相遇并交战。战斗打得很乱，但最终约克公爵决定放弃围攻，撤走兵力。

［18］ AN, 314 AP 30, ms40 (古尔高，《日记》，第 2 卷，第 320-321 页)。

［19］ AN, 314 AP 30, ms40 (同上，第 2 卷，第 283 页)。

［20］ 很有可能指的是查尔斯·让·多米尼克·德·拉克戴尔 (Charles Jean Dominique de Lacretelle) (1766—1855 年)，他的作品是，《十八世纪法国历史》(*Histoire de France pendant le XVIIIe siècle*)，巴黎，Treuttel et Wurtz, 1808—1826 年。

［21］ AN, 390 AP 25, ms1818 年，第 16 页，(贝特朗，《书信录》，第 2 卷，第 30 页)。

［22］ 炮兵及工程兵应用学院。

［23］ 1356 年约翰二世 (Jean II le Bon) 在普瓦捷被俘虏，1525 年弗朗索瓦一世 (François Ier) 在帕维亚被俘虏。

［24］ 或是在杜让斯丹，在克雷姆斯西南 6 公里处。1805 年 11 月 11 日，莫蒂埃和卡赞率领的部队遭到俄国军队的首尾夹击并被围困在多瑙河左岸，但它们最终从敌人的腹地突破重围，成功地与法军大部队会合。

［25］ 《书信录》，第 19 卷，n° 15889，第 540-543 页，致克拉克，美泉宫，1809 年 10 月 1 日。文中斜体字部分。

［26］ AN, 390 AP 25, ms1821 年 (1—4 月)，第 2 页 (贝特朗，《书信录》，第 3 卷，第 30 页)。

小结

［1］ 伯纳德·杜埃内 (Bernard Druène)，"拿破仑的指挥官——战争艺术的理论与实践" (Der Feldherr Napoleon – Theorie und Praxis seiner Kriegskunst)；R. 冯·陆斯布鲁克 (R. Van Roosbroeck)，"拿破仑的影响" (Der Einfluss Napoleons…)；冯·格鲁特与穆勒 (von Groote et Mpoleo) (主编)，《拿破仑一世》(*Napoleon I.*)，第 49、200 页。

［2］ 艾奇瓦利亚二世，《克劳塞维茨及当代战争》，第 17 页。

［3］ 安德烈亚斯·赫伯格-罗希，《克劳塞维茨之谜：战争的政治理论》(*Clausewitz's Puzzle:The Political Theory of War*)，德译法，牛津，牛津大学出版社，2007 年，第 67 页。

［4］ "战争行为的基本原则，对普鲁士王储殿下教育的补充" (Les principes essentiels de la conduite de la guerre, en complement de mon enseignement auprès de Son Altesse Royale, le prince héritier de Prusse)，C. 冯·克劳塞维茨，《从法国大革命到复辟》(*De la Révolution à la Restauration*)，第 85-141 页。

［5］ 柯林，《军事教育》，第 376-378 页。

［6］ 鲁道夫·冯·克默雷尔 (Rudolf von Caemmerer)，《十九世纪战略教育》(*L'évolution de la stratégie au XIXe siècle*)，德译法，巴黎，Fischbacher, 1907 年，第 301 页。

［7］ 艾奇瓦利亚二世，《克劳塞维茨及当代战争》，第 168 页，第 191-192 页。

第三篇 战略概论

第一章 战略

［1］ AN, 390 AP 25, 1818 年手稿第 23 页 (贝特朗，《札记》，第 2 卷，第 48 页)。

［2］ "1799 年上半年战事纪要" (Précis des événements militaires arrivés pendant les six premiers mois de 1799)，《书信录》，第 30 卷，第 263 页。

［3］ 于勒·勒瓦尔，《战略积极意义引论》(*Introduction à la partie positive de la stratégie*)，亚瑟·贝尔耐德 (A.Bernède) 注释，巴黎，CFHM-ISC-Economica, 2002 年 (第 1 版，1892)，第 125 页。

［4］ "1799 年上半年战事纪要"，《书信录》，第

〔5〕 克劳塞维茨，《战争论》，第 3 卷，第 1 章，第 182 页。

〔6〕 同上，第 3 卷，第 1 章，第 182 页。

〔7〕 阿兰·贝叶申 (Alan Beyerchen)，《克劳塞维茨与战争的非线性特点：复杂性组织系统》(Clausewitz and the Non-Linear Nature of Warfare : Systems of Organized Complexity)，斯特拉坎与赫堡 - 罗特主编，《21 世纪的克劳塞维茨》，第 56 页。

〔8〕 《回忆录》，蒙托隆，第 2 卷，第 89 页。"战略"这个词出现在法语里，是源自蒙托隆稍晚的文章《囚禁事记》(Récits de la captivité)，第 2 卷，第 462 页。威灵顿于 1809 年 7 月 28 日在塔拉维拉战胜了约瑟夫·波拿巴，1812 年 7 月 22 日在萨拉曼卡（或者说在阿拉皮斯）战胜了马尔蒙，于 1813 年 6 月 21 日在维多利亚战胜了约瑟夫。

〔9〕 《回忆录》，蒙托隆，第 2 卷，第 101 页。

〔10〕 克劳塞维茨，《战争论》，第 3 卷，第 1 章，第 184 页。

〔11〕 《书信录》，第 19 卷，n° 15454，第 185 页，写给马尔蒙将军，美泉宫，1809 年 6 月 28 日，10 时。

〔12〕 AN, 314 AP 30, ms 50（古尔高，《日记》，第 2 卷，第 346-347 页）。

〔13〕 《书信录》，第 2 卷，n° 1402，第 261 页，致督政府，维罗纳，共和国五年雨月 1 日—1797 年 1 月 20 日。

第二章 精神的伟大

〔1〕 同上，第 17 卷，n° 14276，第 472 页，西班牙事件观察报告，圣克卢，1808 年 8 月 27 日。

〔2〕 夏普塔尔，《我记忆中的拿破仑》，第 301-302 页。

〔3〕 原作空白，底稿有中括号内字样。

〔4〕 《书信录》，第 17 卷，n° 14343，第 526 页，给西班牙国王的公函，香槟沙隆，1808 年 9 月 22 日。

〔5〕 同上，第 18 卷，n° 15144，第 525 页，致欧仁，布格豪森，1809 年 4 月 30 日。

〔6〕 《拿破仑未发表的文字》(Inédits napoléoniens)，第 1 卷，n° 1416，第 383 页，致达武元帅，巴黎，1815 年 3 月 26 日。

〔7〕 [提波多]，《回忆录》，第 114-115 页。原文为斜体。法国人尝试进行了一种非常聪明的普鲁士风格的包围战，但他们在行动过程中被震惊了。

〔8〕 《书信录》，第 19 卷，n° 15933，第 570-571 页，致克拉克，美泉宫，1809 年 10 月 10 日。

〔9〕 AN, 314 AP 30, ms 39（古尔高，《日记》，第 2 卷，第 143 页）。

〔10〕 克劳塞维茨，《战争论》，第 1 卷，第 1 章，第 63 页。

〔11〕 《书信录》，第 5 卷，n° 3949，第 304-305 页，致马尔蒙，开罗，共和七年雨月 21 日—1799 年 2 月 9 日。

〔12〕 《拿破仑·波拿巴文选》(Œuvres de Napoléon Bonaparte)，共 5 卷，巴黎，Panckoucke，1821 年，第 1 卷，第 451 页，致指挥部首长，米兰，共和五年获月 25 日—1797 年 7 月 13 日。

〔13〕 《书信录》，第 10 卷，n° 8628，第 347 页，致德赛，斯图皮尼基，共和八年花月 4 日—1805 年 4 月 24 日。

〔14〕 《拿破仑一世未发表信件》(Lettes inédites de Napoléon 1er)，勒赛斯特，第 1 卷，n° 430，第 301 页，致陆军部长克拉克将军，巴黎，1809 年 3 月 27 日。

〔15〕 《拿破仑一世最后未发表的信件》(Dernières lettres inédites de Napoléon 1er)，雷昂斯·德·布洛顿(Léonce de Brotonne)出版，共 2 卷，巴黎，Honoré Champion，1903 年，第 1 卷，n° 1016，第 468 页，致警察大臣富歇，巴黎，1810 年 2 月 13 日。

[16] 《书信录》，第27卷，n°21316，第206页，致警察大臣萨瓦里（Savary），苏威利堡（château de Surville），1814年2月19日。

[17] 同上，第27卷，n°21360，第239页，致约瑟夫国王特鲁瓦（Troyes）市诺莱斯厄镇（bourg des Noës），1814年2月24日，7时。

[18] 同上，第24卷，n°19056，第130页，致纳沙泰尔亲王，维贴布斯克，1812年8月7日。

[19] 同上，第24卷，n°19100，第158页，就乌迪诺（Oudinot）事件而致贝尔蒂埃，斯摩棱斯克（Smolensk），1812年8月19日。

[20] 同上，第25卷，n°19688，第46-47页，致欧仁亲王，大特里亚农宫，1813年3月9日。

[21] 同上，第13卷，n°10599，第38页，致欧仁亲王，圣克卢，1806年8月5日。

[22] 同行第10卷，n°8507，第279页致蒙塞元帅，圣克卢，共和八年芽月10日—1805年3月31日。

第三章 主要的精神力量

[1] "关于《战争艺术思考》的十八条评注"，《书信录》，第31卷，第417页。

[2] 弗里德里希·威廉·冯·塞德利茨·库尔兹巴赫（Friedrich-Wilhelm von Seydlitz-Kurzbach）是腓特烈二世麾下最优秀的重骑兵将军。他为腓特烈二世的胜利做出最重要的贡献，尤其是罗斯巴赫的胜利（1757年）。

[3] AN, 390 AP 25, 1818年手稿（10月），第61页（贝特朗，《札记》，第2卷，第173页）。

[4] AN, 390 AP 25, 1816年9月手稿（9月10日），第4-5页（同上，第1卷，第120-121页）。

[5] 克劳塞维茨，《战争论》，第3卷，第4章，第192页。

第四章 军队的武德

[1] 《拿破仑一世未发表信件》，第1卷，n°711，第325页，致陆军部长克拉克，巴约纳（Bayonne），1808年5月20日。

[2] 《书信录》，第4卷，n°2710，第183页，给陆军的声明，东方边境，共和六年获月4日—1789年6月22日，登陆埃及前不久。

[3] 同上，第15卷，n°12282，第17-18页，致那不勒斯国王（约瑟夫·波拿巴），芬肯施坦因，1807年4月3日。

[4] 同上，第18卷，n°14552，第112页，军队命令，查马丁（Chamartin），1808年12月12日。

[5] 劳伦斯·蒙图斯尔，《行为准则与指挥》（Ethique et commandement），巴黎，Economica，2005年，第182页。

[6] 拉斯·卡斯，《回忆录》，第11册，第137-138页（杜南版本，第2卷，第5-6页）。

[7] 《书信录》，第21卷，n°16973，第162页，致意大利总督欧仁·拿破仑，枫丹白露，1810年10月1日。

[8] 同上，第22卷，n°17672，第126页，致陆军部长克拉克，圣克卢，1811年4月30日。

[9] AN, 390 AP 25, 1817年7月手稿（7月17日），第7页（贝特朗，《札记》，第1卷，第247页）。

[10] 《书信录》，第14卷，n°12212，第566页，致萨瓦里将军，奥斯特罗德（Osterode），1807年3月29日，5时。

[11] 奥米拉，《拿破仑在圣赫勒拿岛的流放生涯》，第1卷，第1部分，第144-145页。

[12] 例如，在一份给贝尔蒂埃元帅的报告中，絮歇将军写到，为了夺取前方防御工事，意大利工兵与法国人竞争，而且他们与法军能力相当，这里说的就是罗马人（科尔森，《罗尼埃将军》，第272、278、279页）。

[13] 《书信录》，第6卷，n°4660，第178页，致布律纳（Brune），巴黎，共和八年风月21日—1800年3月12日。

[14] 同上，第14卷，n°11906，第355页，致苏尔特元帅，奥斯特罗德，1807年2月28日，18时。

〔15〕 同上，第 14 卷，n°12150，第 516 页，致勒费弗尔元帅，奥斯特罗德，1807 年 3 月 24 日，正午。

〔16〕 AN, 390 AP 30, ms 39（古尔高，《日记》，第 2 卷，第 83 页）。

〔17〕 [提波多]，《回忆录》，第 83-84 页。原文为斜体。

〔18〕 约翰·林恩（John Lynn），"一支荣誉大军：法兰西大军团的精神变化，1789—1815"（The Moral Evolution of the French Army, 1789—1815），《法国历史研究》（French Historical Studies），16，1989—1，第 152-173 页；贝尔多，《当孩子们说起荣誉》，第 173-174 页。

〔19〕 迪迪耶·勒高尔，《拿破仑与圣赫勒拿岛回忆录——演讲分析》，巴黎，kimé，2003 年，第 235-236、253 页。

〔20〕 《书信录》，第 9 卷，n°7527，第 239 页，军事命令，巴黎，共和七年雨月 16 日—1804 年 2 月 6 日。

〔21〕 同上，n°9235，第 220 页，军事命令，圣克卢，共和八年补充第一日（道德日）—1805 年 9 月 18 日。

〔22〕 同上，第 13 卷，n°10817，第 216 页，致贝尔蒂埃，关于因河防御战和占领布劳瑙（Braunau）的评论，圣克卢，1806 年 9 月 19 日。

〔23〕 同上，第 16 卷，n°13557，第 326 页，致皮埃蒙特总督门努瓦（Menou）将军，巴黎，1808 年 2 月 13 日。

〔24〕 同上，第 11 卷，n°9522，第 434 页，当日命令，布尔诺（Brünn），共和十四年霜月—1805 年 11 月 24 日。

〔25〕 同上，第 17 卷，n°13836，第 81 页，约阿希姆·缪拉，贝尔格大公爵，西班牙王国总督，巴约纳，1808 年 5 月 9 日，17 时。

〔26〕 《书信录》，第 10 卷，n°8375，第 181 页，给警察大臣公函，巴黎，共和十三年风月 10 日—1805 年 3 月 1 日。

〔27〕 "关于劳埃德将军所著《1756 年普鲁士国王和奥地利女王及其盟国在德国的战争史》前言的注释"，《书信录》，第 31 卷，第 424-426 页。

〔28〕 AN, 390 AP 25, 1817 年 10 月手稿（10 月 24 日），第 12 页（贝特朗，《札记》，第 1 卷，第 289 页）。

〔29〕 贝特朗，《札记》，第 2 卷，第 289 页。

〔30〕 《书信录》，第 12 卷，n°10086，第 276 页，致那不勒斯国王，拉马尔迈松（La Malmaison），1806 年 4 月 11 日。

〔31〕 同上，第 13 卷，n°10630，第 65 页，致那不勒斯国王，圣克卢，1806 年 8 月 10 日。

〔32〕 同上，第 15 卷，n°12511，第 178 页，致热罗姆亲王，芬肯施泰因，1807 年 5 月 2 日。

〔33〕 同上，第 14 卷，n°12094，第 479 页，致德让将军，奥斯特罗德，1807 年 3 月 20 日。

〔34〕 同上，第 14 卷，n°12106，第 488-489 页，致那不勒斯国王，奥斯特罗德，1807 年 3 月 20 日。

〔35〕 同上，第 14 卷，n°12107，第 489 页，致那不勒斯国王，奥斯特罗德，1807 年 3 月 20 日。

〔36〕 同上，第 4 卷，n°7616，第 287 页，致乌得勒支（Utrecht）指挥官马尔蒙将军拉马尔迈松，共和十二年风月 21 日—1804 年 3 月 12 日。

〔37〕 同上，第 10 卷，n°8446，第 232 页，致贝尔纳多特（Bernadotte）元帅，拉马尔迈松，共和十三年风月 26 日—1805 年 3 月 17 日。

〔38〕 同上，第 10 卷，n°8785，第 232 页，致贝尔蒂埃，米兰，共和十三年牧月 5 日—1805 年 5 月 25 日。

〔39〕 同上，第 13 卷，n°11172，第 477 页，致欧仁亲王，柏林，1806 年 11 月 4 日。

〔40〕 同上，第 14 卷，n°12174，第 534 页，致欧仁，奥斯特罗德，1807 年 3 月 25 日。

〔41〕 同上，第 12 卷，n°10032，第 244 页，呈给亚历山大皇帝的奥斯特里茨战役的正式报告，库图佐夫将军撰写，以及一位法国军官的军情观察，布劳瑙，1806 年 3 月 28 日。

〔42〕 同上，第 9 卷，n°8001，第 511 页，致富歇，亚琛（Aix-la-Chapelle），共和十二年果月 22

〔43〕 日—1804年9月9日。
出版方在出版文字中修正了"和"。
〔44〕 "关于《战争艺术思考》的十八条评注"，《书信录》，第31卷，第416-417页。
〔45〕 在1796年出，意大利士兵对战从加尔达湖两岸进攻来的奥地利纵队时，战役中拥有2626强大兵力的32号联队，在洛纳托马塞纳将军的分队中起到了关键作用。
〔46〕 AN, 314 AP 30, ms 39（古尔高，《日记》，第2卷，第127页）。
〔47〕 《回忆录》，蒙托隆，第10卷，第237页。
〔48〕 《书信录》，第13卷，n° 10709，第118页，致欧仁·德·博阿尔内，圣克卢，1806年8月30日。
〔49〕 《收录在战争档案馆的拿破仑一世未发表的书信录》（Correspondance inédite de Napoléon Ier conservée aux Archives de la Guerre），艾尔耐斯特·皮卡尔（Ernest Picard）和路易·杜埃德易（Louis Tuetty）出版，共5卷，巴黎，Lavauzelle，1912—1925年，第1卷，n° 247，第145页，当日命令，美泉宫，共和十四年雪月2日—1805年12月23日。
〔50〕 奥米拉，《拿破仑在圣赫勒拿岛的流放生涯》，第1卷，第2部分，第157页。

第五章 胆量

〔1〕 公元前47年8月2日，尤里乌斯·恺撒被本都国国王法尔耐克（Pharnace）进攻，当时他的军团正在修建阵地。罗马人迅速投入战斗，将敌人完全击溃。正是在向罗马宣布这次胜利时，恺撒说了他那句著名的"我来，我见，我征服"。
〔2〕 "尤里乌斯·恺撒战事概要"，《书信录》，第32卷，第69页。
〔3〕 《书信录》，第1卷，n° 537，第348页，致督政府，佩斯基耶拉（Peschiera），共和四年牧月13日—1796年6月1日。

〔4〕 同上，第11卷，n° 9405，第343页，声明，埃尔欣根（Elchingen），共和十四年葡月29日—1805年10月21日。
〔5〕 《未发表的书信》（Lettres inédites），第1卷，n° 536，第370-371页，致巴伐利亚部队指挥官德伍雷德（de Wrede）将军，美泉宫，1809年10月8日。原文为斜体。
〔6〕 "1805年战争"（Campagne de 1805），《书信录》，第31卷，第206-207页。
〔7〕 《书信录》，第13卷，n° 11325，第588页，致莫蒂埃元帅，波森（Posen），1806年11月29日，22时。
〔8〕 《回忆录》，蒙托隆，第5卷，第272页。
〔9〕 《书信录》，第10卷，n° 8469，第257页，致劳累斯顿元帅，拉马尔迈松，共和十三年芽月1日—1805年8月29日。
〔10〕 同上，第11卷，n° 9160，第161页，致德赛，布洛涅阵营，共和十三年果月11日—1805年8月29日。

第六章 坚忍

〔1〕 克劳塞维茨，《战争论》，第3卷，第7章，第201页。
〔2〕 《书信录》，第6卷，n° 4450，第39页，致意大利军队的声明，巴黎，共和八年雪月4日—1799年12月25日。
〔3〕 同上，第7卷，n° 5403，第40页，致东方军队的声明，巴黎，共和九年风月1日—1801年2月20日。
〔4〕 同上，第10卷，n° 8237，第91-92页，法兰西帝国情况报告，巴黎，共和十三年雪月6日—1804年12月27日。
〔5〕 《未发表的书信》第1卷，第112页，当日命令，埃尔欣根，共和十四年葡月23日—1805年10月15日。
〔6〕 《书信录》，第14卷，n° 12100，第484页，致参议院的信，奥斯特罗德，1807年3月20日。

〔7〕 同上，第 7 卷，n° 6080，第 460 页，当日命令，圣克卢，共和十年花月 22 日—1802 年 5 月 12 日。

〔8〕 英格伦，《拿破仑》，第 134-136 页。

第七章 数量上的优势

〔1〕 克劳塞维茨，《战争论》，第 3 卷，第 8 章，第 202 页。

〔2〕 AN, 390 AP 25, 1818 年手稿（1 月），第 18 页（贝特朗，《札记》，第 2 卷，第 34-35 页）。

〔3〕 帕迪·格里菲斯 (Paddy Griffith)，《1789—1802 年法国大革命的战争艺术》(*The Art of War of Revolutionary France 1789—1802*)，伦敦，Greenhill books，1998 年，第 200 页。

〔4〕 AN, 390 AP 25, 1818 年手稿（1 月），第 27-28 页（贝特朗，《札记》，第 2 卷，第 40 页）。

〔5〕 让-保尔·贝尔多 (Jean-Paul Bertaud) 和丹尼尔·雷夏尔 (Daniel Reichel)，《军队与战争》(*L'Armée et la Guerre*)，《法国大革命地图册》(*Atlas de la Révolution française*) 第 3 分册，赛尔日·博南 (Serge Bonin) 和克洛德·朗格鲁瓦 (Claude Langlois) 主编，巴黎，Ecole des hautes études en sciences sociales, 1989 年，第 53 页。

〔6〕 《书信录》，第 13 卷，n° 10656，第 77 页，致那不勒斯国王，圣克卢，1806 年 8 月 16 日。

〔7.〕 同上，第 14 卷，n° 11579，第 161 页，致欧仁，华沙，1807 年 1 月 7 日。

〔8.〕 同上，第 15 卷，n° 12530，第 189 页，致那不勒斯国王，芬肯施泰因。

〔9〕 同上，第 18 卷，n° 14866，第 308 页，致西班牙国王约瑟夫·拿破仑，巴黎，1809 年 3 月 4 日。

〔10〕 《未发表的书信》，第 1 卷，n° 155，第 97 页，致瑞士州政府主席，芬肯施泰因，1807 年 5 月 18 日。

〔11〕 《书信录》，第 20 卷，n° 16090，第 89 页，致两西西里国王若阿尚·拿破仑，巴黎，1809 年 12 月 27 日。

〔12〕 同上，第 21 卷，n° 16894，第 102 页，致威斯特法利国王热罗姆·拿破仑，圣克卢，1810 年 9 月 11 日。

〔13〕 AN, 390 AP 25, 1821 年 1 月至 4 月（4 月 21 日）手稿，第 34 页（贝特朗，《札记》，第 3 卷，第 133 页）。公元前 216 年 8 月 2 日，汉尼拔率领一支 40 000 至 50 000 兵力的军队，战胜了 80 000 兵力的罗马人，杀敌 45 000 人，俘虏 20 000 人〔扬·勒包埃 (Yann Le Bohec)，《布诺战争的军事历史》(*Histoire militaire des guerres puniques*)，巴黎-摩纳哥，rocher，1996 年，第 190-192 页〕。

〔14〕 "尤里乌斯·恺撒战事概要"，《书信录》，第 32 卷，第 70 页。

〔15〕 "1799 年下半年战事纪要"(*Précis des événements militaires arrivés pendant les six derniers mois de 1799*)，《书信录》，第 30 卷，第 291 页。

〔16〕 克劳塞维茨，《战争论》，第 3 卷，第 8 章，第 203 页。

〔17〕 贝特朗，《札记》，第 2 卷，第 287 页。

〔18〕 〔戈耶〕，《雾月 18 日督政府主席路易·热罗姆·戈耶回忆录》(*Mémoires de Louis Jérôme Gohier, président du directoire au 18 Brumaire*)，共 2 卷，巴黎，Bossange，1824 年，第 1 卷，第 204 页。

〔19〕 克劳塞维茨，《战争论》，第 3 卷，第 8 章，第 204-205 页。

〔20〕 很难评估这些数字，因为这都取决于取得这些数字的事件和地点。总体来说，波拿巴有 4 万兵力和 60 门大炮来面对科利的 2.5 万撒丁岛士兵和博利厄的 3.1 万奥地利士兵进行作战。在围绕蒙特诺特最初的战斗中，波拿巴通过筹谋安排，实现了当地作战，超过了以二敌一。

〔21〕 "1796—1797 意大利战役"〔*Campagnes*

〔22〕 克劳塞维茨,《战争论》,第 3 卷, 第 8 章, 第 206 页。

〔23〕 "1796—1797 意大利战役",《书信录》, 第 29 卷, 第 131 页。

〔24〕 AN,390 AP 25,1817 年 4 月手稿(4 月 26 日), 第 12 页(贝特朗,《札记》,第 1 卷, 第 219 页)。

第八章 出敌不意

〔1〕 "1796—1797 意大利战役",《书信录》, 第 29 卷, 第 102 页。

〔2〕 《书信录》,第 4 卷,n° 2724, 第 193 页, 致德赛将军,亚历山大港,共和六年获月 15 日— 1798 年 7 月 3 日。

〔3〕 AN,390 AP 25,1818 年手稿(10 月),第 63 页(贝特朗,《札记》,第 2 卷, 第 178-179 页)。

〔4〕 AN,390 AP 25,1818 年手稿(1 月),第 4 页(贝特朗,《札记》,第 2 卷, 第 46-47 页)。暗指埃及登陆。波拿巴和他的军队于 1798 年 7 月 1 日至 2 日在靠近亚历山大港的马拉布特(Marabout)登陆。

〔5〕 "埃及和叙利亚战役",《书信录》,第 30 卷, 第 168-169 页。

〔6〕 《书信录》,第 6 卷,n° 4711, 第 216 页, 致马塞纳将军,巴黎,共和八年芽月 19 日— 1800 年 4 月 9 日。

第九章 诡诈

〔1〕 加尼埃(Ganniers),"拿破仑,军队的统帅……"(Napoléon chef d'armée…),第 532 页。

〔2〕 克劳塞维茨,《战争论》,第 3 卷, 第 10 章, 第 212 页。

〔3〕 《书信录》总卷, 第 1 卷,n° 457, 第 321 页, 致马塞纳,共和四年芽月 15 日—1796 年 4 月 4 日。

〔4〕 《书信录》,第 4 卷,n° 2632, 第 135 页, 致瓦博斯(Vaubois)将军,东方边境,共和六年牧月 23 日—1798 年 6 月 11 日。

〔5〕 同上,第 5 卷,n° 3972,第 323 页,致雷尼尔,在埃尔—阿里什城前,共和七年雨月 29 日— 1799 年 2 月 17 日。

〔6〕 "关于《战争艺术思考》的十八条评注",《书信录》,第 31 卷, 第 366 页。

〔7〕 《未发表的书信》,第 1 卷,n° 537,第 371 页,致陆军部长克拉克,美泉宫,1809 年 10 月 10 日。

〔8〕 "关于《战争艺术思考》的十八条评注",《书信录》,第 31 卷, 第 366 页。

〔9〕 布吕歇尔的部队,当天躲过了拿破仑的攻击。

〔10〕 《书信录》,第 26 卷,n° 20781, 第 343 页, 在瓦豪(Wachau)河谷,致若阿尚·拿破仑, 迪本(Düben),1813 年 10 月 12 日,20 时。

〔11〕 同上,第 27 卷,n° 21393,第 259 页,致贝尔蒂埃,特鲁瓦,1814 年 2 月 27 日,9 时。

〔12〕 "1796—1797 意大利战役",《书信录》, 第 29 卷, 第 186 页。

〔13〕 《书信录》,第 11 卷,n° 9496, 第 413 页, 大军团第 24 条公报,共和十四年雾月 24 日— 1805 年 11 月 15 日。

第十章 空间上的兵力集中

〔1〕 史蒂芬·贝鲁(Stéphane Béraud),《拿破仑军事革命》(La révolution militaire napoléonnienne),第 1 册,《兵力运用》(Les manœuvres),巴黎,Bernard Giovanangeli, 2007 年, 第 11 页。

〔2〕 克劳塞维茨,《战争论》,第 3 卷, 第 11 章, 第 214 页。

〔3〕 "关于《战争艺术思考》的十八条评注",《书信录》,第 31 卷, 第 418 页。

〔4〕 让·柯林,《拿破仑军事素养》,巴黎, Flammarion,1911 年, 第 208 页。

〔5〕 《书信录》,第 13 卷,n° 10941,第 310 页,致苏尔特,维尔茨堡(Würzburg),1806 年 10 月 5 日,11 时。

〔6〕 贝鲁,《拿破仑军事革命》,第 1 卷,第 143-144 页。

〔7〕 《书信录》,第 25 卷,n° 19916,第 236 页,致欧仁,埃尔福特(Erfurt),1813 年 4 月 28 日,3 时。

〔8〕 同上,第 19 卷,n° 15739,第 412-413 页,致克拉克,美泉宫,1809 年 9 月 2 日。

〔9〕 库尔特·克里斯多夫·冯·施威林(Curt Christovon Schwerin)元帅强调过以两路距离较远的纵队在艰难地形行军的危险。能在 1757 年 5 月 6 日布拉格城前战胜普鲁士军队完全是依靠军队的机遇和素质。施威林在战役中被杀,当时他手中持旗,正指挥骑兵进攻〔丹尼斯·E.索尔特(Dennis E. Showalter),《腓特烈大帝的战事》(*The War of Frederic the Great*),伦敦—纽约,Longman,1996 年,第 149-156 页〕。

〔10〕 查理·德·洛林(Charles de Lorraine),玛丽·特蕾莎(Marie-Thérèse)女大公的小叔子,奥地利元帅。

〔11〕 AN, 390 AP 25,1817 年 4 月手稿(4 月 13 日),第 7 页(贝特朗,《札记》,第 1 卷,第 216 页)。

〔12〕 《回忆录》,蒙托隆,第 4 卷,第 323-324 页。文中第二段是斜体。

〔13〕 全名为,阿尔文奇·冯·博贝雷克,约瑟夫(Alvinzy von Borberek, Joseph)男爵。1796 年 11 月,时年 61 岁的他,在阿尔科莱(Arcole)被波拿巴猛攻。

〔14〕 彼得·菲蒂斯·冯·夸斯达诺维希,祖籍克罗地亚的奥地利将军。

〔15〕 《回忆录》,蒙托隆,第 4 卷,第 335-340 页。文中几段是斜体。

〔16〕 《书信录》,第 6 卷,n° 4642,第 166 页,致马塞纳,巴黎,共和八年风月 14 日—1800 年 3 月 5 日。

〔17〕 克劳塞维茨,《战争论》,第 3 卷,第 11 章,第 214 页。

〔18〕 蒙托隆,《囚禁事记》,第 2 卷,第 363 页。

〔19〕 克洛德-雅克·勒古布(Claude-Jacques Lecourbe)于 1799 年以精湛的技术指挥赫尔维西亚(Helvétie)军队的分部进行了几次战斗,他是莫罗的朋友,1802 年被拿破仑冷落,但是百日王朝时重获影响。

〔20〕 AN, 390 AP 30, ms 50(古尔高,《日记》,第 2 卷,第 345 页)。

〔21〕 《书信录》,第 3 卷,n° 1975,第 160 页,给马塞尔·杜南的回复,口述给蒙贝洛(Mombello)的公文,推断为共和五年获月 13 日—1797 年 7 月 1 日。

〔22〕 AN,390 AP 30,ms 40(古尔高,《日记》,第 2 卷,第 320 页)。约翰大公爵的军队没有参加瓦格拉战役。

〔23〕 AN, 390 AP 25, 1821 年 1 月至 4 月手稿(2 月 12 日),第 7 页(贝特朗,《札记》,第 3 卷,第 62 页)。

〔24〕 《回忆录》,蒙托隆,第 5 卷,第 65 页。原文为斜体。

〔25〕 AN, 390 AP 25, 1818 年手稿,第 49 页(贝特朗,《札记》,第 2 卷,第 153 页)。杜伦尼分散了兵力后,又在神圣罗马士兵近旁重新集结了骑兵,1645 年 5 月 5 日,他在马林塔尔(Marienthal)或者梅尔根泰姆(Mergentheim)〔士瓦本(Souabe)〕,没有预料到罗马士兵出现,并被打败〔让·贝朗热(Jean Bérenger),《杜伦尼》(*Turenne*),巴黎,Fayard,1987 年,第 213-215 页〕。

第十一章 时间上的兵力集中

〔1〕 AN,390 AP 25,1818 年手稿(10 月),第 62 页(贝特朗,《札记》,第 2 卷,第 175-176 页)。

〔2〕 《回忆录》,蒙托隆,第 5 卷,第 272-273 页。文中冒号后斜体。

〔3〕《书信录》，第 23 卷，n° 18312，第 59 页，致西班牙军队总参谋长贝尔蒂埃，巴黎，1811 年 12 月 6 日。

〔4〕《回忆录》，蒙托隆，第 5 卷，第 311 页。

〔5〕克劳塞维茨，《战争论》，III，12，第 215-220 页。

〔6〕法国人是战场上的主导，但是因为总是筋疲力尽，他们无法继续追击在夜间撤退的俄国人。每个方向的损失都很巨大，很难精确计算到底损失多少，法方大约 1 500 到 3 000 死亡，其中 7 名将军，另有 4 300 到 7 000 人受伤，俄方可能 7 000 人死亡，2.3 万人受伤。

〔7〕AN，390 AP 25，1818 年手稿(1 月)，第 20 页(贝特朗，《札记》，第 2 卷，第 44-45 页)。

〔8〕《书信录》，第 11 卷，n° 9275，第 253 页，致贝尔蒂埃，斯特拉斯堡，共和十四年葡月 5 日—1805 年 9 月 27 日。

〔9〕同上，第 13 卷，n° 11251，第 530 页，致达武，柏林，1806 年 11 月 13 日，16 时。

〔10〕同上，第 15 卷，n° 12465，第 144-145 页，致热罗姆亲王，芬肯施泰因，1807 年 4 月 24 日。

〔11〕同上，第 15 卷，n° 12605，第 247 页，致热罗姆亲王，芬肯施泰因，1807 年 5 月 18 日。

〔12〕同上，第 11 卷，n° 9665，第 535 页，致约瑟夫亲王，慕尼黑，1806 年 1 月 12 日。

〔13〕同上，第 11 卷，n° 9738，第 573 页，致约瑟夫亲王，巴黎，1806 年 2 月 2 日。

〔14〕同上，第 12 卷，n° 9789，第 29 页，致约瑟夫亲王，巴黎，1806 年 2 月 9 日。

〔15〕同上，第 12 卷，n° 9808，第 41-42 页，致约瑟夫亲王，巴黎，1806 年 2 月 14 日。

〔16〕同上，第 13 卷，n° 10544，第 5 页，致那不勒斯国王，圣克卢，1806 年 7 月 26 日。

〔17〕同上，第 13 卷，n° 10573，第 21 页，致那不勒斯国王，圣克卢，1806 年 7 月 30 日。

〔18〕同上，第 12 卷，n° 10368，第 468 页，致欧仁，圣克卢，1806 年 7 月 14 日；第 19 卷，n° 15305，第 76 页，致欧仁，美泉宫，1809 年 6 月 6 日，9 时；第 26 卷，n° 20516，第 171 页，致麦克唐纳，德累斯顿，1813 年 9 月 3 日。

〔19〕同上，第 19 卷，n° 15340，第 100 页，致克拉克，美泉宫，1809 年 6 月 12 日。

第十二章 战略预备队

〔1〕克莱蒙伯爵和苏比兹在七年战争中表现出无法胜任法军高级指挥一职。1758 年 6 月 23 日在克雷菲尔德(Crefeld)，他不愿意为了调动军队应对费南迪·布伦斯维克(Ferdinand de Brunswick) 公爵的进攻而缩短用餐时间。50 000 法军被 32 000 汉诺威士兵、黑森士兵和布伦斯维克士兵完全击败。

〔2〕"关于《战争艺术思考》的十八条评注"，《书信录》，第 31 卷，第 342、345 页。

〔3〕克劳塞维茨，《战争论》，第 3 卷，第 13 章，第 223 页。

〔4〕查理·德·布伦斯维克 (Charles de Brunswick) 公爵及大元帅正当着国王腓特烈-纪尧姆二世，在指挥主要的普鲁士军队进行奥尔斯泰特战役，并在此遭到致命性损伤。威查德·冯·默伦多夫 (Wichard von Möllendorff) 元帅是腓特烈二世战事的另一位老将。1806 年他已经 82 岁耶拿战役后，他在埃尔福特受创，并逃亡。他非常羞愧没能阻止阵地被夺。恩斯特·冯·吕歇尔将军花了许多时间在 10 月 14 日到达了耶拿战场。虽然严重受伤，但是他勇敢地坚守自己的位置。

〔5〕"关于《战争艺术思考》的十八条评注"，《书信录》，第 31 卷，第 419 页。

第十三章 兵力的合理运用

〔1〕AN，390 AP 25，1818 年 3 月手稿，第 101 页(贝特朗，《札记》，第 2 卷，第 86 页)。

〔2〕AN，390 AP 25，1819 年 1 月至 9 月手稿(5 月)，第 122 页(同上，第 2 卷，第 369 页)。

〔3〕"1796—1797 意大利战役"，《书信录》，

第 29 卷, 第 137 页。

〔4〕《未发表的书信》,第 1 卷,n° 513,第 352 页,致警察大臣富歇,美泉宫,1809 年 8 月 22 日。

〔5〕 维克多 (Victor) 元帅,自 1810 年 2 月 5 日指挥加的斯 (Cadix) 保卫战。

〔6〕 安德烈·佩雷蒙 (André Perreimond ou Perreymond) 将军指挥轻骑兵一个旅。

〔7〕 爱德华·让 - 巴普迪斯特·米约 (Edouard-Jean-Baptiste Milhaud) 将军,曾任国民公会议员,当时指挥龙骑兵一师。

〔8〕 迪欧 - 格拉提亚斯 - 尼古拉·戈迪诺 (Deo-Gratias-Nicolas Godinot) 将军指挥安达卢西亚军队步兵一师。

〔9〕《书信录》, 第 21 卷, n° 17531, 第 526 页, 致纳沙泰尔和瓦格拉姆亲王, 巴黎, 1811 也 29 日至 30 日, 夜。

〔10〕 克劳塞维茨,《战争论》, 第 3 卷, 第 14 章, 第 224 页。

第十四章 现代战争的特点

〔1〕 同上, 第 3 卷, 第 17 章, 232 页。

〔2〕《书信录》, 第 3 卷, n°, 1800, 第 47 页, 致内高卢共和国国民禁卫军, 该声明推断为共和五年花月 25 日—1797 年 5 月 14 日。

〔3〕 同上, 第 7 卷, n° 6068, 第 452 页, 共和十年花月 14 日—1802 年 5 月 4 日公民议会上, 首席执政官的发言。

〔4〕 同上, 第 7 卷, n° 6213, 给意大利共和国立法团体的公文, 巴黎, 共和十年热月 9 日—1802 年 7 月 28 日。

〔5〕 同上, 第 8 卷, n° 6483, 第 129 页, 致瑞士五位议员的演说辞, 圣克卢, 共和十一年霜月 20 日—1802 年 12 月 11 日。

〔6〕 同上, 第 10 卷, n° 8204, 第 62 页, 选举委员会主席、警察局长、上诉法庭主席等的会议记录, 巴黎, 共和十三年霜月 15 日—1804 年 12 月 6 日。

小结

〔1〕 莱利,《拿破仑将军》, 第 60 页。

第四篇 战斗

〔1〕 古图 - 贝嘉里,《论战略》, 第 65 页, n.43。

〔2〕 卡尔·冯·克劳塞维茨,《战斗理论》(*Théorie du combat*), 德译法, 托马斯·林德曼 (Thomas Lindemann) 作序, 巴黎, ISC-Économica, 1998 年。

第一章 现代战役的特点

〔1〕 "关于《战争艺术思考》的十八条评注",《书信录》, 第 31 卷, 第 331 页。

〔2〕 "尤里乌斯·恺撒战事概要",《书信录》, 第 32 卷, 第 82-83 页。

〔3〕 克劳塞维茨,《战争论》, 第 4 卷, 第 2 章, 第 240-241 页。

〔4〕 罗伯特·M·爱普斯坦 (Robert M. Esptein),《拿破仑最后的胜利及现代战役的出现》(*Napoleon's Last victory and the Emergence of Modern War*), 劳伦斯市, 堪萨斯州大学, 1994 年。

〔5〕 克劳塞维茨,《战争论》, 第 4 卷, 第 2 章, 第 240 页。

〔6〕 "关于《战争艺术思考》的十八条评注",《书信录》, 第 31 卷, 第 311 页。

〔7〕 拼写错误, 或为霍恩林登 (Hohenlinden) 战役或埃特林根 (Ettlingen) 战役。

〔8〕 同上, 第 31 卷, 第 328-329 页。

〔9〕 AN, 314 AP 30, ms 40 (古尔高,《日记》, 第 2 卷, 第 267 页)。

〔10〕 "摘自 1772 年收录在《法兰西学院备忘录》

(Mémoire de l'Académie, année 1772)中《瓦里埃尔侯爵 (Le marquis de Vallière)回忆录的注释"〔《1786—1791 年间未出版的手稿》(Napoléon Ier, Manuscrit inédits, 1786—1791),根据原手稿由弗雷德里克·马森和吉多·比亚吉发表,巴黎,P. Ollendorff, 1907年,第 53 页〕。1746年,在距列日市 (Liège)不远的洛库特(Raucoux),萨克斯元帅的步兵位于炮兵部队之后、骑兵之前。查理·德·洛林爵士(Charles de Lorraine)率领的奥荷英盟军占领的村庄在遭受一次强烈地炮轰之后被攻克。三年后,由英国国王在一次战役中最后一次统率的英军从诺瓦耶公爵府邸到德廷根穿越法国的脏腑地带。大炮让乔治二世将法军逼近美因河。1757年,埃丝特元帅在哈施滕贝克率 6 万士兵歼灭 3.6 万名阿诺威希安人以及坎伯兰郡公爵 (le duc de Cumberland)麾下的英军。法军的人数与他们炮兵人数相当。

〔11〕《书信录》,第 26 卷,n° 20929,第 458 页,致欧仁,圣克卢,1813 年 11 月 20 日。

〔12〕拉斯·卡斯,《回忆录》,第 18 册,第 125-126 页（Duane 出版社,第 2 卷,第 579 页）。

〔13〕克劳塞维茨,《战斗理论》,n° 232 及 n° 235,第 57、58 页。

第二章 总体战

〔1〕克劳塞维茨,《战争论》,第 4 卷,第 3 章,第 245 页。

〔2〕《拿破仑一世对劳埃德将军〈军事回忆录〉未发表的评论》(Notes inédites de l'empereur Napoléon Ier sur les Mémoire militaires du général Lloyd),阿里斯特·杜克奈斯-杜瓦尔 (Ducaunnès-duval) 发表,波尔多,G. Gounouilhou 印,1901 年（节选自《吉伦特省历史卷宗》第 35 卷）,第 13 页。

〔3〕克劳塞维茨,《战争论》,n° 62 及 66,第 33 页。

〔4〕1 突阿斯等于 1.949 米。

〔5〕"论战场防御工事"(Essai sur la fortification de campagne),《书信录》,第 31 卷,第 464-465 页。

〔6〕见第三篇第 12 章注释 1。

〔7〕《回忆录》,蒙托隆,第 5 卷,第 242 页（文中为斜体）。

〔8〕AN, 390 AP 25, 1817 年 6 月手稿（6 月 2 日）,第 4 页（贝特朗,《札记》,第 1 卷,第 231 页）。

〔9〕克劳塞维茨,《战斗理论》,n° 350 及 356-361,第 72-73 页。

〔10〕同上,n° 401-402 及 432,第 78 页和第 82 页。

〔11〕《书信录》,第 12 卷,n° 10032,第 231-233 页,由库图佐夫将军给亚历山大国王所做的奥斯特里茨战役官方报告,以及一名法国军官的见解。

〔12〕克劳塞维茨,《战斗理论》,n° 505,第 91-92 页。

〔13〕"尤里乌斯·恺撒战事概要",《书信录》,第 32 卷,第 83 页。

〔14〕同上,第 32 卷 I,第 58-59 页。

〔15〕安托马契,《拿破仑最后的岁月》,第 1 卷,第 185 页。

〔16〕克劳塞维茨,《战争论》,第 4 卷,第 4 章,第 248-249 页。

〔17〕同上,第 4 卷,第 4 章,第 250 页。

〔18〕AN, 390 AP 25, 1819 年手稿,第 143 页（贝特朗,《札记》,第 2 卷,第 440 页,该段于 1820 年被收录在《札记》中）。

〔19〕克劳塞维茨,《战斗理论》,n° 170 和 171,第 48 页。

〔20〕拉斯·卡斯,《回忆录》,第 11 册,第 50 页（Dunan,第 1 卷,第 779 页）。

〔21〕"关于《战争艺术思考》的十八条评注",《书信录》,第 31 卷,第 330-331 页。

〔22〕AN, 390 AP 25, 1819 年手稿,第 161-162 页,（贝特朗,《札记》,第 2 卷,第 440 页,该段于 1820 年被收录在《札记》中）。

〔23〕"关于《战争艺术思考》的十八条评注",《书

[24] 同前。

[25] 《拿破仑一世对劳埃德将军＜军事回忆录＞未发表的评论》，第14页。

[26] "关于《战争艺术思考》的十八条评注"，《书信录》，第31卷，第414页。

[27] 同上，第31卷，第415页。

[28] 冈瑟 E. 罗森伯格 (Gunther E. Rothenberg)，《拿破仑时代的战争艺术》(The Art of Warfare in the Age of Napoleon)，伦敦，1977年，第152-153页。

[29] 克劳塞维茨，《战斗理论》n°104和105，第39页和第40页，以及n°537，第95页。

[30] 《书信录》，第13卷，n°10900，第277页，致苏尔特元帅，美因茨，1806年9月29日。

[31] 同上，第25卷，n°19643，第12-13页，致贝特朗将军，巴黎，1813年3月2日。同批另一封信，出处同上第25卷，n°19868，第201页，致马尔蒙将军，美因茨，1813年4月17日。

[32] "埃及和叙利亚战役"，《书信录》，第30卷，第53页。

[33] "尤里乌斯·恺撒战事概要"，《书信录》，第32卷，第69页。

第三章 战斗中的决策

[1] 克劳塞维茨，《战争论》，第4卷，第7章，第257页。

[2] 克劳塞维茨，《战斗理论》，n°156，第47页。

[3] "尤里乌斯·恺撒战事概要"，《书信录》，第32卷，第82页。

[4] 拉斯·卡斯，《回忆录》，第3册，第242页(Duane，第2卷，第277页)。文中为斜体。

[5] 安托马契，《拿破仑最后的岁月》，第1卷，第188-189页。如阿尔科莱战役的这一插曲发生在1769年11月17日，它的确通过带领800步兵向另一端挺近为战役的胜利作

出贡献。克劳塞维茨认为更应该归功于奥军朝自己大本营撤退以及一支纵队从莱尼亚戈过来的这一消息。(卡尔·冯·克劳塞维茨，《1796年意大利战役》，德译法，巴黎，1901；Pocket出版社，1999年，第190页)。

[6] 安托马契，《拿破仑最后的岁月》，第1卷，第187页.文中斜体字句末。

[7] 《书信录》，第25卷，n°19951，第260页，大军团公报，吕岑，1813年5月2日。

[8] 古维翁·圣-西尔，《军事史》，第4卷，第41页。

[9.] 夏普塔尔《我记忆中的拿破仑》第294-295页。

[10] 克劳塞维茨，《战斗理论》，n°127和184，第43-44、50页。

[11] "1815年战争" (Campagne de 1815)，《书信录》，第31卷，第187页。

[12] 吉东，同前书，第89-90页。

[13] 克劳塞维茨，《战斗理论》，n°115a-117，第41页。

[14] 克劳塞维茨，《战争论》，第4卷，第7章，第258页。

[15] "关于《战争艺术思考》的十八条评注"，《书信录》，第31卷，第398页。

第四章 两军就战斗达成一致

[1] 克劳塞维茨，《战争论》，第4卷，第8章，第265页。

[2] 《书信录》，第15卷，n°12747，第329页，大军团第78号公报，海尔斯堡，1807年6月12日。

[3] 马塞纳请求儒尔当解救其海尔维第军队，儒尔当1799年3月25日决定出兵德国。他将自己的师派到广阔无边的前线，却没保证各师间彼此的联系。让其与查理大公数量远胜他的奥地利军队作战。这成了查理大公最漂亮胜仗之一。

[4] "1799年上半年战事纪要"，《书信录》，第30卷，第263页。

〔5〕 AN, 314 AP 30, ms 50（古尔高,《日记》第 2 卷,第 347 页）。

〔6〕《书信录》,第 11 卷,n° 9532,第 440 页,致塔列朗,在布尔诺地区前方两里远露营部队,共和十四年霜月 9 日—1805 年 11 月 30 日, 16 时。

〔7〕 同上,第 19 卷,n° 15694,第 379 页,致克拉克,美泉宫,1809 年 8 月 21 日。

第五章 主要战役——决定

〔1〕"1796—1797 年意大利战役",《书信录》,第 29 卷,第 192 页。

〔2〕"埃及和叙利亚战役",《书信录》,第 30 卷,第 170 页。

〔3〕《书信录》,第 13 卷,n° 11001,第 348 页,致德·拉·马尔凯先生(M.De la Marche),s.l.n.d.,于 1806 年 10 月 13 日被寄出。

〔4〕 同上,第 18 卷,n° 14445,第 40 页,致维克多元帅,维多利亚,1808 年 11 月 6 日,午夜。

〔5〕《回忆录》,蒙托隆,第 5 卷,第 268-272 页。

〔6〕 同上,第 5 卷,第 22-23 页。

〔7〕 大卫·钱德勒,《拿破仑军事语录》,法译英,G. C. 德·阿圭勒译,伦敦,Greenhill,2002 年,第 127 页。

〔8〕 克劳塞维茨,《战斗理论》,n° 604,第 103-104 页。

〔9〕《书信录》,第 23 卷,n° 18503,第 231 页,致任葡萄牙军团指挥官马尔蒙,巴黎,1812 年 2 月 18 日。文中为斜体。

〔10〕 奥古斯特·弗雷德里克·路易·维爱丝·德·马尔蒙,《论军事制度之精神》,由布鲁诺·科尔森作序,巴黎,ISC-FRS-Économica,2001 年（1845 年第 1 版）,第 147 页。

〔11〕 夏普塔尔,《我记忆中的拿破仑》,第 301 页。

〔12〕 欧文·康奈利(Owen Connelly),《从浮躁到荣耀:拿破仑的军事战役》(Blundering to Glory. Napoleon's Military Campaigns), 第 3 版, 拉纳姆, Maryland, Rowman & Littlefield, 2006 年, 第 44-45 页。

〔13〕 AN, 314 AP 30, ms 40（古尔高,《日记》,第 2 卷,第 325 页）。

〔14〕 克劳塞维茨,《战争论》,第 4 卷,第 9 章,第 267 页。

第六章 主力会战——会战的运用

〔1〕 同上,第 4 卷,第 11 章,第 279 页。

〔2〕《书信录》,第 11 卷,n° 9405,第 342-343 页,公告,埃尔欣根,共和十四年葡萄月 29 日—1805 年 10 月 21 日。

〔3〕 同上,第 13 卷,n° 10983,第 337 页,致缪拉,奥玛(Auma 德),1806 年 10 月 12 日,4 时。

〔4〕 克劳塞维茨,《战争论》,第 4 卷,第 11 章,第 280 页。

〔5〕 同上,第 4 卷,第 11 章,第 282 页。

〔6〕 同上,第 4 卷,第 11 章,第 282 页。

〔7〕《书信录》,第 13 卷,n° 10977,第 333 页,致苏尔特,艾伯斯道夫,1806 年 10 月 10 日,8 时。

〔8〕 同上,第 26 卷,n° 20360,第 35 页,致莫斯科君主(le prince de Moskova)及拉古萨公爵(le duc de Raguse),德累斯顿,1813 年 8 月 12 日。

〔9〕 同上,第 26 卷,n° 20437,第 112 页,致马海(Maret),洛温伯格(Löwenberg),1813 年 8 月 22 日。

〔10〕 多亏德赛的到来,在重整乱局之后,拿破仑将奥军击退至波麦达河,但奥军大部队并未受挫。在战术层面,奥军并未被摧毁,但说到实际作战,他们是遭受挫败的。

〔11〕 1809 年 4 月末在巴伐利亚爆发的这场复杂战事中,拿破仑没有足够的优秀部队来迅速发起一场对战查理大公的大型战役。他的计划是切断查理大公与维也纳的通讯线,把他从巴伐利亚赶到波希米亚,而他自己则向奥地利首都发起猛烈冲击。在一场大型战役中

〔12〕 列文·本尼格森将军(Levin von Bennigsen)是俄军总指挥。

〔13〕 贝尔蒂埃(Berthier)致贝尔纳多特(Bernadotte)的一封信落在哥萨克人手里。这封信给本尼格森透露大军团部队的位置以及拿破仑的计划。拿破仑想切断俄军的撤退线。〔F. 洛兰·彼得(F. Loraine Petre),《1806—1807年拿破仑在波兰的战役》(Napoleon's Campaign in Poland 1806—1807),伦敦,Greenhill, 2001年(1901年第1版),第147-149页〕。

〔14〕 拿破仑想要切断本尼格森与尼曼河流域以及俄罗斯的联系,以便把他引向西边的距波罗的海非常近,埃尔宾城的旦泽海湾。

〔15〕 AN, 390 AP 25, 1819年手稿,第161页(贝特朗,《札记》,第2卷,第447页,该文于1820年被收录到《札记》中)。

〔16〕 爱普斯坦(Epstein),《拿破仑最后的胜利》,第17页。

〔17〕 1805年11月28日,拿破仑故意让位于维什科夫(Wischau)的法军前锋部队遭到由巴格拉季昂(Bagration)率领的俄军的攻击,他让前锋部队撤退以便俄军士气大增,让他们追击法军直到到达他之前选好的战场。〔雅克·卡尼尔,《1805年12月2日,奥斯特里茨》(Austerlitz, 2 décembre 1805),巴黎,Fayard, 2005年,第191-203页〕。

〔18〕 《书信录》,第12卷,n° 10032,第230-231、233页,由库图佐夫将军给亚历山大国王所做的奥斯特里茨战役官方报告,以及一名法国军官的见解。

〔19〕 泰尔普,《作战艺术的演变》,第1-2页。

第七章 利用胜利的战略方法

〔1〕 《书信录》,第18卷,n° 14460,第51页,致约瑟夫,库博(Cubo), 1808年11月10日, 20时。

〔2〕 《回忆录》,蒙托隆,第5卷,第197页。

〔3〕 AN, 390 AP 25, 1819年手稿,第161页(贝特朗,《札记》,第2卷,第446页,该文于1820年被收录)。

〔4〕 《书信录》,第11卷,n° 9386,第329页,致缪拉,埃尔欣根修道院,共和十四年葡萄月25日—1805年10月17日, 14时。

〔5〕 弗雷德里克 - 亨利·瓦尔特(Frédéric-Henri Walther)指挥第二师除骑兵外的机械部队。1805年11月16日,他参加了对抗俄军后卫部队的艰巨的荷拉布伦(Hollabrunn)〔或申格拉本(Schöngraben)(奥)〕战斗,该俄军由由巴格拉基昂指挥。

〔6〕 《书信录》,第11卷,n° 9509,第425页,致拉纳(Lannes),兹诺伊莫(Znaym),共和十四年雾月27日—1805年11月18日,21时。

〔7〕 克劳塞维茨,《战争论》,第4卷,第12章,第286页.文中标记部分。

〔8〕 《书信录》,第13卷,n° 11030,第372页,大军团第12号公报,哈雷,1806年10月19日。

〔9〕 同上,第13卷,n° 11053,第385页,大军团第14号公报,德绍,1806年10月22日。

〔10〕 AN, 390 AP 25, 1817年4月手稿(4月13日)第8页(贝特朗,《札记》,第1卷,第217页)。

〔11〕 "外交—战争"(Diplomatie.-Guerre),《书信录》,第30卷,第442页。

〔12〕 《书信录》,第1卷,n° 1000,第616页,致执行督政府,双城(Due-Castelli)(意),共和四年果月30日—1796年9月16日。

〔13〕 莫里斯·德·萨克斯(Marice de Saxe),《兵学沉思》(Mes rêveries),让 - 皮埃尔·布瓦教授,巴黎,CFHM-ISC-Économica, 2002年,(1756年第1版,)第224页;维盖提乌斯(Végèce),《罗马军制论》(De remilitari),第3卷,第21章,巴黎,Corréard, 1859年第151页。获知该细节要

归功于蒂埃里·魏德曼。

〔14〕 "关于《战争艺术思考》的十八条评注",《书信录》,第 31 卷,第 343 页。

〔15〕 克劳塞维茨,《战争论》,第 4 卷,第 12 章,第 285 页。

第八章 战败后的撤退

〔1〕 "1799 年上半年战事纪要",《书信录》,第 30 卷,第 302 页。

〔2〕 克劳塞维茨,《战争论》,第 4 卷,第 13 章,第 295 页。

〔3〕 "德·杜伦尼元帅的战事概要"(Précis des guerres du maréchal de Turenne),《书信录》,第 32 卷,第 117 页。

〔4〕 奥米拉,《拿破仑在圣赫勒拿岛的流放生涯》,第 1 卷,第 2 部分,第 158 页。

〔5〕 "关于《战争艺术思考》的十八条评注",《书信录》,第 30 卷,第 345 页。

〔6〕 拉斯·卡斯,《回忆录》第 17 册,第 262 页(Duane, 第 2 卷,第 538 页)。

〔7〕 让-巴普蒂斯特·勒莫尼埃-德拉福斯 (Jean-Baptiste Lemonnier-Delafosse),《1810—1815 年战役或军事回忆录》(Campagnes de 1810 à 1815 ou Souvenirs militaires),勒阿弗尔:A. Lemale, 1850 年,第 163-164 页。

〔8〕 "1799 年下半年战事纪要",《书信录》,第 30 卷,第 298 页。

小结

〔1〕 乔治·勒费弗尔(Georges Lefevre),《拿破仑传》(Napoléon),巴黎,Félix Alcan, 1935 年,第 203 页。

第五篇 军队

第一章 概述

〔1〕 "关于《战争艺术思考》的十八条评注",《书信录》第 31 卷,第 303-304 页。

〔2〕 《回忆录》第 229 页。

〔3〕 《当孩子们说起荣誉》第 127 和第 130 页。

〔4〕 《回忆录》,第 4 册,第 193 页(杜南主编,第 1 卷,第 355 页)。

〔5〕 腓特烈二世。

〔6〕 《未发表的信件》,第 1 卷,n° 419,第 290-291 页,致考兰科特,巴黎,1809 年 3 月 6 日。

第二章 军队关系

〔1〕 克劳塞维茨,《战争论》,第 5 卷,4,战争与冲突的区别参见丹尼尔·赖歇尔精装版"战争"(Le feu),《研究报告和文件》(Études et documents)(第 1 卷、第 2 卷和第 3 卷),伯尔尼,联邦军事部门 1982 年 1 月 2 日,1983 年,"冲突"(Le choc),同上,1984 年。

〔2〕 《回忆录》,蒙托隆,第 5 卷,第 120 页。

〔3〕 同上,第 1 卷,第 277-278 页。

〔4〕 "关于《战争艺术思考》的十八条评注",见第 31 卷,第 323 页。

〔5〕 "新军队规划方案"(Projet d'une nouvelle organisation de l'armée),《书信录》,见第 31 卷,第 456 页。

〔6〕 "关于《战争艺术思考》的十八条评注",第 31 卷,第 410-411 页。

〔7〕 《书信录》,第 19 卷,n° 15678,第 361 页,致克拉克,美泉宫,1809 年 8 月 18 日。

〔8〕 克劳塞维茨,《战争论》,第 5 卷,第 4 章,第 317-319 页。

〔9〕 同上,第 5 卷,4,第 313 页。

〔10〕 此事要简单得多。如果威灵顿的步兵在战争初期没有骑兵的帮助,那么他们仍然拥有 15

门大炮。法国重骑兵进攻的时候盟国大约有2 000名骑兵，正所谓棋逢对手。(1815年6月16日，Annecy-le-Vieux, Historic'One, 2005年，第53-83页）。

﹝11﹞ "1815年战争"，《书信录》，第31卷，第211页。

﹝12﹞ 克劳塞维茨，《战争论》，第5卷，第4章，第313-316页。

﹝13﹞ 科林，《军事教育》，第73-74页。

﹝14﹞ 《回忆录》，蒙托隆，第1卷，第271-272页。

﹝15﹞ 拉斯·卡斯，《回忆录》，第11册，第48-49页，（杜南，第一卷，第779页）。

﹝16﹞ 波纳尔，"拿破仑军事心理学"(La psychologie militaire de Napoléon)，第422页。

﹝17﹞ 凭借对皇家卫队炮兵灵活勇敢地领导，安托万·德鲁奥为瓦格拉姆战役(1809年7月6日)和哈瑙战役(1813年10月30)的胜利起到了不可磨灭的作用。

﹝18﹞ 1792年，索尔比埃已正式被任命为一个骑士炮兵队的队长。1813年，被任命为拿破仑大军团炮兵连的连长。多马丁的军事生涯要短一些。他1799年埃及在死于破伤风，当时他在证东军的炮兵连任指挥。1796年他曾指挥过意大利军队的轻火炮连，其功绩在卡斯提格里奥纳、罗韦雷多之上。

﹝19﹞ AN,390 AP 25,1821年1—4月手稿(1月21日)，第11页，(贝特朗，《札记》，第3卷，第72页）。

﹝20﹞ 1785年，伽桑迪在波拿巴领导的菲迪炮兵团担任中尉。1800年升为准将，1803年退休，1805在炮兵连担任总检察长一职，他在帝国时期没有参战。他尤其以编写《炮兵军官备忘记要》(Aide-mémoire à l'usage des officiers d'artillerie)为众人所知晓，直到1840年这本书一直没有官方地位，但其版本众多。在当时，这本书所呈现的军事技能知识极其丰富。

﹝21﹞ AN, 314 AP 30, ms 39（古尔高，《日记》，第2卷，第83页）。

﹝22﹞ "意大利战争(1796—1797)" 〔(Campagnes d'Italie(1796-1797)〕,《书信录》，第29卷，第191页。

﹝23﹞ 帕迪格里夫特，《1789—1802年法国大革命的战争艺术》(The Art of War of Revolutionary France)，伦敦，Greenhill Books, 1998年，第236-242页。约翰·林恩，《共和国的刺刀》(Motivation and Tactics in the Army of Revolutionary France)。《法国大革命中军队动机与策略》1791—94，第二版，Boulder, Col, Westview Press, 1996年，第212-213页。

﹝24﹞ 《书信录》，第十四卷，n° 11417, 第52页，致欧仁亲王，博森，1806年12月8日。

﹝25﹞ 同上，第十四卷，n° 11896, 第346页，致贝尔纳多特，奥斯特罗德，1807年2月27日。

﹝26﹞ 同上，22, n° 17603, 第58页，致热罗姆·拿破仑，巴黎，1811年4月12日。

﹝27﹞ 同上，第26卷，n° 20929, 第458页，圣克卢，1813年11月20日。

﹝28﹞ 同上，第19卷，n° 15530,第248页，致克拉克，森柏龙，1809年7月15日。

﹝29﹞ AN, 390 AP 25, 第4页，（贝特朗，《札记》，第二卷，第47页）。

﹝30﹞ AN, 314 AP 30, ms 50（古尔高，《日记》，第二卷，第347页）。

﹝31﹞ 《书信录》，第22卷，n° 18113, 第463页，致克拉克，贡比涅，1811年9月4日。

﹝32﹞ 克劳塞维茨，《战争论》，第5卷，第4章，第314-316页。

﹝33﹞ "意大利战争(1796—1797)",《书信录》，见第29卷，第191页。与贝特朗的观点一致，《备忘录》(Cahiers)，第3卷，第29页。

﹝34﹞ 1814年2月14日，格鲁西领导的法国骑兵在沃尚普解散了许多普鲁士军团，释放了许多因犯，使得布鲁歇尔军队一片混乱。三日之后，法国骑兵又将布标转向了露西斯，解散了其队伍。

﹝35﹞ AN, 314 AP 30, ms 17（古尔高，《日记》，第

〔36〕 "关于《战争艺术思考》的十八条评注",第31卷,第320页。

〔37〕 "关于劳埃德将军所著<1756普鲁士国王和奥地利女王及其盟国在德国的战争历史>前言的注释",《书信录》,第31卷,第426-428页。

〔38〕 同上,第31卷,第428-429页。

〔39〕 贺拉斯·斯巴蒂亚尼将军当时领导了拿破仑大军团的骑兵连,这是他领导的第二个骑兵连,第一个是拉图尔的骑兵连。

〔40〕《未发表的信件》,第2卷,n°967,第217页,致欧仁亲王,特里亚农,1813年3月15日。

〔41〕 第12卷,n°9966,第183页,致欧仁亲王,巴黎,1806年3月13日。

〔42〕 同上,第12卷,n°10104,第288页,圣克卢,1806年4月15日。

〔43〕 同上,第17卷,n°13751,第14页,巴约纳,1808年4月16日。

〔44〕 同上,第23卷,n°18248,第4页,致克拉克战役部长,圣克卢,1811年11月12日。

〔45〕《书信录》,第23卷,n°18366,第106页,致克拉克,巴黎,1811年12月25日。

〔46〕 "新军队规划方案",第31卷,第456页。

〔47〕 奥米拉,《拿破仑在圣赫勒拿岛的流放生涯》,第1卷,第一部分,第145页。

〔48〕 1806年7月4日,指挥那不勒斯军团第二团(负责征服卡拉贝)的雷尼埃将军,在战斗中与梅达及圣尤菲米娅交战。

〔49〕《书信录》,第13卷,n°10629,第63-64页,致那不勒斯国王,圣克卢,1806年8月9日。

〔50〕 同上,第19卷,n°15274,第58页,1809年5月29日,n°15530,第249页,美泉宫,1809年7月15日。

〔51〕 "关于《战争艺术思考》的十八条评注",第31卷,第309页。

〔52〕《书信录》,第7卷,n°6061,第449页,致贝尔蒂埃,战争指挥部,巴黎,共和10年花月9日(1802年4月29日)。

〔53〕 同上,第4卷,n°3220,第454页,军事日程,开罗,共和6年果月17日(1798年7月3日)。

〔54〕 "关于《战争艺术思考》的十八条评注",第31卷,第314页。

〔55〕《书信录》,第26卷,n°20791,第350页,致马尔蒙元帅,杜本,1813年10月13日,10时。

〔56〕《回忆录》,蒙托隆,第5卷,第120页。

〔57〕《书信录》,第2卷,n°1311,第195页,军队议程,维罗纳,共和5年雪月1日(1796年12月21日)。

〔58〕 同上,第11卷,n°9522,第435页,军事日程,布尔诺,共和14年霜月3日(1805年11月24日)。

〔59〕 马尔尚(Marchand),《回忆录》(Mémoires),第1卷,第97页。

〔60〕 1812年,伯爵拉里布瓦西埃曾在拿破仑大军团的骑兵连担任指挥,退休后病逝于俄罗斯。

〔61〕 沙普塔尔,《回忆录》(Mes souvenirs),第296-299页。

〔62〕 巴朗特,《法兰西学院巴朗特男爵回忆录(1782—1866)》〔Souvenirs du baron de Barante de l'Académie française(1782-1866)〕,由Cl. de Barante发表,共3卷,巴黎,Calmann-Lévy,1890年,第1卷,第72页。

〔63〕《书信录》,第5卷,n°4323,第542页,致督政府,亚历山大,共和7年热月10日(1799年7月28日)。

〔64〕 同上,第16卷,n°13166,第38页,军事决议,朗布依埃,1807年9月16日。

〔65〕 AN, 314 AP 30, ms 39 (古尔高,《日记》,第2卷,第167页)。

〔66〕 AN, 390 AP 25, 1817年1月手稿(1月12日),第8页(贝特朗,《札记》,第1卷,第181页)。

〔67〕《书信录》,第7卷,n°9820,第50页,德让将军,巴黎,1806年2月15日。

〔68〕 AN, 390 AP 25, 1817年4月手稿(4月5日),第3页,(贝特朗,《札记》,第1卷,第210页)。

〔69〕 让-弗朗索瓦·勒马尔,《拿破仑军队的重伤》

(*Les Blessés dans les armées napoléoniennes*), 巴黎, Lettrage Distribution, 1999 年, 第 271-275 页。

〔70〕 AN, 390 AP 25, 1817 年 8 月手稿(8 月 10 日), 第 3 页(贝特朗, 《札记》, 第 1 卷, 第 256 页)。

第三章　军队的兵力部署

〔1〕 克劳塞维茨, 《战争论》, 第 5 卷, 第 5 章, 第 321 页。

〔2〕 AN, 314 AP 30, ms 39(古尔高, 《日记》, 第 2 卷, 第 143-144 页), 这与蒙托隆的文卷几乎相同, 《囚禁事记》, 第 2 卷, 第 133 页。

〔3〕 克劳塞维茨, 《战争论》, 第 5 卷, 第 5 章, 第 320 页。

〔4〕 AN, 314 AP 30, ms 40(古尔高, 《日记》, 第 2 卷, 第 268 页)。

〔5〕 AN, 314 AP 30, ms 35(同上, 第 2 卷, 第 50 页)。1745 年 5 月 11 日, 法国在丰特努瓦的胜利是不可否认的。如果此次战役在当时更加明确, 灵活性更强, 那么也将会更加成功。战败者已无从考察。〔让 - 皮埃尔·博瓦, 《路易十五, 欧洲意志: 丰特努瓦 1745 年》(*Fontenoy1745.Louis XV, arbitre de l'Europe*), 巴黎, Economica, 1996 年〕。

〔6〕 克劳塞维茨, 《战争论》, 第 5 卷, 第 5 章, 第 321 页。

〔7〕 《书信录》, 第 6 卷, n°4552, 第 107 页, 致贝尔蒂埃将军, 战争指挥部, 巴黎, 共和雨月 5 日(1800 年 1 月 25 日)。

〔8〕 "关于《战争艺术思考》的十八条评注", 《书信录》, 第 31 卷, 第 412 页。

〔9〕 克劳塞维茨, 《战争论》, 第 5 卷, 第 5 章, 第 322-323 页。

〔10〕 贝罗, 《拿破仑军事革命》, 第 1 章, 第 11-12 页。

〔11〕 弗朗索瓦·艾蒂安 - 克里斯托夫, 凯勒曼, 瓦尔米战役胜利者, 1804 帝国元帅。

〔12〕 《书信录》, 第 1 卷, n°420, 第 277-278 页, 致督政府, 洛迪, 共和 4 年花月 25 日(1796 年 5 月 14 日)。

〔13〕 同上, 第 1 卷, n°421, 第 279 页, 致卡诺, 洛迪, 共和 4 年花月 25 日(1796 年 5 月 14 日)。

〔14〕 同上, 第 2 卷, n°1637, 第 420 页, 致卡诺, 高里兹, 共和 5 年芽月 5 日(1797 年 3 月 25 日)。

〔15〕 同上, 第 5 卷, n°4188, 第 461 页, 致督政府, 开罗, 共和 7 年获月 1 日(1799 年 6 月 19 日)。

〔16〕 同上, 第 6 卷, n°4744, 第 245 页, 致贝尔纳多特, 西部军事指挥官, 巴黎, 共和 7 年花月 11 日(1800 年 5 月 1 日)。

〔17〕 "关于《战争艺术思考》的十八条评注", 《书信录》, 第 31 卷, 第 418 页。

〔18〕 《回忆录》, 蒙托隆, 第 2 卷, 第 51 页。

第四章　军队的整体布局

〔1〕 克劳塞维茨, 《战争论》, 第 5 卷, 第 6 章, 第 326—328 页。

〔2〕 AN, 390 AP 25, 1818 年 3 月手稿, 第 102 页(贝特朗, 《札记》, 第 2 卷, 第 87-88 页)。

〔3〕 "意大利战争(1796—1797)", 《书信录》, 第 29 卷, 第 189 页。

〔4〕 克劳塞维茨, 《战争论》, 第 5 卷, 第 6 章, 第 329-330 页。

〔5〕 同上, 第 5 卷, 第 6 章, 第 330-331 页。

〔6〕 "关于《战争艺术思考》的十八条评注", 《书信录》, 第 31 卷, 第 412 页。

〔7〕 AN, 314 AP 30, ms 39(古尔高, 《日记》, 第 2 卷, 第 144 页, "算数" 和 "几何" 术语颠倒) 蒙托隆给出了几乎相同的内容, 与古尔高的手稿一致, 蒙托隆, 《囚禁事记》, 第 2 卷, 第 134 页)。

第五章　前锋和前哨

〔1〕 克劳塞维茨, 《战争论》, 第 5 卷, 第 7 章,

第 332 页。

〔2〕AN, 390 AP 25, 1818 年手稿（10 月），第 64 页,（贝特朗,《札记》,第 2 卷,第 181 页）。

〔3〕《未出版的信件》,第 1 卷,n°217,第 124 页，军事日程，维也纳,共和 14 年雾月 23 日（1805 年 11 月 14 日）。

〔4〕"关于《战争艺术思考》的十八条评注",《书信录》,第 31 卷,第 320-322 页。

〔5〕纪尧姆·玛丽·安妮·布伦, 1804 法国元帅,于 1815 年白色恐怖时期在亚维农被谋杀。

〔6〕《书信录》,第 6 卷, n°4989, 第 407 页,致卡诺,巴黎,共和八年获月 26 日（1800 年 7 月 15 日）。

〔7〕《未发表的信件》,第 1 卷, n°444, 第 309 页,致欧仁亲王,圣-博尔顿, 1809 年 5 月 10 日, 5 时。

〔8〕《书信录》,第 23 卷, n°18411, 第 154 页,致贝尔蒂埃,巴黎, 1812 年 1 月 2 日。

〔9〕同上,第 26 卷, n°20595, 第 219-220 页,致贝尔蒂埃,皮尔那, 1813 年 9 月 1 日。

〔10〕"关于《战争艺术思考》的十八条评注",《书信录》,第 31 卷,第 323 页。

第六章 先遣部队的作用

〔1〕克劳塞维茨,《战争论》,第 5 卷,第 8 章,第 340-343 页。

〔2〕《书信录》,第 13 卷, n°10572, 第 20 页,致纳普勒国王,圣克卢, 1806 年 7 月 30 日。

〔3〕1809 年 4 月 15 日, 35 师损失惨重,超过 2 000 人在波代诺内战役中被捕。

〔4〕拿破仑的副官劳瑞斯顿将军在山区领导了巴登师,并在与意大利军队会师之前占领了塞默灵山口。

〔5〕年轻的奥地利大公往往吸纳更多有经验的官员作为自己的顾问。1809 年拉瓦尔纽金特伯爵已是将军,在 1849 年升为元帅。

〔6〕《书信录》,第 19 卷, n°15310, 第 81-82 页,

致欧仁·拿破仑,美泉宫, 1809 年 6 月 7 日, 2 时 30 分。

〔7〕贝罗,《拿破仑军事革命》,第 1 章,第 168 页。

〔8〕《书信录》,第 26 卷, n°20492, 第 155 页,大体情况的注释, Dresde, 1813 年 8 月 30 日。

第七章 营地

〔1〕克劳塞维茨,《战争论》,第 5 卷,第 9 章,第 344 页。

〔2〕"关于《战争艺术思考》的十八条评注",《书信录》,第 31 卷,第 415 页。

〔3〕腓特烈二世的弟弟,尽管拿破仑对他颇有微词,但他也是一位优秀的将军,精通战争艺术的发展。他曾在费列伯格之战取得胜利（1762）。

〔4〕《回忆录》,蒙托隆,第 5 卷,第 330 页,文中斜体的第二部分。

〔5〕克劳塞维茨,《战争论》,第 5 卷,第 9 章,第 345 页。

〔6〕查尔·艾斯戴尔,《新的历史:半岛战争》(*The Perinsular War. A New History*),伦敦, PenguinBooks, 2003 年,第 441 页。

〔7〕"关于《战争艺术思考》的十八条评注",《书信录》,第 31 卷,第 315 页。

〔8〕《书信录》,第 17 卷, n°13762, 第 23 页,致欧仁·拿破仑,巴约讷, 1808 年 4 月 18 日。

〔9〕泰尔普,《作战艺术的演变》,第 89 页。

〔10〕《书信录》,第 17 卷, n°13939, 致缪拉,巴约纳, 1808 年 5 月 19 日, 14 时。

〔11〕同上,第 14 卷, n°11579, 第 161 页,致欧仁亲王,华沙, 1807 年 1 月 7 日。

〔12〕同上,第 12 卷, n°10003, 第 208 页,致欧仁亲王,巴黎, 1806 年 3 月 21 日。

〔13〕其他有关达尔马提亚和意大利的欧仁大公的信件详见:同上, XII, n°10324 及 10343, 1806 年 6 月 6 日—10 日。

〔14〕拿破仑年轻时的朋友,安多仕·朱诺执行

1806 年柏林的封锁禁令，带领军队进攻葡萄牙，以抵制英国出口。

〔15〕《书信录》，第 16 卷，n°13416，第 215 页，致朱诺，葡萄牙陆军司令，米兰，1807 年 12 月 23 日。

第八章　行军

〔1〕克劳塞维茨，《战争论》，第 5 卷，第 10 章，第 346 页。

〔2〕"关于《战争艺术思考》的十八条评注"，《书信录》，第 31 卷，第 411 页。

〔3〕克劳塞维茨，《战争论》，第 5 卷，第 12 章，第 358 页。

〔4〕同上，第 5 卷，第 10 章，第 346-349 页。

〔5〕"男爵约米尼将军大规模军事行动条约评注"，(Notes sur le Traité des grandes opérations militaires par le général baron Jomini)《书信录》，第 29 卷，第 349 页。

〔6〕《回忆录》，蒙托隆，第 4 卷，第 316 页。

〔7〕贝罗，《拿破仑军事革命》，第 11 章，第 12 页。

〔8〕卡洛林·沙皮洛，"拿破仑与十九世纪的军队概念" (Napoleon and the Nineteenth-Century Concept of Force)，《战略研究》(Journal of Strategic Studies)，第 11 章，1988 年 4 月，第 509-519 页。

〔9〕约金·费舍尔，《拿破仑与自然科学》，巴登-符腾堡州斯图加特，F.Steiner，1988 年。

〔10〕斯特罗恩，《卡尔·冯·克劳塞维茨的战争论》(Carl von Clausewitz's On War)，第 88、143 页。

〔11〕《书信录》，第 11 卷，n°9225，第 210 页，致欧仁，圣克卢，共和八年果月 29 日 (1805 年 9 月 16 日)。

〔12〕战争评论家，工程官员，1805 年，贝尔蒂埃元帅的副官。

〔13〕[路易·弗朗索瓦·列仁]，《列仁将军回忆录》(Mémoires du général Lejeune)，由热尔曼·巴斯特发表，共 2 卷，巴黎，Firmin-Didot，1895—1896 年 ; Éditions du Grenadier, 2001 年, 第 22-23 页。

〔14〕《书信录》，第 11 卷，n°9374，第 318 页，苏尔特元帅，奥格斯堡，共和 14 年葡月 20 日（1805 年 10 月 12 日）。

〔15〕在维廷根 (1805 年 10 月 8 日)，金兹堡 (10 月 9 日) 和埃尔欣根 (10 月 14 日) 战役中麦克的奥地利军队受到牵制，困在乌尔姆。(10 月 14 日) 在梅明根，苏尔特元帅已切断所有撤退到蒂罗尔州的可能路线。在阿尔贝克战役 (10 月 15 和 16 日)，朗热诺 (10 月 16 日) 和内勒斯海姆 (10 月 17 日) 战役中伊和缪拉的军队拦截了其他试图逃跑的奥地利军队。

〔16〕《书信录》，第 11 卷，n°9392，第 335-336 页，拿破仑大军团第六公告，埃尔欣根，共和 14 年葡月 26 日 (1805 年 10 月 18 日)。

〔17〕同上，第 11 卷，n°9393，第 336 页，致约瑟夫皇后，埃尔欣根，共和 14 年葡月 27 日(1805 年 10 月 19 日)。

〔18〕克奈里，《浮躁的光荣》(Blundering to Glory)，第 81-82 页；加尔尼埃，奥斯特里茨，第 89-93 页。

〔19〕安妮·玛丽·让·勒内·萨瓦里是宪兵队和骑兵队的队长，还是和皇帝的副官。他执行过许多类型的任务，尤其以外交方面为主。1808 年 6 月 15 日离开穆拉特后被暂时安置在西班牙军队担任司令，在随后的一个月离职。

〔20〕弗勒吕斯的凯旋者 (1794 年 6 月 26 日)。

〔21〕《未公开的信件》，第 1 卷，n°324，第 221 页，致约瑟夫拿破仑，巴约纳，1808 年 7 月 18 日。

〔22〕《书信录》，第 27 卷，n°21417，第 275 页，致贝尔蒂埃，La Ferté-sous-Jouarre，1814 年 3 月 2 日，18 时。

〔23〕克劳塞维茨，《战争论》，第 5 卷，第 12 章，第 356-357 页。

〔24〕穆拉特在战争的初期耗尽了他的骑兵。马匹死亡超过千头。拿破仑任命其为大军团的先锋。达武对此非常生气并与穆拉特发生争

吵。拿破仑表面上向达武解释，但暗中让穆拉特继续行动（克奈里，《浮躁的光荣》，第168、171页）。

[25] 《书信录》，第23卷，n°18869，第541页，致达武，科夫沃，1812年6月26日，3时30分。

[26] 同上，第13卷，n°11100，第428页，拉纳，柏林，1806年10月28日，12时。

[27] 同上，第17卷，n°14223，第409页，当前西班牙军事形势注解，巴约纳，1808年7月21日。

第九章 供给

[1] 同上，第14卷，n°11897，第347页，致塔列朗，奥斯特罗德，1807年2月27日。

[2] 同上，第14卷，n°12004，第425页，致勒马洛瓦将军，奥斯特罗德，1807年3月12日。

[3] 克劳塞维茨，《战争论》，第5卷，第14章，第367页。

[4] 同上，第5卷，第14章，第369-370页。

[5] 《书信录》，第12卷，n°9944，第166页，致约瑟夫亲王，巴黎，1806年3月8日。

[6] 克劳塞维茨，《战争论》，第5卷，14，第374页。

[7] 《书信录》，第18卷，n°14909，第359页，致欧仁亲王，巴黎，1809年3月16日；同上，第25卷，n°19706，第70页，致热罗姆拿破仑，威斯特伐利亚国王，Trianon，1813年3月12日。

[8] 同上，第20卷，n°16521，第388页，致贝蒂埃，西班牙军队总参谋部，勒阿弗尔，1810年5月29日毛磊，勒阿弗尔。

[9] 拉斯·卡斯，《回忆录》，第18册，p.128（杜南，第2卷，第579页）。

[10] AN, 390 AP 25, 1816年11月（11月24日），第10页（贝特朗，《札记》，第1卷，第151页）。

[11] 《回忆录》，蒙托隆，第2卷，第51页。

[12] 克劳塞维茨，《战争论》，第5卷，第14章，第376页。

[13] 《书信录》，第16卷，n°13327，第439页，致克拉克，战争指挥部，枫丹白露，1807年11月5日。

[14] 克劳塞维茨，《战争论》，第5卷，第14章，第377页。

[15] 乔治·勒费布尔，《拿破仑》，巴黎，Félix Alcan，1935年，第198-200页。

第十章 交通线和作战线

[1] 《书信录》总卷，第6卷，n°11279，第37页，致约瑟夫，指挥官军队那不勒斯，慕尼黑，1806年1月12日；于贝尔·卡蒙，《拿破仑战争，系统操作，理论与技巧》巴黎，夏普洛，1907年；ISC-Économica，1997年，第57页。

[2] 《书信录》，第19卷，n°15373，第126页，致欧仁·拿破仑，美泉宫，1809年6月18日，9时。

[3] 《未公开的信件》，第1卷，n°461，第318页，致欧仁亲王，美泉宫，1809年6月20日。

[4] 十八世纪的一些思想家莫里斯·德·萨克斯，利涅和吉伯特亲王〔科尔森，《克劳塞维茨战争艺术》（L'Art de la guerre de Machiavel à Clausewitz），第165、195、214页〕。

[5] 约瑟夫二世，奥地利的皇帝，占领荷兰（现为比利时），成为统治者。

[6] 《书信录》，第13卷，n°10726，第131页，德让将军，圣克卢，1806年9月3日。

[7] 多瑙河支流。

[8] "关于《战争艺术思考》的十八条评注"，《书信录》，第31卷，第357-358页。

[9] 卡尔蒙，《拿破仑战争：系统操作》，第58页。

[10] 《书信录》，第13卷，n°10920，第292-293页，荷兰国王，美因茨，1806年9月30日。

[11] AN, 314 AP 30, ms 50（古尔高，《日记》，第2卷，第347页）。

[12] 耶利米·本笃和伯纳德·舍瓦里耶，马伦哥，《政治胜利》（Une victoire politique），巴黎，国家博物馆联合会，2000年，第122-124页；缇艾里·朗兹，

〔13〕《浮躁的光荣》，第 67-68 页。

〔14〕包瑟特，《山区战概论》(*Principes de la guerre de montagnes*)，第 110 页；威尔金森，《波拿巴将军的崛起》，第 147 页。

〔15〕AN, 314 AP 30, ms 39（古尔高，《日记》，第 2 卷，第 81 页）。

〔16〕《回忆录》，蒙托隆，第 5 卷，第 338 页。文中为斜体。

〔17〕同上，第 5 卷，第 216-217 页。文中为斜体。

〔18〕同上，第 5 卷，第 173 页和 190-191 页。

〔19〕马德里的宫殿和兵工厂。

〔20〕《书信录》，第 17 卷，n° 14343，第 524-525 页，致西班牙国王的公文，沙龙绪尔马恩，1808 年 9 月 22 日。

〔21〕路易十四的军队支持者不得不面对：阿尔卑斯山山前侧沃州的新教徒，西班牙王位继承战争期间由于哈布斯堡王朝而成立的位于比利牛斯山脉的守卫军。

〔22〕《书信录》，第 17 卷，n° 14347，第 528 页，致西班牙国王约瑟夫，拿破仑，凯泽斯劳滕，1808 年 9 月 24 日。

第十一章 地形

〔1〕克劳塞维茨，《战争论》，第 5 卷，第 17 章，第 388 页。

〔2〕《书信录》，第 11 卷，n° 9174，第 172 页，欧仁亲王，布伦兵营，共和 13 年果月 14 日(1805 年 7 月 1 日)。

〔3〕奥地利南部的一个省。

〔4〕《书信录》，第 19 卷，n° 15305，第 77 页，欧仁亲王，美泉宫，1809 年 6 月 6 日 9 时。

〔5〕《拿破仑·波拿巴文选》(*Œuvres de Napoléon Bonaparte*)，共 5 卷，巴黎，Panckoucke，1821 年，第 1 卷，第 46 页。

〔6〕"意大利战争 (1796—1797)"，《书信录》，第 29 卷，第 75-77 页。

小结

〔1〕波纳尔，"拿破仑军事心理学"，第 435 页。
〔2〕莱利，《作为将军的拿破仑》，第 116-129 页。

第六篇 防御

第一章 进攻与防御

〔1〕克劳塞维茨，《战争论》，第 6 卷，第 1 章，第 399 页。

〔2〕"关于《战争艺术思考》的十八条评注"，《书信录》，第 31 卷，第 347 页。

〔3〕《书信录》，第 13 卷，n° 10572，第 20-21 页，致那不勒斯国王，圣克卢，1806 年 7 月 30 日。

〔4〕克劳塞维茨，《战争论》，第 6 卷，第 1 章，第 402 页。

〔5〕《书信录》，第 19 卷，n° 15667，第 351 页，致克拉克，美泉宫，1809 年 8 月 16 日。1809 年初，英国人围攻了瓦尔赫伦 (Walcheren) 岛筑有防御工事的弗莱辛格港口。法荷驻防军于 8 月 15 日投降。

〔6〕同上，第 19 卷，n° 15678，第 359-361 页，致克拉克，美泉宫，1809 年 8 月 18 日。

〔7〕同上，第 19 卷，n° 15698，第 382-384 页，致克拉克，美泉宫，1809 年 8 月 22 日 16 点。

〔8〕"1798 年战事纪要"(Précis des événements militaires arrivés pendant l'année 1798)，《书信录》，第 30 卷，第 245 页。

第二章 战术进攻与防御的相互关系

〔1〕克劳塞维茨，《战争论》，第 6 卷，第 1 章，第 399 页。

〔2〕 AN,390 AP 25,1816 年 11 月手稿(11 月 13 日),第 4-5 页（贝特朗,《札记》,第 1 卷,第 146 页）。

〔3〕 《拿破仑一世对劳埃德将军＜军事回忆录＞未发表的评论》,第 8 页。

〔4〕 AN, 390 AP 25, 1818 年手稿(10 月),第 64 页（贝特朗,《札记》,第 2 卷,第 180 页）。

第三章 战略进攻与防御的相互关系

〔1〕 "关于《战争艺术思考》的十八条评注",《书信录》,第 31 卷,第 342 页,注释 2。

〔2〕 "意大利战役（1796—1797）",《书信录》,第 29 卷,第 84-85 页。

〔3〕 "1799 年下半年战事纪要",《书信录》,第 30 卷,第 291 页。

第四章 攻势的向心性与守势的离心性

〔1〕 克劳塞维茨,《战争论》,第 6 卷,第 4 章,第 411-413 页。

〔2〕 SHD/DAT, 17 C 2, "论我军皮埃蒙特及西班牙军团政治军事立场"(Note sur la position politique et militaire de nos armées de Piémont et d'Espagne),时间地点不详,可能是写给洛阿诺(loano)司令部,共和二年获月 25 日(1794 年 7 月 13 日),第 4-5 页。

〔3〕 包瑟特(Bourcet),《山区战概论》,第 125 页。

〔4〕 《书信录》,第 1 卷,n° 49, 第 64-65 页,意大利军队备忘,巴黎,共和三年热月初（1795 年 7 月）。

〔5〕 "1792—1795 年意大利战事纪要"(Précis des opérations de l'armée d'Italie pendant les années 1792,1793,1794 et 1795),《书信录》,第 29 卷,第 34 页。

〔6〕 《书信录》,第 17 卷,n° 14192, 第 382 页,致萨瓦瑞(savary)将军,他在马德里行动时担任拿破仑副官,巴约纳(Bayonne),1808 年 7 月 13 日。贝西埃尔元帅此时在西班牙担任王室近卫军统领及东比利牛斯山侦察队长,7 月 14 日他在梅迪纳··德·里奥塞科(Medina del Rio Seco)击败拉库埃斯塔(La Cuesta)将军率领的西班牙军队,随后和约瑟夫国王一起进入马德里。

第五章 战略防御特征

〔1〕 茹贝尔参加了第一次意大利战役。从 1796 年 12 月 7 日起担任师长。1797 年 1 月 14 日里沃利(Rivoli)战役大捷他起到主要作用。

〔2〕 《书信录》,第 2 卷, n° 1501, 第 337 页,致茹贝尔,托伦蒂诺(Tolentino),共和五年雨月 29 日(1797 年 2 月 17 日)。

〔3〕 克劳塞维茨,《战争论》,第 6 卷,第 5 章,第 415 页。

〔4〕 我们很明白此处意指防止英国人登陆。

〔5〕 《书信录》,第 13 卷, n° 10558, 第 9-10 页,致那不勒斯国王,1806 年 7 月 28 日。

第六章 防御战役

〔1〕 克劳塞维茨,《战争论》,第 6 卷,第 9 章,第 440-441 页。

〔2〕 《书信录》,第 13 卷, n° 10941, 第 310 页,致苏尔特,1806 年 10 月 5 日 11 点。

第七章 防御工事

〔1〕 克劳塞维茨,《战争论》,第 6 卷,第 10 章,第 446-453 页。

〔2〕 《回忆录》,蒙托隆,第 5 卷,第 76 页。

〔3〕 AN, 314 AP 30, ms 17 (古尔高,《日记》,第 1 卷,第 420 页)。

〔4〕 "关于《战争艺术思考》的十八条评注",《书信录》,第 31 卷,第 420 页。

〔5〕 《未发表的信件》,第 4 卷, n° 5888, 第 524 页,拿破仑对埃尔福特要塞评价摘要。此摘

〔6〕 《书信录》，第 12 卷，n° 10419，第 492 页，致德让将军，圣克卢，1806 年 7 月 27 日。

〔7〕 1805 年 10 月，马塞纳元帅恰到好处地利用了维罗纳维奇沃堡（Castel Vecchio de Vérone），在那里运用计谋掩护部队渡过阿迪杰河。詹姆斯·马尔沙-科恩沃（James Marshall-Cornwall）著，《马塞纳，胜利女神宠爱的孩子》（ *Masséna, l'enfant chéri de la victoire*)，英译法，巴黎，Plon，1967，第 193-194 页。

〔8〕 《书信录》，第 12 卷，n° 10419，第 494-495 页，致德让将军，圣克卢，1806 年 7 月 27 日。

〔9〕 此处关于位于意大利乌迪内西北部的塔格里亚门图（Tagliamento）。

〔10〕 《书信录》，第 14 卷，n° 11667，第 218 页，致欧仁亲王，华沙，1807 年 1 月 20 日。

〔11〕 同上，第 12 卷，n° 10419，第 492 页，致德让将军，圣克卢，1806 年 7 月 27 日。

〔12〕 AN, 314 AP 30, ms 17（古尔高，《日记》，第 1 卷，第 205 页）。

〔13〕 《回忆录》，蒙托隆，第 2 卷，第 50 页。

〔14〕 "1815 年战争"，《书信录》，第 31 卷，第 150-151 页。

〔15〕 影射 1711 年及 1712 年的西班牙王位继承权战争。当时欧根亲王实施长期围攻战未果，未能入侵法国。

〔16〕 库伯格亲王（prince de Cobourg）的奥地利军团围攻了好几个要塞城市，而没有猛攻巴黎。

〔17〕 西班牙哈布斯堡王朝的利奥波德-纪尧姆（Léopold-Guillaume）大公掌管尼德兰。此处可能影射 1654 年的战役，当时杜伦尼巧妙用兵，取得阿拉斯（Arras）大捷，孔代亲王自此加入西班牙军队。

〔18〕 AN, 390 AP 25, 1819 年 1 月至 9 月手稿（5 月），第 115 页，（贝特朗，《札记》，第 2 卷，第 357-358 页）。

〔19〕 "埃及和叙利亚战役"，《书信录》，第 30 卷，第 180 页。

〔20〕 《书信录》，第 19 卷，n° 15889，第 541-542 页，致克拉克，美泉宫，1809 年 10 月 1 日。

〔21〕 同上，第 2 卷，n° 1059，第 31 页，致督政府，米兰，共和五年蒲月 11 日(1796 年 10 月 2 日)。

〔22〕 同上，第 22 卷，n° 17732，第 166 页，致克拉克，关于科孚岛（Corfu））防御注释，朗布依埃，1811 年 5 月 19 日。

〔23〕 同上，第 20 卷，n° 16387，第 292-293 页，意大利要塞指令，贡比涅（Compiègne），1810 年 4 月 19 日。

〔24〕 同上，第 22 卷，n° 17577，第 36 页和第 39 页，致克拉克，巴黎，1811 年 4 月 6 日。

〔25〕 《拿破仑·波拿巴文选》，第 5 卷，巴黎，Panckoucke，1821.年，第 1 卷，第 40 页。

〔26〕 AN, 314 AP 30, ms 39（古尔高，《日记》，第 2 卷，第 80 页）。

〔27〕 《书信录》，第 23 卷，n° 18308，第 53 页，致易北河侦查兵指挥官达武元帅，于汉堡，巴黎，1811 年 12 月 5 日。

〔28〕 《拿破仑一世信札补录：出版委员会疏漏的稀奇信件，更正》(*Supplément à la correspondance de Napoléon Ier : lettres curieuses omises par le comité de publication, rectifications*)，作者 Albert du Casse，巴黎，E.Dentu，1887 年，第 206-207 页，致约瑟夫，兰斯（Reims），1814 年 3 月 14 日。

第八章 防御阵地

〔1〕 克劳塞维茨，《战争论》，第 6 卷，第 12 章，第 460-462 页。

〔2〕 "尤里乌斯·恺撒战事概要"，《书信录》，第 32 卷，第 30 页。

〔3〕 蒙托隆，《囚禁事记》，第 2 卷，第 362 页。

[4] 《书信录》，第 5 卷，n°4083，第 390 页，致缪拉，在阿克雷(Acre)前，共和七年芽月 21 日，(1799 年 4 月 10 日)。
[5] 同上，第 25 卷，n°20065，第 338 页，致贝尔蒂埃，诺伊马克特(Neumarkt)，1813 年 5 月 31 日，23 时 30 分。
[6] AN，390 AP 25，1818 年手稿(1 月)，第 27 页（贝特朗，《札记》，第 2 卷，40 页）。
[7] 同上，第 2 卷，第 152 页。
[8] "关于《战争艺术思考》的十八条评注"，《书信录》，第 31 卷，第 416 页。
[9] AN 390 AP 25，1818 年(11 月)手稿，第 74 页，(贝特朗，《札记》，第 2 卷，第 196 页)。
[10] 《回忆录》，蒙托隆，第 5 卷，第 93-96 页。
[11] 《书信录》，第 13 卷，n°10797，第 197 页，致圣克卢，1806 年 9 月 16 日。
[12] 同上，第 13 卷，n°10941，第 310 页，致苏尔特，维尔茨堡，1806 年 10 月 5 日 11 时。
[13] 同上，第 14 卷，n°11939，第 380-381 页，致苏尔特，奥斯特罗德(Osterode)，1807 年 2 月 28 日 18 时。
[14] 同上，第 14 卷，n°11939，第 380-381 页，致苏尔特，奥斯特罗德，1807 年 3 月 5 日 16 时。
[15] 同上，第 18 卷，n°14942，第 382 页，致贝特朗，拉马尔迈松(La Malmaison)，1809 年 3 月 22 日。
[16] 科尔森，《罗尼埃将军》，第 339-348、354-359、382-390 页。
[17] 贝特朗，《札记》，第 2 卷，第 334 页。
[18] 战役防御工事尤其在克里米亚战争(1854—1856)及南北战争中广为使用(1861—1865)。
[19] "论战场防御工事"，《书信录》，第 31 卷，第 467 页。
[20] 克劳塞维茨，《战斗理论》，n°528，第 94 页。

第九章 筑阵地工事和营地堡垒

[1] 克劳塞维茨，《战争论》，第 6 卷，第 13 章，第 464-469 页
[2] 拉扎尔·卡诺，《论要塞防御》(De la défense des places fortes)，巴黎，Courcier，1810 年。
[3] "拿破仑在圣赫勒拿岛对防御工事的评论口述记录"(Notes sur la fortification dictées par Napoléon à Sainte-Hélène)，[致古尔高]，《军事工程杂志》(Revue du génie militaire)，第 14 卷，1897 年 7 月，第 13-14 页。
[4] "论战场防御工事"，《书信录》，第 31 卷，第 466 页。
[5] 围攻开始于 1708 年 8 月 12 日，布夫莱(Boufflers)元帅在击退几次进攻后，于 10 月 25 日交出要塞。
[6] 1712 年 5 月末，当欧根亲王派大量军队包围朗德勒西(Landrecies)时，维拉尔元帅策划了一场大胆的行动。他让军队隐秘地前进，奇袭欧根亲王在德南的根据地。当在德南驻扎的堡垒营地被攻占，交通要道也被切断时，欧根亲王不得不随后解除对朗德勒西的围攻。
[7] "关于《战争艺术思考》的十八条评注"，《书信录》，第 31 卷，第 335-336 页。
[8] 同上，第 31 卷，第 337 页。
[9] 同上，第 31 卷，第 338 页。
[10] 这个"国家根据地"的功能正是自 1850 年起比利时政府赋予安特卫普的功能，也是要塞城市在 1914 年 8 月至 9 月间所起到的功能。
[11] 拉斯·卡斯，《回忆录》，第 17 册，第 123-124 页（杜南版本，第 2 卷，第 492 页）。

第十章 山地防御

[1] 克劳塞维茨，《战争论》，第 6 卷，第 15 页，

〔2〕 AN, 390 AP 25,1817年2月手稿（2月14日），第10页（贝特朗，《札记》，第1卷，第198页）。

〔3〕 AN, 314 AP 30, ms 40, （古尔高，《日记》，第2卷，第267-268页）。1800年5月，在通过圣伯纳隘口后，拿破仑和他的后备军在巴德堡（le fort de Bard）面前被困住。唯一一条适合炮兵部队通过的道路被巴德堡的火力所封锁。法军将几枚轮式大炮掩盖在稻草下于夜晚安然通过。第二天，这几枚大炮将堡垒墙打开一个突破口，巴德堡随即投降。其驻防兵力只有400名奥地利人及18枚大炮。

〔4〕 克劳塞维茨，《战争论》，第6卷，第15章，第476-478页。

〔5〕 此处证实了克劳塞维茨对拿破仑的精神认同，至少，部分证实了克劳塞维茨偶尔展现的更多"拿破仑"式的精神。勒内·吉拉尔（René Girard）在《终结克劳塞维茨》(Achever Clausewitz) 中着重指出这一点。

第十一章 河流防御

〔1〕 "意大利战役 (1796—1797)"，《书信录》，第29卷，第72页。

〔2〕 《书信录》，第2卷，n°1125，给茹贝尔将军的指令，维罗纳，共和五年雾月8日（1796年10月29日）。

〔3〕 同上，第18卷，n°14707, 第218页，意大利防御笔记，巴利亚多利德（Valladolid），1809年1月14日。

〔4〕 克劳塞维茨，《战斗理论》，第64页，n°288。

〔5〕 《回忆录》，蒙托隆，第5卷，第24-25页。

〔6〕 《书信录》，第17卷，n°14276, 第472页，西班牙事件观察报告，圣克卢，1808年8月27日。

〔7〕 同上，第14卷，n°11961, 第397页，致贝尔纳多特，奥斯特罗德，1807年3月6日午夜。

〔8〕 同上，第17卷，n°14283, 第480页，西班牙事件观察报告，圣克卢，1808年8月30日。

〔9〕 同上，第25卷，n°19721, 第88-89页，致欧仁·拿破仑，特里亚农宫（Trianon），1813年3月15日。

〔10〕 克劳塞维茨，《战争论》，第6卷，第18章，第494页。

第十二章 沼泽地带防御——洪水

〔1〕 阿尔芒-查理·吉米诺（Armand-Charles Guillemino），1808年担任旅长，1813年担任师长，同时也是地形学家。他是第一帝国知识最为渊博的将军之一。

〔2〕 《书信录》，第15卷，n°12321, 第41页，军令，芬肯施泰因，1807年4月6日。

〔3〕 克劳塞维茨，《战争论》，第6卷，第20章，第512-514页。

〔4〕 "1799年下半年战事纪要"，《书信录》，第30卷，第283页。

第十三章 线型防御

〔1〕 克劳塞维茨，《战争论》，第6卷，第22章，第520页。

〔2〕 同上，第6卷，第22页，第520-523页。

〔3〕 《回忆录》，蒙托隆，第4卷，第310-312页。

〔4〕 《书信录》，第6卷，n°4662, 第181页，致马塞纳，意大利军团司令，巴黎，共和八年风月21日（1800年3月12日）。

〔5〕 同上，第12卷，n°10285, 第407-408页，致约瑟夫，圣克卢，1806年5月27日。

〔6〕 同上，第12卷，n°10329, 第444页，致约瑟夫，圣克卢，1806年6月7日。

〔7〕 同上，第13卷，n°10726, 第131页，致德让将军，圣克卢，1806年9月3日。

〔8〕 同上，第17卷，n°14253, 第515页，致纳沙泰尔亲王的公文，圣克卢，1808年8月16日。

〔9〕 同上，第 17 卷，n° 14328，第 515 页，致约瑟夫·拿破仑的公文，圣克卢，1808 年 9 月 15 日。

〔10〕 同上，第 27 卷，n° 21120，第 58 页，致迈松将军的公文，巴黎，1814 年 1 月 20 日。

第十四章 国家要害之地

〔1〕 AN, 390 AP 25, 1818 年 3 月手稿，第 101 页（贝特朗，《札记》，第 2 卷，第 86 页）。

〔2〕 "意大利战役（1796—1797）"，《书信录》，第 29 卷，第 214 页。

〔3〕 《书信录》，第 20 卷，n° 16495，第 371 页，致陆军部长克拉克，奥斯特罗德，1810 年 5 月 21 日。

〔4〕 克劳塞维茨，《战争论》，第 6 卷，第 23 章，第 524-525 页。

第十五章 内线撤退

〔1〕 《回忆录》，蒙托隆，第 4 卷，第 310 页。

〔2〕 《拿破仑一世对劳埃德将军〈军事回忆录〉未发表的评论》，第 10 页。

〔3〕 克劳塞维茨，《战争论》，第 6 卷，第 25 章，第 539 页，第 542-543 页。

〔4〕 夏普塔尔，《我记忆中的拿破仑》，第 304-305 页。

第十六章 人民武装

〔1〕 《回忆录》，蒙托隆，第 4 卷，第 347-348 页。

〔2〕 "尤里乌斯·恺撒战事概要"，《书信录》，第 32 卷，第 14 页。

〔3〕 [提波多]，《回忆录》，第 108 页。

〔4〕 伦茨，《拿破仑体系的瓦解》（L'Effondrement du système napoléonien），第 520-521 页。

〔5〕 《书信录》，第 28 卷，n° 21861，第 150-151 页，致达武，巴黎，1815 年 5 月 1 日。

〔6〕 英格伦，《拿破仑》，第 526 页。

〔7〕 AN, 390 AP 25, 1818 年 1 月手稿，第 93-94 页，（贝特朗，《札记》，第 2 卷，第 53 页）。

〔8〕 艾斯戴尔，《半岛战争》，第 280 页。

〔9〕 "关于《战争艺术思考》的十八条评注"，《书信录》，第 31 卷，第 420 页。

〔10〕 克劳塞维茨，《战争论》，第 6 卷，第 26 章，第 551 页。

〔11〕 同上，第 6 卷，第 26 章，第 553 页。

第十七章 战场防御

〔1〕 《书信录》，第 6 卷，n° 4722，第 224 页，对青年法国人的宣言，巴黎，共和八年花月 1 日（1800 年 4 月 21 日）。

〔2〕 克劳塞维茨，《战争论》，第 6 卷，第 27 章，第 560-561 页。

〔3〕 《书信录》，第 12 卷，n° 10526，第 563-564 页，致达武将军，圣克卢，1806 年 7 月 20 日。

〔4〕 "埃及和叙利亚战役"，《书信录》，第 30 卷，第 10 页。

〔5〕 今天的扎达尔（克罗地亚）。

〔6〕 《书信录》，第 13 卷，n° 10726，第 132-134 页，致德让将军，圣克卢，1806 年 9 月 3 日。

〔7〕 同上，第 13 卷，n° 11075，第 411 页，致路易，波茨坦（Potsdam），1806 年 10 月 25 日。

〔8〕 同上，第 13 卷，n° 10572，第 20 页，致那不勒斯国王，圣克卢，1806 年 7 月 30 日。

〔9〕 同上，第 13 卷，n° 10629，第 62 页，致那不勒斯国王，圣克卢，1806 年 8 月 9 日。

〔10〕 同上，第 13 卷，n° 10672，第 86-88 页，致那不勒斯国王，朗布依埃，1806 年 8 月 20 日。

〔11〕 "圣弗洛朗湾防御作战计划"（Projet pour la défense du golfe de Saint-Florent），科西嘉，1793 年初，〔《未知的拿破仑：1786—1793 年未发表的文件》（Napoléon inconnu : papiers inédits（1786—1793）），由弗雷德里克比·阿吉（Frédéric Masson Guido

〔12〕 SHD/DAT, 17 C 2, "论我军皮埃蒙特军团及西班牙军团的政治军事立场"（Note sur la position politique et militaire de nos armées de Piémont et d'Espagne）, 时间地点不详, 可能致洛阿诺参谋部, 共和二年获月25日（1794年7月13日）, 第4页。

〔13〕 《书信录》, 第12卷, n° 10176, 第339页, 致欧仁亲王, 圣克卢, 1806年4月30日。

〔14〕 同上, 第18卷, n° 14707, 第217-218页, 意大利防御评论, 巴利亚多利德（Valladolid）, 1809年1月14日。

第七篇 进攻

第一章 进攻与防御的关系

〔1〕 AN, 314 AP 30, ms 17（古尔高, 《日记》, 第1卷, 第211页）。马基雅维利减弱了炮兵的重要性。拿破仑关于炮兵的评论在古尔高的文章中有体现, 该文章后来被发表。这些评论非常有技术性: "拿破仑在圣赫勒拿岛上向古尔高男爵所作的关于炮兵的评价"〔格鲁西子爵转达的未发表的评价〕, 《炮兵杂志》（Revue d'artillerie）, 第50册, 1879年6月, 第213-229页。

〔2〕 《书信录》, XIII, no11009, 第354页, 法兰西大军团第5条公报耶拿, 1806年10月15日。

〔3〕 AN, 314 AP 30, ms 40（古尔高, 《日记》, 第2卷, 第267页）。

第二章 战略进攻的本质

〔1〕 贝鲁, 《拿破仑军事演变》（La Révolution militaire napoléonienne）, 第1章, 第18、25页。

〔2〕 克劳塞维茨, 《战争论》, 第7卷, 第2章, 第607页。

〔3〕 "1796—1797年意大利战役", 《书信录》, 第29卷, 第184页。

〔4〕 克劳塞维茨, 《战争论》, 第7卷, 第4章和第5章, 第611-612页。

〔5〕 贝特朗, 《札记》, 第2卷, 第134-135页。

第三章 进攻性战役

〔1〕 克劳塞维茨, 《战争论》, 第7卷, 第7章, 第614页。

〔2〕 《回忆录》, 蒙托隆, 第5卷, 第215页。

〔3〕 1757年6月18日, 腓特烈对战道恩（Daun）出现了严重失误: 在这里, 奥地利人可以从他们占据的高地清楚地看到普鲁士进攻他们右翼的部队行军。

〔4〕 手稿中空白, 可能是暗指曹恩道夫（Zorndorf）战役（1758年8月25日）时的盖德·海因里希·冯·曼陀菲尔少将（Gerd Heinrich von Manteuffel）。曼陀菲尔指挥迂回队形的前卫进攻, 他的部队遭受严重损失。

〔5〕 AN, 390 AP 25, 1818年手稿（10月）, 第58-59、61页（贝特朗, 《札记》, 第2卷, 第168-169、173、175页）。

〔6〕 《回忆录》, 蒙托隆, 第5卷, 第297页。

〔7〕 罗伯特·M·西提诺（Robert M. Citino）, 《战争的德国方式》（The German Way of War）。《从三十年代战争到德意志第三帝国》（From the Thirty Years War to the Third Reich）, 劳伦斯（Lawrence）, University Press of Kansas, 2005年, 第89页。

〔8〕 《书信录》, 第2卷, n° 1022, 第5页, 致基尔迈那将军, 米兰, 共和五年葡月3日—1796年9月24日。

〔9〕 同上, 第4卷, n° 3233, 第462页, 致德赛, 开罗, 共和六年果月18日—1798年9月4日。

〔10〕 AN,390 AP 25,1817年10月手稿(10月24日),第12页(古尔高,《日记》,第2卷,第268页)。

〔11〕 同上,第2卷,第138页。

〔12〕 "论战场防御工事",《书信录》,第31卷,第467页。

〔13〕 《书信录》,第19卷,n° 15310,第82页,致欧仁·拿破仑,美泉宫,1809年6月7日,2时30分。

〔14〕 同上,第19卷,n° 15358,第116页,致欧仁·拿破仑,美泉宫,1809年6月16日,17时。

〔15〕 同上,第7卷,n° 5514,第111页,致海军和殖民地部长弗尔法,巴黎,共和九年芽月17日—1081年4月7日。

〔16〕 皮埃尔·德·维尔纳夫(Pierre de Villeneuve)在阿布基尔指挥德·布律埃斯的舰队右翼(1798)。他带着两艘战舰,两艘护航舰躲避了灾难。他日后于1805年在塔拉法加(Trafalgar)被纳尔逊(Nelson)战败。

〔17〕 《回忆录》,古尔高,第2卷,第193-194页。

第四章 渡河

〔1〕 克劳塞维茨,《战争论》,第7卷,第8章,第616-617页。

〔2〕 "1796—1797意大利战役",《书信录》,第29卷,第97-98页。

〔3〕 同上,第29卷,第188页。

〔4〕 《书信录》,第2卷,n° 1735,第491页,致督政府,莱奥本(Leoben),共和五年芽月27日—1797年4月16日。

〔5〕 AN, 314 AP 30, ms 40 (古尔高,《日记》,第2卷,第268页)。

〔6〕 克劳塞维茨,《战争论》,第7卷,第8章,第617页。

〔7〕 "外交—战争",《书信录》,第30卷,第438页。

〔8〕 同上,第30卷,第447-448页。1705年8月16日,旺多姆公爵以10 000兵力成功阻止了欧根·叶普根尼亲王(Eugène de Savoie) 24 000神圣罗马帝国士兵穿越阿达河(Adda)。法国人因而损失了超过一半兵力。德·富拉尔骑士促使公爵占领了卡萨诺的老城堡,从这里,法国士兵可以向聚集在河对岸的敌军开火〔沙尼欧(Chagniot),《德·富拉尔骑士》,第43页;阿彻·琼斯,《西方世界战争艺术》,牛津,Oxford University Press, 1987年,第286页〕。

〔9〕 对于阿兰·皮雅尔(Alain Pigeard)而言有16 000人,《拿破仑战役词典》(*Dictionnaire des batailles de Napoléon*),巴黎,Tallandier, 2004年,第488页。

〔10〕 来斯蒙桥(Lesmont)是奥伯河(Aube)上唯一一座桥,拉罗蒂埃(La Rothière)战败的法军1814年2月1日通过了这座桥。

〔11〕 AN, 390 AP 25, 1819年1月至9月手稿(9月11日),第130-131页(贝特朗,《札记》,第2卷,第393-394页)。关于来斯蒙桥,贝特朗在注释中明确说道:"我非常清楚记得几乎是在皇帝面前所发生的这一切情况与细节。"

第五章 对防御性阵地的进攻

〔1〕 克劳塞维茨,《战争论》,第7卷,第9章,第619页。

〔2〕 《回忆录》,蒙托隆,第5卷,第100页。文中斜体。

〔3〕 蒙托隆的文章中错误地写成"暴怒地"。

〔4〕 《回忆录》,蒙托隆,第5卷,第195页(文中斜体)。

〔5〕 克里斯托夫·杜菲(Christopher Duffy),《军事人生:腓特烈大帝》,伦敦—纽约,Routledge, 1985年,第124-131页;西蒙·米勒(Simon Millar),《科林1757——腓特烈的第一次失败》(*Kolin 1757. Frederick the Great's First Defeat*)牛津,

[6] 波纳尔，"拿破仑军事心理学"，第 437 页。
[7] 《书信录》，第 13 卷，n° 10941，第 310 页，致苏尔特，维尔茨堡，1806 年 10 月 5 日，11 时。
[8] 同上，第 13 卷，n° 10982，第 337 页，致拉纳，奥马（Auma），1806 年 10 月 12 日，4 时。
[9] 同上，第 15 卷，n° 12755，第 334 页，致贝格大公爵，巴格拉季奥诺夫斯克 - 埃劳（Preussisch-Eylau），1807 年 6 月 14 日，3 时 30 分。
[10] 同上，第 19 卷，n° 15310，第 82 页，致欧仁，美泉宫，1809 年，2 时 30 分。
[11] 同上，第 19 卷，n° 15694，379-380 页，致克拉克，美泉宫，1809 年 8 月 21 日。
[12] 蒙托隆，《囚禁事记》，第 2 卷，第 169 页。
[13] 同上，第 2 卷，第 217-218 页。
[14] 亚历山大·米克博瑞滋（Alexacder Mikaberidze），《博罗迪诺战役：拿破仑对战库图佐夫》（*The Battle of Borondino: Napoleon Against Kutuzov*），巴恩斯利（Barnsley），Pen and Sword，2007 年，第 69-70 页。
[15] AN, 314 AP 30, ms39(古尔高，《日记》，第 2 卷，第 81 页)。
[16] 《书信录》，第 26 卷，n° 20365，第 38 页，致乌迪诺，德累斯顿，1813 年 8 月 12 日。
[17] 《未发表的信件》，第 2 卷，n° 2128，第 443-444 页，致第四兵团指挥官贝特朗，德累斯顿，1813 年 8 月 13 日。

第六章 山地进攻

[1] AN, 390 AP 25, 1818 年手稿(1月)，第 28 页(贝特朗，《札记》，第 2 卷，第 41 页)。
[2] "1792—1795 年意大利战事纪要"，《书信录》，第 29 卷，第 30 页。
[3] 《回忆录》，蒙托隆，第 5 卷，第 9 页（文中斜体部分）。
[4] "1799 年上半年战事纪要"，《书信录》，第 30 卷，第 262-263 页。
[5] 克劳塞维茨，《战争论》，第 6 卷，第 16 章，第 486-487 页。
[6] 同上，第 7 卷，第 11 章，第 624 页。

第七章 行军作战

[1] 《书信录》，第 1 卷，n° 1196，第 117 页，致督政府，维罗纳，共和五年雾月 29 日—1796 年 11 月 19 日。
[2] 同上，第 6 卷，n° 5271，第 561 页，致莫罗将军，巴黎，共和九年雪月 19 日—1801 年 1 月 9 日。
[3] 同上，第 1 卷，n° 27，第 38 页，皮埃蒙特战役开火的第二预备作战计划，科尔马（Colmar），共和二年牧月 2 日—1794 年 5 月 21 日。
[4] 同上，第 11 卷，n° 9277，第 253 页，致 M. 奥特（M.Otto），斯特拉斯堡，共和十四年葡月 6 日—1805 年 9 月 28 日。
[5] 《书信录》，总卷，第 5 卷，n° 10885，第 741 页，致富歇，斯特拉斯堡，共和十四年葡月 6 日—1805 年 9 月 28 日。
[6] 《书信录》，第 11 卷，n° 9325，第 283 页，致布律纳，路德维希堡（Ludwigsburg），共和十四年葡月 11 日—1805 年 10 月 3 日。
[7] 布鲁诺·科尔森，"拿破仑战争艺术中的行军的地点和特点"（La place et la nature de la manœuvre dans l'art de la guerre napoléonien），收录于克里斯丁·马力（Christian Malis）主编的《战争与行军：继承与复兴》（*Guerre et manœuvre. Heritage et renouveau*），巴黎，Fondation Saint-Cry-Economica，2009 年，第 118-140 页。
[8] 《书信录》，第 11 卷，n° 9372，第 315 页，致缪拉将军，奥格斯堡（Augsbourg），共和十四年葡月 20 日—1805 年 10 月 12 日，9 时。
[9] "尤利乌斯·恺撒战事概要"，《书信录》，

第32卷，第51页。

[10] 琼斯，《战争艺术》(The Art of War)，第75-79页。

[11] 《书信录》，第1卷，n° 337，第236页，致督政府，托尔托纳(Tortone)，共和四年花月17日—1796年5月6日。

[12] 《书信录》，第13卷，n° 10970，第329页，致苏尔特元帅，克罗纳赫(Kronach)，1806年10月8日，15时30分。

[13] 今天法语里称作"欺瞒"(déception)，"deception"在英语里也意味着"欺骗"。

[14] 泰尔普，《作战艺术的演变》，第69、27页，贝鲁，《拿破仑军事革命》，第1卷，第237、291-293页。

[15] AN, 390 AP 25, 1818年手稿(10月)，第59-60页(贝特朗，《札记》，第2卷，第170-171页)。

[16] 贝鲁，《拿破仑军事革命》，第1卷，第293页。

[17] "1799年上半年战事纪要"，《书信录》，第30卷，第289页。

[18] AN, 314 AP 30, ms 50 (古尔高，《日记》，第2卷，第347-348页)。

[19] AN, 390 AP 25, 1818年手稿(1月)，第20页(贝特朗，《札记》，第2卷，第44页)。

[20] 《书信录》，第4卷，n° 3234，第463页，致贝尔蒂埃，开罗，共和六年果月18日—1798年9月4日。

[21] 克劳塞维茨，《战争论》，第7卷，第13章，第627-628页。

[22] 休伯特·卡蒙，"克劳塞维茨评论"(Essai sur Clausewitz)，《军事科学日报》(Journal des sciences militaires)，1900年，第117页。

第八章 进攻堡垒

[1] 克劳塞维茨，《战争论》，第7卷，第17章，第639页。

[2] 阵地中的对壕线是一条连续工事线，并留出空间可以驻扎包围部队，拦堵住被包围驻军的出路。封锁壕线是同样的类型，但是被建在包围军队阵地后方，用以防卫援军攻击。

[3] 《回忆录》，蒙托隆，第5卷，第245-247页。

[4] 克劳塞维茨，《战争论》，第7卷，第17章，第641页。

[5] 1812年4月6日至7日，进攻埃斯特雷马杜拉(Estrémadure)这座被4 000法军占领的城市，花费了威灵顿3 713兵力(艾斯戴尔，《半岛战争》，第387页)。

[6] 蒙托隆，《囚禁事记》，第2卷，第171页。

[7] AN, 314 AP 30, ms 40 (古尔高，《日记》，第2卷，第222页)。

[8] 《书信录》，第5卷，n° 4009，第346页，致卡法雷利将军(Caffarelli)，雅法城前，共和七年风月16日—1808年4月10日，正午。

[9] 同上，第16卷，n° 13733，第487页，致贝格大公爵，波尔多，1808年4月10日，正午。

[10] 同上，第17卷，n° 14266，第410页，关于西班牙当年现有阵地的评价，巴约纳，1808年7月21日。1807年7月5日，9 000(更精准是12 000)不列颠士兵进攻了布宜诺斯艾利斯深入到街道中并在那里遭受严重损失，以及从房子和露台扫射的防御性火力。

第九章 侵略

[1] 克劳塞维茨，《战争论》，第7卷，第21章，第656页。文中斜体。

[2] "关于《战争艺术思考》的十八条评注"，《书信录》，第31卷，第417页。

[3] 克劳塞维茨，《战争论》，第7卷，第21章，第656页。

[4] 古尔高，《日记》，第1卷，第231页。

[5] "关于《战争艺术思考》的十八条评注"，《书信录》，第31卷，第360页。

[6] "交战能力的作战计划观察"(Observations sur le plan de campagne des puissances

belligérantes）[1799 年]，拿破仑文稿副本，提埃尔图书馆（Bibliothèque Thiers），马松馆藏，研究拿破仑的作家托米齐援引，第 309-310 页。

〔7〕 克劳塞维茨，《战争论》，第 6 卷，第 5 章，第 416 页。

〔8〕 《书信录》，第 2 卷，n°1431，第 287-288 页，致茹贝尔将军，维罗纳，共和五年雨月 10 日—1797 年 1 月 29 日。

〔9〕 同上，第 4 卷，n°2710，第 183 页，给陆军的声明，东方边境，共和六年获月 4 日—1798 年 6 月 22 日。

〔10〕 同上，第 4 卷，n°2778，第 224-225 页，致克莱贝尔（Kléber）将军，亚历山大港，共和六年获月 19 日—1798 年 7 月 7 日。

〔11〕 雅 - 弗朗索瓦·德·布塞（Jacques-François de Boussay），门努瓦男爵（又译梅努男爵），在 1800 年 6 月克莱贝尔将军被刺杀后，指挥东方军队。1801 年在克诺珀斯（Canope）被英国人打败，他在亚历山大港投降，随后返法。他对争取埃及人的怀柔政策起到了极大的推动作用，最后甚至信仰了伊斯兰教。他作为行政长官的能力远胜于作为将军。

〔12〕 《书信录》，第 2 卷，no2602，第 182 页，致门努瓦将军，亚历山大，共和六年获月 19 日—1798 年 7 月 7 日。

〔13〕 《未发表的信件》，第 1 卷，n°441，第 307 页，致热罗姆·拿破仑，布格豪森，1809 年 4 月 29 日。

〔14〕 AN, 390 AP 25, 1818 年手稿（12 月），第 88 页（贝特朗，《札记》，第 2 卷，218 页）。

〔15〕 阿里〔Ali, 全名：路易 - 艾提安·圣 - 德尼（Louis-Etienne Saint-Denis）〕，《关于拿破仑皇帝的回忆》（Souvenirs sur l'empereur Napoléon），C. 布拉肖（C. Bourrachot）撰写和注释，巴黎，Arléa，2000 年（第 1 版，1926 年），第 238 页。

〔16〕 《书信录》，第 4 卷，n°2967，第 316 页，致杜比（Dupuy）将军，开罗，共和六年热月 17 日—1789 年 8 月 4 日。

〔17〕 奥米拉，《拿破仑在圣赫勒拿岛的流放生涯》，第 1 卷，第 2 部分，第 129-130 页。

〔18〕 《书信录》，第 12 卷，n°10086，第 276 页，致那不勒斯国王，拉马尔迈松，1806 年 4 月 11 日。

〔19〕 纪尧姆 - 约瑟夫 - 尼古拉·德·拉封 - 布拉尼雅克（Guillaume-Joseph-Nicolas de Lafon-Blaniac）当时是国王约瑟夫的骑术教官，以及第六骑士兵团的上校。1806 年 9 月 12 日他成为准将，随后 1813 年成为少将。

〔20〕 《书信录》，第 12 卷，n°10156，第 321 页，致那不勒斯国王，圣克卢，1806 年 4 月 27 日。

〔21〕 同上，第 18 卷，n°14730，第 236 页，致约瑟夫·拿破仑，巴利亚多利德，1809 年 1 月 16 日，夜。

〔22〕 同上，第 17 卷，n°13875，第 110 页，致贝尔蒂埃将军，巴约纳，1808 年 5 月 12 日。

〔23〕 同上，第 17 卷，n°13749，第 9-10 页，给大军团总参谋长纳沙泰尔亲王的公函，巴约纳，1808 年 4 月 16 日。

〔24〕 少将让 - 巴普蒂斯特·德鲁埃，埃尔隆伯爵（Jean-Baptiste Drouet d'Erlon），自 1810 年 8 月 30 日起指挥西班牙军团第九军。这个兵团 9 月 10 日编入了马塞纳麾下的葡萄牙军团。

〔25〕 《书信录》，第 21 卷，n°16921，第 126 页，致西班牙军团总参谋长贝尔蒂埃，枫丹白露，1810 年 9 月 18 日。

〔26〕 同上，第 17 卷，n°14192，第 382 页，给萨瓦里将军的公函，巴约纳，1808 年 7 月 13 日。

〔27〕 同上，第 12 卷，n°10118，第 298 页，致那不勒斯国王，圣克卢，1806 年 4 月 21 日。

〔28〕 《未发表的信件》，第 1 卷，273 号，第 187 页，致缪拉亲王，巴约纳，1808 年 4 月 12 日，10 时。

〔29〕 1811 年 11 月，让 - 玛丽·勒拜涅·杜尔塞纳（Jean-Marie Lepaige Doursenne），又称多

尔塞纳(Dorsenne)在西班牙指挥北方军团，法尔加(Le Falga)的玛丽-弗朗索瓦-奥古斯特·卡法雷利(Marie-François-Auguste Cafferelli)指挥比斯开省(Biscaye)和纳瓦拉(Navarre)王国的法军，皮埃尔·图弗诺(Pierre Thouvenot)指挥外省和圣-塞巴斯蒂安(Saint-Sébastien)要塞。

〔30〕《书信录》，第23卷，n° 18276，第27页，致西班牙军团总参谋长贝尔蒂埃，圣克卢，1811年11月20日。

〔31〕同上，第4卷，n° 2901，第284页，致扎贾克(Zajonchek)将军，开罗，共和六年热月12日—1798年7月30日。

〔32〕同上，第4卷，n° 3200，第444页，致杜古阿(Dugua)将军，开罗，共和六年果月14日—1798年8月31日。

〔33〕1798年7月末，奥诺雷·维亚尔(Honoré Vial)指挥达姆亚特(Damiette)和曼苏拉(Mansourah)两省战斗。8月和9月他将阿拉伯人从当地击退。

〔34〕《书信录》，第5卷，n° 3436，第38页，致维亚尔将军，开罗，共和七年葡月15日—1798年10月6日。

〔35〕同上，第6卷，n° 4325，第87页，致布律纳将军，巴黎，共和八年雪月24日—1800年1月14日。

〔36〕这座伦巴第地区的村庄，村民之前暴动过，应拿破仑命令，该村庄在1796年第一次意大利战役期间被烧。

〔37〕《书信录》，第11卷，n° 9678，第543页，致朱诺将军，斯图加特，1806年1月19日。

〔38〕同上，第12卷，n° 9744，第5页，致朱诺，巴黎，1806年2月18日。

〔39〕同上，第12卷，n° 9844，第62页，致朱诺，巴黎，1806年2月19日。

〔40〕同上，第12卷，n° 9852，第66页，致朱诺，巴黎，1806年2月19日。

〔41〕同上，第12卷，n° 9911，第121页，致约瑟夫亲王，巴黎，1806年3月2日。

〔42〕同上，第13卷，n° 10657，第78页，致那不勒斯国王约瑟夫，朗布依埃，1806年8月17日。

〔43〕同上，第12卷，n° 9944，第165-166页，致约瑟夫亲王，巴黎，1806年3月8日。

〔44〕同上，第12卷，n° 10042，第249页，致约瑟夫亲王，巴黎，1806年3月31日。

〔45〕"1796—1797年意大利战役"，《书信录》，第29卷，第113页。

〔46〕《书信录》，第17卷，n° 14265，第456-457页，致克拉克将军，圣克卢，1808年8月22日。

〔47〕同上，第17卷，n° 14273，第467页，致克拉克将军，圣克卢，1808年8月27日。

〔48〕科尔森，《罗尼埃将军》，第169-188页。

〔49〕"关于《战争艺术思考》的十八条评注"，《书信录》，第31卷，第365页。

〔50〕《书信录》，第4卷，n° 3030，第348页，致扎贾克将军，开罗，共和六年热月29日—1798年8月16日。

〔51〕同上，第5卷，n° 4374，第574页，致克莱贝尔将军，亚历山大港，共和七年果月5日—1799年8月22日。

〔52〕"埃及和叙利亚战役"，《书信录》，第30卷，第83-86页。

〔53〕英格伦，《拿破仑》，第172、176-178页。

〔54〕《书信录》，第17卷，n° 14117，第322页，给在马德里执行公务的萨瓦里将军的公函，巴约纳，1808年6月19日。

〔55〕同上，第18卷，n° 14499，第74页，致约瑟夫·拿破仑，布尔戈斯(Burgos)，1808年11月20日。

〔56〕"1796—1797年意大利战役"，《书信录》，第29卷，第113页。

〔57〕《书信录》，第13卷，n° 10629，第61页，致那不勒斯国王，圣克卢，1806年8月9日。

〔58〕同上，第17卷，n° 14104，第315页，致贝西埃尔元帅，巴约纳，1808年6月16日。

〔59〕蒙托隆，《囚禁事记》，第2卷，第462-463页。

〔60〕"关于《战争艺术思考》的十八条评注"，《书

信录》，第 31 卷，第 340 页。
〔61〕《书信录》，第 3 卷，n° 2392，第 465 页，致国立研究院(Institut national)院长，巴黎，共和六年雪月 6 日—1797 年 12 月 26 日。
〔62〕劳尔·德·瑟里尼昂 (Lort de Sérignan)，《拿破仑和大将军们》(*Napoléon et les grands généraux*)，第 61-64 页。
〔63〕胡安·科尔 (Juan Cole)，《拿破仑的埃及：入侵中东》(*Napoleon's Egypt: Invading the Middle East*)，纽约，Palgrave Macmillan，2007 年。
〔64〕布鲁诺·科尔森，"拿破仑和不规律战争" (Napoléon et la guerre inrrégulière)，《战略》(*Stratégique*)，n° 9396，2009 年，第 227-258 页；艾斯戴尔，《半岛战争》，第 352-353、357-358 页。

小结

〔1〕唐纳·W·亚历山大 (Don W. Alexander)，《铁棒管理——半岛战役中法军在阿拉贡的反暴动策略》(*Rod of Iron. French Counterinsurgency Policy in Aragon during the Peninsular War*)，威尔明顿，特拉华州，Scholarly Resources，1985 年。

第八篇　战争计划

〔1〕克劳塞维茨，《战争论》，第 8 卷，第 2 章，第 673 页。
〔2〕同上，第 8 卷，第 3 章，第 677 页。

第一章　战役计划

〔1〕候德，《在波拿巴身边》，第 4 页。
〔2〕波纳尔，"拿破仑军事心理学"，第 426 页。

〔3〕AN, 390 AP 25, 1818 年手稿（12 月），第 87 页（贝特朗，《札记》，第 2 卷, 第 216 页）。
〔4〕《书信录》，第 13 卷，n° 10809，第 208 页，致欧仁亲王，圣克卢，1806 年 9 月 18 日。
〔5〕同上，第 13 卷，n° 10810，第 210 页，致那不勒斯国王约瑟夫，圣克卢，1806 年 9 月 18 日。
〔6〕"乌尔姆-莫罗" (Ulm-Moreau)，《书信录》，第 30 卷，第 409 页。
〔7〕柯林，《拿破仑军事素养》第 92-96、135-137 页。
〔8〕威尔金森，《波拿巴将军的成长》，第 8-9 页。
〔9〕包瑟特，《山区战概要》，第 88 页。
〔10〕《书信录》，第 17 卷，第 502 页，n° 14307，致贝尔蒂埃元帅，圣克卢，1808 年 9 月 8 日。
〔11〕"1796—1797 年年意大利战役军事行动分析" (Observations sur les opérations militaires des campagnes de 1796 et 1797 en Italie)《书信录》，第 29 卷，第 335 页。
〔12〕《书信录》，第 13 卷，n° 10845，第 239-240 页，致荷兰国王，圣克卢，1806 年 9 月 20 日。
〔13〕贝鲁，《拿破仑军事革命》，第 1 章，第 245 页。
〔14〕《书信录》，第 13 卷，n° 10920，第 293-294 页，致荷兰国王，美因茨，1806 年 9 月 30 日。
〔15〕"关于《战争艺术思考》的十八条评注"，《书信录》，第 31 卷，第 417 页。
〔16〕奥军战争指挥机构。
〔17〕《回忆录》，蒙托隆，第 4 卷，第 336-337 页。文中斜体字部分。
〔18〕《书信录》，第 13 卷，n° 10726，第 131 页，致德让将军，圣克卢，1806 年 9 月 3 日。
〔19〕同上，第 23 卷，n° 18769，第 469 页，致热罗姆·拿破仑，大军团第 5、7、8 兵团指挥，托伦 (Thorn 波兰境内)，1812 年 6 月 5 日。

第二章　战争目标和敌军重心

〔1〕克劳塞维茨，《战争论》，第 8 卷，第 3 章，第 679 页。
〔2〕同上，第 8 卷，第 4 章，第 692 页。

〔3〕 同上，第 8 卷，第 4 章，第 695 页。

〔4〕 斯特拉坎，《卡尔·冯·克劳塞维茨的战争论》，第 132 页；埃切瓦里亚二世，《克劳塞维茨和现代战争》(Clausewitz and Contemporary War)，第 181-182 页。

〔5〕 AN, 390 AP 25, 1817 年 5 月手稿（5 月 18 日），第 4 页（贝特朗，《札记》，第 1 卷，第 225 页）。

〔6〕 克劳塞维茨，《战争论》，第 1 卷，第 1 章，第 69 页。

〔7〕 他作为意大利军队和那不勒斯军队的总指挥，3 月 26 日在帕斯特伦戈取得胜利，但 4 月 5 日在马尼亚诺（Magnano）战败。4 月 26 日，他交出指挥权。

〔8〕 "1799 年上半年战事纪要"，《书信录》，第 30 卷，第 261 页。

〔9〕 克劳塞维茨，《战争论》，第 8 卷，第 9 章，第 721 页。

〔10〕 "乌尔姆-莫罗"，《书信录》，第 30 卷，第 409-410 页。

〔11〕 在序言中我们已经表示支持该文的真实性。

〔12〕 这句话已成为拿破仑战争艺术的标志，并被休伯特·卡蒙以及从该句中获得启发的人引用过许多次。

〔13〕 不可思议地预见 1808 年起义。

〔14〕 的确，英军将借助葡萄牙让威灵顿将军的部队在此登陆。

〔15〕 这段话在手稿中很有可能被奥古斯丁·罗伯斯庇尔划掉了。

〔16〕 SHD/DAT, 17 C 2, "论我军皮埃蒙特军团及西班牙军团的政治军事立场"，s. l. n. d.，可能是致德·洛阿诺司令部，共和二年收获月 25 日（1794 年 7 月 13 日），第 2-5 页。

〔17〕 卡萨诺瓦，《拿破仑与拿破仑时代的思想》，第 142 页。

〔18〕 斯特拉坎，《卡尔·冯·克劳塞维的战争论》，第 89 页。

〔19〕 柯林，《拿破仑军事素养》，第 354 页。

〔20〕 亨利·纪尧姆（Henri Guillaume），《卡斯特勒将军》(Chasteler)，《国家志》(Biographie nationale)，第 4 卷，布鲁塞尔，Thiry, 1873 年，第 34 页。

〔21〕 皮埃尔·贝尔特兹（Pierre Berthezène），《帝国与共和国军事回忆录》(Souvenirs militaires de la République et de l'Empire)，由其儿子发表共 2 卷巴黎,Dumaine,1855 年，第 2 卷，第 309 页〔2005 年 Le Livre chez vous 出版社再版，由 N. 格里芬·德·普莱纳维尔（N. Griffon de Pleineville）作序〕。

〔22〕 同上，第 2 卷，第 270、273、277、289、297 页。福煦元帅以及让·吉东再一次引用贝尔特兹，没有任何附注。(福煦元帅，《战争原则：1900 年在战争高等学校召开的会议》，第 4 版，巴黎—南锡，Berger-Levrault, 1917 年，第 55 页）；〔让·吉东，《思想与战争》(La Pensée et la Guerre)，第 75 页〕。

〔23〕 AN, 390 AP 25, 1818 年 1 月手稿,第 95 页（贝特朗，《札记》，第 54-55 页）。

第三章 战争和政治

〔1〕 克劳塞维茨，《战争论》，第 8 卷，第 6 章，第 703 页。

〔2〕 SHD/DAT, 17 C 2, "论我军皮埃蒙特军团及西班牙军团的政治军事立场"，s.l.n.d., ，可能是致德·洛阿诺司令部，共和二年收获月 25 日（1794 年 7 月 13 日）第 1 页。

〔3〕 奥米拉，《拿破仑在圣赫勒拿岛的流放生涯》，第 2 卷，第 3 部分，第 57 页。

〔4〕 《书信录》，第 3 卷，n° 2231，第 320 页，致热那亚临时政府,帕萨里亚诺(Passariano)（意），共和五年补充第四日—1797 年 9 月 20 日。

〔5〕 AN, 390 AP 25, 1819 年 1 月至 9 月手稿（1 月），第 60 页（贝特朗，《札记》，第 2 卷,第 242 页）。

〔6〕 蒂埃里·伦茨，《1804—1814 年间拿破仑的法国与欧洲》(La France et l'Europe de

Napoléon 1804—1814），巴黎，Fayard，2007 年，第 151-155 页。

〔7〕 罗兰·亨宁格（Laurent Henninger），"军事革命与军事史"（Military Revolutions and Military History），收录在由马修·休斯（Matthew Huges）与威廉 J. 菲尔伯特（William J. Philpott) 主编的《帕尔格雷夫对现代军事史的研究进展》（*Palgrave advances in Modern MilitaryHistory*），贝辛斯托克（Basingstoke）（英），Palgrave Macmillan，2006 年，第 10 页。

〔8〕 [提波多]，《1799—1804 年执政府纪事》，第 77-80 页。文中斜体字部分。

〔9〕 吉尔伯特·波蒂尼埃（Gilbert Bodinier），"面对拿破仑的皇家军队的军官与士兵"，(Officiers et soldats de l'armée impériale face à Napoléon)《拿破仑：历史到传奇》(*Napoléon de l'histoireà la légende*），1999 年 12 月 1 日在军事博物馆举办的研讨会的文件，巴黎，in Forma, Maisonneuve et Larose, 2000 年，第 211-232 页；居斯塔夫·坎东(Gustave Canton)，《反军国主义者拿破仑》(*Napoléon antimilitariste*)，巴黎，Alcan，1902 年。

〔10〕 [提波多]，《1799—1804 年执政府纪事》，第 107-108 页。

〔11〕 《书信录》，第 12 卷，n° 10254，第 387 页，致朱诺将军，圣克卢，1806 年 5 月 21 日。

〔12〕 同上，第 17 卷，n° 13882，第 119 页，致贵歇，巴约纳，1808 年 5 月 14 日。

〔13〕 柏图，《当孩子们说起荣誉》，第 99-126 页。

第四章　总司令和政府

〔1〕《书信录》，第 1 卷，n° 83，第 104 页，关于意大利军队的注解巴黎共和四年雪月 29 日，1796 年 1 月 19 日。

〔2〕《书信录》总卷，第 1 卷，n° 553，第 375 页，致巴拉斯，s.l.n.d. (1796 年 4 月末）。

〔3〕《书信录》，第 1 卷，n° 420，第 278 页，致执行督政府，洛迪，共和四年花月 25 日—1796 年 5 月 14 日。

〔4〕 同上，第 2 卷，n° 664，第 419、420 页，致执行督政府，布洛尼，共和四年获月 3 日—1796 年 6 月 21 日。

〔5〕 安托马契，《拿破仑最后的岁月》，第 2 卷，第 94 页。

〔6〕 数据近似准确。路易十四命令图尔维尔海军上将开战，然而海军上将还没有集结所有军事力量，为此，拿破仑影射 La Hougue 战役（1692 年 5 月 28 日—6 月 2 日）。

〔7〕 [让 - 巴普蒂斯·儒尔当]，《儒尔当将军指挥下的多瑙河军队行动概要》（*Précis des opérations de l'armée du Danube sous les ordres du général Jourdan*）.《儒尔当将军手稿回忆录选段》（*Extrait des mémoires manuscrits de ce général*），巴黎，查理出版社，共和八年。

〔8〕《回忆录》，蒙托隆，第 4 卷，第 316-322 页。文中斜体字部分。

〔9〕 斯特拉坎，《卡尔·冯·克劳塞维茨的战争论》，第 168、170、176 页；埃切瓦里亚二世，《克劳塞维茨和现代战争》，第 92-95 页。

〔10〕《书信录》，第 21 卷，n° 17317，第 379 页，致纳沙泰尔大公和瓦格拉姆大公 (prince de Neuchâtel et de Wagram），巴黎，1811 年 2 月 2 日。文中斜体字部分。

第五章　以消灭敌军为目的的战争计划

〔1〕 阿伽松·让·弗朗索瓦·费恩（AgathonJean François Fain），《1812 年的手抄稿，包含该年发生的事件概要以供拿破仑帝史参考》

(Manuscrit de mil nuit cent douze, contenant le précisdes événements de cette année, pour servir à l'histoire de l'empereur Napoléon),共 2 卷,布鲁塞尔,Tarlier,1827 年,第 1 卷,第 270-272 页。

[2] 克劳塞维茨,《战争论》,第 8 卷,第 9 章,第 732-733 页。

[3] 《书信录》,第 24 卷,n° 19213,第 221 页,致亚历山大一世,莫斯科,1812 年 9 月 20 日。

[4] [考兰科特],《回忆录》,第 2 卷,第 82 页。

[5] 迈克尔·勃罗尔(Michael Broers),"拿破仑时期革命中'整体战'的内涵"(The Concept of "Total War" in the Revolutionary-Napoleonic Period),《历史中的战争》(War in History),第 15 章,2008 年 3 月,第 247-268 页。

[6] AN, 390 AP 25, 1817 年 4 月手稿(4 月 2 日),第 1 页(贝特朗,《札记》,第 208-209 页)。

[7] 拉斯·卡斯,《回忆录》,第 17 册,第 199-201 页(Dunan,第 2 卷,第 516-517 页)。

[8] 克劳塞维茨,《战争论》,第 8 卷,第 3 章,第 689 页。

[9] 查理·翁贝托·玛丽·樊尚(Charles Humbert MarieVincent),《厄尔巴岛回忆录》(Mémorial de l'île d'Elbe);收录在《众人回忆录》(Mémoires de tous)中。《现代回忆文集——为塑历史真相》(Collection de souvenirscontemporians tendant à établir la vérité dans l'histoire),共 6 卷,巴黎,Levavasseur,1834—1837 年,第 3 卷,第 166 页。该文集中的大部分记述不可信或非常可疑。[杜拉尔、卡尼尔、菲耶罗、杜尔特,《新考证目录》(Nouvelle bibliographie critique),第 203 页)] 1814 年 5 月还只是上校的天才樊尚将军显得非常重要,他的《厄尔巴岛回忆录》(他在圣多明各的长期逗留,在托斯卡纳的各种行动)里的许多细节的确与他的经历相一致。〔丹尼尔(Danielle)、博纳德·昆廷(BernardQuintin),《拿破仑麾下上校名录词典》,巴黎,SPM,1996 年,第 875 页)。这些还不足以证明拿破仑该言论的真实性,因为樊尚提供了一份爱国色彩浓厚、具有政治倾向的记述,该记述对拿破仑非常有利,但根据安东尼·卡萨诺瓦的《拿破仑与拿破仑时代的思想》第 127 页内容,该真实性看起来没什么可置疑的。

结 语

[1] 查理·J·艾斯戴尔,"解构法国战争:非战略家拿破仑"(Deconstructing the French war: Napoléon as Anti-Strategist),《战略研究杂志》(Journal of Strategic Studies),31,第 515-552 页,2008 年 4 月。

[2] 蒂埃里·朗茨,《拿破仑体系的坍塌》(L'Effondrement du système napoléonien),第 624-625 页。

[3] 约翰·林恩,"拿破仑是否真能教会我们很多?"(Does Napoléon really have much to teach us?),《第 31 条国会军事历史》(XXXI Congreso internacional de historia militar),马德里,西班牙军事委员会,2005 年,第 599-608 页。林恩反对在太阳王路易十四 77 岁的时候,在家人眼皮底下,于凡尔赛宫对其实施死刑他也反对在拿破仑 52 岁的时候,在圣赫勒拿岛由其下属对其实施毒死死刑。

[4] 保尔·W·施罗德,《1763—1848 年欧洲政治转型》(The transformation of European politics 1763-1848),牛津,牛津大学出版社,1998 年,"拿破仑的外交政策:犯罪集团"(Napoléon's foreign policy:A criminal entreprise),《军事历史杂志》,54,第 147-161 页,1990 年 2 月。

[5] 莱利,《拿破仑将军》,第 22-23 页。

〔6〕 洛特·德·塞里尼昂，《拿破仑与大将军们》(*Napoléon et les grands génénaux*)，第113-114页。

〔7〕 亨利·波纳尔，《总体战术战略会议》(*Conférences de stratégie et de tactique générales*)，高等战争学院，1892—1893年，第8页，卡尼耶尔(Ganniers)注解，"拿破仑——军队首领"(Napoléon chef d'armée)，第525页。

〔8〕 洛特·德·塞里尼昂，《拿破仑与大将军们》，第109页。

〔9〕 爱德华·N·鲁特维克，《战略悖论》(*Le Paradoxe de la stratégie*)，译本，巴黎，Odile Jacob，1989年。

〔10〕 钱德勒，"概论"，同上，第37页。

〔11〕 马克·赫尔曼等人，《历史上的军事优势》(*Military Advantage in History*)，Falls Church，弗吉尼亚州，信息安全保障技术分析中心，华盛顿特区，国防部，2002年7月。

〔12〕 同上。第66页，第72-75页。

〔13〕 吉东，《战争与思想》，第60页。

〔14〕 贝尔，《第一次全面战争》，第307页。

〔15〕 伯努瓦·杜里欧(Benoît Durieux)，《再读<克劳塞维茨战争论>》(*Relire De la guerre de Clausewitz*)，巴黎，Économica，第46页，2005年。

〔16〕 布鲁诺·科尔森，"克劳塞维茨与每场战争"，出现在《历史战争》中。

〔17〕 杰·路瓦斯，"学生老师：克劳塞维茨对腓得烈大帝与拿破仑的看法"(Student as Teacher:Clausewitz on Frederick the Great and Napoleon)，《军事期刊》，9，第150-170页，1986年2月与3月。

〔18〕 安德烈亚斯·赫伯格·罗希，《克劳塞维茨谜题：战争的政治理论》(*Clausewitz's Puzzle:The Political Theory of War*)，牛津，Oxford University Press，第2页和第15页，2007年。

〔19〕 斯特拉坎，《卡尔·冯·克劳塞维茨的战争论》，第84页。

〔20〕 同上，第93-95、99页。

〔21〕 勒内·杰拉德(René Girard)，《克劳塞维茨完结篇——采访伯努瓦·尚特雷》，巴黎，Carnets Nord，第42-44、246、258页，2007年。

著作权合同登记：图字 09-2014-1069 号

De la guerre (Napoléon) edited by Bruno Colson

© PERRIN 2011.Chinese edition published via Dakai Agency

图书在版编目（CIP）数据

拿破仑论战争 ／（法）拿破仑著；（法）科尔森编著；曾珠，郭琳，樊静薇等译．－－上海：上海社会科学院出版社，2015

ISBN 978-7-5520-0770-1

Ⅰ．①拿… Ⅱ．①拿… ②科… ③曾… ④郭… ⑤樊… Ⅲ．①拿破仑，B．（1769～1821）－军事思想－研究 Ⅳ．① E095.65

中国版本图书馆 CIP 数据核字 (2015) 第 013917 号

出 品 人：缪宏才
总 策 划：朱书民 闫青华
责任编辑：黄诗韵
特约编辑：吕 莹 王绍政
装帧设计：谷亚楠 胡 静

拿破仑论战争

[法]拿破仑·波拿巴 著　[法]布鲁诺·科尔森 编著　曾珠 郭琳 樊静薇等 译

上海社会科学院出版社有限责任公司
上海市淮海中路 622 弄 7 号 邮编：200020
上海信老印刷厂印刷
字数 455 千字　开本 710×1010 毫米 1/16　印张 30.5
2016 年 3 月第 1 版　2018 年 5 月第 2 次印刷
ISBN 978-7-5520-0770-1/E・002
定价：80.00 元

版权所有，侵权必究

读者 Readers 回函表
WIPUB BOOKS

姓名：_____ 性别：_____ 年龄：_____ 职业：_____ 教育程度：_____

邮寄地址：_____ 邮编：_____
E-mail：_____ 电话：_____

您所购买的书籍名称：《拿破仑论战争》

您对本书的评价：

书　名：☐满意　☐一般　☐不满意　　故事情节：☐满意　☐一般　☐不满意
翻　译：☐满意　☐一般　☐不满意　　书籍设计：☐满意　☐一般　☐不满意
纸　张：☐满意　☐一般　☐不满意　　印刷质量：☐满意　☐一般　☐不满意
价　格：☐便宜　☐正好　☐贵了　　　整体感觉：☐满意　☐一般　☐不满意

您的阅读渠道（多选）： ☐书店　☐网上书店　☐图书馆借阅　☐超市/便利店
☐朋友借阅　☐找电子版　☐其他 _____

您是如何得知一本新书的呢（多选）： ☐别人介绍　☐逛书店偶然看到　☐网络信息
☐杂志与报纸新闻　☐广播节目　☐电视节目　☐其他

购买新书时您会注意以下哪些地方？
☐封面设计　☐书名　☐出版社　☐封面、封底文字　☐腰封文字　☐前言、后记
☐名家推荐　☐目录

您喜欢的书籍类型：
☐文学-奇幻小说　☐文学-侦探/推理小说　☐文学-情感小说　☐文学-散文随笔
☐文学-历史小说　☐文学-青春励志小说　☐文学-传记
☐经管　☐艺术　☐旅游　☐历史　☐军事　☐教育/心理　☐成功/励志
☐生活　☐科技　☐其他_____

请列出3本您最近想买的书：_____、_____、_____

请您提出宝贵建议：_____
_____

★感谢您购买本书，请将本表填好后，扫描或拍照后发电子邮件至 wipub_sh@126.com，您的意见对我们很珍贵。祝您阅读愉快！

图书翻译者征集

为进一步提高我们引进版图书的译文质量，也为翻译爱好者搭建一个展示自己的舞台，现面向全国诚征外文书籍的翻译者。如果您对此感兴趣，也具备翻译外文书籍的能力，就请赶快联系我们吧！

您是否有过图书翻译的经验：☐有（译作举例：＿＿＿＿＿＿＿＿＿＿＿＿＿＿＿＿）
　　　　　　　　　　　　☐没有

您擅长的语种：☐英语　☐法语　☐日语　☐德语
　　　　　　　☐韩语　☐西班牙语　☐其他＿＿＿＿＿＿＿＿＿＿＿＿

您希望翻译的书籍类型：☐文学　☐生活　☐心理　☐其他＿＿＿＿＿＿＿＿

请将上述问题填写好、扫描或拍照后，发电子邮件至wipub_sh@126.com，同时请将您的译者应征简历添加至邮件附件，简历中请着重说明您的外语水平等。

期待您的参与！

上海万墨轩图书有限公司

更多好书资讯，敬请关注

万墨轩图书

文学 · 心理 · 经管 · 社科

艺术影响生活，文化改变人生